›Ich bin so jung, und die Welt ist so alt‹
Autoren schreiben mit Schülern

›Ich bin so jung, und die Welt ist so alt‹

Autoren schreiben mit Schülern

Acht Experimente

Herausgegeben von
Franziska Sperr

WALLSTEIN VERLAG

Ein Projekt
der Kulturstiftung des Bundes und des PEN-Zentrum Deutschland

Bibliografische Information der Deutschen Nationalbibliothek
Die Deutsche Nationalbibliothek verzeichnet
diese Publikation in der Deutschen Nationalbibliografie;
detaillierte bibliografische Daten sind im Internet
über http://dnb.d-nb.de abrufbar.

www.wallstein-verlag.de
Vom Verlag gesetzt aus der Thesis
Umschlaggestaltung: Susanne Gerhards, Düsseldorf
© SG-Collage unter Verwendung
einer Porträtskizze von Georg Büchners Studienfreund Alexix Muston
Druck und Verarbeitung: Hubert & Co, Göttingen
ISBN 978-3-8353-1575-4

Inhalt

Vorwort

... und ich bin so jung, und die Welt ist so alt. Als Georg Büchner im Frühjahr 1836 die Komödie »Leonce und Lena« schrieb, der unser Titel entnommen ist, da war er gerade 23 Jahre alt. Überall in Europa begehrten junge Leute gegen die morsche, feudale Ordnung auf.

Das deutsche PEN-Zentrum und die Kulturstiftung des Bundes haben zum Büchnerjahr gemeinsam ein Projekt durchgeführt, in dem Schüler der Altersgruppe von zwölf bis vierzehn Jahren dazu bewegt wurden, in einem mit professionellen Schriftstellern gemeinsam erstellten Text von ihren Ängsten, Träumen, Glückserwartungen zu erzählen. In Begleitung und unter sanfter Anleitung der erfahrenen Autorinnen und Autoren sind kleine literarische Stücke entstanden, die von Poesie und Erzählkraft der Kinder unterschiedlichster Herkunft zeugen. Es sind Jugendliche, die vermutlich in ihrem bisherigen Leben mit dem Handwerk des Schreibens oder mit Literatur wenig in Berührung gekommen sind.

Alle Schriftstellerinnen und Schriftsteller haben bei der Zusammenarbeit mit den Jugendlichen dieselbe Erfahrung gemacht: In jedem von ihnen, egal woher sie kommen oder welche Wurzeln die Familie hat, steckt in den Jahren der Adoleszenz eine Menge Phantasie und poetischer Kraft. Uns kam es bei den Schreibworkshops an Haupt-, Mittel- und Realschulen darauf an, dieses Potential zum Vorschein zu bringen. Ein Tropfen auf den heißen Stein, gewiss, doch für die Beteiligten ein Blick durch einen schmalen Türspalt in eine Welt, in der geträumt, drauflosphantasiert, herumgesponnen werden darf. Einsichten und Gedanken, für die im stressbeladenen Schulalltag oft keine Zeit bleibt, konnten hier formuliert und ins Konkrete gebracht werden. Vom Spaß am Ausdenken und Fabulieren, aber auch von der Disziplin, die es braucht, um einen Text logisch stimmig und ästhetisch brillant zu machen und schließlich zu einem Ende zu bringen, können nun alle jungen Autoren berichten.

Acht bekannte Schriftstellerinnen und Schriftsteller aus Berlin, Dresden, Kiel, Frankfurt, Köln, München, Leutkirch und Potsdam gingen klopfenden Herzens in »ihre« Schule, in »ihre« Klasse und legten los. Manchmal eine Überwindung für die, die normalerweise einsam am Schreibtisch sitzen, faszinierendes Abenteuer und Risiko auf schwankendem Boden zugleich. Was herausgekommen ist, findet sich in diesem Band: kurze und längere, lustige, traurige, spannende Geschichten, dazu acht Arbeitstagebücher, in denen die »Professionellen« von ihren Schwierigkeiten und von ihren Freuden bei der Zusammenarbeit mit den Schülern berichten, von plötzlich einsetzendem Nicht-mehr-weiterwissen, von Peinlichkeit und Ohnmacht, aber auch von Neugier und Ideenreichtum, Humor und Pfiffigkeit, – und vom Glück des Gelingens. Die Journale verschweigen auch nicht die plötzlichen Momente der Verweigerung oder Phasen des Mangels an Aufmerksamkeit – und, last not least – wie sich das Leben unter der Geräuschglocke einer Schulklasse für jemanden anfühlt, der sonst in der Stille arbeitet. Nach acht bis zehn Doppelstunden waren alle Schriftsteller voller ehrlicher Bewunderung für die tägliche Leistung der Lehrer.

In den Autoren-Journalen wird nichts verschwiegen, die eigenen Grenzen sind klar und deutlich zutage getreten, nichts wird beschönigt. Und gerade weil die Beschreibung des Arbeitsprozesses realistisch ist, können sie allen, die Ähnliches versuchen wollen, von Nutzen sein. Wir wünschen diesem Gemeinschaftsprojekt der Kulturstiftung des Bundes und des PEN-Zentrums Deutschland für die Zukunft viele Nachahmer.

Franziska Sperr

Die Schüler der Stufe 9, Grundkurs Deutsch,
der Gesamtschule Köln Rodenkirchen
mit Liane Dirks

Liebe zwischen zwei Welten

1

Es passierte an einem Freitag, den 13. Ein kalter Tag im Dezember. Auf dem Neumarkt hatte der Weihnachtsmarkt geöffnet, und die Stadt war voller Menschen. Es war 16.30 Uhr, als Rashid, ein junger Mann aus Syrien, der in Deutschland Asyl suchte, bei H&M versuchte, ein T-Shirt zu klauen. Er hatte allerdings Pech, der Kaufhausdetektiv hatte ihn gesehen dabei und war ihm jetzt auf den Fersen. Rashid konnte gerade noch entkommen, er rannte so schnell er konnte, stopfte das T-Shirt in einen Abfalleimer, die Menschenmenge auf der Schildergasse half ihm, zu entkommen. Außer Atem rannte er Richtung Neumarkt, als er plötzlich das Mädchen sah, am Taxistand. In der einen Hand hielt sie ihr Handy, in der anderen eine Handtasche, und einen winzig kleinen Hund hatte sie auch noch an der Leine. Rashid konnte gar nicht so schnell gucken, wie die Autos kamen, das Mädchen aber war so sehr mit seinem Hund beschäftigt, sie wirkte irgendwie abwesend, und ehe Rashid nachdenken konnte, stürzte er auf sie zu, packte sie an den Hüften und riss sie nach hinten weg. Es war im letzten Moment, sie schrie auf und fiel hin, aber vor dem direkten Zusammenstoß mit dem Auto hatte er sie gerettet. Lautes Hupen, die Taxifahrer liefen herbei, er sah das Mädchen am Boden liegen. Gern hätte er ihr geholfen, aber dann schaute er sich um und beschloss abzuhauen. Er tauchte unter in der Menge auf dem Neumarkt und konnte noch das Blaulicht vom Krankenwagen sehen.

Er war ziemlich verwirrt und aufgewühlt, gerne hätte er sich jetzt etwas zu essen gekauft. Als er nach ein wenig Geld in seinen Taschen suchte, bemerkte er ihn, den kleinen Hund. War das nicht genau der, den das Mädchen an der Leine gehabt hatte? Die Leine hatte er immer noch am Halsband, er winselte und sah zu Rashid hoch.

»Wer bist du denn?«

Der junge Mann bückte sich zu dem kleinen Hund hin, an dem winzig kleinen Halsband war ein Herz befestigt, Rashid untersuchte es, ein Zettel steckte darin, darauf stand ein Name, *Pfiffi*, und eine Straße: Jakobstraße 9.

Inzwischen war es spät geworden und Rashid musste sich in seinem Wohnheim zurückmelden. Er sah den Hund an, jetzt hatte er ein Problem. Hunde waren im *Upstairs* nicht erlaubt! Aber es stand fest für ihn, dass er ihn dem Mädchen wiederbringen wollte. Was sollte er tun? Ihn verstecken? Und wenn er erwischt werden würde? Oder nicht ins Heim gehen? Einen Freund fragen, ob er den Hund eine Nacht lang nehmen kann? Würde man ihn nicht auslachen, dass er sich um so ein lächerlich kleines Luxushündchen kümmerte? Was für ein Tag, dachte Rashid.

2

Samstagmittag stand Rashid mit einem alten, zerfransten Rucksack auf dem Rücken vor einem großen Haus im Kölner Hahnwald. Dass hier ziemlich reiche Leute wohnten, wusste Rashid nicht nur, er konnte es auch an den Häusern sehen. Fast eine halbe Stunde hatte er das Haus gesucht, jetzt, als er endlich davorstand, raste sein Herz wie verrückt. Nach drei Minuten Nachdenken klingelte er endlich. Es schien eine Ewigkeit zu dauern, bis jemand öffnete. Ein älterer Mann mit Schnurrbart, wenig Haaren und mit einem grimmigen Gesichtsausdruck öffnete die Tür.

»Und du bist wer?«, fragte er herablassend.

Auf Rashids Rücken zappelte der kleine Hund im Rucksack. »Ich bin Rashid, ich habe Ihren Hund gefunden und will ihn zurückbringen. Die Adresse habe ich am Halsband gesehen.« Rashid setzte den Rucksack ab und hob den Hund vorsichtig heraus, der sofort ins Haus hinein rannte.

»Oh, das ist aber nett«, sagte der Mann, der jetzt viel freundlicher wirkte, »meine Tochter wird glücklich sein. Aber warte mal gerade«, und dann schloss er die Tür wieder.

Rashid sah durch die edle Glastür, wie der Mann innen etwas holte. Als die Tür wieder aufging, hielt ihm der Mann einen 50-Euro-Schein hin.

»Nehmen Sie das, bitte, als Dank«, sagte der Mann.

Später, vor Gericht, sagte Rashid, er habe sich geschämt. Nein danke, habe er gesagt, das kann ich nicht annehmen, ich will nur Ihre Tochter wiedersehen, die ist gestern angefahren worden.

Leonie hatte das alles oben in ihrem Zimmer gehört, aber noch ehe sie runtergehen konnte, hatte ihr Vater die Tür schon wieder geschlossen. Es machte ihr noch Mühe, aufzustehen, eine leichte Gehirnerschütterung, die Ärzte in der Uniklinik hatten gesagt, sie müsse liegen. Aber jetzt trat sie ans Fenster und dort sah sie hinter der hohen Hecke gerade noch den Kopf des jungen Mannes von hinten, schwarze Haare über der Hecke. Und dann drehte er sich nochmal um, und sie konnte sein Gesicht sehen. Da erkannte sie ihn. Das war der Junge, der sie gerettet hatte. Jetzt lief sie doch schnell nach unten, sie versuchte leise zu sein, denn ihr Vater sah es nicht gern, wenn sie mit Jungen zusammen war. Er sagte immer: »Ach, die Kerle wollen alle nur das Gleiche! Lass dich bloß nicht auf die Jungs ein!« Aber jetzt ging ihr Vater ins Fernsehzimmer, um Sport zu gucken, »verdammt, immer wieder diese Syrer, wir müssen ein Tor machen, Mensch!«, hörte sie ihn rufen. Schnell schnappte sie ihren kleinen Hund, zog die Stiefel an und die dicke Daunenjacke und lief dem Jungen hinterher.

»Ey, du, bleib mal stehen!«

Als sich Rashid vorsichtig umdrehte, bemerkte er schon aus den Augenwinkeln, wie wunderschön dieses Mädchen war. Dann blieb er stehen und lächelte sie an: »Wie geht es dir, bist du wieder gesund?«

Dass er nicht sehr gut Deutsch sprach, fiel Leonie gleich auf. »Hey«, sagte sie, »du bist doch der, der mir das Leben gerettet hat«.

Jetzt wurde Rashid ein wenig verlegen, und Leonies Herz schlug, wie es das noch nie getan hatte. Sie fand sein Lächeln so schön. »Kann ich dir nicht etwas geben dafür? Ich möchte dich einladen, wie kann ich mich revanchieren?«

»Mit nichts«, winkte Rashid ab.

Aber Leonie blieb hartnäckig. »Wenigstens möchte ich dich zum Essen einladen, bitte! Morgen, okay, und jetzt ruf ich dir ein Taxi, das dich nach Hause bringt.«

»Nein, ich bring dich zurück.«

Es war ihm jetzt peinlich, dass er kein Geld hatte, und wenn er an morgen dachte, musste er dann nicht das Essen bezahlen? Leonie sah in sein Gesicht, er sah so traurig aus, unvermittelt streichelte sie ihm mit der Hand über das Gesicht und dann gab sie ihm einen schüchternen Kuss auf die Wange zum Abschied. Leonie guckte Rashids Lippen an, und er blickte in ihre schönen blauen Augen. Dann tauschten sie ihre Handynummern aus, und Rashid stapfte durch den Schnee davon.

Am Abend schrieb Leonie in ihr Tagebuch: *Ich hatte so gehofft, dass ich ihn wiedersehe. Er heißt Rashid.*

Auch Rashid machte sich viele Gedanken, wie sollte er jetzt an Geld kommen? Er wollte das Mädchen unbedingt wiedersehen. Noch mehr klauen, um es dann den Schwarzen, die immer am Dom standen, zu verkaufen? Arbeiten gehen konnte er ja nicht, das war ihm ja verboten.

3

Rashid hatte Glück. Ein Freund lieh ihm Geld und ein paar gute Sachen zum Anziehen.

Ins *Le Patron* hatte sie gesagt, das Mädchen mit den schönen Augen, 19 Uhr.

Jetzt stand er vor dem Eingang zu diesem Edelrestaurant, unten am Rhein, in Köln Rodenkirchen. Ein schwarzer Bentley war davor geparkt, so ein Auto hatte Rashid bisher nur im Film gesehen. Die Schuhe seines Freundes waren ihm etwas zu eng und der Mantel ein wenig zu klein, aber sonst, so fand er, sah er ganz gut aus.

Er wartete schon eine ganze Weile, dann kam Leonie mit ihrem Chiwawa endlich um die Ecke. Sie umarmte ihn zur Begrüßung, danach stiegen sie die Stufen zu dem Restaurant rauf, zwei prächtige Steinlöwen wiesen ihnen den Weg. Ein Brunnen im Eingang, zwei goldene Buddhas, alles funkelte und schillerte, aber Leonie ging locker auf den Empfangschef zu und sagte, dass sie einen Tisch für zwei reserviert hätte. Man nahm ihnen die Mäntel ab, Rashid packte noch schnell seine Schachtel Zigaretten und das Feuerzeug, dann wurden sie in den so genannten Wintergarten gebracht, an einen Platz am Fenster. Eigentlich hatte Leonie erwartet, dass Rashid ihr den Stuhl höflich zurechtrücken würde beim Hinsetzen, was er aber nicht tat, schüchtern setzte er sich selbst gleich auf seinen Stuhl. Leonie bemerkte schnell, dass Rashid sich nicht richtig benehmen konnte. Der Kellner legte ihnen die Speisekarte vor, Rashid traute seinen Augen nicht, als er darin blätterte, eine Suppe für 14 Euro, das fing ja gut an. Leonie wählte einen Teller mit Meeresfrüchten als Vorspeise, und Rashid fragte in seiner Verwirrung tatsächlich, ob es Döner gibt.

Der Kellner guckte komisch, verzog aber sonst keine Miene, Rashid wählte schnell dasselbe, was Leonie bestellt hatte. Es war ihm peinlich, dass er sich nicht auskannte, er beschloss, ab jetzt einfach immer dasselbe zu tun, was Leonie tat. Erneut legte ihnen der Kellner die Karte vor, diesmal war es die Weinkarte. 170 Euro für eine Flasche Champagner, hatte Rashid das richtig gesehen?

Leonie bestellte ohne mit der Wimper zu zucken genau das: eine Flasche Champagner. Für Rashid war das alles Neuland. Er musste andauernd an sein Zuhause denken, an seine Familie, an seine Geschwister. Wenn die ihn jetzt hier sitzen sehen würden! Er wünschte, er könnte sie wenigstens anrufen, aber er hatte schon länger keinen Kontakt mehr zu ihnen gehabt. Leonie bemerkte den nachdenklichen Gesichtsausdruck von Rashid.

»Warst du auch in diesem Krieg?«, fragte sie ihn unvermittelt.

Er nickte nur.

»Und deine Familie? Bist du allein hier?«

»Meine Familie«, Rashid senkte den Kopf, »die ist noch da. Ich hab schon länger keinen Kontakt zu ihnen, ich weiß nicht, wo sie jetzt genau sind, wir mussten ja fliehen.«

Der Kellner brachte die Vorspeisenteller. Gerade als Leonie beschloss, lieber über etwas anderes mit Rashid zu reden, klingelte plötzlich leise ihr Handy, was ihr unangenehm war, in diesem Restaurant telefonierte man nicht. Es war ihre beste Freundin, Marie. »Hey, was machst du?«

»Ich kann nicht, ich habe eine Verabredung.«

»Mit wem, wo?«, fragte Marie.

»Mit einem Jungen.«

Kaum hatte Leonie aufgelegt, klingelte es schon wieder, diesmal war es ihr Freund. Rashid beobachtete Leonie dabei, er konnte sowieso dieses Essen nicht richtig genießen. »Kapier es doch endlich, Thorben«, flüsterte Leonie in ihr iPhone, »ich hab es dir doch oft genug gesagt. Und jetzt kann ich eh nicht, ich bin mit einem Freund essen, alles klar?«

Entschieden schaltete Leonie das Handy aus und sah Rashid in die Augen: »Sorry«.

Jetzt konnten sie also endlich essen.

»Ich hoffe, dir schmeckt das. Wo wohnst du eigentlich jetzt?«

»Ich ...«, Rashid machte eine Pause, »ich wohne mit einem Freund zusammen. Wir wohnen in einer Art WG«. Leonie nickte, sie senkte den Kopf, er ist traurig, dachte sie. Aber dann dachte sie erst mal gar nichts mehr, denn als sie den Kopf hob, sah sie im Eingangsbereich zwei Menschen, die sie sehr gut kannte, und ihr stockte der Atem: ihre Eltern!

Am liebsten hätte sie jetzt die Teller geschnappt und sich unter dem Tisch versteckt bei Pfiffi, der artig die ganze Zeit unter der Tischdecke hockte. Doch da stand ihr Vater schon neben ihr. Den Jungen kenne ich doch, dachte er sich, das ist doch der, der unseren Pfiffi zurückgebracht hat.

»Morgen ist Schule. Was machst du denn hier?«, fragte er seine Tochter.

Leonie war total erschrocken, ihre Eltern hier zu treffen, damit hatte sie nicht gerechnet. »Ich habe Rashid zum Essen eingeladen, er ist der Junge, der mir das Leben gerettet hat. Und das ist mein Dank an ihn. Das ist doch das Mindeste, oder?«

Leonies Mutter sah Rashid an, ein netter Junge, dachte sie und gab ihm die Hand: »Und ich bin Leonies Mutter. Wie schön, dass es dich gibt, da haben wir dir natürlich auch zu danken.«

Rashid stand etwas verlegen auf. Der Vater nickte nur, und zu Leonie hin zischte er zwischen den Zähnen: »Das hättest du uns aber wenigstens sagen können.«

»Und wir feiern heute unseren Hochzeitstag«, erklärte die Mutter noch, als der Empfangschef die Eltern auch schon weiterbat in die Lounge, an ihren reservierten Platz.

»Meinst du, ich kann mal eine rauchen gehen?«, fragte Rashid Leonie.

Sie lächelte: »Tut mir leid, das gerade, na klar doch, da hinten im Innenhof, glaube ich.«

Ob sie ihn fragen konnte, was er erlebt hatte? Leonie hatte schon einiges von ihrem Vater gehört, er redete manchmal abends mit ihrer Mutter darüber. Ihr Vater war der zuständige Richter in Asylverfahren. Manchmal war er wütend, aber manchmal schien ihn alles zu belasten. Sie spürte Pfiffi an ihren Füßen, er rollte sich auf ihren Stiefeln ein, so dass sie sich gar nicht mehr bewegen konnte. Und jetzt kam Rashid zurück.

Als er sich gesetzt hatte, legte sie ihre Hand auf seine: »Magst du reden? Was hast du erlebt?«

Rashid schüttelte nur den Kopf. »Wir reden über deinen Unfall, okay? Du musst besser aufpassen.«

Dann nahmen sie die Gläser in die Hände und stießen an.

4

Während die beiden drinnen im Restaurant nun etwas ruhiger wurden und aßen und Leonie ein wenig von sich erzählte, was sie machte und was sie vorhatte, dass sie ein Auslandsjahr machen wollte und Ähnliches, war es draußen vor dem Restaurant keineswegs ruhig. Thorben, Leonies Ex-Freund, hatte sich inzwischen mit seinem Freund getroffen, dem mysteriösen Herrn Tutor. Thorben war ziemlich eifersüchtig. Er kannte Leonie von Kind an, sie hatten schon im Sandkasten zusammen gespielt, seine Eltern waren mit ihren Eltern befreundet, was fiel ihr eigentlich ein, mit ihm Schluss zu machen!

In welchem Restaurant Leonie war, konnte er sich denken, da ging sie auch mit ihren Eltern immer hin. Das *Le Patron* unten am Rhein. Herr Tutor, ein bekannter Blogger, der alles Mögliche ins Netz stellte und sich einen Namen damit machte, hatte ihm auch noch eingeheizt. Und jetzt stand er mit ihm vor dem *Le Patron*, ein wenig versteckt, und wartete, und tatsächlich, da kam Leonie mit einem Typen raus, einem Ausländer auch noch, ganz offensichtlich. Ein Taxi bog um die Ecke, und dann, er glaubte seinen Augen nicht zu trauen, gaben sich die beiden einen Abschiedskuss. Leonie hatte Pfiffi auf dem Arm und stieg ein. Den Typ, den würde er sich gleich vornehmen.

»Eh, du Kanacke, scheiß Ausländer.«

Rashid schaute auf, und bevor er sich noch orientieren konnte, standen die beiden jungen Männer auch schon direkt vor ihm.

»Was packst du meine Freundin an!«

Thorben drückte Rashid gegen eine Hauswand, packte ihn am Hals, er war so wütend auf diesen Typen! Er würgte ihn, Rashid schlug erst nur um sich, was nicht half. Er hatte keine andere Möglichkeit, als Thorben wegzuschubsen und ihm zwei gezielte Schläge zu versetzen. Kämpfen konnte Rashid, in seiner Heimat Syrien hatte man ihn schon zum Militär eingezogen, aber er war geflohen, weil er dabei nicht mitmachen wollte. Thorben taumelte, fiel, während sein Freund, Herr Tutor, nichts Besseres zu tun hatte, als alles mit seinem Smartphone zu filmen.

Super, dachte Herr Tutor, das setze ich sofort auf Youtube. Und schon am nächsten Morgen konnten alle sehen, was in der Nacht passiert war, nur dass Thorben der Angreifer gewesen war, das war auf diesem Film nicht zu sehen.

Zum Glück aber gab es noch einen zweiten Film. Den hatte die Überwachungskamera des Hauses aufgenommen, gegen dessen Hauswand Thorben Rashid gedrückt hatte. Und später, als es zu dem Prozess gegen Rashid kam, da sollte das alles noch eine Rolle spielen.

An diesem Abend allerdings, dem 2. Adventssonntag, schaute sich Rashid nur noch schnell um, er sah, dass Thorben am Boden lag, aber auch, dass er nicht wirklich schwer verletzt war, und er sah, wie der andere Typ wegrannte. Was sollte er jetzt tun? Er war überfallen worden! Aber zur Polizei gehen, das kam für ihn nicht infrage. »Hast du jemals einen Ausländer bei der Polizei gesehen? Höchstens in Handschellen«, das hatte sein Freund im *Upstairs* einmal warnend zu ihm gesagt. Rashid fühlte den 50-Euro-Schein in seiner Manteltasche, nichts wie weg hier, dachte er sich und lief auf die Hauptstraße zu einem Taxi, das ihn ins *Upstairs* fuhr. Erst dort, als er ausgestiegen war und bezahlt hatte, sah er an sich runter. Das schöne weiße Hemd, das er sich für diesen Abend von seinem einzigen Freund, den er in diesem Land hatte, geliehen hatte, es war voller Blutflecken.

Leonie war in der Zwischenzeit längst zu Hause angekommen, sie hockte auf ihrem Bett und machte noch schnell die Hausaufgaben für Montag. Sie hörte, wie ihre Eltern nach Hause kamen, ihr Vater ging, wie immer, noch in den Fernsehraum und guckte noch Sport, und ihre Mutter, die kam zu ihr rauf und stand schon neben ihr:

»Was hältst du von diesem jungen Mann, wie heißt er noch? Rashid?«

»Ich, eh ...«, es piepte auf ihrem Macbook, aber Leonie klappte es schnell zu, sie sah nur, dass es eine Nachricht von Marie war, »... ich muss dringend noch Aufgaben machen, Ma, entschuldige mich bitte.«

Aber Leonie machte keine Aufgaben mehr, sie holte ihr Tagebuch raus und schrieb etwas hinein, das nur für sie selbst bestimmt war.

5

Als sie am nächsten Morgen zur Schule ging, war wieder ein ganz normaler Tag. Alles war wie immer. Oder doch nicht? Als sie in die Klasse kam, schauten alle sie komisch an. Ihre Freundin Marie kam auf sie zu:

»Hast du meine Mail gelesen? Hast du das Video gesehen? Gut, dass du dich von diesem Schwächling getrennt hast.«

Leonie hatte keine Ahnung, worum es überhaupt ging, »welches Video denn?«

Leonie holte ihr Handy aus der Tasche, und Marie gab ihr den Link. Zum Glück kam die Lehrerin zu spät, sie konnten alles noch angucken. Als Leonie erkannte, dass es Thorben und Rashid waren, die sich auf dem Video schlugen, war sie geschockt. Sie versuchte sofort, Rashid zu erreichen, um zu fragen, wie es ihm geht, aber Rashid ging nicht an sein Handy. Am Unterricht nahm Leonie nicht teil, sie war zwar anwesend, aber sie musste die ganze Zeit über nur an Rashid denken. Um Thorben hingegen machte sie sich keine Gedanken.

Thorben, den sie übrigens in der Schule nur »das Quadrat« nannten, nicht weil er so aussah, sondern weil er einen Tick hatte und immer nur Sachen mit Quadraten trug, Thorben also hatte an diesem Morgen zwei Freistunden. Er traf sich mit Herrn Tutor im Forstbotanischen Garten, wo Herr Tutor manchmal morgens joggte. Thorben war wütend auf Herrn Tutor. Er war überhaupt wütend. Nachdem er am vorigen Abend sogar noch in der Notfallstation behandelt worden war (okay, er hatte nur eine Platzwunde, aber immerhin), war er noch zur Polizei gegangen. Er wollte eine Anzeige aufgeben, gegen unbekannt, aber die Polizisten erklärten ihm, dass sie das zwar aufnehmen, es aber keine Chance hat, weil sie ja keine genaueren Angaben hatten. Thorben fing an herumzuschreien, ob sie wüssten, wen sie vor sich hatten, woraufhin die Polizisten ihn einfach vor die Tür gesetzt hatten. Und jetzt stand er hier, frierend, im Forstbotanischen Garten, und besah sich erneut das Video, das Herr Tutor auf Youtube gestellt hatte.

»Ich steh als der totale Loser da!«, fluchte Thorben.

Aber dann fiel beiden auf, dass man auf dem Video gar nicht sah, wer angefangen hatte, wie Thorben diesen Ausländertypen erstmal gewürgt hatte. »Das ist die Idee«, jetzt fiel es beiden fast gleichzeitig ein. Damit konnten sie erneut zur Polizei gehen und den Typen anzeigen, sie wussten zwar nicht, wie er heißt, aber wie er aussah, konnte man deutlich erkennen. Und genau das taten sie auch, zu zweit gingen sie auf die Wache in Rodenkirchen und anschließend mit einem richtig guten Gefühl nach Hause.

6

Burak, Rashids Freund, war ihm zum Glück nicht böse. Er zeigte ihm, wie man Blut auswäscht, nämlich mit kaltem Wasser, aber Rashid wollte das Hemd trotzdem noch in die Reinigung bringen. Und dann erzählte Rashid Burak ganz ausführlich, was geschehen war.

Thorben ahnte natürlich, dass Leonie sauer auf ihn war, er wollte sie unbedingt treffen, mit ihr reden, sie zurückgewinnen. Herr Tutor sollte ihm dabei helfen, aber wie?

Leonie und er waren zwar im gleichen Deutschkurs, aber Leonie schaute ihn noch nicht einmal mehr an. Also versuchte Thorben von Marie herauszukriegen, wer dieser Typ war, wie er hieß, wo er wohnte. Aber Marie hielt dicht, sie verriet ihre Freundin nicht.

Doch dann hatte Thorben eine Idee, er ging zu Leonie nach Hause. Er wusste, dass Leonies Vater ihn mochte, sie kannten sich ja schon lange, Thorben wohnte zwei Straßen weiter.

»Hallo Thorben, schön, dass du mal wieder vorbeischaust«, sagte der Vater, als er die Tür öffnete, »du warst ja lange nicht mehr bei Leonie.«

Thorben erzählte Herrn Becker von dem Jungen, mit dem sich Leonie getroffen hatte.

»Ach, dieser Rashid, den kenne ich«, meinte Herr Becker. Zunächst wunderte er sich, dass Rashid so gewalttätig sein sollte, wie Thorben es ihm jetzt erzählte, aber dann fühlte er sich doch ein wenig in seinen Vorurteilen bestätigt, die er nun mal hatte, obwohl ein Richter sie nicht haben sollte. Zumindest begann er, Thorben zu glauben.

Und der hatte nun erfahren, wie »der Typ« hieß und auch, wo er wahrscheinlich wohnte, nämlich im *Upstairs* in Köln Deutz.

Thorben machte sich augenblicklich auf den Weg zu dem Heim, und tatsächlich traf er Rashid dort an, als der gerade das Hemd in die Reinigung bringen wollte, damit sein Freund es wirklich tiptop wieder zurückkriegen würde.

»Wenn du meine Freundin nicht in Ruhe lässt, dann werde ich dafür sorgen, dass du unser Land noch vor Weihnachten wieder verlässt! Klar?«

Rashid zeigte sich zwar unbeeindruckt von Thorben, der übrigens mal wieder seine Quadratjacke anhatte und darin reichlich komisch aussah, aber Rashid musste auch an seine Familie denken, an seine Heimat, an seine Flucht, und er wusste, dass er eines nicht wollte, auch wenn er sich hier in Deutschland gar nicht sehr wohl fühlte, er wollte nicht abgeschoben werden.

7

Und nun sieht es so aus, als sei diese Geschichte bereits zu Ende. Denn Rashid ging nicht ans Handy, obwohl Leonie ihn immer und immer wieder anrief.

Aber jetzt kam der Zufall ins Spiel, oder war es Schicksal?

Rashid kriegte die Chance, am Deutschunterricht teilzunehmen. Er hatte zwar die Sprache schon einigermaßen gelernt, aber mal wieder auf eine Schule zu gehen, ja, das wäre super. Die Schule sollte in Köln Rodenkirchen sein, die Gesamtschule, eine weite Fahrt jeden Morgen für ihn, aber viel besser als rumhängen im Heim oder auf der Straße.

Und da passierte es dann, auf dem Schulhof stand Leonie plötzlich vor ihm.

»Rashid! Ich hab schon gedacht, ich dachte ...«, sie stotterte ein wenig, sie wusste nicht, was sie sagen sollte, so sehr freute sie sich, dass er da war, ihr Retter, ihr Schutzengel.

»Lass mich in Ruhe, okay?« Rashid drehte sich augenblicklich um und ging weg von ihr.

Aber Leonie glaubte ihm nicht, dass er sie nicht mehr mochte.

»Hey!«, rief sie ihm nach, »was ist los mit dir?«

Aus den Augenwinkeln heraus sah sie Thorben bei den Rauchern stehen, der breit grinsend seinen Freund, Herrn Tutor, umarmte.

Leonie hätte Rashid so gern eingeladen, bald war ja Weihnachten, was würde dann mit ihm sein, er hatte ihr doch im Restaurant erzählt, dass er allein war! Würde er in dieser WG, von der er gesprochen hatte, feiern?

»Was ist denn mit dir los?«, fragte Marie Leonie, als sie deren verdutztes Gesicht sah. »Hast du einen Geist gesehen?«

»So etwas Ähnliches, weißt du was? Er ist da!«

»Wer, er? Kannst du mal Klartext reden!« Die beiden Freundinnen gingen nun rein.

»Na er, Rashid! Der da, siehst du ihn?«

Leonie zeigte auf den Jungen, der jetzt fast allein draußen stand, denn alle strömten in den Unterricht. Marie musste grinsen, es war nämlich genau der Junge, den sie gleich in den Unterricht begleiten sollte. So war es hier nämlich üblich, die Neuen wurden von Schülern betreut, so lange, bis sie sich an dieser riesigen Schule selbst zurechtfanden. »Na, dann warte mal ab«, lachte Marie, und Leonie schüttelte nur noch den Kopf, wieso lachte die denn jetzt so komisch?

»Bist du jetzt etwa auch gegen mich?«, war alles, was sie noch rausbrachte.

Rashid rauchte noch eine Zigarette, dann kam ein Mädchen auf ihn zu und fragte ihn, wie er heißt, und erklärte ihm, dass sie ihn jetzt begleitet. Sie sah nett aus, und Rashid war es nun doch etwas leichter ums Herz, er hatte sich schon gefragt, wie er diesen Raum B.02.08 finden sollte. Minutenlang, so kam es ihm wenigstens vor, gingen sie durch die leeren Gänge, dann standen sie vor einer verschlossenen Tür.

Das Mädchen, das Marie hieß, sie hatte sich ihm gerade vorgestellt, klopfte.

»Wieso sind hier alle Türen ohne Klinken?«, flüsterte Rashid noch und sah sich etwas besorgt um. War das ein Gefängnis?

Aber da öffnete schon der Lehrer, Herr Kik, die Tür, und dann stellte er Rashid der Klasse vor. Danach zeigte er auf einen freien Platz neben einem blonden, großen, langhaarigen Mädchen und bat Rashid, dort Platz zu nehmen. Als Rashid genauer hinsah, erkannte er Leonie. Er zögerte kurz, doch dann setzte er sich neben sie.

Leonie konnte es kaum fassen: Rashid saß neben ihr! Das war ein bisschen viel Zufall auf einmal, das ist Schicksal, dachte Leonie.

Den ganzen Unterricht über wechselten sie kein Wort und keine Blicke. Kaum gongte es aber, da packte Leonie Rashid an der Hand und sagte:

»Wir reden nach der Schule, okay? An der Haltestelle!«

Aber Rashid zog seine Hand zurück und ging einfach, ohne zu antworten.

8

Auch am nächsten und am übernächsten Tag gelang es Leonie nicht, mit Rashid zu reden. Er wich ihr andauernd aus. Schließlich bat sie ihre Freundin Marie, ob sie ihr helfen könne. Marie sollte Rashid fragen, was das alles zu bedeuten hatte, und gleichzeitig wollte Leonie sich Thorben nochmal vornehmen. Und tatsächlich gelang es Marie, Rashid in der Pause zum Reden zu bringen:

»Hey du, Rashid! Kannst du mir mal erklären, wieso du nicht mehr mit meiner Freundin redest?«

Rashid antwortete sehr nervös: »Okay. Der Typ da, den ihr das Quadrat nennt, der kam zu mir nach Hause und drohte mir. Wenn ich Leonie noch einmal anspreche, dann sorgt er dafür, dass ich abgeschoben werde. Und das will ich nicht! Kapiert?«

Marie holte tief Luft, nein, sie würde jetzt nicht aufgeben: »Aber Leonie liebt dich!«, platzte es aus ihr heraus.

»Wenn sie mich liebt, soll sie mich in Ruhe lassen!«

Leonie hatte die Pause auch genutzt und war auf Thorben zugegangen.

»Was hast du mit ihm gemacht?«, schrie sie ihn an.

Thorben verzog das Gesicht zu einem breiten Grinsen: »Von wem sprichst du? Der Typ wird nicht mehr lange hier sein.«

Die nächste Stunde war Mathe. Und wieder war es so, dass Rashid diesmal nicht direkt neben Leonie saß, aber doch mit ihr am selben Tisch. Damit Leonie Ruhe gab, riss er einen Zettel aus seinem Mathe-AB, faltete ihn und schob ihn ihr zu. Als sie ihn öffnete, sah sie erstmal nur lauter Matheaufgaben mit falschen Lösungen. Sie schrieb die richtigen Lösungen dahinter, strich die falschen durch, erst dann kam sie auf die Idee, den Zettel rumzudrehen. »Thorben droht mir, wenn ich mit dir rede, werde ich bis spätestens Weihnachten abgeschoben.«

Als Leonie das las, entstand eine tiefe Wut in ihr, ihr Gesicht färbte sich hochrot, ihre Hände zitterten. Bis zum Ende der Stunde konnte sie sich noch unter Kontrolle halten. Wütend schmiss sie ihre Sachen in ihre Tasche und beschloss, Thorben vor allen anderen jetzt zur Rede zu stellen. Zügig ging sie auf die Raucherecke zu, wo Thorben mit Herrn

Tutor und ein paar anderen stand, und ohne irgendetwas zu sagen, trat sie ihm mit ihren teuren Gucci-Stiefeln zwischen die Beine. Thorben schrie auf.

»Was fällt dir ein!«, schrie Leonie, »wenn du Rashid drohst, drohst du mir!«

Marie kam hinzugelaufen und zog Leonie weg, ehe sie noch mehr anrichtete. Aufgebracht liefen die beiden jetzt Richtung Bahnhaltestelle. Leonie war nicht nur wütend, sie war auch so enttäuscht von Thorben, wie konnte er so etwas nur tun?

Auch Rashid wartete an der Haltestelle, und als die Bahn endlich kam, mal wieder zu spät und überfüllt, stiegen die beiden nicht ein, nur Marie.

»Rashid, ich glaube dir, dass du nicht angefangen hast mit der Schlägerei, aber ich möchte es auch noch einmal von dir hören!«

Rashid sah in ihre blauen großen Augen, »danke«, sagte er, »dass du mir glaubst, das bedeutet mir echt viel.« Und dann erzählte ihr Rashid alles mit allen Einzelheiten, und Leonie wusste, dass er sie nicht anlügt.

»Ich möchte dich gerne Weihnachten zu uns nach Hause einladen«, sie strahlte ihn an.

Weihnachten – ja, das feierten sie hier, aber so richtig, was das war und wie man das feierte, wusste Rashid nicht.

Er schüttelte den Kopf. »Nein, das möchte ich nicht. Ich muss jetzt gehen.«

Für Rashid war das alles ziemlich viel gewesen, und zum ersten Mal, seitdem er hier war, kam ihm der Gedanke, zurückzuwollen, zurück nach Syrien, nach Hause? War Syrien noch ein Zuhause?

9

Am nächsten Morgen stand Leonie früh auf, und wie immer schaltete sie als Erstes *Radio Köln* ein. Sie traute ihren Ohren nicht: ein Bericht über syrische Asylanten in Köln und dass sie an der Gesamtschule Rodenkirchen, ihrer Schule also, zum Teil in den Unterricht gehen konnten. Und dann wurde da noch von einem merkwürdigen Jungen berichtet, der besonders schlimme Dinge erlebt hatte. Das konnte nur Rashid sein, das wusste Leonie sofort. Und jetzt erst recht nahm sie sich vor, ihn einzuladen. Doch schon auf ihre erste SMS an ihn kam keine Antwort.

An diesem Tag, dem letzten Schultag, redete Leonie noch einmal mit Thorben, sie sagte ihm klipp und klar, dass sie Gefühle für Rashid hat.

Thorben war wütend, zugleich aber auch ein wenig traurig, bis jetzt war Leonie sein Mädchen gewesen, er kannte sie seit dem Sandkasten und im Kindergarten waren sie auch schon zusammengewesen.

Ihm fiel nichts Besseres ein. Er wollte handeln und auf seiner Klage gegen Rashid bestehen. Er wollte ihn vor Gericht anklagen, der Typ musste weg, dann würde es sich Leonie schon wieder anders überlegen.

Rashid, überfordert von all dem, kam an diesem letzten Tag nicht zur Schule. Er musste sich erstmal mit seinem Freund Burak besprechen. Aber Leonie war ein hartnäckiges Mädchen, stellte er fest. Eine SMS nach der anderen erreichte ihn, und dann antwortete er.

10

Und jetzt stand er mit wackligen Beinen auf ein paar Schlittschuhen und sorgte dafür, dass drei Menschen um ihn herum ziemlich lachen mussten. Leonie hatte ihn überredet, mit ihr auf dem Heumarkt, mitten im Herzen von Köln, Schlittschuhlaufen zu gehen. Das war nun etwas, was Rashid bisher weder gesehen noch gemacht hatte. Zum Glück war Burak dabei, das war ihm im letzten Moment noch eingefallen. »He, komm mit!«, hatte er gesagt, »das schaff ich ohne dich nicht.« Burak, das war ein echter Freund, auch wenn er jetzt ähnlich komisch an der Bande entlangeierte. Leonie hatte Marie mitgebracht, und insgesamt hatten die vier einen unglaublichen Spaß an diesem Nachmittag, dem 23. Dezember 2013, an dem es nun schon langsam dunkel wurde und an dem sie gar nicht aufhören konnten, sich im Kreis zu drehen und zu lachen und Marie schaute ziemlich viel auf Burak und Rashid ziemlich viel auf Leonie.

»Du kommst doch morgen, oder?«, sagte sie zum Abschied. »Bitte! 18 Uhr.«

Rashid sah sie nur an mit seinen schwarzen Augen, und dann kam Burak und zog ihn fort.

11

Rashid war sehr nervös, er ging jetzt schon seit einer halben Stunde durch die Straßen in Leonies Viertel. Auf keinen Fall wollte er zu spät kommen. Jetzt sah er das Haus, in dem Leonie wohnte, vor sich. Wie schön es geschmückt war! Die vielen Lichterketten – Rashid war sehr beeindruckt. So etwas hatte er zuvor noch nie gesehen. Es sah noch schöner aus als die geschmückten Häuser in der Stadt. Noch einmal holte er sein Handy raus und sah, dass er immer noch zu früh war: 17.19 Uhr! Es war sehr kalt an diesem Heiligabend, und Rashid fror. Er hatte die geliehenen Klamotten von Burak wieder an, das weiße Hemd, die Schuhe, die etwas zu eng waren, und den Mantel, der ihm ein wenig zu klein war. Burak war allein im *Upstairs* geblieben. Rashids Füße waren eiskalt, Schnee war schon in die Schuhe gekommen, seine Hände aber schwitzten. Rashid zögerte noch ein wenig, dann klingelte er.

Und wieder war es Herr Becker, der ihm öffnete. Er guckte Rashid von oben bis unten an. Doch bevor Rashid auch nur »hallo« sagen konnte, knallte die Tür schon wieder vor seiner Nase zu. Um kurz darauf wieder aufzugehen. »Entschuldigung«, sagte Leonies Mutter, »Martin ist heute sehr gestresst und wusste nicht, dass du kommst.« Dann fuhr sie mit einem Lächeln auf den Lippen fort: »Komm doch rein! Schön, dass du da bist, wir haben dich schon erwartet«.

Tatsächlich hatte Leonie in ihrer ganzen Aufregung nur ihrer Mutter erzählt, dass sie Rashid eingeladen hatte. Und die hatte versprochen, ihr beizustehen und ihr zu helfen. Nun betrat Rashid das geschmückte Haus, er zog den Mantel und die engen Schuhe aus und sah sich erst einmal um. Wieder staunte er, wie schön es hier aussah. Aber da kam auch schon Leonie die Treppe heruntergelaufen, Pfiffi rannte voraus. Rashid beugte sich herab und streichelte ihn kurz, dann stand auch schon Leonie mit ausgebreiteten Armen vor ihm und umarmte ihn.

»Komm rein«, sagte sie. Rashid freute sich so sehr, sie wiederzusehen, dass ihm alles andere egal war. Er gab ihr einen schnellen Kuss auf den Mund. Und Leonie strahlte wie die Lichterketten am Weihnachtsbaum. Jetzt kann es nur noch ein perfekter Abend werden, dachte sie, während Rashid, ein wenig erschrocken über sich selbst, rot wurde.

Karin Becker hatte ihren Mann in der Zwischenzeit am Arm gepackt und in die Küche gezogen. Hinter verschlossener Tür stritten die beiden, während Leonie Rashid noch schnell nach oben in ihr Zimmer führte.

»Was macht denn der Ausländer schon wieder hier?«, motzte der Vater, der an das Video denken musste, das ihm Thorben gezeigt hatte.

»Boah, Martin, ich fass es nicht. Wie redest du?« Karin Becker raufte sich die Haare. »Er hat unserer Tochter das Leben gerettet, schon vergessen, und außerdem ist Weihnachten.«

»Genau, es ist Weihnachten. Warum sagt sie uns das denn nicht, wenn sie so etwas macht? Weihnachten ist ein Familienfest, damit das mal klar ist!«

»Nein, ein Fest der Liebe!«, fauchte Karin ihn an. Es brauchte noch eine ganze Weile, bis Martin Becker sich wenigstens halbwegs beruhigte, und Karin Becker brauchte ziemlich viel Geduld, um auf ihn einzureden. Als sie aber dann beide nach einer Weile wieder aus der Küche kamen, sahen sie, wie Leonie und Rashid inzwischen selig zusammen auf dem Sofa saßen und sich unterhielten. Und da konnte dann auch Martin Becker nicht anders, als höflich auf Rashid zuzugehen und ihn zu begrüßen.

Die Mutter bat dann alle ins Esszimmer, wo der riesige Weihnachtsbaum stand, unter dem noch die vielen Geschenke lagen. Bei den Beckers fand die Bescherung immer erst am 1. Weihnachtstag statt, anders als bei den meisten Deutschen. Und hier stand auch der große weiße Tisch, der festlich gedeckt war. Leonie und Rashid sollten sich gegenüber sitzen, aber erstmal bat die Mutter Leonie noch einmal in die Küche, sie sollte ihr helfen. Herr Becker starrte stur und etwas verlegen vor sich hin, ihm ging jetzt so einiges durch den Kopf, und Rashid musterte Wohn- und Esszimmer, und wieder war es so, dass er an seine Leute zu Hause denken musste, an Vater und Mutter und an seine Geschwister.

Aber dann kam Leonie zurück, nahm Platz und kurz darauf kam die Mutter herein mit einem riesigen saftigen Truthahn, den sie kaum tragen konnte. Sie stellte ihn ab und schnitt ihn an. Rashid musste fragen, was das war. Es duftete jedenfalls herrlich. Als alle ihre Teller gefüllt hatten, prosteten sie sich zu und begannen zu essen.

Jetzt war es so still, dass man sogar hören konnte, wie Pfiffi unter den Tisch kam. Martin Becker hatte mal wieder seinen »Killerblick« aufgesetzt, so nannten sie das, aber weil es so gut schmeckte, merkte man, dass doch etwas bessere Stimmung aufkam. Herr Becker lobte das Essen, Leonie erklärte Rashid, was Truthahn ist, und Frau Becker fragte, wer noch Nachschlag haben wollte.

»Erzähl uns doch mal, was so deine Pläne sind«, wollte Herr Becker jetzt von Rashid wissen. »Rashid«, fuhr er fort, »Rashid, wie heißt du eigentlich mit Nachnamen?«

»Yahya!«, antwortete Rashid.

»Und wie alt bist du? Und wo wohnst du?« Rashid fühlte sich ziemlich bedrängt durch diese Fragen. »Und was willst du mal werden?« Herr Becker fragte gnadenlos weiter. »Du kommst aus Syrien, nicht wahr, und wo ist deine Familie jetzt?«

»Jetzt lass den jungen Mann doch endlich mal in Ruhe essen«, ging Karin Becker nun dazwischen, »wir sind doch hier nicht bei Gericht.« Und dann wandte sie sich an Rashid: »Ich habe mal gehört, dass der Name Rashid ›der Gerechte‹ bedeutet, stimmt das?«

»Oh«, jetzt musste Rashid zum ersten Mal an diesem Abend ein wenig lachen, »das wusste ich gar nicht.«

»Und Leonie bedeutet: die Löwin«, meldete sich Leonie jetzt, die ja gewohnt war, immer im Mittelpunkt zu stehen. Herr Becker sah zwischen den beiden hin und her, aß dabei weiter, aber plötzlich fing er an, ganz fürchterlich zu husten, er konnte sich kaum halten vor Husten, es war klar, er hatte sich verschluckt. Leonie und ihre Mutter sahen sich erschrocken an, sie waren wie versteinert, sie wussten nicht, was sie tun sollten.

Doch Rashid wusste, was zu tun war, er stand auf, ging zu Herrn Becker, schlug ihm mehrfach stark auf den Rücken, aber der, inzwischen schon hochrot angelaufen, hustete immer weiter, ja, er röchelte und japste nach Luft. Da umklammerte Rashid ihn mit gekonntem Griff von hinten und presste seine Arme gegen den Solarplexus, sodass der Reflex ausgelöst wurde und Herr Becker das Verschluckte wieder ausspucken konnte. Es waren übrigens weder Fleisch noch ein Stück Knochen, sondern drei kleine Erbsen, die jetzt auf dem Tisch landeten. Die hatten Martin Becker in der Luftröhre gesessen. Er rang noch ein wenig nach Luft, doch als er die Erbsen sah, musste er lachen. »Nun hast du schon zwei Menschen gerettet!«, sagte er erschöpft und nicht so ganz ernst gemeint. »Danke, Rashid«, ergänzte er dann, »das war sehr mutig von dir.« Von da an wurde die Stimmung am Tisch immer besser, jetzt war Weihnachten.

Rashid erzählte, dass er noch nie Weihnachten gefeiert hatte.

12

Während sie drinnen aßen und redeten, hatte es draußen immer weiter geschneit. Irgendwann sah Karin Becker erst aus dem großen Wohnzimmerfenster und dann auf die Uhr: »Ich glaube, du solltest bei uns übernachten, Rashid, ein Taxi kriegen wir bei dem Wetter sowieso nicht. Und wir haben ein Gästezimmer.« Leonie freute sich natürlich, sie fand, dass das eine gute Idee war, und ihr Vater stimmte auch zu. Alle hatten jetzt ein Lächeln auf dem Gesicht, ganz anders als zu Beginn dieses Abends.

»Dann muss ich mich aber erst im *Upstairs* abmelden«, meinte Rashid. »Vielleicht können Sie das für mich machen?«, fragte Rashid. »Mir glaubt man vielleicht nicht.«

»Das übernehme ich«, Herr Becker nickte Rashid zu, jetzt konnte er sich revanchieren.

»Du sollst dich dort aber nach Weihnachten gleich melden, haben sie gesagt«, meinte Herr Becker, als er zurückkam. »Irgendetwas liegt gegen dich vor.« Und als er das sagte, sah er Rashid mit scharfem Blick an: Sollte er diesem jungen Mann nun trauen oder nicht?

»Okay«, Rashid nickte: »... und: danke«. Und natürlich überlegte er kurz, was damit wohl gemeint war. Als Erstes fiel ihm die Sache bei H&M ein, hatten sie ihn doch gefilmt dabei? Konnte man ihn erkennen? Oder hatte es etwas mit diesem Thorben zu tun, der ihm gedroht hatte. Aber was hatte der denn inzwischen gemacht? Rashid schob all diese Gedanken beiseite, denn jetzt fiel ihm sein Freund Burak ein.

»Ich selbst muss aber auch noch meinen Freund anrufen, der ist allein im *Upstairs*. Entschuldigen Sie mich bitte«, und damit ging Rashid kurz in den Flur.

»Läuft alles super hier!«, sagte Rashid zu Burak, »und nochmal danke, für die Sachen, du weißt schon.«

Schließlich war es so weit, dass Karin Becker abräumen wollte. Rashid stand sofort auf, um zu helfen, so kannte er es nämlich auch von zu Hause. Frau Becker war sehr beeindruckt. Thorben war auch oft hier gewesen, aber der hatte nie geholfen. Ihr Mann hingegen, Martin, nutzte den Moment, um schnell nochmal in das Fernsehzimmer zu verschwinden.

Als Leonie und Rashid aus der Küche kamen, blieb Leonie in dem großen Flur stehen und zeigte nach oben an die Decke, auf den Mistelzweig. »Weißt du was?«, fragte sie Rashid, es heißt, wenn man sich darunter küsst, dass das Glück bringt.« Und ehe Rashid nachfragen konnte, wieso und weshalb, hatte sie ihn schon geküsst. Auf den Mund, ein bisschen länger als zur Begrüßung.

Glück hatte er wirklich. Als sich Rashid in dem Gästezimmer umsah, konnte er es gar nicht fassen. Es war riesig, und er hatte ein eigenes großes Bad! Noch nie hatte Rashid ein eigenes Zimmer gehabt!

13

Als endlich alles still war im Haus, stand Leonie auf, sie konnte einfach nicht einschlafen und also schlich sie sich zum Gästezimmer eine Etage höher und klopfte vorsichtig an die Tür. Als sie öffnete, sah sie, dass auch Rashid wach lag, mit den Armen verschränkt hinter dem Kopf, erklärte er ihr, dass er noch nie so ein Zimmer gesehen hatte.

»Hast du Lust«, fragte sie ihn, »dass wir uns nochmal anziehen und rausgehen? Es liegt so viel Schnee.«

Es hatte inzwischen aufgehört zu schneien, der Himmel war klar und voller Sterne und es war sehr hell.

Die beiden fingen an, einen Schneemann zu bauen, sich mit Schnee zu bewerfen und als sie endlich müde waren, legten sie sich in den unberührten frischen Schnee und machten jeder einen Schnee-Engel.

Nachdem sie sich wieder in das Haus geschlichen hatten, leise und vorsichtig, damit Pfiffi nicht bellte, gingen sie beide in Rashids Zimmer und setzten sich nebeneinander auf das Bett. Beide hatten noch rote Gesichter von der Kälte. Sie kicherten und schauten sich immer wieder tief in die Augen. Sie waren beide so glücklich. Rashid hatte noch nie so einen schönen Tag wie diesen. Er konnte es gar nicht glauben, wo er war und was er gerade erlebte. War es ein Traum? Nein, denn er spürte ja sich selbst so sehr, von innen heraus, etwas so Warmes und Schönes, und dieses Herzklopfen. Wenn er sie ansah, musste er einfach lächeln.

Rashid wurde bewusst, wie sehr er schon verliebt war in sie, und Leonie war in ihn verliebt, das wusste er auch.

Draußen setzte jetzt wieder Schneefall ein, sie sahen es durch das große Dachfenster über dem Bett. Ein kuscheliger weißer Teppich lag vor dem Bett, es war so schön hier. Rashid fasste sich ein Herz und streichelte Leonie über die Wange und näherte sich ihrem Gesicht und Leonie tat dasselbe. Dieser Kuss war anders als die vorigen, er war leidenschaftlich und lang. Rashid hatte das Gefühl, vor Glück gleich zu platzen, er war so voller Liebe. Er fing an, Leonie die Jacke auszuziehen, dann zog er seine aus und die ganze Zeit über versuchte er, sich nicht von ihren Lippen zu lösen.

Als sie schon im Bett lagen, schaute Leonie ihm noch einmal lange und tief in die Augen. »Ich liebe dich«, sagte sie. »Ich liebe dich auch.« Draußen war es jetzt dunkel, der Himmel war zugezogen, es schneite.

Als sie zusammen geschlafen hatten, lagen sie noch lange wach unter der Decke. »Ich fand das wunderschön«, flüsterte Leonie.

»Ich habe so etwas noch nie gefühlt«, sagte Rashid und streichelte Leonie zärtlich über den Kopf und die langen Haare. Sie schlossen die Augen und schliefen ein.

14

Am nächsten Morgen war es Karin Becker, die als Erste aufstand, ans Fenster trat und die beiden Schnee-Engel im Garten sah. Sie musste lächeln, und dann ging sie zu Leonies Zimmer: ›Das wart doch sicher ihr beide?‹, wollte sie fragen. Aber als sie die Tür öffnete, war Leonie nicht in ihrem Bett. Nur Pfiffi kam auf sie zugelaufen.

Leicht irritiert ging sie eine Etage höher zum Gästezimmer, sie klopfte vorsichtig. Niemand meldete sich, sie drückte die Türklinke herunter und spinkste in das Gästezimmer. Da lagen sie alle beide und schliefen noch selig. Karin Becker konnte nicht anders, sie fand es süß, die beiden so friedlich dort liegen zu sehen. Martin, ihrem Mann, würde sie allerdings besser nichts davon sagen, beschloss sie sogleich und schloss die Tür wieder vorsichtig, um runterzugehen und das Frühstück zu machen. Danach ging sie erneut nach oben und klopfte. Diesmal öffnete sie die Tür entschiedener, aus dem Bad kam das Geräusch der Dusche und ihre Tochter lag nun allein im Bett und schien immer noch zu schlafen. Und wieder schloss sie die Tür leise. Was sollte sie tun? Ihre Tochter wecken oder noch warten? Sie sind alt genug, dachte sie, aber sie nahm sich auch vor, mit Leonie später zu reden. Und dann ging sie erneut nach unten ins Esszimmer, um auf die »Familie« zu warten.

Als Leonie endlich aufwachte, musste sie sich erst einmal umsehen, wo war sie? Dann richtete sie sich auf, gerade als Rashid aus der Dusche kam. Er hatte nur ein Handtuch um die Hüften gewickelt und lächelte sie an. Leonie wollte auch schnell duschen, aber doch lieber in ihrem Zimmer. Schnell lief sie runter, und als sie nach 20 Minuten, frisch geduscht und angezogen, aus ihrem Zimmer kam, wartete Rashid schon im Flur auf sie und sah sie an und konnte seine Blicke gar nicht wegkriegen von ihr. »Du siehst süß aus«, sagte er, und dann gingen sie runter, gemeinsam frühstücken.

»Wir können dich nachher nach Hause fahren«, meinte Herr Becker, der sichtlich gute Laune hatte, »wir gehen die Schwiegermutter besuchen und dann gemeinsam in die Kirche, in Deutz. Das ist bei uns so Sitte.«

»Und die Geschenke?«, fragte Leonie und schaute erwartungsvoll unter den Baum, aber dann drehte sie sich um und sah Rashid in die

Augen. »Die können wir ja danach auspacken, oder?«, meinte sie dann, und beide Eltern fanden, dass das eine gute Idee war.

Seit langem schien es ihrer Tochter einmal nicht nur um sie selbst zu gehen, das fiel Martin und Karin Becker auf. Und nicht nur das, es freute sie.

15

Thorben war am Vormittag des 24.12. allein zu Hause, seine Eltern arbeiteten, wie immer. Jetzt saß er vor seinem Computer und schaute auf Facebook nochmal die Fotos von ihm und Leonie an, die Fotos von früher. Er sehnte sich nach der Zeit mit Leonie. Er war jetzt so allein. Nach einer Weile aber kam ihm Rashid in den Sinn, und er spürte, wie eine unglaubliche Wut in ihm aufstieg. Um sich abzulenken und auf andere Gedanken zu kommen, spielte er *Call of Duty Black Ops II*, darin war er allerdings ziemlich schlecht, weshalb er sich nun noch mehr aufregte. Nach 20 Minuten machte er das Spiel aus, ging in die Küche und schob sich eine Pizza in den Ofen. Aber er aß sie nicht, denn jetzt entschied er sich, doch nochmal zur Polizei zu gehen. Es war einfach zu gemein, er wollte sich rächen. Leonie gehörte ihm! Also fuhr er wieder nach Rodenkirchen zur Polizei am Maternusplatz, denn jetzt konnte er ja Namen und Wohnort von Rashid angeben. An Heiligabend hatten die Polizisten eh keine Lust, ihm lange zuzuhören, schnell hatte er seine ergänzenden Angaben gemacht. Aber schon als er das Gebäude verließ, war es ihm nicht richtig wohl dabei. Wie gut, dass *Erkan's Burger-House* – Heiligabend hin oder her – geöffnet hatte. Die Pizza zu Hause war längst kalt, und Thorben beschloss, sich erstmal hier zu stärken, allerdings war er der Einzige an diesem Vormittag dort. Das schlechte Gefühl ging davon nicht weg, und so fuhr Thorben mit der Bahn nach Hause zu seiner Familie in den Hahnwald.

Viel Zeit hatten die Schmitts nicht, schon am nächsten Tag musste der Vater angeblich wieder auf eine Geschäftsreise gehen. Aber nun, am Abend, saßen sie am Esstisch und überreichten sich die Geschenke. Die Eltern gaben Thorben zwei kleine Kartons. Thorben öffnete gespannt den ersten Karton: Ein iPhone 5s! Und dann öffnete er den anderen Karton, darin war eine Krawatte, die mit roten und grünen Quadraten bedruckt war. Mit einem strahlenden Lächeln bedankte er sich bei seinen Eltern.

Inzwischen war es spät geworden und alle waren müde, Thorben ging in sein Zimmer, das iPhone 5s fest im Griff, legte sich ins Bett und schlief schnell ein. Und dann träumte er. Im Traum wurde Rashid abgeschoben, es geschah das, was er sich gewünscht hatte. Aber Leonie, das träumte er, hasste ihn dafür ihr ganzes Leben lang, er wurde von allen gemobbt, egal, wohin er ging, alle waren von nun an gegen ihn und seine Eltern fanden, dass er ein Unmensch war.

Verschwitzt und geschockt wachte Thorben auf. Ihm wurde klar, dass er ein Mensch ist und kein Unmensch. Und kein Mensch der Welt, das wusste Thorben jetzt, lässt jemanden in so ein Drecksland zurückziehen.

16

Am Morgen des ersten Weihnachtstages saß er mit seinen Eltern am Frühstückstisch. Der Vater hatte bereits einen Anruf bekommen, er musste nochmal schnell zu seiner Firma fahren, die Mutter wollte gleich nach dem Frühstück eine Freundin besuchen, und schon war Thorben wieder, wie so oft, allein. Und weil er allein war, kam ihm der Traum der letzten Nacht wieder in den Sinn. Er hatte Rashid in Handschellen im Flugzeug sitzen sehen, ganz allein, ohne Familie, Leonie weinte fürchterlich. Thorben wusste: Er musste handeln. Und wieder ging er zur Polizei.

Diesmal empfingen ihn die Polizisten nicht so freundlich: »Was ist eigentlich los mit dir? Was soll das? Meinst du, wir sitzen zum Spaß hier rum, um Anzeigen mal aufzunehmen und dann wieder doch nicht? Was stimmt denn nun? Kannst du dich gefälligst mal entscheiden?« Jetzt kriegte Thorben ganz schön Gegenwind, aber er blieb dabei, er wollte die Anzeige zurücknehmen, das musste doch möglich sein, oder? Er war auch bereit, die ganze Wahrheit zu sagen, aber da lenkte einer der Polizisten ein und meinte dann zu ihm: »Okay, du kannst deine Anzeige zurücknehmen, aber wir müssen trotzdem ermitteln, wir haben dieses Video gesehen und bei Rashid Yahya, das haben wir im Computer stehen, läuft ein Asylantrag, wir müssen ermitteln.«

Auf dem Weg nach Hause rief ihn Herr Tutor an: »Und?«, fragte er. »Und was?«, sagte Thorben. »Na, wie war's bei der Polizei?« »Darüber möchte ich jetzt nicht reden«, meinte Thorben. »Na, dann möchtest du wohl auch nicht wissen, was gestern Abend, am Heiligen Abend, bei Leonie zu Hause los war?«

»Lass mich damit in Ruhe«, meinte Thorben jetzt sehr entschieden, »ich denke gerade über was anderes nach!«

Thorben plagte jetzt sein schlechtes Gewissen, er brauchte Ruhe und musste nachdenken. Als er zu Hause ankam, legte er sich erstmal auf sein Bett, und dann fiel es ihm ein, der rettende Gedanke: Das *Le Patron*, die hatten doch garantiert eine Überwachungskamera draußen angebracht. Und schon sprang er wieder auf und machte sich erneut auf den Weg nach Rodenkirchen, diesmal nicht zur Polizeiwache, sondern zum Sterne-Restaurant unten am Rhein, dorthin, wo für ihn alles angefangen hatte. Er nahm drei Stufen auf einmal die Treppen hoch, und ohne zu zögern stürmte er rein und fragte nach dem Video von vor ein paar Tagen, und als einer der Kellner fragte, wieso er das denn brauche, wieso und wofür, konnte Thorben vor lauter Aufregung, dass er jetzt alles wiedergutmachen konnte, was er selbst angestellt hatte, erstmal gar nicht antworten.

17

Rashid allerdings wurde genau mit dem, was Thorben gemacht hatte, nun konfrontiert. Im *Upstairs* angekommen, kam ein Betreuer auf ihn zu und erzählte ihm, was gegen ihn vorlag: eine Anzeige wegen Körperverletzung! Eine Schlägerei vor einem Restaurant.

Gerade eben noch hatte Rashid in dem Mercedes der Familie Becker gesessen, dieses schöne Fest gefeiert, die Nacht mit Leonie gehabt und jetzt das! Sein Herz klopfte, es raste und eine Mischung aus Angst, Panik, Verzweiflung und auch Wut schoß durch seine Adern. Er konnte sich gar nicht beruhigen. Das war einfach zu viel. Was wollte dieser Typ von ihm, wollte er ihn zerstören?

Zum Glück kam gerade Burak die Treppe runter und brachte Rashid in sein Zimmer. »He, Mann, beruhig dich und erzähl mal, was los ist!«

Es dauerte lange, bis Rashid wieder einigermaßen denken konnte, ja, und auch die Wut runterschlucken konnte, die er zugegebenermaßen auf diesen Thorben hatte. Aber Burak war ein echt guter Freund, er wusste, wie man Rashid wieder runterbringen konnte. »Los Mann, jetzt erzähl mal, wie war es denn gestern und letzte Nacht?«

Inzwischen war es Abend geworden, und Rashid beschloss, Leonie anzurufen, die wahrscheinlich wieder zu Hause war. Er erzählte ihr alles, und Leonie schlug vor, dass er gleich am nächsten Tag kommen soll, um mit ihrem Vater zu reden. »Er wird uns helfen«, sagte sie. »Uns«, sie sagte »uns helfen«, das fiel Rashid auf.

Am nächsten Tag, dem 2. Weihnachtstag, holte Leonie Rashid mit dem Mercedes ihres Vaters ab. Pfiffi war dabei, »lass und erst ein bisschen am Rhein spazierengehen«, schlug Leonie vor, »mein Vater ist noch nicht da«.

Als sie eine Weile gegangen waren und wieder zurück zum Auto kamen, bemerkte Leonie, dass Rashid in einen Hundehaufen getreten war. Sie packte in ihre Tasche, zog Feuchttücher heraus und sagte: »Rashid, komm mal her, du bist in Hundescheiße getreten, ich wisch das weg. So solltest du besser nicht ins Auto steigen. Mein Vater liebt seinen Mercedes, weißt du! Na ja, und es stinkt«, fügte sie dann noch an. Rashid sah sie erstaunt und verwundert an, wie selbstverständlich sie zupackte. Und wer die beiden gesehen hätte, hätte sich bestimmt gewundert: Das Mädchen aus dem Hahnwald mit den schicken Klamotten und den super gestylten Fingernägeln wischte mal eben den Hundedreck vom Schuh ihres Freundes weg.

Danach putzte sie sich die Hände noch mit ein paar Tüchern ganz sauber, »alles erledigt«, sie strahlte. Und Rashid auch. Leonie war mehr als nur ein hübsches Mädchen!

»Du bist wirklich was Besonderes«, sagte er.

18

Es vergingen noch zwei Monate, dann kam es zur Verhandlung.

Am Tag der Verhandlung saßen Leonie und ihre Eltern, Thorben, Herr Tutor, Marie und Rashids Freund Burak gemeinsam im Flur des Verwaltungsgerichts in Köln. Burak war glücklich, Marie endlich wiederzusehen, sie hatten sich seit dem Schlittschuhlaufen auf dem Weihnachtsmarkt nicht mehr getroffen. Und Marie ging es genauso, weshalb sie sich sofort neben ihn setzte. Sie fingen auch gleich an zu reden und achteten dabei nicht so sehr auf die anderen. Nur Leonie fiel ihnen auf, sie sah sehr blaß aus an diesem Tag. Wahrscheinlich wegen der Aufregung, dachte Marie.

Auch Karin Becker, Leonies Mutter, blickte ziemlich besorgt auf ihre Tochter. Auch die letzten Tage war sie schon so blass gewesen, was war nur los mit ihr? Alles wegen Rashid? Die Verhandlung würde doch sicher gut ausgehen.

Schließlich wurden alle reingebeten. Als der Richter den Saal betrat, herrschte Totenstille. Nach dem Richter kamen Rashid und der Anwalt vom *Upstairs*, der Rashid vertrat, in den Saal. Der Richter eröffnete die Verhandlung und rief als Erstes Leonie in den Zeugenstand, die sofort begann, Rashid in Schutz zu nehmen. Sie bestätigte, dass Rashid ihr das Leben gerettet hatte, ihren Hund Pfiffi zurückgebracht und an Weihnachten ihren Vater vor dem Erstickungstod gerettet hatte. Sie erzählte, wie lieb er war und wie furchtbar enttäuscht er war, dass seine Familie in Syrien bleiben musste und dass Rashid niemals von sich aus auf Thorben losgegangen wäre. Aber dann brach sie plötzlich ab. »Entschuldigung«, sagte sie, »bin ich fertig? Ich muss mal schnell ...«, sie wies auf die Tür und hielt sich die Hand vor den Mund. Karin Becker stand auf, besorgt um ihre Tochter, schnell rannten die beiden raus zur nächsten Toilette. »Sorry, Mama, mir war plötzlich kotzschlecht«. Karin Becker nickte und wusste in diesem Moment aber auch schon alles: »Und sagst du mir mal, wann du deine letzte Periode hattest?«

Im Saal rief der Richter jetzt Thorben in den Zeugenstand, und als alle Formalien geklärt waren, gestand Thorben sofort alles. Dass er es war, der Rashid am *Le Patron* geschlagen hatte und dass Rashid sich nur verteidigt hatte und dass er Rashid nur angezeigt hatte, damit der zurück nach Syrien musste, in der Hoffnung, dass Leonie wieder zu ihm zurückkäme.

»Nun«, meinte der Richter, »dafür wirst du dich allerdings in einem anderen Verfahren verantworten müssen. Aber gut, dass du gestehst.«

Es wurde dann auch noch Herr Becker angehört, was für ihn als Richter ziemlich ungewohnt war. Er erzählte, wie Rashid den Hund zurückgebracht und ihm auch das Leben gerettet hatte, und auch Frau Becker und die Betreuer aus dem *Upstairs* mussten noch aussagen.

Am Ende des Verfahrens erhielt Rashid das Bleiberecht, Leonie und Rashid fielen sich in die Arme, und weil Thorben das Bedürfnis hatte, sich nochmal richtig bei Rashid zu entschuldigen, ging er auf ihn zu und sagte ihm, dass es ihm echt leid tat.

»He Mann, ist gut, okay?«, lächelte Rashid, die beiden gaben sich die Hand und Thorben hatte seit langem wieder ein richtig gutes Gefühl. Rashid hätte auch gern Burak umarmt, aber der war so sehr ins Gespräch mit Marie vertieft, dass er lieber nicht stören wollte.

Herr Tutor klopfte Thorben auf die Schulter: »Und?«

»Was, und?«, fragte Thorben.

»Was hältst du von einem neuen Video?«, fragte Herr Tutor.

»Abgemacht«, meinte Thorben, der sich bei allen entschuldigen wollte, bei der ganzen Clique und allen, die das alte Video auf Youtube gesehen hatten. »Aber nur mit ganz viel Quadraten!«

Epilog

Rashid schlägt das Buch, auf dem ein Foto klebt, zu und sagt: »Und so habe ich eure Mutter kennengelernt, das ist jetzt acht Jahre her«. Ein kleines blondes Mädchen zeigt auf das Foto, das auf dem Buch klebt, und sagt: »Papa, sind das du und Mama, als ihr jung wart?«

Rashid platziert das Buch vorsichtig in eine Schublade des Beistelltisches, der neben dem Sofa steht und antwortet: »Ja, Ayla, das waren unsere ersten gemeinsamen Weihnachten, wir hatten uns aus dem Haus geschlichen und Schneemänner und Schnee-Engel gemacht. Dies war mein erstes Weihnachtsfest überhaupt, und es war herrlich. Aber genug davon, jetzt müsst ihr ins Bett.«

Rashid steht auf und nimmt das vierjährige Mädchen auf den Arm: »Na komm auch, Max, du musst jetzt schlafen, du hast morgen sicher wieder Schule und wer sieben Jahre alt ist und in die Schule geht, der braucht genügend Schlaf. Und Ayla muss morgen in den Kindergarten.« Max bettelt aber noch ein wenig: »Papa, können wir dann morgen, wenn ich aus der Schule komme, auch Schneemänner und Schnee-Engel machen?«

»Klar, wenn du das möchtest!«

»Und können Onkel Burak und Tante Marie dann auch kommen?«, will Ayla jetzt noch wissen.

»Und können wir wieder alle zusammen Weihnachten feiern?«, fragt Max jetzt noch.

Rashid muss lachen. »Was ihr alles wollt! Aber klar doch, wir feiern wieder alle zusammen. Und jetzt aber ab ins Bett.«

Ende

Die Stufe 9 der Gesamtschule Rodenkirchen:

Ebrahim Ayoubi, Dalvar Azad, Sara Azgin, Vivien Bereth, Justin Deppe, Isabella Foos, Hannah Hecker, Christina Hempel, Chantal Kluczník, Ricarda Manek, Puya Pakserresht, Niclas Paschke, Clark Rudolph, Daniel Theer, Lea Verheugen, Eray Yilmaz

Liane Dirks

Arbeitsjournal

Samstag, 2. November 2013

»Glaubst du an mich?«

Damit fängt es nun also an. Mit Büchner! Das ist einer der ersten Sätze in *Dantons Tod*. Julie sagt ihn, gleich zu Beginn, sie fragt Danton: »Glaubst du an mich?«

»Was weiß ich!«, antwortet er, »... wir sind sehr einsam.«

»Wir müssten uns die Schädeldecken aufbrechen und die Gedanken einander aus den Hirnfasern zerren«, fährt er fort. Welch Dialog, und im Hintergrund zocken ein paar so genannte Damen. Büchner also. Jetzt bin ich noch glücklicher, dass ich wieder mitmache bei dem Projekt »Autoren an die Schule«. Es wird mir also nicht nur die Erfahrung, mit 16 Schülern einer 9. Jahrgangsstufe, Grundkurs Deutsch, einen Roman zu schreiben, schenken, sondern auch Büchner wieder aus der Versenkung holen. In der war er doch irgendwie gelandet, obwohl es einer meiner stärksten Leseeindrücke in der Schule war. Ich komme aus einfachen Verhältnissen, auch wenn sie für Außenstehende exotisch wirkten und kein bisschen einfach waren, aber wir hatten kein hohes Bildungsniveau. Lesen lernte ich erst wirklich in der Schule, zu begreifen, was das ist: ein Buch, ein Theaterstück. Und Büchner war mein Held, der Revoluzzer mit diesen wilden Sätzen, diesen unglaublichen Dialogen, die ganze Widersprüchlichkeiten-Universen entstehen ließen, falls es dieses Wort geben darf. Außerdem war ich selbst auf einer Gesamtschule; mit ein Grund, warum ich sofort wusste, zu welcher Schule ich gehen möchte. Obwohl es dann gar nicht so einfach war, und die Unterstützung des Rektors erstmal auf sich warten ließ.

Angefangen hatte es natürlich früher und nicht mit Büchner, sondern mit Franziska Sperr, die mich anschrieb, ob ich wieder mitmachen will bei diesem Projekt. Wir waren beide dabei, als es bei Ruhr.2010 durchgeführt wurde und bis heute habe ich meine Klasse aus Herne nicht vergessen, die die Geschichte über den Dönerbudenbesitzer King Mahmud II. schrieb. Diese Kinder, so genial! Und jetzt also wieder, und ich werde die Letzte sein, die mit dem Projekt beginnt, weil sich bei uns in NRW wegen der Ferien alles verschoben hat und weil die 9. Stufe drei Wochen arbeiten war, ihre Berufserfahrungs-Einheit gemacht hat. Ich bin gespannt, wie es wird. Kein Gymnasium diesmal, bildungsferne Schichten.

Büchner war gebildet, aber sein Herz schlug für die »Bildungsfernen«. Ich habe mir die neue Biographie von Jan-Christoph Hauschild bestellt, und ich werde in diesen Kosmos eintauchen, den Kosmos eines Menschen, der so viel wusste über Einsamkeit, Mut, Liebe, Aufbegehren und den ganzen großen Wahn mit Namen Leben. Und ich werde sie anstecken damit. Dass sie es lieben lernen, das Leben, lieben und schätzen und aufrecht inmitten stehen. Es ist genau das, was ich weitergeben möchte, nicht nur Schülern, allen. Diese ungeheure Lust am Leben, die sich mit Tiefe und Trauer, mit dem Wissen um Schönheit und der Erfahrung von Verlusten paart, und was rauskommt ist wiederum Leben, und das alles kreist eine Stufe weiter rauf, die Spirale höher und höher, nicht vergessend, wo sie herkommt, immer preisgebend, was war und offenbarend, was kommen wird. Stimmt das? Oder sind wir hier gerade dem adverbialen Schnörkelrausch der Sinnhaftigkeit erlegen. Egal. Schreiben macht Spaß. Das ist es, was ich weitergeben will.

Montag, 11. November 2013

An diesem Datum in die erste Stunde einer Kölner Klasse zu gehen, ist eigentlich Wahnsinn. »Eigentlich« ist ein Wort, das eigentlich abgeschafft gehört, hat die Kölnerin Trude Herr einmal gesagt.

Es ging erstaunlich gut, sehr ruhig, ein kleiner Kurs, 9. Jahrgangsstufe, Grundkurs.

Morgen stellen sie die Namensschilder auf. Ich habe von mir erzählt und von Büchner, und sie haben sehr gut zugehört. Und dann ging es schon mit der Themensuche los. Die Hälfte der Gruppe war aktiv, und ich wette, sie hatten das Thema schon. Flüchtling, wahrscheinlich aus Syrien, kommt an die Schule, hierher, und verliebt sich in ein deutsches Mädchen. Sie wohnt im Hahnwald, dem Viertel der Reichen im Kölner Süden.

Es soll um Liebe geben, um Eifersucht, um »Qual«, sagt ein sehr wacher Junge, der sich stark beteiligt. Qual – das passt zu Büchner, sage ich.

Für morgen sollen sie 10 Dinge, die sie aufregen, notieren. Vielleicht kommen dann doch noch mehr Themen, aber ich glaube, das wird es. Dann können wir morgen schon mit den Hauptpersonen beginnen.

Dennoch fand ich die Stunde ungewohnt lang, sie waren so still, so artig. Die Lehrerin, Frau Blüm, wacht auch streng über sie. Das möchte ich noch ein wenig ändern, es soll ein freies Gefühl bei dieser Arbeit entstehen. Aber ich spüre das große Verantwortungsgefühl für ihre Schüler, und unter anderem deshalb haben diese eine gute Lehrerin.

Die Journalistin Katharina Heinrich, der ich im Vorfeld von dem Vorhaben erzählt hatte, kam etwas zu spät. Sie will versuchen, einen Beitrag für den WDR zu machen, ich hoffe sehr, dass es klappt.

Das Projekt ist wirklich gut, anspruchsvoll, sinnstiftend, für den Unterricht ein wichtiger Ansatz. Das war auch der Tenor in Berlin letzten Donnerstag. Alle Autoren sind mit ganzem Herzen dabei, auch wenn es schwerfällt. John von Düffel hatte in seiner Klasse zu leiden. Aber ich frage mich auch, was wir einbringen, wie sehr bereiten wir selbst dieses Feld mit. Denn es ist ja nichts weiter als das: das Feld bereiten. Die Ideen sollen von den Schülern kommen.

Und ganz nebenbei war das Kennenlernen der anderen Autoren auch schön und der Spaß, den wir miteinander hatten. Zaimoglu sprüht vor Phantasie, wie wohltuend. Und Franziska Sperr ist mit einer solchen Überzeugung dabei, ich hoffe, sie achtet und hegt auch ihr Schreiben, ich schätze ihre Kurzgeschichten sehr. Und wie leicht geht bei solchen Projekten alle Zeit in eben dieses und nicht in die eigene, in die eigentliche Arbeit. Was ist die eigentliche Arbeit? Immer meine Frage ...

Mittwoch, 13. November 2013

Erst heute Zeit, das Tagebuch zu schreiben, und morgen geht es schon wieder weiter. Die Klasse besteht aus 16 Schülern, falsch: der Kurs. Auf meine Frage, wo am gestrigen Dienstag die fehlenden 3 Schüler waren, denn wir waren nur zu 13, weiß die Lehrerin keine Antwort. So schön das Kurssystem ist, es hat auch etwas Verlorenes.

Als Erstes fiel mir ein Schüler auf, der – wie am Montag – sehr müde war. Ich frage ihn, ob er müde ist. Nein, sagt er, er habe nur einen schlechten Tag. Er ist still, schüchtern, ich nehme an, er ist Iraner oder Iraker. Er ist mir auf Anhieb aus irgendeinem Grund sympathisch. Wir legen das Thema fest, das geht sehr schnell, nachdem ich die 10 Dinge, die sie aufregen, abgefragt habe. Und es bleibt dabei: syrischer Asylant verliebt sich in Deutsche aus Bonzenfamilie. Ich sammle an der Tafel, was man alles über seine Protagonisten, seine

Helden, wissen muss und dann gibt es Gruppenarbeit. Und endlich werden sie lebendig, zum ersten Mal. Eine Gruppe übernimmt die weibliche Hauptperson, die andere die männliche, den jungen Asylanten, und mir fällt sofort auf, dass der stille Junge jetzt mitmacht, strahlt und lacht. Kaum schaue ich zu ihm hin, senkt er den Kopf. Er sieht wahrlich nicht schüchtern aus, ich wünsche ihm, dass er lernt, sich in seinem ganzen Vermögen zu zeigen. Wie schwer fällt uns das allen. Wer treibt es uns aus?

Der Kurs ist super, wir haben jetzt unsere Helden und morgen geht es schon an das Schreiben des Anfangs. Und dann geht die richtige Arbeit für mich los, wenn die Texte kommen. Ich bin seltsam ruhig bei all dem, und langsam, langsam richte ich mich selbst auch wieder auf mein eigenes Schreiben ein: Was wird es werden? Ich stehe davor wie die Schüler. Nein, die sind schneller als ich. Was lässt mich also immer wieder zögern? Wieso bewerte ich so oft, was das Wichtigste ist, von dem, das ich tun will. Ist ein Sachbuch mehr oder besser als ein Roman? Oder umgedreht? Ist die so genannte Phantasie, ist das Fiktive mehr wert als die Analyse des ja nur vermeintlich Faktischen? Warum denke ich immer öfter darüber nach?

Weil die Zeit abläuft? War das schon immer so? Meine 10 Jahre ältere Schwester ist wieder an Krebs erkrankt, genauer gesagt, der Krebs ist wieder akuter vorhanden. Sie wird seit 6 Jahren behandelt. Wie lange noch?

Montag, 18. November 2013

Heute ist der Unterricht ausgefallen. Morgen geht es also weiter, und zwischen der letzten Stunde und der morgigen lag mein Geburtstag. Es war sehr laut am letzten Donnerstag. Die vierte Stunde, das merkte man, alle waren schon erschöpft und es gab große Diskussionen. Zunächst ließ ich abstimmen, ob wir bereits bei dieser Handlung im Groben bleiben wollen: Syrer, Asylant, verliebt sich in Deutsche aus dem Kölner Hahnwald, dem »Bonzen-Ghetto«. Es bleibt dabei und wir haben dann diskutiert, wie es nun losgeht, was wir von einer guten Geschichte nun erwarten. Wie, wo, wann lernen sie sich kennen, wie kommt es, dass sie sich wieder treffen, wer ist gegen sie – und schon wurde losgeplappert. Dann aber fragte ich nach der Erzählperspektive, wie wollen wir das eigentlich aufschreiben, und ich war mehr als erstaunt – ebenso die Lehrerin, wie sie mir später sagte –, wie differenziert gerade hierbei diskutiert wurde. Manche schlugen vor, dass beide erzählen sollen, Tagebuchperspektive; andere, dass aus der Sicht von Leonies Vater berichtet werden soll, der seine Tochter »stalkt«; wieder andere, dass wir eine Rahmenhandlung bauen: der Text beginnt im Gericht, und dann wird in der Rückblende erzählt, wie es zu dieser Gerichtsverhandlung kam. Ich war sehr erstaunt über all diese Einfälle, und dann kam der Einbruch. Denn nun ging es an das Aufschreiben, und alles war anders, das Verschriftlichen, das wird das große Problem. Ich ließ Gruppenarbeit machen, aber die Gruppen stritten sich, keiner wollte schreiben, ich schlug vor, dass sie auch malen können, das führte dazu, dass einige sich völlig ausklinkten und nun nur noch malten. Die Diskussion an einem Tisch war sehr laut, auch nicht uninteressant: Rempeln Rashids Freunde Leonie an, nur weil sie upperclass-mäßig aussieht, ist das realistisch? Einige Jungen meinten »ja«, andere »nein«, die Mädchen fanden es völlig unrealistisch. Der Vorschlag, dass sie sich abends in der Disco wiedertreffen, führte dazu, dass mir klar wurde, warum sie zum Teil nicht aufschreiben: weil sie nicht wissen, wie etwas geschrieben wird, z. B. das »Diamonds«. Mir wurde das allerdings erst nach der Stunde klar. Wie löse ich dieses Problem? Im Reden sind sie viel stärker. Ich habe jetzt nur zwei verschiedene Anfänge, die ich nehmen könnte. Ich weiß nicht, wie ich vorgehen soll. Beide? Einer ist aus der Ich-Perspektive geschrieben, aus Leonies Sicht. Nicht schlecht.

Sie müssen morgen unbedingt einzeln schreiben, sonst krieg ich nichts. Tja, oder ich lasse mir diktieren. Ich muss wohl beides versuchen …

Bin gespannt, wie inspiriere ich sie jetzt, zu überlegen, wie es weitergeht.

Was passiert dann? Was passiert dann?

Dienstag, 19. November 2013

Heute waren alle hoch konzentriert, ruhig, klar. Ich habe die 3 Anfänge vorgestellt, wir diskutierten, welcher ihnen am besten gefällt, und mir fiel dabei auf, dass es keinerlei Konkurrenz dabei gab, im Gegenteil, es war ein sehr ernsthafter Zugang. Ich habe dann Vorschläge gemacht, wie wir alle 3 Anfänge zusammenbringen könnten. Und jetzt, ein paar Stunden später, kann auch ich nicht mehr unterscheiden, von wem welche Ideen kamen und was mein Anteil daran war. Die Geschichte geht also weiter. Wir überlegten, wie, und dann ging ich das Risiko ein und setzte Einzelarbeit durch, 15 Minuten!

Welch Stille! Ein paar wollten unbedingt mit Musik schreiben, Frau Blüm schüttelte den Kopf, aber sie haben mich überzeugt und es hat prima geklappt, »das inspiriert uns«. Na also, es hat inspiriert. Leonie und Rashid haben sich kennengelernt und ich habe 16 Papiere, die ich jetzt zusammenbasteln muss. Mein Problem: Wie bringe ich die Erzählperspektiven unter einen Hut? 1. Person und 3. Person? Wie viel Einfluss nehme ich jetzt, soll ich Tagebucheinschübe vorschlagen?

Wie sehr ihre Schrift spricht ... Und wie ich nun ablesen kann, wie voll diese Köpfe sind und wie schwer es ist, sich im Deutschen auszudrücken, wenn es nun mal nicht die Muttersprache ist. Das Thema Liebe wird bis jetzt sehr ernst genommen, und es gibt ein paar zarte Beschreibungen. Es fällt auf, bei allen, wie stark das szenische Denken ausgeprägt ist: Wer macht wann was. Abfolge, das funktioniert. Ausdruck hingegen, der fällt schwer.

Sonntag, 24. November 2013

Morgen wird »Tag der Genauigkeit« sein. Der letzte Donnerstag war überraschend ergiebig. Alle haben sehr gut mitgemacht und diskutiert, es mangelt nie an Ideen, wie es weitergeht, aber an der Ausarbeitung, und morgen werde ich versuchen, ihnen dafür ein Gefühl zu vermitteln, mehr als das, das Wissen, warum wir den Hintergrund einer Person kennen müssen. Ich hoffe, das gelingt mir.

Ich freue mich auf die Klasse, es ist eine wunderbare Arbeit und sie ist so wichtig. In Potsdam gibt es jetzt eine Uni, die den Studenten wieder abtrainiert, vereinzelt zu arbeiten. Teilaspekte zusammenzubringen, Erfahrungen auszutauschen, mehr zu erreichen, indem man gemeinsam etwas teilt und entwickelt, das ist die Zukunft. Geschichten zu entwickeln ist ein ideales Trainingsinstrument. Sie erfordern Recherche, Genauigkeit, Einfallsreichtum und auch, das Außergewöhnliche zu ersinnen, und zugleich entstehen sie dann zunehmend auch aus sich selbst heraus. Die Geschichte nimmt ihren Lauf, sagen wir dann. So ist es, und unsere läuft morgen früh weiter.

Montag, 25. November 2013

Wir sind einen großen Schritt weiter, heute haben wir die Szene im Restaurant ausgebaut, ein wichtiger Schritt, auch um zu zeigen, dass Erzählen bedeutet, das Detail für das Ganze sprechen zu lassen. Sie waren wieder sehr ernsthaft dabei. Die Internetrecherche hat nicht so gut geklappt, es brauchte ein wenig zu lang, und dann kam auch noch ein Lehrer dazwischen, der Fotos von dem Kurs machen wollte. Aber das haben alle ziemlich cool weggesteckt, wie auch die Lehrerin meinte. »Das geht so was von vorbei an denen«, ich musste lachen, es ging um Lob, der Lehrer lobte den Kurs. Er ging schnell wieder, um uns nicht länger zu stören.

Aber morgen nun geht es an das weitere Entwickeln der Story, und ich werde wohl wieder Einzelarbeit machen. Bin nicht ganz sicher, vielleicht auch Gruppenarbeit. Morgen werde ich mit einer vertretenden Lehrerin in dem Kurs sein, mal sehen, was das ausmachen wird.

Ein dunkler seltsamer Novembertag, an dem mir am Nachmittag bestätigt wurde, dass ich eine Stoffwechselkrankheit habe, von der man nicht weiß, wie man sie behandeln kann ... Nicht so witzig. Es ist spät, da ich dies hier schreibe und den »Unterricht« vorbereite. Ob den Kindern ihre Figuren wohl auch durch den Kopf gehen, so wie mir?

Mittwoch, 27. November 2013

Morgen geht unsere Story weiter. Wir werden darüber reden müssen, ob wir den Namen einer bekannten Person nehmen dürfen und in einer Geschichte vorkommen lassen können. Mr. Tutorial, den Blogger, gibt es tatsächlich, und ich werde gleich noch nächtliche Recherche auf youtube machen. Außerdem haben wir nun ein vielschichtiges Gebilde. Da sind nicht länger nur Rashid und Leonie, nun gibt es auch Thorben, Tutorial, Marie, die Eltern sind aufgetaucht und jener Freund aus dem Upstairs, der Rashid Kleidung lieh. Werde ich diese Komplexität weiterhin vermitteln können? Es war allen aufgefallen, wie viel besser die Geschichte wurde durch unser Nacharbeiten. Durch Recherche, durch Genauigkeit im Detail. Nun müssen wir bald an die Liebesgeschichte gehen und um Worte ringen, wie wird es jetzt mit der Genauigkeit?

Die letzte Stunde verlief wieder sehr gut. Was mir aber auffiel war, dass sich alle sofort anders setzten als sonst.

Donnerstag, 28. November 2013

Keine leichte Stunde, denn alles wird nun komplexer und es gelingt mir erst nach einiger Zeit, sie auf die Spur zu führen, die »Ende« heißt, der Frage also zu folgen: Wohin will diese Geschichte? Ein berührender Moment, als Puya plötzlich erzählt, dass er weiß, wohin die Syrer flüchten, in den Irak. Er war dort letzten Sommer, seine Familie hatte dort ein Treffen und er sah die Flüchtlinge auf den Straßen. »Das war traurig«, sagt er.

Auch die anderen melden sich jetzt und erzählen, dass es doch syrische Asylanten an der Schule gibt, in einem neuen Projekt. Wir werden versuchen, mit ihnen zu reden, damit sie uns erzählen, wie es ihnen hier ergeht, wie der Asylantrag vonstattengeht und wie die gefürchtete Abschiebung erfolgt, alles Stoff für unsere Geschichte.

Für mich war das ein erstaunlicher Moment, da plötzlich klar wurde, dass die Geschichte nicht nur mich beschäftigt. Dann die Frage nach Herrn Tutorial. Dürfen wir den zunächst vorgeschlagenen Namen des Bloggers benutzen? Es wurde klar, dass das nicht geht, und eine helle Diskussion entbrannte nun um den neuen Namen. Das kostete Zeit. Ich habe versucht, den Handlungsstrang weiter zu verfolgen, und immerhin, eine ganze Seite voller Vorschläge ergab sich, die nicht eins zu eins in die Geschichte eingehen werden, aber alles weiterbringen. Montag muss geschrieben werden!

Ich bin gespannt, wie wir den zweiten Teil unseres Abenteuers hinkriegen.

Das Engagement ist da, nach dem Unterricht – und heute hätten sie gleich nach Hause gehen können, denn es war Elternsprechtag – gehen die Diskussionen weiter, wir kommen gar nicht aus der Klasse.

Ich musste auch sofort alles niederschreiben, sonst hätte ich all die Ideen gar nicht behalten können. Differenziert über Gefühle reden zu können, wie kann man es vermitteln? Wortlisten? Es ist ja alles in den Schülern vorhanden, das Innenleben ist reich. Wie können wir es also ausdrücken? Aus-Druck, ich mag das Wort, wenn wir uns ausdrücken können, kann der Druck nachlassen. In wie vielen meiner Seminare habe ich das in den letzten Jahren erlebt.

Montag, 2. Dezember 2013

Wie geht unsere Geschichte weiter, und wie nur kann ich ihnen vermitteln, dass wir nun in einem etwas größeren Bogen denken müssen. Wir müssen das Ende andenken, um die logischen Wege in unserer Geschichte entwickeln zu können, und das, so merke ich, fällt fast allen schwer. Die nächsten Schritte, ja, das geht, aber vorauseilend sein? Planen, den Plot entwerfen? Es kommt mir manchmal so vor, als könne ich mich noch nicht mal richtig verständlich machen, egal, wie ich es angehe, es kommen immer nur Vorschläge für die nächsten zwei, drei Szenen. Ich versuche es mit Gruppenarbeit, die effektiv ist, aber nichts daran ändert. Es kommen Detailvorstellungen zu den nächsten Schritten dabei heraus und bei zwei, drei aus der Gruppe eine Art überbordende Phantasieausschüttung. Am Ende bekomme ich dann aber doch 5 Zettel von 5 Gruppen und kann sogar zwei Seiten zusammenstellen. Ich werde also morgen mit ihnen gemeinsam versuchen, die weitere Entwicklung festzulegen, bevor wir dann endlich einmal wieder einzeln schreiben.

Ich sitze fast drei Stunden an der Zusammenstellung und muss sagen, dass mir unsere Geschichte nach wie vor gefällt. Und dann gibt es da noch diesen Zauber des Erzählens, der die Fiktion zur Wirklichkeit gerinnen lässt. Wir denken uns aus, dass Rashid an die Schule darf zum Lernen, und wir zweifeln noch, ob das nicht zu fiktional ist. Aber die Realität holt uns ein, es kommen Syrer an genau diese Schule zum Deutschlernen, und zwar genau nächste Woche. Wir hatten das erfunden und bereits geschrieben, und nun wird es wahr. Wir hoffen, dass wir mit ihnen reden können, um sie zu befragen.

Und: Es wird einen Bericht geben im WDR. Ein echter Erfolg.

Dienstag, 3. Dezember 2013

Gut gearbeitet heute, alle waren aufmerksam, haben die Geschichte weiterentwickelt und sehr liebevolle, zarte Ideen beigesteuert. Im Zug sitzend, jetzt, nach Berlin, konnte ich all die vielen Einfälle erstaunlicherweise noch in eine Linie kriegen. Das Schwierige ist das übergreifende Denken, das Ende vorwegzunehmen und dann die Geschichte dorthin zu treiben. Wir sind einen großen Schritt weitergekommen.

Sehr anrührend war, wie die Schüler die Liebesgeschichte entwickeln, Leonie und Rashid machen jetzt einen »Engel« in den Schnee an Heiligabend! Sie laufen Schlittschuh zusammen, lauter zarte Gedanken, und Dalvar klärte darüber auf, dass eine deutsche Mutter von einem Araber beeindruckt ist, der selbstverständlich beim Aufräumen hilft. Und manchen geht auch immer wieder die Phantasie durch, und das ist für mich auch ein Zeichen, dass selbige sich zu wenig entfalten kann. Es braucht in den Schulen mehr Freiräume dafür, Phantasie, Kreativität, sie zeichnen den Menschen aus.

Ich habe heute eine Lesung in Berlin, morgen die Rückfahrt, dann Schule, dann Fahrt in die Schweiz. Das Jahr geht zu Ende, draußen zieht das neblige Dezember-Deutschland vorbei. Einem Bericht in der ARD zufolge sind von den kontingierten 5000 syrischen Flüchtlingen bisher 1600 aufgenommen worden. Frohe Weihnachten, Deutschland, was für eine Blamage.

Mittwoch, 4. Dezember 2013

Nachtrag zur Lesung: Meine Übersetzerin erzählte mir – sie ist Jüdin und Amerikanerin, die seit über 20 Jahren in Deutschland lebt – von ihrer kleinen Tochter. Diese, 4 Jahre alt, hat im Kindergarten auf die Frage hin, warum die Dinosaurier wohl ausgestorben sind, voller Überzeugung und froh, dass sie als Einzige offensichtlich die Antwort kennt, Folgendes geantwortet: Das waren die Nazis! Laura hat beschlossen, zu Hause etwas weniger über die Nazis zu reden.

Donnerstag, 5. Dezember 2013

Ein Sturm, nein, ein Orkan, zieht über Deutschland, und hier kommt er auch gerade an.

Ich bin mit Halsschmerzen aus Berlin zurückgekommen und habe heute früh vor der Schule erst gemerkt, dass sie mir auf dem Bahnhofsparkplatz versucht hatten, die Radkappen abzureißen. Jetzt sind sie verbogen und locker und ich muss morgen früh auch noch in die Werkstatt.

Die Schüler haben Rücksicht darauf genommen, dass ich nicht bei Stimme war, das war sehr nett. Es stand allerdings eh stilles Arbeiten an, ich las das Ergebnis vor, wir diskutierten kurz, ich wurde auf Fehler aufmerksam gemacht. Burak, so erfuhr ich, ist ein türkischer Name, also spricht er nicht Arabisch mit Rashid, wir mussten das also wieder ändern. Danach hatten sie die Aufgabe, das, was wir entwickelt hatten, weiter auszuführen, es zu schreiben. Manchen merkte ich an, dass sie sich genau darauf freuten. Andere taten sich anfangs schwer, aber geschrieben haben letztlich alle, und sie sind auch an unterschiedlichen Stellen eingestiegen.

Katharina Heinrich war heute wieder dabei. Es ist toll, dass sie das Projekt mit begleitet, sie erzählte mir, dass die Schüler wirklich begeistert sind, und ihr selbst macht es anscheinend auch Vergnügen, zu kommen.

Wir müssen das Ende noch sehr verbessern, und vor allem: noch einmal alles durchgehen, Widersprüche im Text klären, sprachlich wenigstens noch etwas Feinschliff hinkriegen. Mich rührt besonders, mit wie viel Vorsicht Liebe beschrieben wird. Wieviel Unschuld im Spiel ist, wie viel Sehnsucht, auch Ernsthaftigkeit.

Es geht erst in einer Woche weiter, da ich jetzt in die Schweiz muss. Vor Weihnachten werden wir fertig sein, mir wachsen diese 16 Menschen ans Herz.

Sonntag, 15. Dezember 2013

Es ging natürlich nicht heute, am 3. Advent, weiter, auch wenn genau diese Zeit eine Rolle spielt in unserem Text. Es ging letzten Donnerstag weiter, nachdem ich aus der Schweiz zurückgekehrt war. Die Schüler hatten mit der Lehrerin besprochen, was sie gelernt haben, ich bin sehr gespannt, wann ich das »serviert« bekomme.

Wieder bin ich über die Konzentriertheit in der Gruppe erstaunt, ich lese dann unsere nächsten Seiten vor mit all den Fragen, die sie beinhalten. Zunächst einmal stimmen alle zu, dann aber setzt eine rege Diskussion ein. Zum einen: Wie feiern »die Deutschen« Weihnachten. Sehr amüsant. Man kommt auf Gewohnheiten zu sprechen, wie »die Oma abholen«. Es wird diskutiert, wann »die Deutschen« die Geschenke verteilen, und ich muss schmunzeln, wie plötzlich über »die Deutschen« geredet wird. Ein Schüler fragt nach, ob »die« wohl in den Gottesdienst gehen, ein anderer zweifelt das Benehmen des Vaters an. Wir müssen einige Korrekturen vornehmen. Und dann geht es an die Diskussion der Liebesszene. Denke ich. Aber die Szene wird gar nicht diskutiert, sie ist akzeptiert. Es geht einzig darum, wie die Mutter reagiert. Ich bin sehr erstaunt, wie viele das Wohlwollen der Mutter für selbstverständlich halten. Ganz normal also, die Tochter schläft an Heiligabend mit einem bis dato Fremden im Gästezimmer? »Wir reden später drüber«, soll die Mutter sagen. Nein, damit ist zum Beispiel Sara gar nicht einverstanden. Ihre Mutter klärt alles sofort, nie später, erklärt sie. Ich bin überrascht. Und im Übrigen bleibt es dabei: Leonie wird schwanger in dieser Nacht, und es kommt auch zur Verhandlung, allerdings wird Thorben alles gestehen. Wunderbar der Einfall einiger Jungen, geradezu gleichzeitig haben sie ihn, dass Thorben träumt. Er träumt von der Abschiebung, und das lässt ihn anders handeln. Also, wenn das nicht genial ist!

Diese Stunde läuft sozusagen im Frontalunterricht ab, ich stehe vorne und werde überschüttet mit Ideen und Vorschlägen und komme kaum mit, mir all das zu merken. Auch Katharina Heinrich ist wieder dabei für den WDR, sie und auch Frau Blüm stellen fest, dass ihnen Rashid bereits fehlt. Nur Leonie, die ist noch flach. Kann ich das den Schülern noch vermitteln? Und wieder haben sie nicht selbst geschrieben, ich muss morgen, am Montag darauf bestehen. Das Schreiben fällt einigen wirklich schwer, aber ich brauche ihre Worte.

Die Geschichte zu schreiben, ist keine leichte Aufgabe für mich. Ich versuche, sehr sehr vieles so zu belassen, wie sie es gesagt, ja, mir gewissermaßen diktiert haben. Verbesserungen muss ich mir verkneifen, eine ungewohnte Art der Disziplin, aber das Erkennen des eigenen Textes ist so wichtig für sie und es macht stolz: das eigene Erfundene zu sehen, zu lesen, zu hören.

Man müsste eine Nachbereitung machen, denke ich jetzt, dass sie nach einiger Zeit nochmals draufschauen und wir dann unser Werk beurteilen, ebenfalls ein wichtiger Lernprozess. Vielleicht kriegen wir das noch hin, im nächsten Jahr?

Montag, 16. Dezember 2013

Eher schwierig heute, die Ergebnisse sind nicht umwerfend. Einerseits möchte ich das Angebot machen, breit einsteigen zu können, also keine zu engen Vorgaben für das weitere Schreiben zu geben, andererseits sehe ich, wie schwer es den Schülern zum Teil fällt, ohne präzise Aufgabenstellung zu arbeiten. Und es ist auch ein Zeitproblem, heute haben die 60 Minuten, die hier den Takt vorgeben, einfach nicht gereicht. Wir haben zwar nun unser Ende, das wir morgen ausbauen werden, aber ich bin nicht ganz glücklich damit. Die meisten haben mich gefragt, ob wir schon am Ende sind. Ja, es ist bald vorbei, seltsam, zu schnell, wie alles in diesem Jahr, jedenfalls in meiner Wahrnehmung, ein zu schnelles Jahr.

Ich hoffe auf morgen. Die Syrer, die an die Schule kommen sollten, sind noch nicht da. Was die Asylpolitik angeht, so hat mich diese Arbeit hier noch sensibler gemacht. Sie erfrieren jetzt in Jordanien, die Lage ist verheerend und wir machen die Grenzen immer dichter. Was erleben diese Kinder dort unten, wenn sie überleben, wie wird sich all die Gewalt in ihnen festsetzen und wie werden sie sie weitergeben? Denn das sind die Folgen, die wenigsten können so viel Brutalität in Liebe verwandeln. Sie brauchen Hilfe.

Dienstag, 17. Dezember 2013

Auch heute eine recht laute Klasse, sie kommen mir allesamt erschöpft vor und deshalb eher unkonzentriert. Und dass es dann einen Schüler gibt, der durch seine dominante Art alle stört, dieses Phänomen, dass ein Einziger eine ganze Gruppe nachhaltig stören kann, das beschäftigt mich immer wieder, denn daran ist auch etwas Faszinierendes. Und vielleicht ist das Faszinierendste die unendliche Geduld, die Menschen dann aufbringen können, im Umgang mit diesem einen. Wir sind trotzdem vorangekommen. Es gab gute Verbesserungen, es gab aber auch wieder die Schwierigkeit zu verstehen, woran wir gerade arbeiten, die Ideen also zu konzentrieren, den Überblick zu halten. Dafür ist das Schreiben von Geschichten natürlich die Übung schlechthin. Es tut mir ein wenig leid, dass es nun schon aufhört, man könnte das alles viel nachhaltiger machen, mit mehr Aufgaben, mit besserer Recherche und im Verbund mit anderen Unterrichtsstunden. Es ist eine Art, Stoff zu vermitteln. Es freut mich, dass gerade die stillen und widerständigen Schüler vom Anfang jetzt voll dabei sind. Ich habe ihnen heute schon gesagt, dass sie mir fehlen werden, was wahr ist. Jetzt muss ich an die Gesamtüberarbeitung gehen, am Donnerstag werden wir alles noch mal durchgehen, es wird Plätzchen, Limo und Mandarinen geben und es wird unsere offiziell letzte Stunde. Ich werde allerdings nach den Ferien noch mal kommen, wenn hoffentlich die Syrer da sind und natürlich zum Fototermin. (Wenn wir alle wieder ausgeruht und hübsch sind, wie die Lehrerin meinte.) Ein sonniger, kristallklarer Dezembertag heute, nachts Vollmond, tagsüber 10 Grad, in Syrien lassen sie Fässer gefüllt mit Splittern und allem möglichen Dreck in der Nähe einer Schule explodieren, wir haben eine neue Bundesregierung und ich war bei Aldi einkaufen. Und Puya hat uns heute den Titel geschenkt: Liebe zwischen zwei Welten.

Donnerstag, 19. Dezember 2013

Offiziell unser letzter Tag. Ich habe jedem ein 17-seitiges Manuskript überreichen können, und es war eine schöne, ruhige und aufmerksame Stimmung. Wir haben den Anfang nochmal gelesen und kurz diskutiert und das Ende. Zwischendrin las eine Schülerin, als ich fragte, wer noch lesen mag, meinte eine Schülerin, ich solle lesen, weil ich das so schön kann. Und mir wurde klar, dass die meisten wahrscheinlich noch nicht mal Hörbücher kennen bzw. hören. Als ich danach fragte, hat sich das bestätigt. Das ganze Projekt hat sich schon allein deshalb gelohnt, Sprache einmal anders vermittelt zu bekommen, als etwas Schönes, Kostbares. Es hat viel mit Wertschätzung zu tun, und da wir uns nun mal mittels Sprache untereinander verständigen, führt es auch zur eigenen Wertschätzung. Puya sagt mir am Ende, dass ich reinschreiben soll, dass der Titel von ihm war. Jawohl, Puya, hiermit geschieht es, der Titel ist von dir, der tolle Satz mit dem »Drecksland« auch und die anderen haben ebenso gute Beiträge geliefert. Alle.

Das Ende wird dann noch diskutiert, ich muss aus Noah wieder Max machen, und Burak und Marie sollen auch im Epilog noch mal auftauchen.

Als ich versuche zu erklären, wie lang das Stück im Buch sein wird, über Formatierung im Word-Programm rede, fragt eine Schülerin, was »Word« eigentlich ist. Sie gehört zu denen, die aktiv mitgemacht haben, ein waches, interessiertes Mädchen.

Wenn wir Zeit hätten, in einem größer angelegten Projekt mit dieser Geschichte noch im Computerraum zu arbeiten, sie selbst zu formatieren, zu gestalten, wenn wir sie im Kunstunterricht anschauen könnten, wie bebildert man, wie entsteht ein Buch, noch mehr und genauere Recherche machen könnten, dann wäre das ganzheitliches Lernen. Und auch die Lehrerin, Frau Blüm, ist der Ansicht, dass das die bessere Form wäre. Sie erzählt mir nach dem Unterricht, dass die Schüler selbst solche Rückmeldungen geben. Und dass es einfach keine Zeit mehr für sie gibt, z.B. mal einen längeren Text, geschweige denn ein Buch im Unterricht zu lesen.

Wichtig würde ich vor allem finden, Medien genauer zu betrachten. Mit dieser nun gemachten Erfahrung eine beliebige Serie anzuschauen, zu zeigen, wie Dialoge gemacht werden, was ein Off-Text ist, was ist Dokumentation, was ist Fiktion. Das sind die Anforderungen der Zukunft, die Unterschiede, die Vermischungen kennenzulernen, und Medienkritik zu beherrschen, damit wir Bürger kriegen, die Demokratie noch ausüben können. Die nicht verführbar sind.

Alles in allem war es eine für mich wichtige Erfahrung, neben den vielen Seminaren, die ich gebe, der Arbeit an der Uni mit den Studenten in Düsseldorf jetzt in den letzten beiden Jahren, in Hildesheim im Workshop bei Ortheil, zeigt sich auch hier die Bedeutung und Kraft des Geschichtenerzählens als zentrales Element menschlichen Seins. Das macht uns aus, eine hochkomplexe Art von Wissensvermittlung, die durch die Weitergabe von Daten oder reinen Fakten nicht ersetzt werden kann. Geschichten erlauben Bezug, sich in Beziehung setzen zu etwas anderem, das zugleich ein vertrautes Muster hat. Und wenn das Muster nicht vertraut ist, weil neu und ungewohnt erzählt wird, dann fordert uns das und erweitert uns bestenfalls. Es sei denn, dass es sich, wie Goethe gesagt hätte, um reine »Phantasterei« handelt, es also unstimmiger Blödsinn ist.

Ich wünschte, dieses Projekt würde wachsen und sich verbreiten, und es ist sehr wichtig, dass es Autoren sind und nicht Lehrer, die an die Schule gehen. Und die Autoren lernen dann auch noch etwas. Es bringt allen etwas, die Lehrer können mal entspannter ihre Klassen beobachten und reflektierten, was sie machen. Die Schüler erfahren eine andere Art von Umgang und Herangehensweise. Sie benehmen sich anders, zumindest einige, es kommen gerade die aus der Reserve, die sich sonst in selbiger lieber verstecken, aus welchen Gründen auch immer.

Zwischen dem Spiel *Call of Duty* und *Mr. Tutorial* auf youtube, den wir ja dann verändert haben, habe ich jetzt jedenfalls noch mal Einblick in Jugendlichenkultur gekriegt, aber das ist eher Nebensache.

Wir werden uns im Januar noch einmal treffen, zu einer echten Nachbereitung, dann krieg ich von den Schülern die Karten, auf die sie ihre Erkenntnisse geschrieben haben.

Diese Arbeit ist der Abschluss dieses Jahres, nein, was schreibe ich, ich muss noch eine versprochene Kurzgeschichte schreiben, aber das zählt als Vergnügen. Es sind noch ein paar Tage bis Weihnachten, und mein Bedürfnis mich auszuruhen ist gigantisch. Trotzdem hab ich gerade den nächsten Job angenommen, die dramaturgische Beratung bei einem Film. Und um was soll es gehen? Um Lebensgeschichte, wer hätte das gedacht? Film – lange her, dass ich in der Szene unterwegs war, und schön dort wieder anzuknüpfen, aber als Erstes wird mein eigener Roman auf den Tisch kommen.

Es ist so eine Lust, Geschichten erfinden zu können, und am besten welche, die man dann einfach glaubt. Ich hoffe, ich habe den Kids das vermittelt.

Die Schüler der Klasse 5a
der Grundschule am Kollwitzplatz in Berlin
mit Tanja Dückers

Abu Paris

»Wir machen eine Klassenreise!«, kündigt Frau Kokowsky, die Klassenlehrerin der 10a in Berlin Prenzlauer Berg an. »Lasst uns jetzt alle mal zusammen überlegen, wo ihr denn besonders gern hinmöchtet«, ruft sie. Sie fügt noch an, »und was auch realistisch ist«. Sofort wird wild durcheinandergeredet. Chelsea und Jane beraten sich. Sie würden am liebsten nach Paris. »Paris!«, ruft Chelsea, während sie sich unter dem Tisch die Nägel lackiert. Das sieht die Lehrerin zum Glück nicht. Der Name »Paris« fällt öfter. »Pa-ri-his!«, ruft Jane auch noch mal. Sie hat weißblonde Haare mit einer langen pechschwarzen Strähne. Jetzt spielt sie mit ihrer goldenen Kette, an der ein Totenkopf hängt. Frau Kokowsky versucht, Ruhe herzustellen. »Paris hab' ich jetzt schon öfter gehört«, ruft sie. Chelsea strahlt Paul aus ihren blauen Augen an. »Bist du auch für Paris?« Paul schüttelt seinen rot-grün-schwarzen Irokesen. Chelsea irrt sich, wenn sie meint, sie hätte Einfluss auf ihn. Er will lieber nach New York oder Washington D.C. Oder an einen andern richtig abgefahrenen Ort ... Las Vegas, L.A., Mexiko, Panama – vielleicht eine Südseeinsel? Aber Frau Kokowsky scheint nicht viel von seinen Vorschlägen zu halten. »Zu weit, zu teuer«, ruft sie.

Pauls Sitznachbar, Tom, verdreht nur die Augen. »Paris, wie romantisch, Stadt der Liebe«, ärgert er die Mädchen. Tom macht immer pseudo-coole Sprüche.

»Wo willst du denn hin?«, flötet Chelsea. Obwohl Paul einen Iro trägt, illegal Graffiti sprayt, zur Beruhigung Brausepulver braucht und manchmal auch sonst ziemlich merkwürdig ist, findet sie ihn toll. Nicht nur sie. Alle wollen Paul zum Freund haben. Paul gibt zurück: »Nach Brasilien. Nach Rio. Und zwar auch mal in eine Ecke mit Favelas«. Chelsea und Jane schweigen beeindruckt. Paul hat seinen eigenen Kopf und denkt ein bisschen über den Tellerrand hinaus.

Frau Kokowsky ruft nun alle zur Abstimmung auf. Bei »Paris« fliegen die meisten Finger hoch. Das sieht man ohne genau nachzählen zu müssen. Die Klassenfahrt geht also nach Paris. Jetzt meldet sich Paul nochmal. Er hat, wie immer, noch einen außergewöhnlichen Einfall: »Ich finde, wir brauchen ein Maskottchen für unsere Reise!«, ruft er.

Tom, der immer an der falschen Stelle coole Sprüche macht, brüllt dazwischen: »Oha – coole Idee!« Dann wirft er sein Basecap in die Luft und fängt es mit dem ausgestreckten Zeigefinger auf, er trägt jeden Tag ein Basecap. Chelsea und Jane seufzen auf. Gott, muss der sich immer wichtig machen. »Ich will nach Panama – da fressen wir dann Bananen«, grölt Tom. Frau Kokowsky sieht ihn verärgert an und mahnt: »Hatten wir nicht ausgemacht, dass wir uns melden und nicht immer reinrufen?«

Chelsea und Jane finden Pauls Idee mit dem Maskottchen toll. »Wir könnten meinen Papagei mitnehmen!«, flötet Chelsea. »Oder meine süße Ratte!«, murmelt Jane. Dann zupft sie an ihrem Nietenarmband herum. Paul grinst, dann fährt er sich mit der Hand über seinen Irokesen: »Wäre mein Affe auch erlaubt?«

Frau Kokowsky seufzt: »Solche Fragen erübrigen sich von selbst. Aber noch was, damit's keine Missverständnisse gibt, liebe 10 a: Es werden keine Spraydosen mitgenommen, verstanden? Ich hab' keine Lust darauf, dass wir 'ne Anzeige wegen Graffiti bekommen. Ich bin für euch auf der Reise verantwortlich! Keine Spraydosen! Hamwa uns verstanden?«

Sie tut so, als würde sie zu allen sprechen, blickt aber nur Paul an.

* * *

Am Tag der Abreise sind alle aufgeregt. Frau Kokowsky zählt immer wieder durch, ob alle da sind. Da kommt Chelsea mit zwei Riesenkoffern und obendrein einer unförmigen Reisetasche. Ihr Gepäck wird von ihrem Vater und ihrem großen Bruder getragen. Chelsea kommt aus einer reichen Familie, ihre Eltern besitzen sage und schreibe 100 Autohäuser der Marken Audi, Porsche, Jaguar, Bugatti und Lamborghini. Frau Kokowsky betrachtet die sich nähernde Gruppe und runzelt die Stirn: »Wir gehen doch nicht auf Weltreise!«, schimpft sie. Dass sie Unrecht behalten soll, weiß sie zu diesem Zeitpunkt noch nicht.

Am Flughafen Berlin-Brandenburg herrschen Hektik und Trubel. Heute ist nämlich der Eröffnungstag. Das kapierte Frau Kokowsky erst, als die Flüge schon gebucht waren. Rot-weiße Luftballons mit dem Berliner Bären steigen hoch, Journalisten mit Kameras laufen herum, überall blitzt es. Eine elegante Dame mit hochgesteckten Haaren fällt in Ohnmacht, zwei junge Männer eilen ihr zur Hilfe. Der Berliner Bürgermeister Klaus Wowereit hält nun eine Rede. Sein Haar ist mittlerweile fast weiß, der Stress der letzten Monate hat ihn um Jahre altern lassen.

Herr Mehdorn steht an seiner Seite, er reicht Wowereit bis zur Brust und stützt sich auf einen Stock. Auch er sieht um Jahre gealtert aus. Blitzlichtgewitter. Jubel- und Buhrufe.

Jetzt stürmt ein Journalist auf die 10a zu. Offenbar will er ein paar O-Töne einfangen. Dummerweise baut er sich ausgerechnet vor Tom auf. »Und, wie findest du den neuen Flughafen? Alles schick?«, versucht er sich anzubiedern. Tom grinst, starrt verlegen auf das Mikro und stottert: »Wir ... wir fliegen nach Paris ... äh ... Paris ... Frère Jacques, Frère Jacques, halt die Klappe ...«. Jane und Chelsea verdrehen die Augen. Wenn es drauf ankommt, hat Tom erst recht keine guten Ideen. Der Journalist guckt verwirrt. Man sieht förmlich, wie er denkt: »Den Quatsch sende ich nicht.« Er eilt weiter zu seinem nächsten Opfer.

Plötzlich ertönt eine Lautsprecheransage: »Achtung! Achtung! Es tut uns sehr leid, allen Reisenden mitteilen zu müssen, dass die Computerelektronik im Check-In-Bereich leider ... äh ... noch ... äh ... defekt ist. Es kommt daher leider zu Verzögerungen ... äh ... im Betriebsablauf«. Alle gucken sich genervt an. Chelsea meckert herum, dass ihre Mutter – ein echter Kontrollfreak – einen hässlichen Riesenpulli eingepackt hat. Für den Fall, dass es in Paris einen Schneesturm geben würde. Im April.

»Ist das mit der kaputten Check-In-Elektronik jetzt ein schlechter Aprilscherz?«, fragt Paul in die Runde. Es ist der 1. April. Vielleicht hat ja jemand vom Flughafenpersonal Humor besessen? Schwarzen Humor? Aber wer kann beim BER schon zwischen Traum, Alptraum und Wirklichkeit unterscheiden? Zärtlich streichelt Paul jetzt dem kleinen Affen über den Kopf, der aus seiner Tasche hervorlugt. Der Affe trägt eine Minisonnenbrille und jede Menge Schmuck. Als Frau Kokowsky in Pauls Richtung schaut, stellt sich Paul schnell vor die Tasche. Das mit dem Maskottchen hat Frau Kokowsky nämlich nochmal vor der Reise strengstens untersagt. Das hätte sie nur als Scherz in der Vorbesprechung der Reise verstanden, auf keinen Fall solle jemand ein Tier auf die Klassenfahrt mitnehmen ...

Frau Kokowsky mahnt jetzt zur Eile, weil sie befürchtet, dass die Passagiere jetzt alle sehr lang an den Check-Ins brauchen werden. Jane ruft: »Ich muss nochmal kurz verschwinden« und dreht sich schon um, da brüllt ihr Frau Kokowsky hinterher: »Du bleibst jetzt hier! Sonst verlieren wir dich noch! Alle zum Check-In der Lufthansa – BER – Charles de Gaulle, Flugnummer LH 713 ...«. Jane trabt maulend wieder zurück.

Endlich steht die ganze 10a vor dem Check-In. Doch ehe sie sich versehen, geraten sie in ein unglaubliches Chaos. Menschen drängen nach draußen – es wird ein Eröffnungskonzert gegeben. Paul, Tom, Chelsea und Jane und ihre Mitschüler werden unsanft zur Seite gedrückt, geschoben, gedrängelt, beinahe niedergetrampelt. Panisch hat Paul seine Tasche hochgerissen, damit sein kleiner Affe nicht zerdrückt wird. Der Affe schluchzt jämmerlich. Paul vergisst alles um sich herum und schiebt ihm einen Keks in den Mund. Der Affe erinnert ihn an seinen kleinen Bruder, den er vor Jahren durch einen schrecklichen Unfall verloren hat. Deshalb würde er sich auch ganz bestimmt nicht von Frau Kokowsky verbieten lassen, seinen geliebten Affen Ping Kong mitzunehmen. Nirgendwo in der Welt würde er ohne Ping Kong sein wollen! Aber die Geschichte mit seinem Bruder war so privat, dass er sie nicht vor der ganzen Klasse und seiner Lehrerin ausbreiten wollte. Das mit dem Maskottchen klang cooler, lustiger.

Jetzt rupft Chelsea Paul am Ärmel. »Oh Mann, wenigstens dich finde ich«, sagt sie. Paul schweigt. Zum Glück hat er die Spraydose heute morgen noch schnell in den Koffer und nicht ins Handgepäck gesteckt, das könnte jetzt richtig Ärger geben.

Die beiden blicken sich um. Weiter vorn entdecken sie ein paar Klassenkameraden. Aber Tom, Jane und nicht zu vergessen Frau Kokowsky sind einfach weg. »Wir müssen jetzt so schnell wie möglich zum Check-In!«, zischt Chelsea. Plötzlich wird Paul kreidebleich: »Ping Kong ist weg! Ping Kong ist weg!« »Wer ist denn das?«, fragt Chelsea. »Na, unser Reisemaskottchen!«, erwidert Paul. »Was, du hast echt ein Maskottchen mitgenommen? Das finde ich ja toll!« Chelsea fällt Paul um den Hals. »Wirklich einen Affen, wie du damals gesagt hast?« »Ja! Und wir müssen ihn jetzt zusammen suchen! Wir müssen ihn finden!« »Wir müssen ihn finden!«, echot Chelsea. Paul und Chelsea haben Mühe, sich durch die Menge und das Gedränge zu boxen. Paul ist überzeugt davon, zu wissen, wo Ping Kong sich aufhält. Auf der Toilette. Er hat nämlich die ganze Zeit schrecklichen Durst gehabt. Aber wo war jetzt bloß die Herrentoilette? Chelsea schüttelt den Kopf: »Guck mal, die haben hier beim Flughafen zwei Herrentoilettenschilder nebeneinandergeklebt, statt einmal Herren und einmal Damen«. Als sie zu den Toiletten kommen, stehen sie in Rumpelkammern voller Bauschutt und loser Kabel. Einen Moment lang muss Paul daran denken, wie er damals Ping Kong gefunden hat: Er war mit Tom, Jane und Chelsea im Zoo gewesen. Die Affen hatten ein neues Riesengehege auf einer Insel. Dort konnten sie auf hohe Palmen klettern, an Mangrovenbäumen hangeln und an Lianen schwingen. Doch dann war Paul aufgefallen, wie sich ein kleiner Affe auf einer biegsamen Palme weit nach vorn wagte. Die Palme bog sich hin zu einer kleinen Brücke, die zum Löwengehege führte. Und schon war der kleine Affe auf das Gelände der hübschen Holzbrücke gesprungen. Nicht, dass er noch zu den Löwen kletterte! Er war ja so winzig! Paul war zur Brücke geeilt und hatte den kleinen Affen ohne lange nachzudenken auf den Arm genommen und dann schnell in seinen Irokesen gesetzt. Seitdem waren Ping Kong und er unzertrennlich.

Paul und Chelsea laufen weiter. Endlich finden sie einen kleinen Kiosk, dessen gläserne Scheiben keine Waren feilbieten, sondern mit Packpapier abgeklebt sind, hier sind tatsächlich die Herrentoiletten provisorisch untergebracht. Über den Urinalen baumeln nackte Glühbirnen. Die Damentoiletten sind weiter hinten in einem Douglas-Laden untergebracht. Und wen hört da Paul? Da ist Ping Kong! Er hat sich in ein Urinal gehockt und Wasser getrunken. Vor ihm steht ein asiatischer Jugendlicher mit einer Wuschelfrisur, der begeistert mit seinem Handy Fotos von Ping Kong macht. Paul stürzt auf Ping Kong zu und nimmt ihn vorsichtig auf.

»Your monkey?«, fragt der Asiate und lächelt. »Yes, it's mine«, sagt Paul und will so schnell wie möglich weg, da fügt er noch an, weil der andere sympathisch wirkt, »his name is Ping Kong«. »And my name is Tamako«, erwidert Tamako und streckt erst Paul und dann Ping Kong die Hand hin. Paul schlägt ein, und auch Ping Kong reicht seine winzige Hand.

Paul weiß noch nicht, dass er einen wichtigen Reisegefährten kennengelernt hat, mit dem er durch dick und dünn gehen würde.

* * *

Derweil stehen Jane, Tom und die anderen in der Schlange vorm Check-In. Tom ruft laut »April, April«, aber niemand beachtet ihn. Je näher sie dem Förderband kommen, desto klarer wird ihnen, dass es sich bei der Durchsage keineswegs um einen Aprilscherz gehalten hat: Die Check-In-Computer sind lahmgelegt, und das Personal muss jeden Koffer, jedes Gepäckstück einzeln durchgehen – per Hand. Jane guckt sich immer mal nach Chelsea und nach Paul um, aber die beiden müssen irgendwo verschwunden sein.

Jetzt kommt Jane dran. Sie ist aufgeregt wegen ihrer Ratte. Schnell steckt Jane das Tier in ihre Brusttasche. »Sei still!«, flüstert sie ihm noch flehentlich zu. Schon ist sie an der Reihe. Während ihr Koffer aufgemacht wird, wird von hinten schon gedrängelt. »Ich verpasse meinen Flug nach Sidney!«, kreischt jemand. »Und ich meinen nach Buenos

Aires!«, ruft ein anderer. »Laufen Sie schnell hierdurch«, sagt die Frau vom Bordpersonal zu Jane, sie fährt nur flüchtig mit dem Gerät über ihren Körper. »Metallgegenstände?« – »Ja, meine Uhr, mein Handy ...«. »Und was haben Sie da in der Brusttasche?« – »Taschentücher!« – Jane wird durchgewinkt.

Endlich. Sie steigen ein. Paris, mon amour, wir kommen! Mit Ratte!

* * *

Nachdem Paul Ping Kong wiedergefunden hat, versuchen Chelsea und er sich zum Check-In vorzudrängeln. Das Bordpersonal wirft Chelsea ungeduldige Blicke zu, weil sie nicht in der Lage ist, ihre Koffer allein hochzuheben. Schließlich helfen ihr vier starke Männer. Eine burschikose Frau vom Bordpersonal öffnet den ersten Koffer und schreckt zurück: »W-i-e v-i-e-le Paar Schuhe haben Sie denn mitgenommen?« »Meine gesamte Chucks- und meine komplette High-Heels-Sammlung!«, gibt Chelsea seelenruhig zur Antwort. »Und Sie haben offenbar eine sehr umfangreiche Sammlung!«, seufzt die Frau – und fällt in Ohnmacht. Das letzte, was sie noch flüstern kann, ist »53 Kilo – so was gab's in Tegel nie.« Es entsteht eine neuerliche Verzögerung, bis zwei Krankenhelfer mit einer Bahre kommen und die Frau abtransportieren. Nun widmen sich zwei kernige Typen mit hochgekrempelten Ärmeln dem Inhalt von Chelseas Koffer. Der eine von ihnen sagt: »Kann sich nur um Stunden handeln«, und Chelsea dämmert, dass auch das kein Aprilscherz ist. Der eine Typ hebt jetzt ein paar goldene High Heels hoch: »Ich hatte eben erst ein paar silberne, und davor weiße.« Der andere holt einen riesigen unförmigen schwere Strickpullover aus dem Koffer: »Der passt ja nicht so dazu«. Chelsea verdreht die Augen. »Die letzten Passagiere für den Lufthansa-Flug LH 713 nach Paris werden gebeten, einzusteigen ...«, hört Paul jetzt. Er boxt Chelsea in die Seite. »Wir müssen uns echt beeilen!« Doch der Typ vom Bodenpersonal schüttelt traurig den Kopf: »Sorry, ohne Check-In geht's nicht. Auch wenn wir heute Eröffnung haben.« Dann hebt er ein paar türkisfarbene Chucks aus dem Koffer und untersucht sie genauestens.

Mehrfach hören sie noch die Ansage »Wir möchten die letzten Passagiere des Flugs LH 713 nach Paris auffordern, zum Gate zu kommen«. Endlich ist Chelseas Gepäck durchgecheckt. Jetzt ist Paul dran. Für Ping Kong hat er sich eine Extra-Erlaubnis zur Luftfahrt-Kleintierbeförderung besorgt. Doch womit er nicht gerechnet hat: Auch Ping Kong wird von Kopf bis Fuß untersucht, er muss seine Sonnenbrille und seinen gesamten Schmuck ablegen. Das dauert. Der kleine Affe ist zudem so erschrocken über die vielen Hände, die an ihm herumzupfen, dass er zweimal einfach wegspringt und von Paul wieder eingefangen werden muss. Um sie herum hat sich ein begeisterter Kreis von johlenden Passagieren gebildet, jeder will ein Foto von Ping Kong machen.

Endlich eilen Chelsea und Paul den noch zum Teil voller Baumaschinen vollstehenden Gang entlang. Da sie hier und da noch über Zementsäcke stolpern, verzögert sich ihr Weg nochmals. Als sie vor einem Gate stehen, sagt Paul außer Atem: »Wir sind die letzten Passagiere, die noch fehlen!« Die Dame vom Bodenpersonal winkt sie schnell durch, auch Paul mit seinem Irokesen schenkt sie keine weitere Beachtung. Im Flugzeug gibt es zunächst etwas Verwirrung, Pauls und Chelseas Plätze sind schon belegt. Doch dann murmelt eine der Stewardessen nur: »na da ist mal wieder überbucht worden« und schiebt sie in die letzte Reihe, in der noch etwas frei ist. Ein bisschen wundert sich Paul, dass sie mit einem Jumbo-Jet fliegen sollen. Aber wahrscheinlich fliegen einfach unheimlich viele Leute zwischen Berlin und Paris hin und her, da nimmt man jetzt eben gleich richtig große Flugzeuge.

Im Flugzeug schläft Paul gleich ein, nachdem er Ping Kong noch einen Keks gegeben hat. Der Tag ist bisher ganz schön stressig gewesen. Chelsea vertieft sich in eine Modezeitschrift. Beide überhören die Ansage »Flugdauer acht Stunden«.

* * *

Endlich sind Tom und Jane und der Rest der Klasse in Paris. Tom scheint sich sehr zu freuen, er springt noch beim Aussteigen wie ein Flummi auf und ab. Doch wo ist meine Ratte?, fragt sich Jane. Wo ist Dreieck bloß? Laut ruft Jane: »Wo ist mein Dreieck, verdammt nochmal?« Frau Kokowsky legt ihr lächelnd eine Hand auf die Schulter: »Du brauchst dich doch die nächsten zehn Tage nicht mit Geometrie zu quälen, aber ich weiß ja, wie ehrgeizig du bist.« Das hört Jane zum ersten Mal und kichert. Da sie ihre Ratte immer noch nicht gefunden hat, zischt sie nun leiser: »Dreieck – wo bist du?« Ein paar Mitschüler denken einfach nur, Jane ist mal wieder ein bisschen verrückt, wundern sich aber nicht darüber, so ist Jane eben.

Tom stößt ihr jetzt einen Ellenbogen in die Seite und lächelt sie an. Sein Gesicht ist von Sommersprossen übersät. »Die kannst du noch lange suchen! Die Ratte hat sich unter meinem Basecap versteckt«. »Was, ehrlich? Unter deinem Basecap?« Jane ist erleichtert, dass Dreieck nicht weg ist, muss aber auch lachen. Tom grinst sie an. »Dann lass' sie da, bis wir im Hotel sind – damit Frau Kokowsky nichts mitbekommt«, flüstert sie Tom jetzt zu. Er ist ein bisschen kleiner als sie, sie muss sich bücken. »Ok, dann hoffe ich mal, dass mir deine Ratte jetzt nicht auf den Kopf scheißt«, kichert Tom – und Jane muss unwillkürlich auflachen.

Tom und Jane fahren mit dem Rest der Klasse in einem Flughafenbus in die Innenstadt. Schon von Weitem sehen sie den Eiffelturm. Jane juchzt innerlich. Paris, wir kommen! Wenn es nur nicht die ganze Zeit so doll regnen würde ...!

Im Hotelfoyer ruft Frau Kokowsky alle zusammen und zählt durch. Jetzt wird klar: Paul und Chelsea sind nicht dabei. Frau Kokowsky wird sehr aufgeregt und bekommt lauter rote Flecken im Gesicht und am Hals. Der Alptraum eines jeden Lehrers ist wahr geworden: Auf einer Klassenfahrt fehlen zwei Schüler! Jetzt will Frau Kokowsky wissen, wo Paul und Chelsea geblieben sind. Minutiös versucht sie zu rekonstruieren, was am Flughafen in Berlin passiert ist. Oder sind die beiden erst in Paris verschwunden, als die Klasse in den Flughafenbus stieg? Alle reden wild durcheinander. Irgendwie wird nur klar, dass die beiden seit dem Chaos auf dem BER nicht mehr gesehen wurden. Ein paar Schüler versuchen, Paul und Chelsea auf ihren Handys anzurufen, bekommen aber keine Verbindung. Schließlich winkt Frau Kokowsky ab und gibt sich zuversichtlich, sie muss die Klasse bei Laune halten und kann nicht allen die Reise verderben: »Die beiden werden in der nächsten Maschine nach Paris sitzen, ganz sicher«. Dann schlägt sie trotz des Regens einen ersten Stadtbummel und ein gemeinsames Abendessen im Quartier Latin vor. Alle stellen ihre Kapuzen hoch oder setzen sich eine Mütze auf, dann stapfen sie im Regen los. Ein paar Mädchen versuchen sich abzulenken, hüpfen und rufen: »Und-1-Und-2-Und-3-Und-4-Und-5-Und-6-Und-7-Und-8-Und-9-Und-10-Ein Hut ein Stock ein alter Mann vor zurück zur Seite ran hulahub und hoch das Bein.« Nebelig ist es auch noch. Den Eiffelturm kann man nur noch als Silhouette erkennen. Aber überall riecht es so gut, nach Croissants, Baguette und Parfum. Frau Kokowsky läuft als Schlusslicht und guckt ängstlich, sobald sich jemand von der Gruppe entfernt. In dem urigen Restaurant im Quartier Latin dreht sich das Gespräch die ganze Zeit um Chelsea und Paul. Tom, der immer gern im Mittelpunkt steht, wirft die These in den Raum, dass Chelsea und Paul ein heimliches Liebespaar sind und sich absichtlich von der Klasse abgesetzt haben. Er steigert sich richtig in die Idee hinein. Aber niemand ist überzeugt davon.

Später in ihrem lavendelfarbenen Zimmer mit wunderbarem Blick auf den Montmartre kann Jane nicht einschlafen. Sie kann sich nicht recht an Paris freuen. Immer wieder muss sie an Paul und Chelsea denken. Sie macht sich große Sorgen. Und sie hat ein ganz komisches Gefühl im Bauch dabei.

* * *

Als Paul und Chelsea endlich verschlafen aus dem Flugzeug aussteigen, wundern sie sich, dass hier nichts an die Umgebung von Paris erinnert. Im Gegenteil: Wüstensand weht ihnen auf der Piste entgegen. In der Ferne sehen sie einen hohen Turm. »So sieht doch nicht der Eiffelturm aus!«, wundert sich Chelsea. Sie ahnt nicht, dass es sich bei dem silbern in der Sonne flimmernden Etwas um die Etihad Towers handelt. Chelsea blickt sich irritiert um. Niemand scheint Französisch zu sprechen. Ping Kong springt aufgeregt herum, er scheint auch zu merken, dass etwas nicht stimmt. Wo sind überhaupt all die anderen aus ihrer Klasse – und Frau Kokowsky? Paul blickt sich verwirrt um. Die beiden sind ratlos. Ping Kong schmiegt sich ängstlich an Paul. Paul hat in der Hitze starken Durst und will eine Cola an einem Stand bestellen. Aber der dunkelhaarige Mann mit den schwarzen Augen schüttelt nur müde den Kopf und zuckt die Achseln; er spricht eine kehlige, unverständliche Sprache. Paul blickt Chelsea hilflos an. Da endlich entdeckt Chelsea ein großes Schild »Welcome to« – sie traut ihren Augen nicht – »Abu Dhabi«. Sie sieht Paul an, fängt an zu weinen und fällt ihm um den Hals. Paul weiß nicht, was er tun soll. Er fragt sich, welche Sprache man hier wohl spricht? Abudhabisch?

Schließlich gehen sie – was bleibt ihnen anderes übrig – zur Gepäckausgabe und warten auf ihre Koffer. Paul ist ziemlich überfordert damit, Chelseas einen dicken Koffer allein vom Laufband zu nehmen. Zum Glück ist da Tamako, der japanische Junge, und hilft ihnen mit dem Monsterkoffer. »Dich mit deinem Iro habe ich natürlich sofort entdeckt!«, er lacht. »Sind wir hier wirklich in Abu Dhabi?«, fragt Paul ihn jetzt. »Ja, natürlich! Ihr wisst das nicht? Wir sind in Abu Dhabi! Eine tolle Stadt – braucht ihr einen Stadtführer?« Da kommt ein dunkelhaariger Mann mit Bart auf sie zu. Er schiebt einen Wagen, auf dem ein weiterer Koffer und eine große Tasche stehen: »Ist das auch noch Ihr Gepäck, Miss?«, »Ja!«, antwortet Chelsea, fängt an zu strahlen und sagt zu Paul: »Wenigstens sind meine Koffer hier!« Paul blickt zum Himmel und sagt: »Oh, Mann, das sind doch nur Koffer!« Darauf erwidert Chelsea beleidigt: »Nur Koffer? In diesen Koffern steckt mein Leben!«

Paul guckt zum geradezu unwirklich blauen Himmel, auf dem sich kein Wölkchen abzeichnet. Mit dieser Frau muss er es jetzt irgendwie erstmal allein aushalten. Tom – Jane – niemand von den anderen ist da. Nur Chelsea und ihre verdammten Koffer.

Zunächst fahren sie mit Tamako zu seinem Hotel. Dort bekommen Paul und Chelsea auch noch je ein großes Zimmer mit Balkon. Das Hotel ist sehr cool, hat einen tollen Swimmingpool und eine schöne Bar. Hier kann man es aushalten! Im Wetterbericht, der gerade über einen Bildschirm flimmert, sehen sie, dass es in Paris gerade viehisch regnet. Pauls Laune verbessert sich. Vielleicht ist es ja doch nicht so schlimm, dass sie in Berlin am neuen Großflughafen falsch eingecheckt worden sind ... Und vielleicht ist Chelsea nicht ganz so materialistisch und blöd, wie er denkt.

Sie sitzen den Umständen entsprechend einigermaßen entspannt auf der Terrasse im Halbschatten. In der Sonne wäre es viel zu heiß. Chelsea lackiert sich die Nägel. Sie haben an dem langen Tag mit dem Kofferschleppen und dem ganzen Hin und Her gelitten. »Welche Sprache spricht man denn hier? Das müssen wir klären«, fragt Chelsea Paul. Ping Kong gibt Paul gleich hilfsbereit sein iPad. Der liest sich erst einmal etwas in die Materie ein. Die Sprache, die man hier spricht, ist Arabisch. Paul lernt ein paar Worte, Begrüßung und Abschied. Danke, Bitte und so weiter. Die Stadt beziehungsweise das Emirat Abu Dhabi gehört zu dem Land »Vereinigte Arabische Emirate«. Es ist eines der reichsten Länder der Welt. So reich, dass die Bürger keine Steuern zahlen müssen und es Springbrunnen in der Wüste gibt. »So genau wollte ich das gar nicht hören«, sagt Chelsea und lackiert sich weiter die Nägel. »Aber – kannst du vielleicht ein paar Brocken Arabisch?« Paul lächelt. Er kann kein Arabisch, bis auf die drei, vier Wendungen, die er in Lautschrift gelesen und versucht hat, sich zu merken. Aber er will Chelsea beruhigen. »Ja, mein Vater ist oft hier geschäftlich in der Gegend gewesen und hat mir ein paar Sachen beigebracht«, sagt er so leichthin. Chelsea nickt beruhigt, dann lehnt sie sich vorsichtig an ihn.

* * *

Am nächsten Morgen ist das Wetter in Paris unverändert. Regen, Regen, Regen. Dazwischen mal Graupeln, mal Hagelkörner. »Ist ja echt ein super Urlaubswetter!«, meckert Tom, die anderen stimmen ihm zu. Jane hält sich etwas abseits, sie hat miserabel geschlafen und mag mit niemandem reden. Nur ihre Ratte hat sie gern um sich, wenn sie sich schlecht fühlt. Die scheint alles zu verstehen – glaubt Jane. Während die Klasse frühstückt, telefoniert Frau Kokowsky hektisch mit verschiedenen Leuten in Berlin. Aber die Gespräche scheinen ergebnislos zu verlaufen. Immer wieder sieht Jane, wie Frau Kokowsky hilflos die Arme hochhebt und wieder fallen lässt, als könnte derjenige am anderen Ende der Strippe diese Geste sehen.

Während Tom genüsslich Blaubeermarmelade auf einen Croissant tropfen lässt, stellt er erneut Theorien an, wo Chelsea und Paul stecken könnten. Alle scharen sich um ihn. Alle außer Jane und Dreieck. »Wer weiß, vielleicht sind die ja in den falschen Flieger gestiegen und jetzt in New York! Oder Buenos Aires!«, ruft er und alle lachen. »Die haben bestimmt nicht so ein Pisswetter wie wir, die sind irgendwo in der Sonne«, unkt er noch und ahnt gar nicht, wie Recht er damit hat.

Frau Kokowsy kehrt zurück an die lange Frühstückstafel. Sie gibt sich gefasst und schlägt zunächst einen Besuch der Kathedrale Notre-Dame de Paris vor, danach könnte man ja einen Besuch des berühmten Kaufhauses Lafayette in Erwägung ziehen. Was soll man sonst bei dem Wetter machen? Wohl nicht auf den Champs-Élysées spazieren gehen, in den Jardin des Tuileries gehen oder auf den Montmartre. Und vom Eiffelturm hätte man heute auch keine gute Aussicht!

Die 10a muss mit einem Bus zu Notre-Dame fahren. Auf der Fahrt dorthin erzählt Frau Kokowsky, dass der Name der Kathedrale übersetzt »Unsere liebe Frau von Paris« heißt. Ein merkwürdiger Name für ein Gebäude, denkt Jane. Was wohl auf Französisch »Unsere liebe Ratte von Paris« heißen würde? Dass sie heute noch erleben wird, wie Dreieck tatsächlich einen ganzen Palast in Aufruhr bringt, ahnt sie nicht.

* * *

Am nächsten Morgen schlafen Chelsea und Paul lange aus. Eigentlich wollen sie als Erstes versuchen, Frau Kokowsky auf ihrem Handy zu erreichen, aber als Paul zum Handy greifen will, steht Tamako vor ihnen und fragt: »Darf ich mit euch zusammen frühstücken?«, und schon ist der pflichtbewusste Vorsatz vergessen. Beim Frühstück erzählt Tamako ihnen, dass er schon unzählige Male in Abu Dhabi gewesen ist. Er schwärmt vom Strand, den abgefahrenen künstlichen Inseln, der Freundlichkeit der Leute, den wunderschönen Moscheen, dem guten Essen. Als sie vom Tisch aufstehen, hat Paul vergessen, dass er Frau Kokowsky anrufen wollte. Ping Kong macht auch einen zufriedenen Eindruck, er hat eben Melone gegessen, was er noch nicht kannte, es scheint ihm prima geschmeckt zu haben. Jetzt springt er unruhig auf Pauls Arm auf und ab, er will etwas erleben. Er ahnt noch nicht, dass der vor ihm liegende Tag der aufregendste Tag seines bisherigen Lebens werden würde. Sogar noch aufregender als die Flucht aus dem Zoo.

Zunächst gehen sie an den Strand, breiten ihre Handtücher unter einer Palme aus – unter der prallen Sonne würden sie in zehn Minuten verglüht sein – und genießen den Blick auf die hohen Wellen. Dann springen sie ins Wasser, Ping Kong krallt sich in Pauls Iro fest und quietscht vor Vergnügen. Sie bleiben bis zum späten Nachmittag am Meer, zwischendurch essen sie in einer Strandbar. Weder Chelsea noch Paul erwähnen nochmal die Idee, mit Frau Kokowsky Kontakt aufzunehmen.

Als sie aufstehen, fällt Paul eine Spraydose aus seiner Tasche. Die Dose hat er, ungeachtet von Frau Kokowskys Mahnung, mitgenommen – einfach so, ohne Spraydose geht er gar nicht aus dem Haus. Die Leute gucken verwundert. Da tritt ein Kellner an sie heran. Schnell versucht Paul sich mit seinen angelesenen arabischen Worten. Leider hat er alles wieder vergessen. »Goschka Bulette ... äh ... Are Parmesania ... äh ... Lady Goschka ... äh ... Salatioano Are Balsamikomara«, stottert er. »Bist du sicher, dass das Arabisch ist?«, tuschelt Chelsea. »Äh, na klar«, behauptet Paul. Da sagt der Kellner in gebrochenem Deutsch: »Isch mir nisch!« »Was – Sie können Deutsch?«, fragt Chelsea überrascht. »Ja, ich kann bisschen Deutsch spresche ...«, murmelt der Kellner und hat über dem ganzen Sprachschlamassel die Spraydose von Paul vergessen. Paul steckt sie rasch wieder zu den Badeklamotten, will keine weitere Aufmerksamkeit erregen.

Am späten Nachmittag schlägt Tamako den Besuch der großen Scheich-Zayid-Moschee vor – die drittgrößte Moschee der Welt. 40.000 Gläubige finden in ihr Platz, erzählt ihnen Tamako auf dem Weg dorthin im Taxi. Als sie vor der Moschee stehen, klärt Tamako sie darüber auf, dass sie die Schuhe ausziehen müssen. Sie gehen in den Vorraum, wo schon viele Schuhe stehen. Vor dem Betreten der Moschee werden die Schuhe ausgezogen. »Ein Muslim betritt die Moschee mit dem rechten Fuß und verlässt sie mit dem linken«, erzählt Tamako ihnen, »aber Nicht-Muslime müssen sich nicht daran halten«. Chelsea muss jedoch eine Kopfbedeckung, die Hidschab, tragen. Man kann sie ausleihen. Der feine, hauchdünne weiße Stoff gefällt Chelsea sehr. Sie gibt sich viel Mühe, die Hidschab, die wie ein Kopftuch mit Kragen aussieht, richtig umzulegen. Schließlich blickt sie Paul unsicher an. Er lächelt. Tamako hebt anerkennend einen Daumen: »Super!« Als sie schließlich den

Hauptraum der Moschee betreten, blicken sich Chelsea und Paul staunend um. Tamako weist sie noch auf die sieben gigantischen Kronleuchter hin. Sie wurden aus Deutschland importiert – Tausende von Swarovski-Kristallen in verschiedenen Farben sind in ihnen verarbeitet. Als Lichtquelle dienen LEDs. Der größte der Kronleuchter hat einen Durchmesser von zehn Metern und ist fünfzehn Meter hoch. Er gilt als größter Kronleuchter der Welt. Chelsea kann ihren Blick nicht von ihm wenden. Kurz legt Paul seinen Arm um sie. Eigentlich gefällt sie ihm hier viel besser als in Berlin, wo sie immer eine große Klappe hat und alles besser weiß. Hier ist sie manchmal erstaunt, überrascht – und er selber auch. Für eine Sekunde fallen ihm seine Eltern ein, die sich auf einer Reise zum Kilimandscharo kennengelernt haben, nur um dort festzustellen, dass sie beide aus dem gleichen Bezirk in Berlin stammen.

»Können wir vielleicht etwas Richtiges essen gehen, ich habe einen Bärenhunger ...«, murmelt Chelsea jetzt. Tamako schlägt vor, zu den Etihad-Towers zu fahren, dort gebe es ein gutes Restaurant mit internationaler Küche und einem tollen Blick über die Küste. Sie gehen zurück in den Vorraum, ziehen ihre Schuhe wieder an, Chelsea gibt die Hidschab zurück.

»Wie machen wir das nur mit dem Geld«, fragt Paul. »Im Hotel zahlen wir mit Kreditkarte ...«, meint Chelsea. Sie macht sich weniger Sorgen als Paul, ihre Eltern haben schließlich viel Schotter. »Soll ich euch etwas leihen?«, fragt Tamako großzügig. Er scheint sich wirklich zu freuen, nicht allein unterwegs sein zu müssen. Er erzählt Paul und Chelsea, dass seine Eltern viel geschäftlich unterwegs sind, sie jetten zwischen Tokio, Zürich, Abu Dhabi und New York hin und her. Jetzt sind sie auch gerade mal wieder in Abu Dhabi, aber Tamako sieht sie erst in zwei Tagen, weil sie auf irgendwelchen Konferenzen sind.

»Nein, danke, Tamako, ich möchte dir nichts schulden, ich habe eine andere Idee«, sagt Paul. »Chelsea ...«, er schlägt einen besonders netten Ton an, denn er weiß, dass er ein schwieriges Thema anschneidet. »Chelsea ...«, beginnt er nochmal. »Wir können unmöglich deine gesamten Klamotten wieder zurück nachhause nehmen ... lass uns einen Teil davon verkaufen ... hier gibt es bestimmt jemanden, der deine High-Heels-Sammlung ...«. »Nein!«, fährt Chelsea ihn scharf an. Paul dämmert, dass Chelsea an einem exotischen Ort natürlich auch kein komplett ausgewechselter Mensch ist. »Nein, und nochmals nein!«, schreit sie und funkelt ihn böse an. »Wenn, dann verkaufe ich den Wollpulli meiner Mutter, das blöde Ding ...« »Wenn es ein Bikini wäre, aber wer kauft denn in der Wüste einen Wollpulli?«, Paul schaut sie ehrlich erstaunt an.

Chelsea ärgert sich augenblicklich darüber, nicht länger nachgedacht zu haben. Sie seufzt nur leise auf. »Das Mistding werde ich noch bis an mein Lebensende haben ... nachher sterbe ich noch darin.« Paul muss jetzt grinsen – er will es eigentlich gar nicht, muss aber doch einfach einen Arm um sie legen. Chelsea sieht ihn an und bemerkt, dass er ihrem Blick ausweicht und ganz rot geworden ist. Die Geldfrage bleibt erstmal ungeklärt, denn jetzt winkt Tamako ein Taxi heran.

Schon von Weitem sehen sie die großartigen Etihad-Towers in der Sonne glitzern. Doch so heiß es auch draußen ist, so kalt ist es hier drinnen: Die Klimaanlage im Taxi läuft auf Hochtouren. Chelsea reibt sich die Arme, lehnt sich an Paul. »Vielleicht fahren wir kurz im Hotel vorbei, dann kannst du dir noch eine Jacke holen«, überlegt Paul. Und Tamako bekräftigt: »Die Klimaanlage in den Etihad-Towers könnte die ganze Arabische Wüste in einen Kühlschrank verwandeln, da drin ist es wirklich frisch«. Leise schnurrt das Taxi die palmenbestandene Allee entlang, hin und wieder sehen sie Männer in weißen Gewändern zu nächsten Moschee laufen; es sind nur wenige Frauen auf der Straße. Vor ihnen fährt eine Stretchlimousine, aus der gedämpfte Musik klingt. Alles wirkt mild, friedlich, von der Hitze ermattet. Was sie ganze zehn Minuten später erleben werden, können die vier noch nicht im Entferntesten ahnen. Ping Kong hat sich nun an Chelsea geschmiegt, die er ins Herz geschlossen hat. Für einen Moment schließt er die Augen. Als er Tamako sagen hört: »Mann, war das eine Affenhitze vorhin am Strand«, denkt er nur, diese Mittagsglut ist doch auch Affen zuviel. Wir leben schließlich im dichten Dschungel und nicht in der Wüste. Kamelhitze kann man vielleicht sagen, aber Affenhitze? Das ist mal wieder so eine typische menschliche Erfindung ...

Der Taxifahrer lässt sie aussteigen, sie bezahlen und gehen auf den Eingang ihres Hotels zu. Ihre Gesichter spiegeln sich in der modernen Glasfassade. Das Taxi wird gleich von einer Gruppe Engländer in Beschlag genommen. In diesem Hotel in Strandnähe steigen viele westliche Touristen ab. Über dem Eingang sehen sie schon die fünf Sterne leuchten. Das Khalidiya Palace-Hotel ist sehr exklusiv und beliebt. Als sie an dem Portier vorbeigehen, schieben sich drei junge Männer in weißen Hemden, Jeans und Turnschuhen an ihnen vorbei. Paul runzelt die Stirn. Was drängeln die denn so? Niemand sonst verbreitet Hektik, im Gegenteil: in der Hitze sind alle eher langsam, niemand macht Stress. Was geht hier vor sich?

* * *

Notre-Dame de Paris hat Jane wirklich gut gefallen. Die Kathedrale ist der Hammer, einfach überwältigend. In der Kathedrale hat Jane sogar eine Kerze für ihre verstorbenen Großeltern angezündet. Jane hat ja auch eine romantische Seite. Jetzt muss die Klasse leider wieder einen Bus nehmen. Weil Frau Kokowsky sich nicht gut in Paris auskennt und die ganze Gruppe erst an die falsche Bushaltestelle schickt, werden alle so richtig schön vom Regen durchweicht. Schließlich sitzen eine nasse Jane und ein nasses Dreieck mit vom Regen tropfenden Barthärchen im Bus nebeneinander und haben schlechte Laune. Nur Tom hält alle mit seinen Sprüchen bei Laune. Alle außer Jane und Dreieck. Hätte Tom nicht anstelle von Paul verloren gehen können?, überlegt Jane. Dieser sommersprossige Zwerg mit der großen Klappe. Wenn sie an Paul und Chelsea denkt, bekommt sie gleich wieder megaschlechte Laune. Was die beiden wohl gerade so zusammen machen? Sie streicht sich über ihre hellblonden Haare mit der langen schwarzen Strähne. Coole Frisur, hat Paul ihr kürzlich noch in Mathe gesagt. Jetzt hockt er mit dieser überdrehten Tussi und ihrer bescheuerten High-Heels-Sammlung und ihren tausend Sonnenbrillen sonst wo. Es hat bei dem Telefonat von Frau Kokowsky heute Morgen so geklungen, als seien die beiden nicht in Berlin geblieben. Verdammt merkwürdig das Ganze.

»Les Galeries Lafayette!«, säuselt der Busfahrer ins Mikro. Auch die Männer klingen hier nicht derb, sondern liebenswürdig. Der Busfahrer trägt ein Hemd mit Schlips! So etwas hat Jane noch nie bei einem Busfahrer in Berlin gesehen. Auch Dreieck guckt verwundert. Nun erzählt ihnen Frau Kokowsky, dass das Lafayette da berühmteste Kaufhaus der Welt ist und auch eines der ältesten. Es existiert seit 1893! Lafayette heißt es, einfach weil es an der Rue La Fayette liegt. »Ihr müsst gleich auf die Jugendstilarchitektur achten, wenn wir gleich in die große Eingangshalle gehen!«, ruft Frau Kokowsky ihnen zu. Jane fallen die leuchtenden Augen ihrer sonst so spröde wirkenden Lehrerin auf. Vielleicht ist sie ja eine heimliche Kaufwütige – auf einer Klassenreise lernt man seine Lehrer von einer ganz anderen, privateren Seite kennen. Jedenfalls stolziert Frau Kokowsky sichtlich gut gelaunt – sie scheint gerade mal das Drama um die verschwunden Schüler vergessen zu haben – in das Pariser Edelkaufhaus. Jetzt stehen alle im Lafayette. Selbst Tom verschlägt es die Sprache. Die Eingangshalle ist einfach bombastisch, riesig hoch und überall mit Ornamenten übersät. Alles sieht prunkvoll und verspielt aus, wie in einem Märchen. Man kann gar nicht aufhören, sich umzuschauen. Klar, dass man in solch einem Kaufhaus mehr Geld lässt, weil man von der Atmosphäre so hingerissen ist.

Dreieck wirkt richtig einschüchtert und schmiegt sich eng an Janes Hals. Jane legt ihre Hand vorsichtig über den Kopf der Ratte. Nicht, dass jemand hier noch Dreieck sieht ...

»Liebe Schüler«, flötet Frau Kokowsky, »ich habe eine Bitte an euch.«

»Wie reden Sie denn plötzlich mit uns?«, fragt Tom und spricht damit laut aus, was alle gerade gedacht haben. »In Berlin brüllen Sie immer ›Alle ma' herhören!‹ Aber hier heißt es plötzlich ›liebe Schüler, ich habe eine Bitte an euch‹ ...« Alle lachen. Jane muss grinsen. Manchmal sagt Tom auch treffende Dinge.

Frau Kokowsky lächelt milde. »Wir treffen uns in anderthalb Stunden wieder im Foyer. Ihr habt jetzt Zeit, euch alles anzuschauen und Geschenke zu kaufen. Ich geh' dann mal ...« »Wo gehen Sie denn hin?«, fragt Jane interessiert. Sie weiß noch nicht, was sie im Lafayette machen soll. »In die Dessous-Abteilung!«, raunt Frau Kokowsky und bekommt wieder glänzende Augen. »Was'n das?«, fragt Tom. »Un-ter-wä-sche!«, klärt ihn eine Mitschülerin auf. Das, denkt Jane, klingt interessant, da werde ich auch hingehen.

* * *

Chelsea und Paul werfen sich ängstliche Blicke zu. Die drei Typen, die eigentlich ganz normal aussehen in ihren Jeans und businessmäßigen Hemden, schubsen alle anderen Hotelgäste brutal zur Seite. Tamako, der die arabischen Gepflogenheiten und den hier geltenden Höflichkeitskodex, der viel ausgeprägter ist als in Europa, gut kennt, starrt die drei Männer mit offenem Mund an. Es ist vor allem Tamakos Gesicht, das Paul deutlich macht: hier läuft gerade etwas völlig Merkwürdiges ab.

Ping Kong hat sich derweil in Pauls Tasche verkrochen. Und wenn Ping Kong sich verkriecht, weiß Paul, dass die Kacke wirklich am Dampfen ist, denn Ping Kong hat gute Instinkte. Plötzlich stehen die drei Typen vor den Fahrstühlen und verschränken die Arme. Sie sind alle groß und schlank, sehen so aus, als würden sie Surfurlaub an Abu Dhabis goldenen Stränden machen wollen. Sie tragen weder Bärte, noch sehen sie sonst irgendwie religiös aus. Sie kommen erstmal genau so wie andere Touristen hier rüber, aber in ihren Köpfen scheint ein ganz anderer Film abzulaufen. Jetzt schreit der Größte von ihnen etwas auf Arabisch, fuchtelt mit den Händen. Die anderen beiden tun es ihm nach. Bruchstücke rufen sie nun auch auf Englisch. Irgendwie geht es darum, dass sie das Hotel jetzt unter Kontrolle haben, niemand darf mehr in die Fahrstühle einsteigen, niemand darf mehr heraus. Was soll das alles? Paul schielt ängstlich zu Tamako hinüber, der blass geworden ist.

»Das sind Verbrecher, Terroristen«, wispert Tamako ihm zu. Da schreit einer der Typen ihn direkt an. Dann folgt ein Wortschwall, dem Paul und Chelsea nicht folgen können. Doch Tamako lauscht mit angespannter Miene. »Ahira – Ahira«, rufen sie, und Tamako übersetzt für Chelsea und Paul. »Das Jenseits.« Dann folgt ein weiterer Wortschwall: »Haram – ’adl – adhan – kafir – munafiq! – Allah – ridda! – murtadd! – nabiy – hafiz – iman!« Tamako übersetzt mühselig die Brocken, die er versteht. Es sind Worte darunter wie »Gerechtigkeit«, »Gebetsruf«, »Ungläubiger«, »Heuchler« und »Glauben«.

Paul schüttelt den Kopf. Er kann sich keinen Reim darauf machen. Chelsea hat ihre Hand in seine geschoben, sie ist schweißnass. Als Paul sich umdreht, sieht er, dass vor dem Hotel eine Reihe junger Männer in Jeans und in weißen Hemden steht und das Hotel von außen kontrolliert. Sie sind gefangen. Die anderen Hotelgäste reden aufgeregt in den verschiedensten Sprachen miteinander. Tiefe drohende Männerstimmen, hohe schrille Frauenstimmen. Irgendwo kläfft, vielmehr piepst ein Chihuahua, der zu einer eleganten Dame gehört.

Jetzt sieht Paul zu seinem Entsetzen, wie der Terrorist in der Mitte eine Sporttasche öffnet. Unter einem Paar Schwimmflossen und einem Schnorchel kommt etwas anderes zum Vorschein: Sprengstoff. Plötzlich ist es still im Hotelfoyer. Niemand sagt mehr etwas, auch der Chihuahua ist leise.

* * *

Jane springt in den Fahrstuhl, der in die 6. Etage, in die Dessous-Abteilung fährt. Im Fahrstuhl stehen neben ihr zwei sehr elegante ältere Damen, die beide einen Hut tragen – fast so wie die Spaziergängerinnen auf Gemälden der berühmten französischen Impressionisten. Ihre Handtaschen sind farblich genau auf ihre Kleider und ihre raumgreifenden Hüte abgestimmt. Eine der Damen ist in einem hellen Grün gekleidet, die andere in einem zarten Lila. Unter dem geschwungenen lilafarbenen Hut lugen blonde lange Locken hervor. So chic und ehrfurchtgebietend sehen alte Damen in Berlin nicht aus. Plötzlich piepst es. Eine der Damen zuckt sofort zusammen und schaut sich irritiert um. Das Piepsen wiederholt sich. Die Damen blicken ratlos auf die Tastatur im Fahrstuhl. Nichts leuchtet, nichts blinkt. PIEPS! Sie schauen Jane an.

Das Piepsen kommt aus ihrer Richtung. Jane läuft ein kaltheißer Schauer über den Rücken. Dreieck hasst Fahrstühle! Dreieck fürchtet sich in engen schmalen Räumen! Sie spürt, wie sich da etwas heftig in ihrer Brusttasche bewegt, sich offenbar eingezwängt fühlt und sich befreien möchte. Was soll sie tun, wenn Dreieck gleich panisch aus ihrer Brusttasche springt? PIEPS! Die Damen starren sie an. In diesem Moment hält der Fahrstuhl an, die Damen steigen eine nach der anderen aus. Jane wischt sich den Schweiß von der Stirn.

Nun steht sie in einem Paradies aus Negligés, Nachthemden, Strapsen, Hot Pants, BHs, allem Erdenklichen, was auf der nackten Haut zu tragen ist. Jane findet ja schwarze Dessous gut. Dieses omafarbene Beige ist schlimm, aber Schwarz sieht gut aus. Sie streift durch die scheinbar endlose Etage. Überall stehen Puppen zwischen Blumenbouquets und Ölgemälden. Kaum zu glauben, welche Vielfalt es bei Unterwäsche so geben kann. Und wie viel man dafür bezahlen kann, wenn man die entsprechend gedeckte Kreditkarte hat. Diese rot-schwarze Kombination aus BH und Slip sieht toll aus. Wirklich. Jane kann es sich nicht verkneifen, einmal kurz auf den Preis zu schauen. 125 Euro für einen Hauch von Hemd und einen Slip, der mehr aus Nichts als aus Stoff besteht? Verrückt. Sie legt das Set zur Seite, da sieht sie den Kopf, der aus ihrer Brusttasche lugt. Er blickt geradewegs auf die rot-schwarze Kombination, dann starrt Dreieck sie an. Die Ratte wirkt zornig. Das erkennt Jane daran, dass ihre Barthaare zittern und ihre Augen leicht zusammengekniffen sind. Die Ratte fletscht ihre Zähne. PIEPS! PIIIIEEEPS! hört Jane noch, dann ist es zu spät: Dreieck hat sich aus Janes Brusttasche befreit. Sie war schon den halben Vormittag im Bus und in der Kathedrale eingezwängt, jetzt reicht es ihr! Mit einem Satz springt Dreieck auf eine Schaufensterpuppe, hüpft jetzt auf ihren Kopf und wühlt in der blonden Haarmähne. Dann sieht Jane sie gar nicht mehr. »Dreieck!«, ruft sie verzweifelt. »Mein Dreieck! Verdammt – wo bist du denn nur?« Eine Verkäuferin, eine elegante Dame mittleren Alters in einem taillierten Jäckchen aus weinrotem Brokat, schüttelt leise lachend den Kopf. Vielleicht versteht sie ja Deutsch. Aber Jane hat keine Zeit, länger über sie nachzudenken. Sie hastet panisch durch die Abteilung: »Dreieck! Es reicht mir, wo hast du dich verkrochen? Dreieck, mein Dreieck – wo bist du nur?« Sie kann Dreieck nicht finden und rast den gleichen Weg zurück. Als sie wieder an der Verkäuferin vorbeikommt, sieht diese sie mit mitleidiger Miene an und sagt mit stark französischem Akzent: »Diese Deutschen ... Nicht mal in der Dessousabteilung vom Lafayette können ihre Gedanken um etwas anderes als um Büroartikel kreisen! Wie traurig ...«

In diesem Moment sieht Jane Dreieck. Dreieck ist vom Kopf einer anderen Puppe auf den Hut der lila gekleideten Dame, die vorhin noch mit ihr im Fahrstuhl stand, gesprungen. Sie tobt auf dem Hut rum, reißt eine Schleife ab. Die Dame fasst sich panisch an den Hut und stößt spitze Schreie aus und ruft: »Qu'est ce que c'est ?« Jetzt wirft Dreieck ihr den Hut vom Kopf und zerwühlt ihre Frisur. Einige Leute eilen zusammen. »Un rat! Un rat!«, hört Jane die versammelten Franzosen schreien. Und nun sieht sie, wie die blonde Lockenpracht der armen alten Dame zu Boden fällt. Es war eine Perücke. Dreieck hat sie runtergeworfen. Mit einem Satz landet Dreieck nun im Ausschnitt der eleganten Dame. Die Dame schreit, als würde man sie gerade vierteilen. Sie wirft sich auf den Boden, reißt dabei noch eine Vitrine und eine Schaufensterpuppe um, sie rudert mit den Armen, wirkt wie von Sinnen. Mehrere Verkäuferinnen rennen ebenfalls schreiend herum. »Un rat! Mon Dieu! Mon Dieu!«, kreischt die lavendelfarbene Dame. Die Vitrine ist zersprungen, überall liegen Höschen, Gürtel und Schmuck auf dem Boden. Jetzt springt Dreieck, ebenfalls in Panik, aus dem Ausschnitt der gestrauchelten Dame wieder heraus, hüpft auf die grüne Dame zu und beißt ihr in die mintfarbene Perlonstrumpfhose. Die Dame fällt nach hinten in eine anderthalb Meter hohe, vermutlich mehrere tausend Euro teure Jugendstilvase. Sie zerspringt in tausend Scherben. Doch Dreieck hat noch nicht genug. Das arme Tier ist in Panik und springt der Dame mitten ins Gesicht. Die Lady wälzt sich daraufhin auf dem Boden und schlägt um sich. Endlich lässt Dreieck lässt von ihr ab und wühlt sich durch ein zartrosafarbenes Nachthemd von Yves Saint Laurent. Hier und da reißt sie ein Loch mit Zähnen oder Krallen hinein, sie scheint Spaß an dem leicht reißenden Stoff zu haben.

Jetzt eilt ein Verkaufsleiter in einem dunklen Anzug und einem dunklen Schnurbart herbei. Er bleibt ruhig und versucht, sich einen Überblick über die Lage zu verschaffen. Dann fragt er etwas, was für Jane so klingt wie »Wem gehört diese Ratte?« Die grüne Dame zeigt mit einem langen zitternden Finger auf Jane und schreit dann etwas mit sich überschlagender Stimme – etwas mit »ascenceur« – Fahrstuhl. Jane wird blass. Doch die Verkäuferin, die des Deutschen mächtig ist, winkt ab. Sie sagt einen Satz, aus dem »accro du travail« – Arbeitstier – und »fou« – verrückt – zu verstehen sind. Dazwischen hört Jane etwas mit »triangle« – Dreieck. Der Verkaufsleiter scheint überzeugt, aber die grüne Dame runzelt noch die Stirn. Nun rappelt sie sich hoch, ergreift ihre mintfarbene Handtasche und stakst mit ihren zerrissenen Strumpfhosen auf Jane zu. Mit einem Satz ist Jane beim Aufzug. Aus den Augenwinkeln sieht sie, wie sich ein rosafarbenes Knäuel flink auf den Aufzug zubewegt. Zack, Dreieck hat es auch noch geschafft. Schon schließen sich die Türen mit einem lauten Klong. Und wer steht vor Jane? Eine entspannt aussehende Frau Kokowsky. »Na, Jane, wie geht es dir?«, fragt sie. Sie scheint nichts zu ahnen. Warum auch, sie war gerade, wie sie nun erzählt, noch eine Etage höher, in der Papeterie, und hat sich teure Schreibwaren gekauft. Jane lächelt gezwungen. »Ach, bestens, ich habe mir ein paar Negligés angeschaut.« Sie blickt auf den Boden. Dreieck ist müde geworden, das rosafarbene Knäuel regt sich nicht, und Frau Kokowsky guckt zum Glück auch nicht nach unten. »Und, hast du etwas gekauft?«, fragt die Lehrerin. Jane schüttelt den Kopf: »Nee, alles zu teuer.« Frau Kokowsky lächelt. »In deinem Alter hab' ich mir auch noch nichts im Lafayette geleistet« – sie lächelt geheimnisvoll, und Janes Blick fällt auf die grau-silbern schimmernde Tüte, die Frau Kokowsky eng an sich gepresst hält. Was sie sich wohl gegönnt hat – nach dem Stress der letzten Tage? PIEPS! vernimmt Jane mit einigem Schreck. »Ach, diese alten Fahrstühle machen lustige Geräusche, die sind nicht so schrecklich vollelektronisch ...«, murmelt Frau Kokowsky versonnen. Zum Glück sind sie jetzt im Erdgeschoss, die Türen gehen auf. Schnell nimmt Jane das rosafarbene Negligé-Knäuel auf dem Arm und steckt Dreieck in ihren Rucksack. Dann stürzt sie sich ins Gewühle im Foyer.

Dort steht auch schon der Rest der Klasse. Tom zeigt den anderen ein neues Basecap, das er im Lafayette im Sonderangebot erstanden hat. Ob die grüne Dame ihr noch folgen wird?, fragt sich Jane. Ob die Verkäuferin alle davon überzeugen konnte, dass sie nur eine Macke, aber keine Ratte hat? Jane wird es nie erfahren, denn Frau Kokowsky drängelt die Klasse nach draußen und zur nächsten Metro-Station. Sie hat sich in den Kopf gesetzt, nach der Shoppingnummer nun doch noch etwas Hochkulturelles zu unternehmen. Sie will die Klasse jetzt in den Louvre schleppen und macht wieder wie gewohnt Tempo.

Während die Klasse in der vollen Metro sitzt, öffnet Jane ihren Rucksack und gibt Dreieck schnell einen halben Croissant, den sie noch vom Frühstück übrig hat. Dreieck scharrt mit den Füßen, zupft an ihren Fingern, versucht sie auf etwas aufmerksam zu machen: Und da sieht Jane: irgendetwas hat Dreieck eingewickelt in den kläglichen Negligé-Rest. Was ist das? Sie fasst in das Knäuel hinein: es ist die schicke rotschwarze Kombination, die ihr so gut gefallen hat – ohne irgendeinen Riss oder ein Loch! Dreieck grinst – soweit man behaupten kann, dass eine Ratte grinst. Zumindest eines weiß Jane: Ratten sind, das ist wissenschaftlich erwiesen, hoch intelligente Tiere. Und Dreieck ist nochmal ein ganz besonders schlaues Tier. Plötzlich zwinkert ihr Tom zu. Was will der denn? Ob er vielleicht mitbekommen hat, dass sie Dreieck dabeihat?

In diesem Moment sagt eine freundliche Frauenstimme die Station »Louvre« an.

* * *

Paul, Chelsea und Tamako starren fassungslos auf die drei Typen vor den Fahrstühlen. Da brüllen die drei Männer gemeinsam los: »Salam – salam – ra'uf – ruh«. »Irgendetwas mit Friede«, flüstert Tamako. »Ich vermute, sie glauben, dass sie Frieden verbreiten mit ihrem Attentat, sie wähnen sich auf der rechten Seite …« Die drei wiederholen diese Worte, bei dem letzten »ruh« will der größte der drei den Sprengstoff zünden. Dann ruft der Dritte, der nervös geworden zu sein scheint, nochmal allein ein schrilles »as-salamu 'alaikum«. Es hallt lange nach in dem hohen Foyer. Im Hotel herrscht Grabesstille. Auf einmal bemerkt Paul eine heftige Bewegung in seiner Tasche, jemand macht sich da frei. Im nächsten Moment hopst Ping Kong auf seine Schulter – bewaffnet mit der Spraydose. Paul traut seinen Augen nicht. Alle Blicke richten sich auf ihn. Auch die der drei Terroristen. Schon springt Ping Kong auf die Schultern eines großen Dänen, der vor Paul steht, und dann auf den Kopf einer zierlichen Japanerin, die mucksmäuschenstill bleibt. Nun ist er in Augenhöhe mit den drei Terroristen. Ping Kong kneift einmal kurz die Augen zusammen, als müsste er sich noch einmal scharf an das erinnern, was er schon oft bei Paul miterlebt hat: nämlich wie man eine Spraydose bedient. Seine Hände sehen, das fällt Chelsea jetzt wieder auf, unheimlich menschenähnlich aus. Dann drückt Ping Kong ab. Im nächsten Moment klatscht den drei Terroristen knallrote, dicke, klebrige Farbe in die Gesichter. Die Farbe verklebt ihnen die Augen, dringt in Nasen und Münder. Sie tropft auf die blütenweißen Hemden, die himmelblauen Jeans, die schicken Turnschuhe, und, last but not least: den Sprengstoff. Im nächsten Augenblick stürzen sich fünf junge Rezeptionisten sowie der Portier vom Hotel auf die drei Terroristen und überwältigen sie. Der riesige Däne hat sich ihnen angeschlossen. Alle brüllen und schreien durcheinander. Von der Totenstille eben ist nichts mehr übrig. Das Hotel bebt. Aber es ist nicht in die Luft gegangen.

Chelsea wirft einen hektischen Blick nach draußen: Die Typen in den gleichen weißen Hemden, die vor dem Hotel Wache geschoben haben, versuchen jetzt, sich zu verdünnisieren, aber sie kommen nicht weit. Überall Polizei, Blaulicht, Sirenen, Großalarm, Hubschrauber kreisen am Himmel. Es geht alles so schnell, Chelsea weiß gar nicht mehr, was passiert ist. Ist sie tatsächlich in Abu Dhabi? Es kommt ihr alles so unwirklich vor.

* * *

Frau Kokowsky, Tom, Jane und die anderen sitzen in nassen Sachen im Hotelfoyer und blicken auf einen Bildschirm. Dass ihre Klamotten patschnass sind, stört sie nicht, ihr Blicke kleben am Fernseher: Sie sind nicht die Einzigen, die die aktuellen Nachrichten mit Hochspannung verfolgen. Überall auf den bequemen Sesseln sitzen Hotelgäste und starren angestrengt nach vorn. Denn in den Nachrichten wird gerade über einen vereitelten Terroranschlag in Abu Dhabi berichtet. Ein kleiner Affe soll eine junge Terrorzelle mit einer im rechten Moment eingesetzten Spraydose außer Gefecht gesetzt haben. Zwischendurch wird ein Wissenschaftler eingeblendet, der über die hauchdünne Trennlinie zwischen Mensch und Tier faselt. Jetzt sieht man wieder Aufnahmen von einem Fünf-Sterne-Hotel.

Auf einmal stößt Frau Kokowsky einen spitzen Schrei aus: »Das sind ja Chelsea und Paul!«, kreischt sie. Die ganze 10a wird kreidebleich. Da sind ihre vermissten Klassenkameraden und lachen fröhlich in die Kamera. Paul – es ist eindeutig Paul mit seinem grün-schwarz-roten Iro – redet selbstbewusst mit einem Reporter. Auf seiner Schulter sitzt ein kleiner Affe. Nun richtet sich die Kamera auf den Affen. Tom brüllt los: »Das gibt es doch nicht! Das gibt es doch nicht! Das ist Ping Kong! Unser Ping Kong! Den haben wir gemeinsam aus dem Zoo gerettet! Paul, Chelsea, Jane und ich! Das ist Ping Kong! Paul hat ihn mitgenommen! Wahnsinn!«

Jane wird etwas traurig bei dem Gedanken an den gemeinsamen Tag im Zoo mit Paul.

Nun wird ausführlich berichtet, wie der kleine Affe im letzten Moment den Terroristen mit der Spraydose ins Gesicht gesprüht hat. Ein Reporter vergleicht den Sieg von Ping Kong über die Terroristen mit dem Sieg von David über Goliath. Immer wieder wird Ping Kong in Großaufnahme gezeigt. Jetzt isst er gerade zufrieden eine besonders große Banane, die ihm zuvor der Emir von Abu Dhabi mit einer Verbeugung gereicht hat. Ein Haufen Reporter drängt sich um Chelsea, Paul und Ping Kong. Sie stehen im Blitzlichtgewitter.

Frau Kokowsky ist außer sich, Tränen laufen ihr übers Gesicht. Nun merkt man ihr doch an, wie viel Angst sie in den letzten beiden Tagen um ihre verschwundenen Schüler gehabt hat. Alle drängeln sich um den Fernseher. Nur eine hält sich zurück: Jane. Sie steht abseits, hält Dreieck an ihre Brust gedrückt und versucht zu vergessen, was sie eben kurz auf dem Bildschirm gesehen hat: Chelseas und Pauls Hände, ineinander verschränkt.

* * *

Am nächsten Morgen sind Chelsea und Paul noch erschöpft von den dramatischen Ereignissen des Vortrags – nicht zuletzt von den vielen Interviews. Auch ein Psychologenteam hat ihnen seine Hilfe angeboten, aber die beiden haben abgewinkt. Als sie frühstücken, will Paul Chelsea die ganze Zeit etwas sagen. Als Chelsea ihre Cornflakes löffelt, fängt er an zu stottern: »Ähm Chelsea ... ähm ... wir haben in letzter Zeit ... äh ... ziemlich viel miteinander erlebt ... könnte man sagen ... und ich glaube ... ähm ... ich glaube, ich habe mich in dich ...« In diesem Moment steht ein livrierter Mann vor ihnen und stellt sich ihnen auf Englisch vor: Er ist der Bote von Scheich Chalifa bin Zayid Al Nahyan, dem Herrscher von Abu Dhabi und gleichzeitig Präsident der Vereinigten Arabischen Emirate. Der Scheich möchte sie morgen Nachmittag zu sich in seinen Palast einladen. Außerdem möchte er für Ping Kong eine lebenslange Bananen-Lieferung einrichten. Er wird zuhause jede Woche eine Lieferung besonders wohlschmeckender Bananen erhalten. Für Paul und Chelsea hat er auch etwas: Der Bote überreicht ihnen nun zwei Schecks in Höhe von jeweils 500.000 VAE-Dirham. Das sind 100.000 Euro. Paul und Chelsea grinsen sich an. Über die Geldausgaben brauchen sie sich keine Gedanken mehr zu machen. Chelsea freut sich schon aufs Schuhekaufen. Der Scheich von Abu Dhabi übernimmt natürlich auch ihre Reisekosten. Glücklich halten Paul und Chelsea ihre Schecks in den Händen. Paul ist sofort klar, was er mit seinem Geld machen will: Er möchte eine Sprayer-Ausstellung auf die Beine stellen. Und das erste Spraydosen-Museum der Welt wäre doch für Berlin auch ein neues Highlight, oder? Nun sagt der Bote von Scheich Chalifa bin Zayid Al Nahyan noch, dass sie auf Kosten des Scheichs Urlaub am Meer machen dürfen. Ob sie Lust hätten, heute Nachmittag zu einer Delphinshow zu kommen? Ein Fahrer würde sie um 15.00 Uhr abholen. Chelsea und Paul sehen sich an: »Na' am«, antwortet Paul. Das heißt »Ja« auf Arabisch.

Nachdem sie mit einer Stretchlimousine abgeholt und auf eine der künstlichen Inseln, die über eine Straße mit dem Festland verbunden sind, gebracht wurden, machen sie es sich an einem Pool bequem. Hier findet die Delphinshow satt. Chelsea und Paul werden gleich von Reportern umringt. Chelsea hat wieder das Gefühl, als wäre alles nur ein Traum: gestern ein Alptraum, heute ein Traum. Dann beginnt die Show. Als Paul und sie die glänzenden Körper der Delphine aus dem Wasser schnellen sehen, blicken sie einander an. Paul legt kurz seine Wange an ihre. Und dann suchen seine Lippen ihre. Klickklickklick hören sie – überall werden Fotos von ihnen gemacht. Das hätten sie sich nun denken können ... Jetzt sind sie für die nächsten Jahre, wenn nicht für den Rest ihres Lebens, berühmt. Chelsea gefällt ihre neue Rolle als Celebrity sehr, sie küsst Paul mit andächtig geschlossenen Augen wieder und wieder. Paul ist der ganze Rummel eher unangenehm. Er streicht sich über seinen Iro. In Berlin geht er auf Demos und sprayt nachts Brandmauern voll – und hier macht er Mätzchen für die Klatschpresse? Chelsea küsst ihn noch einmal innig und schlingt ihre Arme um seinen Hals. Für einen Moment geht Paul durch den Kopf: »Werde ich in Berlin das Gleiche für sie empfinden? Und sie für mich?« Er kann die Frage nicht beantworten, versonnen schaut er auf die Delphine, die so mühelos in die Luft springen, als gäbe es die Schwerkraft nicht. Vielleicht gibt es sie ja manchmal wirklich nicht. Zumindest nicht für ihn, wenn er Chelsea küsst.

* * *

Nach der Top-Nachricht mit dem vereitelten Terroranschlag in Abu Dhabi flimmert noch eine Lokalnachricht über den Bildschirm im Foyer des Pariser Hotels: »In der Galeries Lafayette hat eine – möglicherweise von einer Kundin mitgebrachte – Ratte in der Dessous-Abteilung Angst und Schrecken verbreitet. Sie hat Kundinnen verletzt und einen erheblichen Sachschaden verursacht ...« Jane wird blass. Dann sieht man die lilafarbene und die mintgrüne Frau, die eine mit zerschrammtem Gesicht, wie sie unter Tränen den Vorfall nochmal berichten. Dazwischen wird die Dessous-Abteilung eingeblendet, ein Polizist weist dort den Weg, den die Ratte genommen hat, genau nach. Da wurde ja schon viel recherchiert. Jedes einzelne Objekt, auch die zu Bruch gegangene Jugendstilvase, wird erwähnt. Nicht zu vergessen die verschwundene rot-schwarze-BH-Slip-Kombination. Jane vergräbt ihr Gesicht in den Händen. Am liebsten würde sie abtauchen, verschwinden. Was für ein Horror ... Dreieck und sie sind Gegenstand der Top-Nachrichten! Die anderen interessieren sich gar nicht sonderlich für diese Meldung, sie reden weiter über Paul und Chelsea. Nur Tom wirft ihr einen nachdenklichen Blick zu.

Jetzt tritt Frau Kokowsky an Jane heran: »Du warst doch gestern auch in der Dessous-Abteilung – hast du nichts davon mitbekommen?« Jane schüttelt den Kopf, ohne dabei Tom aus den Augen zu lassen: »Nein, absolut nichts. Die Abteilung ist riesig, das muss in einer anderen Ecke passiert sein. Das habe ich wirklich überhaupt nicht bemerkt!« Sie blickt ihre Lehrerin treuherzig an. Dann fügt sie noch an: »Vielleicht ... übertreibt die Presse ja etwas und es war alles nur halb so wild?« Frau Kokowsky guckt wenig überzeugt: »Nach den Nachrichten zu urteilen, hat es einen Riesentumult gegeben. Aber du bist ja immer so in deine Gedanken versunken und so teilnahmslos ...« Sie stapft kopfschüttelnd davon.

PIEPS macht es in Janes Brusttasche.

* * *

Die Delphine bekommen nun als Belohnung einige Fische zu essen. Dann geht die Show weiter. Während Paul Chelseas Gesicht streichelt, klingelt sein Handy. Er hebt ab. Sofort blafft ihn eine vertraute Stimme an: »Toll gemacht gestern, aber jetzt heißt es: Koffer packen, auf nach Berlin! Ihr müsst endlich zurück!« Das ist Frau Kokowsky, wie sie leibt und lebt. Chelsea wirft ihm einen bösen Blick zu, sie hat den Inhalt des Gesprächs mitbekommen, Frau Kokowsky hat schließlich gebrüllt. »Ich hab keine Lust, meine Koffer zu packen. Ich will nicht schon zurück nach Berlin! Ich habe auch noch gar nicht richtig geshoppt hier ... Paul, ich will hier noch shoppen ... ich möchte in Berlin High Heels aus Abu Dhabi haben ... so goldene ... und silberne ... und vielleicht bronzefarbene? Oder türkis schillernde? So aquamarin vielleicht?« Chelsea hört gar nicht auf zu reden. Dieser Schuhtick! Paul hat genau drei Schuhpaare. Er guckt lieber wieder zu den in der Luft wirbelnden Delphinen als zu Chelsea.

* * *

Am nächsten Morgen beim Frühstück geht Tom rüber zu Jane. Sie hat sich weit abseits von den anderen hingesetzt, mag mit niemandem reden. Und auf diesen Sprücheklopfer hat Jane jetzt erst recht keine Lust. Tom sagt jedoch kein Wort. Er sitzt ganz still neben ihr. Das Schweigen zwischen ihnen dehnt sich. Dann fragt er plötzlich: »Wie geht's denn deinem Maskottchen?« Jane starrt ihn an. Tom grinst. Dann beugt er sich vor, nimmt ihre schwarze Strähne hoch und flüstert ihr ins Ohr: »Ich hab Dreieck doch schon beim Check-In unter meinem Basecap versteckt, erinnerst du dich nicht? Ich weiß alles. Aber keine Sorge, ich verrate nichts«, er knufft sie in die Seite. Jane wird unruhig. Tom redet doch mit jedem. Kann er wirklich stillhalten? »Verrätst du wirklich nichts?«, fragt Jane. »Großes Tom-Ehrenwort?«»Ob man da drauf viel geben kann?«, tuschelt Jane zurück. »Doch, weil du es bist«, meint Tom. »Wie, was soll das heißen?«»Ich mag dich, ich halte zu dir, ich verrate es nicht. Versprochen! Wirklich! Aber ich will eine Gegenleistung. Nein zwei!«, sagt Tom schnell. »Welche denn?«, fragt Jane neugierig. »Einmal musst du mir bitte genau erzählen, was gestern da mit deiner Ratte passiert ist, ich stehe auf scharfe und verrückte Geschichten, ich will alles genau wissen. Alles«, wispert Tom. »Hm, ok – komm heute Abend zu mir in mein Zimmer, dann erzähle ich dir den ganzen Schlamassel – aber: was willst du noch?«, fragt Jane. »Einen Kuss«, flüstert Tom. »Das ist Erpressung!«, ruft Jane lauter als beabsichtigt. »Ja, aber vielleicht eine, die du nicht bereuen wirst?«

* * *

Am nächsten Tag werden Paul und Chelsea um 15.00 Uhr von einem Taxi abgeholt. Ein bisschen enttäuscht sind sie, dass es nicht wieder eine dunkle Stretchlimousine wie gestern ist. Im Gegenteil: Das Taxi sieht etwas schrabbelig aus. Der Taxifahrer sieht sie kaum an. Neben ihm sitzt ein anderer Mann, der nur starr nach vorne schaut. Nun soll es also zum Scheich gehen. Paul und Chelsea haben sich beide Jacken angezogen, mittlerweile wissen sie schon, wie doll die Klimaanlagen hier in den Taxen aufgedreht werden. Aber in diesem Taxi ist es so warm, dass sie ihre Jacken gleich wieder ausziehen. Sie lehnen sich aus den Fenstern. Da fährt eine scharfe Stimme sie an. Was gesagt wurde, verstehen sie nicht, aber sie lassen die Fenster wieder nach oben gleiten. Palmenumstandene Alleen sausen an ihnen vorbei. Da hinten sind die Etihad-Towers. Und da ist die Scheich-Zayid-Moschee. Und ist das da hinten, die flirrende Silhouette, vielleicht der Palast des Scheichs? Jetzt biegt das Taxi plötzlich scharf nach rechts ab, sie fahren durch eine Industriegegend, dann durch eine wüstenhafte Einöde. »Wo sind wir hier?«, flüstert Jane und schaut Paul an. Tamako ist nicht mit dabei, er war nicht mit eingeladen, außerdem haben seine Eltern heute ausnahmsweise Zeit für ihn. Ping Kong hat sich in Pauls Iro verkrochen und macht keinen Pieps. Paul zuckt die Schultern. Die Gegend sieht nicht so aus, als ob gleich ein Palast vor ihnen auftauchen würde. Jetzt biegt der Taxifahrer nochmal scharf ab, fährt über einen Schotterweg und dann in eine niedrige verrottete Garage hinein. Chelsea bricht der kalte Schweiß aus. Der Taxifahrer dreht sich zu ihnen nach hinten um, seine Miene ist finster. Sie verstehen kein Wort von dem, was er sagt. Auf einmal fuchtelt er mit einer Pistole rum. Dann macht er eine Geste mit seinen Fingern, er reibt seinen Daumen und seinen Zeigefinger aneinander – bedeutet das »Geld«? Paul fasst in seine Tasche – wird der gleiche Trick nochmal funktionieren? Nein, zum Scheich hat er seine Badetasche mit der Spraydose nicht mitgenommen. Der andere Mann springt auf und stellt sich vor das Auto. Auch er trägt eine Pistole.

Der »Taxifahrer« redet jetzt wild in Arabisch auf Paul und Chelsea ein, zwischendurch sagt er etwas wie »Check« und »Money«. Dann verstehen sie noch etwas wie »Kidnapping«. Paul und Chelsea fühlen sich vollkommen hilflos. »Entweder er will unser Geld oder er will uns gefangen nehmen, weil er weiß, dass man für uns ein hohes Lösegeld zahlen wird!« Da schreit der Mann sie an. Er hebt die Pistole auf, schießt damit nicht, aber haut sie Paul über den Kopf. Paul läuft Blut über das Gesicht. Chelsea lächelt er dreist an und fasst ihr in die blonden Haare. Jetzt richtet der Mann seine Pistole direkt auf Paul und Chelsea. Er rüttelt an ihren Gurten. Aha, sie sollen wohl aussteigen. Der Mann steigt aus und öffnet ihnen die Türen. Die Knarre hat er dabei die ganze Zeit auf sie gerichtet. Er geht rückwärts nach hinten, ohne sie aus den Augen zu lassen, und schließt die Garagentür ab. Der andere Mann rennt hektisch hin und her, fuchtelt mit seiner Pistole herum. Dann bedeutet er ihnen, sich vor die ölfleckige Wand der Garage zu stellen. Sie stellen sich nebeneinander, halten sich dabei an den Händen. Der »Taxifahrer« tritt wieder heran, er stellt sich nur zwei Meter vor sie, richtet die Pistole auf sie. Er kneift die Augen zusammen, positioniert die Pistole richtig. Sein Assistent steht neben ihm, hibbelt herum. Sehr professionelle Verbrecher scheinen das nicht zu sein. Aber auch unprofessionelle Verbrecher können einen umlegen oder gefangen nehmen.

* * *

Jane gehen noch Toms Worte nach: »Eine Erpressung, die sie nicht bereuen wird?« Tom ist echt frech. Er sagt einfach in jeder Lebenssituation, was er denkt. Irgendwie imponiert ihr das ja auch. Sie sieht sich um. Frau Kokowsky hält gerade einen Vortrag, erst geht es um die Mona Lisa im Louvre, danach um eine Ausstellung im Centre Pompidou. Frau Kokowsky spricht die französischen Namen auf grauenhafte Weise aus, das Centre Pompidou klingt bei ihr wie eine verschrumpelte Pampelmuse. Aber naja, sie gibt Mathe und nicht Französisch.

Jane dreht sich wieder um. Schnell gibt sie Tom einen Kuss. Es fühlt sich gut an. Tom umarmt sie, er lässt sich Zeit dabei, schließt die Augen und küsst sie. Er wirkt plötzlich gar nicht mehr wie der Klassenclown, sondern beinahe erwachsen. Was die anderen von ihm denken, scheint ihm plötzlich egal zu sein. Er küsst sie wieder und wieder, er ist wirklich sehr zärtlich. Jane ist jetzt auch egal, dass sie im Frühstücksraum sitzen. Doch in diesem Augenblick macht etwas PIEPS! Tom hat Jane zu fest an sich gedrückt, Dreieck ist es wohl zu eng geworden. Frau Kokowsky fährt herum: »Was – war – das?« Überrascht betrachtet sie das umschlungene Paar, dann seufzt sie und rollt mit den Augen: »Auch das noch.« Und: »Kein Wunder, Jane, dass du deine Gedanken immer woanders hast.« In diesem Moment macht es wieder PIEPS. Frau Kokowsky starrt Jane und Tom an. Jane kann nicht mehr schlucken vor Schreck. Da macht Tom einfach selber nochmal – es klingt ganz ähnlich wie bei Dreieck –: »PIEPS!« Und nochmal »PIEPS!« Frau Kokowsky wirkt erleichtert, den vermeintlichen Urheber gefunden zu haben, dann schimpft sie aber doch: »Was soll'n der Unsinn, Tom, machst du dich immer über alles lustig?« »Ach wissen Sie, wir haben uns gerade so die Sache mit der Ratte gestern in der Unterwäsche-Abteilung nochmal ausgemalt«, Tom kichert. Jane denkt, er ist nicht halb so dumm, wie ich immer dachte. »Ach, du Dummkopp«, meckert Frau Kokowsky, »kannst du jemals im Leben ernst sein?« »Und ob«, sagt Tom – aber er sagt das ganz leise und nur zu Jane. Plötzlich bemerkt Jane einen Kloß im Hals. Ihr wird alles einfach zu viel. Jetzt das alles mit Tom und die Katastrophe gestern. Was ist, wenn Frau Kokowsky Dreieck doch noch auf dem Rückflug bemerkt? Was wird das für Folgen haben? Bestimmt ist der angerichtete Schaden immens. Wie soll sie das alles bezahlen können? Aber so zu tun, als hätte sie nichts damit zu tun? Sie würde Frau Kokowsky doch noch die Wahrheit sagen. Sie kann einfach nicht anders. Heißt es nicht vor Gericht, dass man milder bestraft wird, wenn man sich selbst anzeigt? Halb Paris sucht jetzt Dreieck. Und sie! Vor ihren Augen sieht sie schon, wie es am Flughafen Charles de Gaulle einen Massenauflauf gibt und sie vor blitzenden Kameras abgeführt wird.

Tom sieht, wie Jane sich windet und unruhig wird. Er beugt sich vor und flüstert ihr ins Ohr: »Tu es nicht.« Jane sieht ihn verwundert an. Manchmal scheint Tom Gedanken lesen zu können. Zumindest bekommt er viel mehr mit als die anderen. Aber sie kann sich nicht helfen, ihr kommen die Tränen. Frau Kokowsky blickt jetzt zu ihr rüber, dann stapft sie an das Tischende und sieht sie streng an. »Was is'n mit dir los?« »Frau Kokowsky – ich ... was soll ich sagen ... ich ... bin total gestresst und fertig ... hab nämlich ... ich weiß, das klingt verrückt«, sie unterbricht sich und muss schluchzen, »ich hab mein Dreieck mitgenommen ...« Da wird Frau Kokowskys Gesicht weich. »Ach, Jane, du zermarterst dich aber wirklich mit deiner Mathenote! Ich glaub', du schaffst schon noch 'ne Vier minus in Mathe, trotz der verhauenen Geometrie-Arbeit, jetzt nimmste schon die Mathesachen mit in den Urlaub.« Sie kneift Jane aufmunternd in die Wange. Und überhört das PIEPS aus Janes Brusttasche. Tom und Jane sehen sich an. In diesem Moment weiß Jane, dass die verrückte Geschichte mit Paul und Chelsea im Flieger nach Abu Dhabi seine Richtigkeit hatte. Nicht nur, weil dadurch ein Terroranschlag vereitelt wurde.

* * *

Der falsche Taxifahrer scheint auf Pauls und Chelseas Stirnen zielen zu wollen. Chelseas Hand in Pauls wird immer kälter und nasser. Angstschweiß. »Ich liebe dich«, murmelt sie. »Ich dich auch«, sagt Paul. Eigentlich weiß er nicht, ob das stimmt. Aber das ist jetzt auch egal. Über die Frage wird er bald nicht mehr nachdenken können. Oder doch? Will der Mann sie vielleicht nur ängstigen? Will er sie nun entführen oder gleich erschießen? Er versteht gar nichts mehr. Da sagt der Mann etwas auf Englisch, das klingt wie »First that monkey«. Aha – er will zuerst den Affen erschießen. Stimmt, er hält die Waffe relativ hoch. Er wird erst Ping Kong erschießen, dann Paul und zum Schluss Chelsea. Der Mann legt die Waffe an. Der andere Mann guckt unsicher zur Garagentür. Hat es da nicht ein Geräusch gegeben? Ein herannahendes Auto?

Als Nächstes hört man ein großes Krawumm, ein Scheppern, einen Knall. Paul fasst sich an den Kopf – ist Ping Kong jetzt tot? Aber da ist nach wie vor ein warmer, lebendiger Ping Kong, der völlig verschreckt sein Köpfchen in den Händen vergraben hält. Plötzlich ist es sehr hell. Chelsea und Paul drehen den Kopf zu der Lichtquelle. Die Garagentür wurde soeben aufgebrochen. Dutzende Polizisten stehen mit gleißenden Taschenlampen da und blenden sie. Im nächsten Moment strecken zwei schnelle präzise Schüsse die Entführer nieder. Der enge stickige Raum ist voller Menschen. Ein freundlicher bärtiger Mann kommt nun auf sie zu, schiebt sie nach draußen und sagt in fließendem Englisch: »Sorry, I am your man, I am the right taxidriver.« Er ist ihnen gefolgt, als er gesehen hat, dass sie in ein falsches Taxi gestiegen sind. Die Polizei hat er natürlich gleich informiert. Begleitet von Wachpersonal setzen sich Chelsea und Paul in eine dunkle Stretchlimousine. Es ist darin so kühl, dass sie gleich ihre Jacken anziehen. Jemand reicht ihnen etwas zu trinken. Jemand anderes reicht ihnen Früchte. Eine verschleierte Frau tupft ihnen die Gesichter mit einem Seidentuch ab. Paul bekommt einen Verband. Dann fahren sie los. Bald rauscht die karge Landschaft an ihnen vorbei. Nun sehen sie wieder die City. Die Etihad-Towers. Die Scheich-Zayid-Moschee – und da, am Horizont, vor einem glühenden Abendhimmel: den Palast von Scheich Chalifa bin Zayid Al Nahyan.

Paul und Chelsea sehen sich an. Chelsea lehnt ihren Kopf an Paul, und Paul denkt, dass er die Frage danach, ob Chelsea sich jetzt langsam eher wie eine Schwester für ihn anfühlt oder wie seine beste Freundin, mit der er durch dick und dünn geht, oder ob das doch etwas Ernsthaftes mit ihnen werden könnte, dass er diese knifflige Frage erst in Berlin beantworten können wird.

* * *

Zwei Tage später sind Tom und Jane und der Rest der Klasse und Paul und Chelsea wieder in Berlin. Sie treffen sich am Flughafen Berlin-Brandenburg, ihre Maschinen landen fast zeitgleich. Die vier Freunde fallen sich in die Arme, Ping Kong hüpft freudig herum. Jetzt haben sie sich eine Menge zu erzählen.

Die Klasse 5a der Grundschule am Kollwitzplatz in Berlin:

Jim Bartels, Raphael Bernstein, Enzana Debese, Lelia Eras, Aaliyah Flock, Noah Haferstroh, Janne Hecht, Jewa Helfer, Giselle Jitov, Sena Karaduman, Vincent Klank, Matilda Kuhnert, Benjamin Leners, Dorothea Maidagan, Hoai Nguyen, Niklas Paneru, Linda Pham, Nelly Ploner, Louis Richter, Saskia Schleusener, Samantha Weber, Milo Weigel, Juli Wiegand

Tanja Dückers

Arbeitsjournal

Zu dem Projekt »Autoren an die Schulen« hat mich Franziska Sperr auf der Leipziger Buchmesse eingeladen. Anfangs war ich zugegebenermaßen skeptisch – nicht wegen des Charakters des Projekts – ich habe viele angehende Autoren in Schreibwerkstätten im In- und Ausland unterrichtet –, sondern weil ich mir fest vorgenommen hatte, mich jetzt ausschließlich meinem neuen Roman zu widmen. Aber ihr Enthusiasmus hat mich einfach angesteckt.

Bis ich Frau Hartig, die Direktorin der »Grundschule am Kollwitzplatz«, treffe, vergeht eine Weile, denn in Berlin sind dieses Jahr bis Anfang September Sommerferien. Frau Hartig teilt mir mit, dass sie für das Schreibprojekt eine fünfte Klasse ausgesucht hat. Im Exposé von Franziska Sperr steht, dass die Schüler mindestens 12 Jahre alt sein sollen. Meine gerade 10-Jährigen – manche Schüler sind noch 9 Jahre alt – sind also deutlich jünger. Aber die sechsten Klassen seien alle schon im Leistungsstress und mit dem auf ihnen lastenden Druck für die Halbjahreszeugnisse beschäftigt, meint Frau Hartig. Denn bei ihnen geht es nun darum, wer eine Gymnasialempfehlung erhält und wer nicht. Heutzutage gibt es schon eine Art Numerus clausus, um aufs Gymnasium zu kommen. Ich denke: Wie gemütlich waren die Zeiten für uns Schüler damals! Vom Turbo-Abi war noch nicht die Rede, und die Gymnasialempfehlung erhielt man selbstverständlich, wenn man einigermaßen gut in der Schule war. An Lerndruck und Leistungsstress in der Grundschule kann ich mich überhaupt nicht erinnern.

Montag, 2. September:

Mein Schreibworkshop findet immer montags in der 5. und 6. Stunde statt. Eine frühere Uhrzeit wäre mir etwas lieber gewesen, weil das gemeinsame Entwickeln einer Geschichte und das fiktionale Schreiben durchaus anstrengende Angelegenheiten sind, aber ich werde eben das Bestmögliche daraus machen.

Herr Wild, der Deutschlehrer, führt mich in die Klasse. Ich sehe die Kinder zum ersten Mal und empfinde sofort, aus dem Nichts heraus, große Sympathie für sie, einfach wie sie da so sitzen und mich neugierig, fröhlich oder auch leicht abwesend und etwas müde anschauen. Kinder eben, und doch schon keine kleinen Kinder mehr. Zuhause habe ich einen gerade vier Jahre alt gewordenen Sohn. Von Langeweile oder Desinteresse bei den Schülern kann nicht die Rede sein. Ich komme kaum dazu, ausführlicher über unser Projekt zu sprechen. Die Schüler haben gleich jede Menge Fragen an mich. Was mir jedoch auffällt, sind die verletzend hämischen Bemerkungen der Kinder untereinander. Von »Du bist zu blöd, um zu lesen« bis »Ist das langweilig, was du da sagst« höre ich so einiges an wenig netten Kommentaren. Ein Junge schimpft laut im Unterricht über eine vor ihm sitzende Mitschülerin, sie hätte ihn geärgert. Als Herr Wild ihn fragt, was dieses laute Gepetze und Geschimpfe jetzt soll, antwortet er, er hätte seine Mitschülerin bloßstellen wollen. Mir fällt auch auf, dass die Mädchen eher vorne, die Jungen (bis auf einen einzigen) eher hinten sitzen. Ob das einen Grund hat?

Die Kinder sollen heute ihr Lieblingsbuch mitbringen. Mich interessiert, was sie gern lesen, ich möchte mir ein Bild davon machen. Reihum stellt jeder sein derzeitiges Lieblingsbuch wortreich vor, manche Kinder haben drei, vier Bücher mitgebracht. Ein paar Kinder erzählen nur von ihren Lieblingsbüchern, haben aber kein Buch dabei. Ein Junge erklärt, dass seine Eltern getrennt leben und das Buch, das er vorstellen wollte, bei dem anderen Elternteil im Regal stehen würde. Viele Kinder haben Comics und Graphic Novels dabei. Mich stört das überhaupt nicht, da ich selber eine ganze Sammlung an Comics und vor allem Graphic Novels habe. Ein paar Schülerinnen haben ein Faible für Tierbücher, insbesondere Pferdebücher, Liliane Susewind ist wiederum die Protagonistin eines magischen Romans. Die Geschmäcker der Jungen und Mädchen sind unterschiedlich. Fantasy-Romane stehen hoch im Kurs, aber auch Action-Romane und Bücher aus der inoffiziellen Kategorie »Gutes Kinderbuch«: Es wird ein Roman von Andreas Steinhöfel erwähnt oder der preisgekrönte Roman »Das Wunder« über einen entstellten Jungen und seinen Weg durchs Leben. Ferner »Smile« – ein Roman über ein Mädchen, das durch einen Unfall beide Schneidezähne verliert. Einige Bücher wie »Das Wunder« werden von mehreren Kindern mitgebracht.

Als Hauptargumente dafür, warum man ein Buch gern gelesen hat, höre ich, dass es witzig oder lustig war, dass es total spannend, gut geschrieben sei.

Einige Kinder erzählen auch, dass sie schon selber Geschichten geschrieben haben. Ein Mädchen hat eine über dreißigseitige Geschichte geschrieben.

Montag, 9. September:

Der nächste Termin fällt leider aus. Die Lehrer haben heute in der 5. und 6. Stunde eine Besprechung.

Montag, 16. September:

Ich bitte die Schüler, die Hausarbeit, die ich aufgegeben habe, vorzutragen, eine kleine Schreibübung – damit die Schüler sich an das fiktionale Schreiben herantasten und ich mir ein Bild von ihrem Schreibvermögen und ihren Ideen machen kann. Die Aufgabe: Schreibe mit wenigen Sätzen folgendes Szenario zu Ende: Ich gehe in mein Zimmer – und plötzlich sitzt da ein fremdes Kind.

Meine Schüler sind wieder sehr engagiert, einige wollen sofort ihre Geschichte vorlesen. Ich muss ordnend eingreifen, damit der Reihenfolge nach gelesen wird und nicht wild durcheinander. Das klappt recht gut. Allerdings hat ungefähr ein Viertel bis ein Drittel der Kinder die Hausarbeit nicht gemacht. Das enttäuscht mich etwas. Mir schien es keine Zumutung, zwei, drei Sätze (mehr war nicht gefordert) zu Papier zu bringen. Der Deutschlehrer, Herr Wild, ist auch nicht begeistert von den vielen Stammeleien: »Ich hab mein Heft zuhause vergessen«. Ich gebe den Schülern mit Herrn Wilds Einverständnis auf, die Geschichte zur nächsten Stunde zu schreiben. Es sei hierzu gesagt, dass der Deutschlehrer die Mitarbeit in meinem Workshop auch benotet – mein Workshop findet als Teil seines Deutschunterrichts statt.

Die Kinder, die zu Hause fleißig waren, haben tolle Ideen. Marsmännchen und »Saturnis« sind im Einsatz, manchmal aber auch ein bisher unbekannter Bruder, der stumm und geheimnisumwoben plötzlich im Kinderzimmer sitzt und wartet. Einige Kinder bleiben ganz dicht an der (möglichen) Realität, andere holen weit aus und begeben sich in phantastische Welten. Einige Kinder haben weit mehr geschrieben als nötig gewesen wäre, bis zu zwei Seiten.

Unsere erste Stunde ist mit dem Vorlesen der Geschichten ausgefüllt. Nach einer kurzen Pause geht es in der zweiten Stunde nun um den Text, den wir gemeinsam schreiben wollen. Als Erstes muss geklärt werden, wer der Protagonist unserer Geschichte sein könnte. Es wird viel durcheinandergerufen, die Kinder machen mit. Es gibt viele verschiedene Vorschläge, die von »Schulkind in unserem Alter« bis zum»alten Mann« reichen.

Mehrere Kinder äußern, dass sie sich eine ganze Schulklasse als Handlungsträger vorstellen. Schließlich stimmen wir ab: Das Ergebnis ist, dass die Mehrzahl der Kinder sich eine Gruppe von Jugendlichen (ob Schulklasse, Freundesgruppe oder Bande steht noch nicht fest) im Alter von 14-17 Jahren als Protagonisten vorstellt. Die Hausarbeit ist, sich zu überlegen, welcher Ort für unsere Geschichte spannend wäre.

Montag, 23. September:

Heute geht es gleich turbulent los. Schon auf dem Weg zum Unterricht erzählen mir einige Schülerinnen, wo ihrer Meinung nach unsere Geschichte spielen soll. Ich höre »Paris«, »Berlin«, »New York«. Der Unterricht beginnt heute damit, dass der Deutschlehrer, Herr Wild, die Schüler erstmal zur Ruhe ruft und klarstellt, dass die Schüler sich melden und nicht immer ihre Ideen in den Raum hineinrufen sollen. Aber die Kinder sind so engagiert, dass es doch oft Einwürfe gibt. Ich denke wieder, dass es für diese Kinder, die deutlich jünger als die der anderen Autoren sind, schwieriger ist, lange zu warten, bis sie drankommen – zumal ich 24 Schüler habe, eine große Gruppe also. Es klappt aber dann alles doch recht gut. Wir einigen uns relativ schnell darauf, dass eine Klassenreise von Berlin aus unternommen wird, es geht nach Paris. Irgendwie wollen wir noch einen Handlungsstrang einbauen, der nach USA führt. Es ist noch unklar, ob nach New York oder Las Vegas in ein »Kinderkasino«, so der Wunsch einer Schülerin, oder sonst wohin. Die Kinder hatten als Handlungsorte auch noch Sardinien, Thailand, Argentinien, Panama, Italien, Dänemark und eine Südseeinsel vorgeschlagen. Manche haben die Orte besucht, die sie erwähnt haben. Dann geht es um die Anzahl unserer Hauptfiguren, wir hatten uns ja letztes Mal auf eine Gruppe – anstelle einer Einzelfigur – geeinigt. Ein Junge, der aus Eritrea stammt, sagt, er stelle sich fünf Kinder vor, und von den Jungen wird einer abgemurkst. Dieser Junge solle seinen Namen tragen.

Am Ende werden noch die nachgeholten Hausarbeiten eingesammelt.

Montag, 21. Oktober:

Am Anfang gibt es gleich einige Querelen, mehrere Schüler haben in der Pause Stress miteinander gehabt, haben sich gegenseitig ziemlich übel angegangen. Es wird ein Gespräch mit dem Klassenlehrer nach meiner Doppelstunde angekündigt.

Leider haben wir eine Unterbrechung von einem Monat gehabt. Erst fanden die Herbstferien statt, dann noch ein Studientag der Lehrer. Ich habe zunächst Sorge, ob die Schüler sich überhaupt noch an unseren Stoff erinnern können würden. In der langen Zwischenzeit habe ich die Ideen der Schüler zu einem Einstieg in unsere Geschichte zusammengeschrieben und ausformuliert. Doch als ich noch auf die Kopien für die Klasse warte, sagt Herr Wild, es gebe nun eine Überraschung für mich. Die Schüler tuscheln und kichern. Dann singen sie – weil die Schulklasse in der Geschichte ja nach Paris fliegt – ein französisches Lied auf Deutsch. Sie singen unheimlich gut und jede Menge Strophen. Ich bin echt baff, ich hätte so was damals nicht gekonnt, auch wenn ich es einstudiert hätte. Ich finde es sehr nett von Herrn Wild, dass er dieses Lied – mit Bezug zu unserer Geschichte – mit den Schülern geübt hat. Für mich ist auch spannend zu sehen, wie einvernehmlich diese Kinder, die sonst so oft in Streit miteinander liegen, miteinander singen.

Danach kommen die Kopien, und ich lese vor. Die Schüler erkennen einige ihrer Ideen und Passagen wieder, scheinen sich darüber zu freuen. Sie entwickeln sofort weiterführende Ideen, welches Tier – als Maskottchen – ihre vier Hauptfiguren Chelsea, Jane, Paul und Tom auf die Klassenreise mitnehmen könnten. Es gibt viele Ideen – von Koalabär über Kampfhund bis hin zu Papagei, Chamäleon und Ratte.

Wir machen schließlich eine Abstimmung, welches Tier denn die Schulklasse in unserer Geschichte heimlich mit auf die Paris-Reise nehmen würde. Die Entscheidung muss zwischen Papagei, Affe, Ratte und Chamäleon gefällt werden, das sind die vier meistgenannten Tiere.

Die Wahl fällt sehr knapp aus, mit sieben Stimmen für einen Affen und sechs Stimmen für eine Ratte. Weil das Ergebnis so knapp ist und ich beiden Gruppen, die wirklich leidenschaftlich für ihr Tier eingetreten sind und versucht haben, ihre Klassenkameraden zu überzeugen, zufriedenstellen will, entscheide ich, dass zwei Maskottchen mitgenommen werden. Da wir schon Ende der letzten Sitzung beschlossen haben, dass ein Teil der Klasse in Paris bleibt und ein anderer – aufgrund irgendeines Chaos auf dem neuen Flughafen Berlin-Brandenburg – irgendwo anders landet (New York, Washington D.C., Panama, Mexiko ...), finde ich es auch vertretbar, dass die beiden verschiedenen Gruppen jeweils ein eigenes Tier haben. Nun wird noch in Gruppenarbeit weitergeschrieben.

Zu erwähnen ist noch, dass der Junge, der sich schon Ende der letzten Stunde abmurksen wollte, auf meine Frage nach den Herbstferien hin, meint, er hätte sich umgebracht. Der Junge eritreischer Herkunft ist zwar oft etwas unruhig und laut, hat aber sehr viele phantasievolle Ideen und schreibt seitenlange gute Geschichten.

Wenn ich nachhause radele, denke ich oft, dass ich zu wenig über meine Schüler weiß. Auch über diesen Schüler ist mir außer seinem Namen nichts bekannt. Ich weiß nicht, wann er aus Eritrea hierher gekommen ist und unter welchen Umständen. Der Deutschlehrer, Herr Wild, hat die Klasse ebenfalls neu übernommen, muss sie erst einmal selber kennenlernen und kann mir nicht viel zu den Schülern sagen. In der Klasse ist auch ein Junge aus Kasachstan, ein dunkelhäutiges Mädchen, von dem ich gar nichts weiß, außer, dass es toll zeichnen kann, und zwei asiatisch aussehende Mädchen. Sie beteiligen sich, anders als die anderen Kinder, nie am Unterricht, und ich mache mir Gedanken darüber. Von meinen Lesereisen in Asien weiß ich, dass Schulunterricht dort ganz anders abläuft und das Augenmerk weniger auf mündliche Mitarbeit gelegt wird. Eine Freundin von mir kam als Zwölfjährige von Japan nach Deutschland und war mit der hiesigen Diskussionskultur zunächst heillos überfordert. Aber vielleicht sind meine Schülerinnen ja in Deutschland aufgewachsen? Dann gibt es einen Jungen, dem ein Arm fehlt. Er ist im Allgemeinen ziemlich durchsetzungsfähig. Doch ich weiß nichts über ihn, ob er so geboren wurde oder später einen Unfall oder eine Krankheit hatte, ob er gut mit seiner erheblichen körperlichen Einschränkung klarkommt oder nicht. Ich stelle jedenfalls fest, dass er viele gute Ideen hat.

Montag, 28. Oktober:

Nach einem schönen sonnigen Wochenende ist heute ein grauer, regnerischer, kühler Tag. Man hat das Gefühl, der Winter zöge ein. Zur allgemeinen Aufmunterung bringe ich daher den Schülern Gummibärchen mit. Wir kommen gleich gut voran. Zunächst zeigen alle Schüler das Deckblatt, das sie jeweils für unsere Geschichte entworfen haben. Ich bin beeindruckt. Die Schüler haben Bilder gemalt, deren Inhalt sich auf unsere Geschichte bezieht. Manche haben knallbunte Bilder gemalt, andere fein ziselierte Bleistiftzeichnungen. Ein Mädchen hat die Schüler im Klassenzimmer an ihren Pulten gemalt, wie sie – mit Sprechblasen – ihre verschiedenen Ideen äußern. Die Vielfalt der Deckblatt-Bilder gefällt mir sehr.

Herr Wild und ich haben uns Ende der letzten Stunde darauf geeinigt, dass die Schüler heute viel Zeit für das Schreiben in Gruppenarbeit bekommen würden. Denn letztes Mal wurde sehr lange – und lebhaft – diskutiert, die Schreibzeit war dann vergleichsweise kurz ausgefallen. Jetzt lese ich den Schülern ihre Texte vom letzten Mal nochmal vor, um ihnen den Einstieg zu erleichtern und an einigen Stellen auf fehlende Aspekte in der Geschichte oder auch auf Unlogisches hinzuweisen. Die Schüler sind selbstkritisch und überlegen, wie man zum Beispiel die Trennung der Schulklasse am Flughafen in zwei Gruppen begründen könnte. Auch dafür, wie die beiden Tiere – als Maskottchen von den Schülern mitgenommen – durch die Kontrolle kommen würden, gibt es zahlreiche gute Ideen. Aber die Diskussion wird jetzt kurz gehalten, um der Schreibarbeit mehr Raum zu geben. Wie immer gibt es heftige Diskussionen, auch Reibereien und Streit darüber, wer mit wem in eine Gruppe geht: Nicht alle Schüler wollen in der Gruppe bleiben, mit der sie das letzte Mal zusammengearbeitet haben. Drei Schüler waren am vergangenen Montag nicht da, einen Jungen habe ich noch in einer Art Krankenraum gesehen – diese Kinder müssen nun neu auf die Gruppen verteilt werden, was auch zu einigem Hin und Her, Freudens- und Entsetzensbekundigungen führt. Bis knapp vor Unterrichtsende wird in fünf Gruppen geschrieben. Am Ende trägt ein Vertreter jeder Gruppe die neu hinzugeschriebenen Passagen vor. Alle Schüler haben interessante, konstruktive Ideen, auch wenn in mancher Gruppe eine präzise ausformulierte Seite und in einer anderen nur eine skizzenhafte Idee notiert wurde – jede Gruppe hat auf ihre Art ein gutes Ergebnis präsentiert. In der Pause kommen noch einige Schüler auf mich zu, die mir noch ein Bild oder ein Gedicht (ein Mädchen hat ein sehr gutes gereimtes Berlin-Gedicht verfasst und farblich schön in roter und grüner Schrift niedergeschrieben) zeigen oder einfach von einer weiteren Idee für unsere Geschichte berichten wollen.

Montag, 11. November:

Der heutige Tag hat es in sich. Als ich zum Klassenraum gehen will, sitzt ein Mädchen aus »meiner« Klasse weinend auf dem Flur auf einem Tisch, eine Freundin neben ihr. Das Mädchen weint wirklich heftig und kann sich kaum beruhigen. Ich erfahre, dass sie von einigen Jungen immer wieder gehänselt wird, dass das »jeden Tag so geht«, sie es »einfach nicht mehr aushält« und kreuzunglücklich ist. Sie hat eine Verletzung am Knie, trägt eine Art Knieverband, und ein Junge hat sie heute absichtlich dagegen getreten. Die Meinung der anderen Seite zu diesem Vorfall kenne ich allerdings nicht. – Als der Deutschlehrer kommt, meint er, der Vorfall würde am nächsten Tag mit dem Klassenlehrer besprochen werden, doch das Mädchen bleibt noch eine Weile lang draußen allein sitzen, bis es sich wieder beruhigt hat. Die ganze Stimmung ist heute anfänglich von dieser bedrückenden Mobbing-Geschichte geprägt. Schließlich kommen wir aber zum Glück doch gut in die Arbeit rein. Es stehen mehrere Abstimmungen an: Die Schüler sollen entscheiden, wie die beiden mitgebrachten tierischen Maskottchen denn heißen sollen. Mir ist nicht klar, ob der kleine Affe »Ping Pong« oder »Ping Kong« heißen soll – ich finde beides lustig. Die Schüler haben sehr verschiedene Ansichten hierzu. Da eine schnelle Einigung schwierig wird, gebe ich ihnen als Hausaufgabe zum nächsten Mal auf, dass sich jeder einen guten Namen zu überlegen hat. Nun geht es noch um den Namen der die Klassenreise begleitenden Ratte – hier haben die Schüler wieder viele gute und originelle Vorschläge. Wie immer bei den Abstimmungen gibt es Jubel und Begeisterung – und Aufstöhnen, entsetzte Gesichter. Ich finde es großartig, dass die Schüler sich so viel Mühe geben, so dabei sind, es »ernst« meinen und wirklich für ihre Namen, ihre Ideen kämpfen. Mir selber geht es auch so, wenn ich mir einen Namen für eine Figur überlege und sich die verschiedenen »Tanjas« in mir streiten: da geht es richtig zur Sache.

Nun lese ich ihnen noch meinen Text vor, dieses Mal hatte ich sehr viel zu tun, habe sieben Seiten geschrieben und versucht, so gut wie möglich alle Ideen der Schüler zu berücksichtigen. Nur an einem Punkt haben wir ein unlösbares Problem: Mehrere Schülerinnen finden es – jetzt auf einmal – blöd, dass unsere vier Hauptcharaktere auf dem neuen Großflughafen Berlin-Brandenburg in zwei Gruppen getrennt werden: Tom und Jane fliegen nach Paris, Paul und Chelsea nach – New York? Washington D.C.? Rio? Thailand? – das müssen wir noch klären. Es war letztes Mal der explizite Wunsch der Schüler gewesen, die Klasse sich spalten und an verschiedene Orte fliegen zu lassen. Es gibt einige divergierende Wünsche, aber insgesamt neben der starken Pro-Paris-Fraktion auch eine große »Übersee-Gruppe«. Ich versuche den Schülern zu erklären, dass die sich die Quadratur des Kreises wünschen, wenn sie einerseits unbedingt zwei Handlungsorte, zwei tierische Maskottchen etc., also alles in Doppelausgabe in der Geschichte unterbringen, dann aber alle vier Hauptpersonen nur an einem einzigen Ort agieren lassen wollen. Von welcher Perspektive aus beschreiben wir dann den zweiten Handlungsschauplatz? Mehr als vier Hauptpersonen ergeben bei einer Kurzgeschichte keinen Sinn, außerdem müssten wir dann nochmal an den Anfang zurückgehen und neue Charaktere kreieren – was sehr viel Arbeit erfordert, wenn auch diese Figuren lebendig, rund, überzeugend wirken sollen. Sie dürfen den anderen vieren, die wir schon genau skizziert haben – dazu kommt noch die Klassenlehrerin in der Geschichte –, auch nicht zu ähnlich sein. Für einen Roman kann man vielleicht gerade noch mehr als vier Hauptfiguren aufbauen – wobei auch dies eine hohe Anzahl ist –, aber bei einer 30-40-seitigen Geschichte wird da der Rahmen gesprengt, das Personal nicht wirklich »belebt«. Es stimmt mich selber nicht glücklich, dass ein paar Mädchen so unzufrieden darüber sind, dass Tom, Jane, Paul und Chelsea nicht zusammenbleiben, dass ihre Wege sich bei der Flugzeugverwechselung trennen. Doch mir scheint, dass die Schüler letztes Mal bei ihrem starkem Wunsch danach, die fiktive Klasse sich im Wirrwarr am Eröffnungstag des neuen Großflughafens spalten zu lassen und die beiden Gruppen an zwei völlig verschiedene Orte zu schicken, ganz einverstanden mit der Trennung der vier Hauptfiguren in zwei Paare waren. Jetzt aber sind sie mit den Konsequenzen, die sich aus ihren Ideen ergeben haben, nicht mehr einverstanden. Leider reicht die Zeit nicht, um grundsätzlich über Dinge wie »Handlungsverdichtung« und »handlungsimmanente Logik« zu sprechen. Ich selber leide ja auch, wenn ich an einem Text arbeite und einige schöne Ideen einfach nicht mehr in den Text »passen« und gestrichen werden müssen. Wenn ich, wie meine Schüler, unbedingt zwei zentrale Handlungsschauplätze aufbauen will, auf denen zeitlich parallel (!) agiert wird, muss ich diese Schauplätze doch personell besetzen können. Wenn ich vier Figuren habe, muss ich mindestens eine davon an den zweiten Handlungsort schicken. Schreiben bedeutet immer auch Verzicht. Je weiter man fortgeschritten ist, umso enger werden die Wege, auf denen man gehen kann. Die guten Ideen können aber für einen neuen Text verwendet werden – das tröstet mich immer.

Nun müssen wir noch über den zweiten Handlungsort sprechen. Wir machen wieder eine Abstimmung. Am Ende steht fest: Unser abgehängter Teil der Klasse fliegt nach Abu Dhabi. Ich bin nicht unglücklich über diese Wahl, denn ich war vor ein paar Jahren dort – als Teil der (parteiunabhängigen) Kulturdelegation des damaligen Außenministers Frank-Walter Steinmeier – und kann dann atmosphärisch mit einigen Details aushelfen.

Heute reicht die Zeit nicht mehr, um noch in Gruppen zu arbeiten. Am Ende der Stunde gibt es nochmal Tränen. Ein Mädchen (ein anderes als zuvor) weint heftig bei Herrn Wilds Aufzählung der Hausarbeiten. Als ich zu dem Mädchen gehe, sagt es, dass es diese Woche noch zwei Klassenarbeiten schreiben müsse, zu viele Hausarbeiten hätte und wenn es etwas nicht schaffen würde, zu Hause immer »eine geklatscht« bekäme. Ein anderes Mädchen bestätigt, dass es die Mutter ist, die dem Mädchen öfter mal »eine klatscht«. Ich bin geschockt, nehme das Mädchen in den Arm und schenke ihm eine Packung Gummitiere, die ich zufällig in meiner Tasche habe (weil ich selber so ein Süßmaul bin).

Auf dem Flur gibt es wieder Raufereien, ein Stuhl fliegt durch die Luft, ein Kind kommt mit Beule an der Stirn und Kühlpads von der Direktorin zurück.

Montag, 18. November:

Heute war ich wegen einer Lesung in Frankfurt am Main nicht in Berlin. Die Schüler haben mit Herrn Wild, dem Deutschlehrer, weiter an der Geschichte gearbeitet.

Montag, 25. November:

Heute ist Herr Wild krank, was ich jedoch erst in der Schule direkt vorm Unterricht selbst erfuhr. Leider bin ich selber auch krank (Nebenhöhlenvereiterung, Bronchitis, Fieber), habe mich aber zur Schule geschleppt, damit ich nicht an zwei Terminen hintereinander fehle. Die Direktorin Frau Hartig erklärt den Schülern, dass heute Herr Wild fehlt und sorgt für Ruhe. Es gibt zwischen ihr und einigen Schülern unfreundliche Wortwechsel, ein Junge wird wegen Fehlverhalten zweimal vor die Tür gestellt. Die Stimmung ist beklommen.

In diesem Moment wünsche ich mir, ich wäre auch zuhause geblieben, mein Gesundheitszustand hätte das mehr als gerechtfertigt. Ich kann kaum sprechen. Von der von Frau Hartig durchgesetzten Ruhe bleibt zunächst nicht mehr viel übrig, nachdem sie gegangen ist. Ich beschließe aber, mich wenigstens selber nicht aus der Ruhe bringen zu lassen: Ein sehr engagiertes Mädchen hilft mir, Ruhe herzustellen, indem sie eine Glocke läutet, die auf dem Lehrerpult steht. Als Erstes klären wir einige offene Fragen in unserer Geschichte. Ein Junge, der den Namen »Dreieck« für die Ratte eines punkigen Mädchens aus unsere imaginären Schulklasse vorgeschlagen hat, erzählt, dass viele Mitschüler mit dem Namen nicht einverstanden seien. Es gibt verschiedene Kommentare, von Zustimmung bis Abwehr. Dann vertritt ein Mädchen die Ansicht, in der von mir geschriebenen ersten Passage zum Beginn der Klassenreise würde die Flughafenszene zu unerwartet auftreten. Viele Klassenkameraden widersprechen ihr. Ich kann sie aber schon verstehen und verspreche, einen oder zwei einleitende Sätze hinzuzufügen. Nun soll wieder in kleinen Gruppen gearbeitet werden. Ich bitte die Schüler, sich wieder in die alten Gruppen zusammenzufinden. In der »Gruppenfindungsphase« entsteht ein Riesentumult (es gibt Tritte und Raufereien, ein Kind zerschlägt dem anderen die Brille. Die Mädchen stehen den Jungen in nichts nach. Am Ende weinen zwei Jungen). In diesem Alter ist es für Kinder offenbar eine Katastrophe, mal eine halbe Stunde mit einer Klassenkameradin zusammenzuarbeiten, die nicht die beste oder zweitbeste Freundin ist –. Ich bin heute körperlich einfach zu schwach, um mich stärker durchzusetzen, auch bin ich im Allgemeinen keine Freundin des Herumbrüllens. Daher sage ich den Schülern in aller Ruhe, dass diese Leistungen, wie sie wüssten, auch benotet werden und es daher klüger wäre, wir würden heute noch etwas zu Papier bekommen. So etwas – autoritäres Drohen bei kreativer Arbeit – tue ich eigentlich sehr ungern. Aber heute herrschen eben besondere Umstände. Danach geht es deutlich besser, und es formieren sich – endlich – Gruppen.

Einfach gestaltet sich die Gruppenarbeit an diesem Montagmittag jedoch auch nicht. Schüler im Alter von erst 9-11 Jahren (meine Schüler sind ja jünger als alle anderen, die an diesem Projekt teilnehmen) sind verständlicherweise eher damit überfordert, sich völlig autark einen weiteren Plot zu überlegen. Das funktioniert von der Arbeitsweise und vom Ergebnis natürlich viel besser, wenn zwei Erwachsene die Gruppen abwechselnd betreuen und immer mal wieder Hilfestellung leisten – so wie sonst. Da ich heute allein bin, kann niemand die Gruppen, die auf dem Gang sitzen, betreuen. Ein Teil der Gruppen ist immer komplett ohne Aufsicht – entweder die im Klassenzimmer oder die auf dem Gang. Entsprechend laut wird es immer wieder und entsprechend wenig kann ich Fragen beantworten, mitdenken, helfen. Aber ich kann mich nunmal nicht zweiteilen.

Montag, 2. Dezember:

Heute ist ein guter Tag. Er fängt allerdings nicht gut an: Als ich in der Schule ankomme, wird mir mitgeteilt, dass Herr Wild immer noch krank sei und ich den Unterricht – wieder – allein zu gestalten hätte. Da es einfach schwierig ist, sieben schreibende Schülergruppen – die auch noch auf zwei Räume verteilt sind – allein zu betreuen und es letztes Mal dabei drunter und drüber gegangen ist, bin ich wenig begeistert. Aber dann erfahre ich, dass in beiden Stunden, in der 5. und in der 6., jeweils eine Lehrerin dabei sein würde. In der ersten Stunde kommt eine Lehrerin, die in einer der ersten Doppelstunden schon mal im Unterricht hinten gesessen hat und die mir sehr sympathisch ist. Sie leitet den Unterricht ein, und ich beginne dann. Zunächst sage ich den Schülern, dass wir leider – mit dieser Doppelstunde – nur noch drei Termine hätten und unsere Geschichte ja bei Weitem noch nicht fertig sei. Wir müssen uns also etwas ranhalten. Dann gibt es einige Rückfragen zu dem Buch, dem Verlag, in dem das Buch erscheinen wird, den Belegexemplaren für die Schüler und danach, ob Illustrationen im Buch mitabgedruckt werden können. Einige Schüler haben zum Teil sehr schöne Illustrationen zu unserer Geschichte angefertigt. Mir scheint, dass für manche Schüler der Zugang über das bildliche Vorstellungsvermögen ganz wichtig ist. Sie müssen die Charaktere erst einmal zeichnen, bevor sie sich Handlungen mit ihnen ausdenken können. Einige Schüler und Schülerinnen können ganz außergewöhnlich gut zeichnen. Bei vielen Fragen musste ich passen, da der Verlag hierzu noch keine klaren Antworten gegeben hat. Aber es freut mich, wie sehr sich die Schüler für alle Aspekte der Veröffentlichung interessieren.

Dann lese ich meinen zu Hause nach den Ideen und Skizzen der Schüler weitergeschriebenen Text vor. Ich habe viel Arbeit damit gehabt, die verschiedenen Ideen »unterzubringen«, der Text ist dann aber doch stringent und zum Teil auch lustig geworden. Mir scheint, dass die meisten Schüler gut mit ihm leben können. Es gibt keinen offenkundigen »Protest«.

In einem wichtigen Punkt habe ich meine vorherige Fassung korrigiert und die Wünsche der Schüler berücksichtigt: Manchen Schülerinnen ist es unlogisch erschienen, dass in ihrer Geschichte die Klassenlehrerin weder mit nach Paris noch nach Abu Dhabi reist, dass sie ganz verschwindet. Ich fand die Kritik einleuchtend und habe die Lehrerin also wieder mit eingebaut. Ich lasse sie mit dem Großteil der Klasse nach Paris, dem eigentlichen Ziel der Klassenreise, mitfliegen.

Dann verteile ich die Schüler wieder auf die alten Gruppen (heute gibt es kein Theater, wer mit wem!!), und es wird intensiv bis zum Ende der 6. Stunde geschrieben. Zwischendurch gibt es wie immer viele Rückfragen, ich versuche, so gut es geht, in den verschiedenen Gruppen bei der Stoffentwicklung zu helfen. In der 6. Stunde ist eine andere Lehrerin dabei, die ich auch sehr fit und nett finde, und die wirklich eine große Hilfe ist. Wir wechseln uns mit der Betreuung der Gruppen im Klassenzimmer und auf dem Gang ab.

Dieses Mal habe ich zur Ermunterung in der 5. und 6. Stunde Haribo-Naschereien mitgebracht – dummerweise verschiedene Sorten. Ich habe gedacht, die »Tropenfrüchte« seien für die Gruppen, die den Teil der Geschichte, der in Abu Dhabi spielt, schreiben, die »Mäuse« wiederum seien für die Gruppe, die den Teil der Geschichte mit der Ratte in Paris zu Papier bringen. Aber es gibt in einem fort Diskussionen wie »Ich esse die Tropenfrüchte nicht so gern, kann ich nicht so eine Maus haben?«, »Ich mag die Mäuse eigentlich nicht so, kann ich nicht lieber Tropenfrücht haben?« – oder – »Da in der Tüte sind nur noch weiße Tropenfrüchte, ich mag aber nur die roten ... Sie haben da doch noch eine Tüte ...«. Ich kann mir ein Lachen nicht verkneifen. Aber wenn ich ehrlich bin, geht es mir manchmal ähnlich: Es missfällt mir durchaus, wenn man mir eine Pralinenschachtel hinhält und meine Lieblingssorten schon gegessen wurden. Also: nie wieder verschiedene Sorten ...

Montag, 9. Dezember:

Heute – unser vorletztes Treffen – haben wir auch wieder eine erfreuliche Stunde. Am Anfang habe ich vorgelesen – fast eine halbe Stunde lang, weil die Schüler letztes Mal so viel geschrieben haben und ihre Ideen auch in der literarischen Umsetzung sehr komplex gewesen sind. Eine rasch auf dem Papier notierte Idee wie »Terrorangriff in Abu Dhabi!« lässt sich eben nicht in kurzer Zeit ausführen, auch musste ich eine Katastrophe mit einer ausflippenden Ratte im Lafayette in Paris plausibel beschreiben. Aber es hat mir viel Spaß gemacht, die Ideen der Schüler umzusetzen, unsere Geschichte wird immer dichter und stringenter, dreizehn Seiten habe ich von einer Woche auf die andere geschrieben.

Die Schüler haben alle geklatscht, nachdem ich fertiggelesen habe. So etwas freut einen natürlich. Es gibt dann einige gute Verbesserungsvorschläge oder Rückfragen. Ich notiere mir wie immer die Vorschläge für meine Überarbeitung. Nun schreiben die Schüler wieder in Gruppen – heute geht es um den Schluss unserer Klassenreise. Ein Teil der Gruppen schreibt das Ende für die Schüler, die in Paris gelandet sind, andere Gruppen das Ende für die beiden vermissten Schüler, die irrtümlich in Abu Dhabi gestrandet sind und dort einen Terrorangriff mit Hilfe ihres tierischen Maskottchen abwenden …

Dieses Mal habe ich wieder Nervennahrung in Form von Gummizeugs mitgebracht, aber aus der Erfahrung der letzten Doppelstunde gelernt: keine verschiedene Sorten! Ich habe »Süße Kirschen« dabei und nichts anderes, und Frieden herrscht in der 5a am Kollwitzplatz.

Als ich nach Hause gehe, überfällt mich doch etwas Wehmut. Meine vorletzte Stunde! Ich habe die Schüler ziemlich in mein Herz geschlossen. Jede Stunde war spannend, es war mir nie langweilig gewesen. Es ist nur schade, dass ich die Schüler nicht noch besser kennenlernen konnte, obwohl ich jede Gelegenheit vor und nach der Doppelstunde für Gespräche aller Art – einmal auch zu einem gemeinsamen Spiel auf meinem Smartphone (»Flaggen raten«) – genutzt habe. Die Schülerzahlen müssten einfach, zumindest bei Grundschülern, kleiner sein. Mir tun die Lehrer leid, die zum Teil sicher auch nicht viel mehr über ihre Schüler wissen. Wie soll man sich denn mit 24 Schülern auf einer individuellen Basis auseinandersetzen können? Es ist nicht oder kaum möglich.

Ich lese oft pädagogische Fachliteratur, aus purem Interesse, aber auch, weil ich gelegentlich über Bildungsthemen für die ZEIT Online schreibe. Ansätze wie der von Michael Winterhoff (»Warum unsere Kinder Tyrannen werden«) erscheinen mir wenig zielführend. Er argumentiert, dass früher doch noch viel mehr Kinder gemeinsam die Schulbank gedrückt hätten, was das Gejammer über große Klassen heute solle. Aus vielen Kindern sei doch trotzdem etwas geworden. Zum einen ist damals durchaus viel Potential auf der Strecke geblieben. Zum anderen: Was folgt aus solch einem Vergleich mit der Vergangenheit? Dass sich nichts verbessern darf? In meiner Klasse in Berlin-West, damals, in den späten siebziger und achtziger Jahren, waren wir sage und schreibe 36 Kinder. Und wie fand ich als eher schüchterne Schülerin das? Grauenhaft. Aus mir ist nicht wegen, sondern trotz dieser Umstände »etwas geworden«.

Als ich durch den Regen radele, ruft mich plötzlich eine helle Stimme: Es ist eine Schülerin von mir, die ein Stück weit den gleichen Weg wie ich hat. Wir laufen bis zu ihrer Haustür zusammen und reden.

Montag, 16. Dezember:

Heute findet unsere letzte Stunde statt. Wir haben nur eine Stunde, keine Doppelstunde wie sonst, wie ich leider kurzfristig erfahre und sehr bedauerlich finde. Denn wir haben heute noch einiges zu tun: Die Hausaufgabe der Schüler war, sich einen griffigen Titel für unsere Geschichte zu überlegen. Wir wollen über die Titelvorschläge sprechen und dann abstimmen. Ich weiß, dass allein dieses Vorhaben die Stunde mühelos füllen könnte. Dann möchte ich aber den Schülern noch unseren Schluss vorlesen – satte 9 Seiten habe ich geschrieben, dafür brauche ich mindestens 20 Minuten. Und dann soll noch das Gruppenfoto gemacht werden ... Herr Wild gibt ein ziemliches Tempo vor, aber so schaffen wir tatsächlich alle drei Punkte – mit etwas Überziehen der Stunde – im Zeitrahmen. Am Ende der Stunde geben mir viele Schüler noch selbstgemalte Bilder und – mmmh! – Schokolade. Ich bin sehr gerührt. Im Namen der Klasse hat ein Mädchen noch ein großes Bild für mich gemalt, auf dem eine Leseratte und ein Bücherwurm zu sehen sind. Darin steht auch ein sehr netter Text – und alle haben unterschrieben. Ein tolles Abschiedsgeschenk. Ach so, einen Weihnachtsstern habe ich auch noch bekommen. Mir kommt es gar nicht so vor, als müssten wir einen großen Abschied feiern, denn wir sehen uns ja auf jeden Fall im neuen Jahr wieder, um unsere Geschichte beziehungsweise das Buch vorzustellen. Ich freue mich schon darauf.

Die Schüler der Klasse 7c
der Goethe-Gesamtschule Babelsberg in Potsdam
mit John von Düffel

Mr. Maskulin rettet sich selbst und die Menschheit

1. Das Monster kehrt zurück

Es war ein ganz normaler Tag, als ich, Mr. Maskulin, in meinem ganz normalen Haus in Neutrum aufwachte. Doch schon beim Aufstehen merkte ich, dass etwas nicht so war wie sonst. Und so sollte es auch kommen!

Ich ging zu meinem Schrank, um meinen Superheldenanzug anzuziehen – mit dem »M« auf der Brust. Drei mal dürft ihr raten, wofür es steht! Natürlich für »Maskulin«. Gerade als ich fertig war, brummte mein Handy. Eine Kurznachricht.

»OH NEIN!«, stöhnte ich, denn die SMS kam von Mrs. Feminin. Es ist mir peinlich, darüber zu reden, denn sie ist meine Ex. Seitdem ich Schluss gemacht habe, sind wir Feinde. Das alles war ungefähr vor sieben Jahren. Und jetzt, jetzt schreibt sie mir plötzlich! Am besten lese ich es euch mal vor:

»*Hallo Schnucki,*

du wunderst dich jetzt bestimmt, warum ich dir nach dieser langen Zeit plötzlich schreibe. Ich wollte dir nur sagen, dass ich zu dir ins schöne ›Sächlich‹ gezogen bin, ganz in deine Nähe. Da musste ich natürlich an dich denken. Aber glaub bloß nicht, dass jetzt Friede, Freude, Eierkuchen herrscht. Wir sind immer noch Erzfeinde. Der Kampf um die Ehre beginnt wieder!

Wir sehen uns!

P.S. Diese Begegnung wird bald sein, sehr bald!«

Tja, das klang nach ihr. Aber was meinte sie mit: »Diese Begegnung wird bald sein, sehr bald«?

Auf einmal klingelte es an meiner Tür. »Wer das wohl ist?« Ich öffnete und da stand sie in ihrem rosaroten Püppi-Anzug. Mit ihrer piepsigen Stimme. MRS. FEMININ!

»Hi!«, das war alles, was sie sagte. Dann zückte sie ihren Betu, so eine Schleuder, mit der man explodierende Bälle schleudern kann. Und ich sagte: »Du hast es so gewollt: Der Kampf kann beginnen!«

Weil ich gerade keine Waffe zur Hand hatte, nahm ich einfach meinen Gürtel. Mit gekonnten Schritten drückte ich sie an die Wand und wollte sie gerade fesseln, da schrie sie auf einmal: »Oh nein, mein Fingernagel ist abgebrochen! Ich muss sofort zur Maniküre. Sorry, der Kampf geht ein andermal weiter.« Ich dachte mir, okay. Trotzdem war ich irgendwie traurig – nicht wegen Mrs. Feminin, sondern weil ich gerade so gut war, im Kämpfen, versteht sich. Na, wenigstens konnte ich mich so fürs nächste Mal besser vorbereiten.

Eine Weile stand ich unschlüssig da. Dann entschied ich mich, Professor Switti anzurufen. Professor Switti leitet ein großes Chemie-Labor und hat mir mit seinen Erfindungen schon oft geholfen, Dinge zu tun, wie sie die Leute von einem Mann mit einem »M« auf der Brust seines Superhelden-Anzugs erwarten. Klar, dass ich ihn über das plötzliche Erscheinen dieser Voll-Tussi informieren musste.

Er war genauso wenig wie ich davon begeistert, dass sie wieder da war. Doch wir beschlossen erst einmal abzuwarten, was Mrs. Feminin als Nächstes tun würde.

Kaum hatte ich aufgelegt, klingelte es noch einmal an der Haustür. »Sie schon wieder«, dachte ich. Ich öffnete ganz vorsichtig die Tür. »Hab dich!« Doch zu meinem Erstaunen stand da nicht Mrs. Feminin, sondern der Postbote. »Oh, tut mir leid, habe mit jemand anderem gerechnet.« Der Bote gab mir ein Paket, ohne irgendetwas zu sagen. Behutsam öffnete ich das Päckchen und entdeckte zwei Reagenzgläser. Von wem die wohl waren? Denn ich hatte nichts bestellt. Ich suchte nach einer Aufschrift, einem Absender ... Nichts.

Auf einmal hörte ich einen Plumps. Jemand war meinen Schornstein hinunter gerutscht. Und da, vor meinem Kamin, stand Mrs. Ihr-Wisst-Schon-Wer und schrie mich an: »Hättest du den Schornstein nicht mal sauber machen können?!« – »Nö«, sagte ich und fügte hinzu, dass sie nächstes Mal doch bitte die Tür benutzen sollte. Ich öffnete das Fenster, damit die Rußwolken abzogen, da kam auf einmal die mit einem Stein beschwerte Sonntagszeitung durchs Fenster geflogen. Glücklicherweise traf sie Mrs. Feminin am Hinterkopf. Blut floss durch ihr wasserstoffblondes Haar, verfärbte sich seltsam und verteilte sich auf meinem schönen Parkettboden.

Ich nahm die Zeitung, löste den Stein und schmiss ihn aus dem Fenster. Von draußen vernahm ich einen lauten Schrei. Aber ich kümmerte mich nicht weiter darum, denn mein Blick fiel auf eine sehr interessante Schlagzeile:

»WERDEN SIE BÜRGERMEISTER UND REGIEREN SIE VIER JAHRE DIE STADT!«

Ich nahm den Artikel und schaute ihn mir genauer an ...

2. Die Qual der Wahl

Bevor ich den Artikel in Ruhe lesen konnte, musste ich erst einmal Mrs. Feminin verarzten. Ich fand es ziemlich nett von mir, dass ich ihr einen Verband um den Kopf wickelte, doch sie beschwerte sich nur über Kopfschmerzen. Währenddessen überlegte ich, ob ich an dem Wahlkampf teilnehmen sollte. Was meint ihr: Soll ich? Ja? Na gut, ich mach's!

Kaum hatte ich meinen Entschluss gefasst, riss Mrs. Feminin mir die Zeitung aus der Hand und sah sich den Artikel an. »Das ist meine Chance, an die Macht zu kommen!«, rief sie und verschwand mit einem lauten, hinterhältigen Lachen.

Mrs. Feminin war endlich weg, aber nicht weit weg genug. Denn ich konnte hören, wie sie jemanden anrief und sagte: »Hallo, Professor Switti, der Plan läuft wie geschmiert. Aber er will als Bürgermeister kandidieren, deswegen würde ich vorschlagen, dass ich gegen ihn antrete.« Schnell hackte ich mich in die Telefonleitung ein und konnte gerade noch hören, wie Switti sagte: »Dieser blöde Mr. Maskulin versaut unseren schönen Plan, Neutrum zu beherrschen.«

Ich war schockiert, dass mein bester Ratgeber sich gegen mich stellte und mit dieser dummen Kuh gemeinsame Sache machte. Dass ich mich so von ihm hatte täuschen lassen! Ich musste mich erst mal setzen, um das zu verdauen.

Am nächsten Tag, der wieder kein normaler Tag werden sollte, zog ich wie jeden Morgen meinen Superheldenanzug an. Ich war mir noch immer nicht sicher, ob ich nun kandidieren sollte. Da bekam ich schon wieder eine SMS von Mrs. Feminin:

»Hallo Schnucki,

du weißt bestimmt, worum es geht. Na klar, die Wahl. Ich stelle mich auch zur Verfügung. Aber mach dir nicht zu viel Mühe, ich gewinne sowieso. Dann werde ich Neutrum beherrschen und du wirst nach meiner Pfeife tanzen müssen. Wir sehen uns im Büro des Bürgermeisters, heute um 12 Uhr, oder willst du etwa kneifen? Bis dann.: –)«

Damit stand fest, dass ich die Herausforderung annehmen musste. Ich konnte dieser Tussi doch nicht kampflos das Feld überlassen. Nun hatte Neutrum die Qual der Wahl.

3. Wiedersehen macht keine Freude!!!

Ich ging also um 12 ins Büro des Bürgermeisters, und da sah ich sie wieder, die Frau, die sich zwischen Switty und mich gestellt hatte. Unser bisheriger Bürgermeister Dr. Genus winkte mich herein. Noch bevor ich »guten Tag« sagen konnte, flötete Mrs. Feminin: »Hallo, Süßer!« Ich tat so, als hätte ich das nicht gehört und setzte mich in das überaus große Büro. Dann begann das große Gefasel über Wahlmethoden, Rechte und Pflichten. Ich sag dazu nur laaaaaaannnnnnnnnnggggggggwwww-wwwwweeeeeeeeeiiiiiiiiiilllllllliiiiiigggggg!!!!!

Die nächsten Wochen erspare ich euch. Ich sage nur, dass ich mir einen Wahlkampf ein bisschen weniger stressig und öde vorgestellt hatte: Fotoposing, Plakatekleben, Händeschütteln. Tooodlaaaangweee-eeiiiiiliiiig!

Aber endlich war es so weit! Es kam der allesentscheidende Tag: Endlich war die Wahl! Im meinem Kopf drehte sich alles nur um eine Frage: Werde ich gewählt, ja oder nein, ja oder nein, ja oder nein ... Ich hatte keinen blassen Schimmer. Und ich muss euch gestehen, ich war echt aufgeregt. Mit weichen Knien machte ich mich auf den Weg zum Wahlbüro, da waren vielleicht viele Menschen ... Und bei jedem von ihnen dachte ich: Ob der wohl mich gewählt hat?

Dann trat ein Mann mit Glatze hervor und verkündete das Ergebnis: »Mrs. Feminin hat 10 Prozent der Stimmen!« Ha, das war vielleicht eine Abfuhr! Ich konnte mir eine gewisse Schadenfreude nicht verkneifen. Dann wurde mein Name aufgerufen: »Auf Mr. Maskulin entfallen 36 Prozent der Stimmen!« – »Wie geil«, jubelte ich, »ich habe sie besiegt, endlich, nach so langer Zeit, mit mehr als dreimal so viel Stimmen!« Doch plötzlich las der Wahlleiter noch einen anderen Namen vor: »Professor Switti – 54 Prozent aller Stimmen! Herzlichen Glückwunsch zum Wahlsieg!«

Waaaaaaaassssssssssss??? Professor Switti? Das konnte doch nicht wahr sein! Also hatte er nicht nur mich, sondern auch sie verarscht. Ich war wütend, aber das war nichts gegen Mrs. Feminin: »Das ist Betrug! Wahlbetrug! Der hat doch gar nicht kandidiert.« Doch Professor Switti ignorierte sie einfach und sagte mit einem Lächeln zum Wahlleiter: »Vielen Dank Ihnen, vielen Dank meinen Wählern. Ich nehme die Wahl an.« Und damit verschwand er winkend von der Bildfläche.

Mrs. Feminin und ich sahen uns an. Und zum ersten Mal in meinem Leben tat sie mir irgendwie leid. Deswegen fragte ich sie: »Frieden? Wir könnten uns zusammentun und Switti besiegen.« Sie sagte: »Ist das dein Ernst?« – »Glaub schon«, sagte ich und streckte ihr meine Hand hin. Sie schlug ein. »Okay, Frieden. Hätte echt nicht gedacht, dass wir mal wieder was gemeinsam machen.«

4. Versteckte Kamera

Wir gingen zu ihr nach Hause und heckten einen Plan aus. Erst einmal mussten wir ihn zu uns locken. Das übernahm Mrs. Feminin. Nach einer Stunde klingelte es an der Wohnungstür. Es war Switti, und Mrs. Feminin tat so, als sei sie daran interessiert, mit ihm zusammenzuarbeiten, um von seiner Macht zu profitieren. Switti lächelte höhnisch, ging aber auf ihr Angebot ein. Was er nicht wusste: Ich hatte mich mit einer Kamera versteckt, die sein Gespräch mit Mrs. Feminin verfolgte. Sie würde seine böse Seite ans Licht bringen. Und das Video würden wir dann ins Internet stellen, damit alle sehen, was für ein Schwein er ist.

Mrs. Feminin machte ihre Sache sehr gut, setzte sich zu ihm aufs Sofa und fragte ihn über seine Pläne aus. Ich hielt mit meiner Kamera genau drauf. Schließlich sagte Switti: »Ich habe euch alle verarscht, auch die Einwohner Neutrums. Sie glauben, ich würde ihnen helfen, dabei werde ich sie zu meinen Sklaven machen. Ja, du hast richtig gehört, zu meinen Sklaven!!! Und irgendwann werde ich nicht nur Neutrum, sondern auch die ganze Welt beherrschen.«

»Na, wie war ich?«, sagte Mrs. Feminin, nachdem Switti gegangen war. »Das reicht in jedem Fall, um ihn zu entlarven«, erwiderte ich. – »Was heißt, das reicht? Es ist perfekt!«, sagte sie und lächelte zufrieden.

Doch bevor ich Swittis Geständnis ins Internet stellte, musste ich Mrs. Feminin noch etwas ganz Wichtiges fragen: »Du verarschst mich wirklich nicht, ja?« Sie nickte, und ich vertraute ihr. Dann setzte ich mich an meinen Computer und lud das Video hoch. Mrs. Feminin sah sichtlich erleichtert aus. Mit einem guten Gefühl verabschiedete ich mich von ihr.

Als ich am nächsten Tag aufwachte, schaute ich nach dem Video. Ich konnte es kaum fassen: 321 Klicks! Super, jetzt wusste es schon die ganze Stadt. Plötzlich klingelte mein Handy. Es war Dr. Genus, der frühere Bürgermeister. Er hatte das Video gesehen und wollte die Wahl von Switti für ungültig erklären. »Stattdessen«, sagte er, »bitte ich dich, das Amt als Bürgermeister anzunehmen.«

Zu meiner eigenen Überraschung hörte ich mich sagen: »Nur unter einer Bedingung: Mrs. Feminin regiert mit mir.« Er war einverstanden und bat uns beide in sein Büro. Irgendwie musste Professor Switti Wind von der Sache bekommen haben, er war verschwunden. Also fragte Genus uns, ob wir den Job zusammen machen wollten. Wir nahmen natürlich beide an. In guter Stimmung gingen wir zu mir nach Hause, und während wir es uns vor dem Kaminfeuer bequem machten, sagte ich zu Mrs. Feminin: »Weißt du was, anfangs waren wir zusammen, dann Feinde und jetzt sind wir wieder Freunde. Das ist doch wie verhext! Ich mag dich, ich mag dich sehr, aber mehr als Freundschaft ist einfach nicht drin.«

Ich glaube, sie konnte mich verstehen.

Die Zeit verging, und, stellt euch vor, sogar nach zehn Jahren sind wir immer noch Freunde. Professor Switti haben wir nie mehr gesehen. Und das ist auch gut so.

Aber ihr erinnert euch bestimmt noch an das Päckchen mit den Reagenzgläsern. Was es damit auf sich hat, konnten wir während unserer gesamten Amtszeit in Neutrum nicht herausfinden. Aber Mrs. Feminin und ich kamen auf die Idee, das Problem meinem Bruder Hermann Maskulin zu übertragen und ihrer kriminellen Schwester Feodora Feminin.

DIE BLAUE FLÜSSIGKEIT

Die Sirene der Alarmanlage läutete schrill, als der Polizeibeamte Hermann Maskulin mit quietschenden Reifen vor der Eingangstür der Neutrum AG bremste. Er sprang aus seinem Polizeiwagen, rannte durch die geöffnete Eingangstür und betrat das Labor, das hell erleuchtet war. Er lauschte. Sekunden vergingen. Plötzlich vernahm er ein Klacken wie von hohen Absätzen auf Fliesen. Mit der Pistole in der Hand schlich er in Richtung des Geräuschs und entdeckte an einer geöffneten Kühlvorrichtung die stadtbekannte Einbrecherin Feodora Feminin. Er wollte schon hervorpreschen, um sie festzunehmen, als er auf einmal wie von fernher seine Lieblingsmusik hörte, gesummt von einer Frauenstimme – Feodora Feminin? Doch er hatte keine Zeit, sich darüber zu wundern, besann sich auf seinen Job und stürzte auf sie zu. Im selben Moment sah er in ihrer Hand ein Röhrchen mit einer blauen Flüssigkeit. Feodora Feminin versuchte zu flüchten, doch schnell hatte Hermann Maskulin sie eingeholt, ergriff ihren rechten Arm und zog sie an sich. Dabei zerbarst das Gläschen mit der blauen Flüssigkeit und ergoss sich über sie beide. Hermann Maskulin hörte noch einen spitzen Schrei. Dann wurde ihm schwarz vor Augen, pechschwarz.

* * *

Als Hermann Maskulin die Augen wieder öffnete, wollte die Dunkelheit nicht weichen. Es war eng und stickig um ihn her. Er versuchte, die Hände auszustrecken. Es ging nicht. Holz über ihm, zu allen Seiten. Er hämmerte kräftig gegen die Bretter, immer kräftiger. »Wo bin ich? Ist das ein Sarg? Hat man mich lebendig begraben?«, schoss es ihm durch den Kopf. Mit voller Wucht trat er dagegen. Der Sargdeckel gab nach und flog in hohem Bogen davon. Dann kletterte Hermann Maskulin aus dem Loch und sah sich um. Es war Nacht. Der Vollmond stand über den Baumwipfeln. Hermann Maskulin sah ihn an, und je mehr ihn das Mondlicht traf, desto seltsamer wurde ihm zumute. Plötzlich verkrampfte er, bekam Krallen, wurde größer. Seine Sachen rissen, vor seinen Augen verschwamm alles. Auf einmal konnte er alles nur wie durch eine blaue Brille sehen. Der Mond tauchte das Land in blaues Licht. Dann rannte er los in einen Wald. Dort schien alles seltsam blau. Und Hermann wusste, dass er dieses besondere Blau schon einmal irgendwo gesehen hatte. Doch er konnte keinen klaren Gedanken mehr fassen, zu groß war das Gefühl von Hunger. Da entdeckte er auf einmal eine kleine Wildschweinfamilie zwischen den Bäumen im Unterholz. Er wusste nicht, warum, aber plötzlich rannte er auf sie zu, stürzte sich auf ihre borstigen, quiekenden Leiber und fraß sie auf. Danach lief er verwirrt nach Hause und schlief.

* * *

»Ich bin ein Werwolf? Ich bin ein Werwolf!«, rief er voller Entsetzen, als er am nächsten Morgen erwachte. Am Fuße seines Bettes stand ein Mann in einem weißen Kittel und lächelte.

»Guten Tag«, sagte er mit ruhiger Stimme, »ich bin Prof. Dr. Eich. Sie befinden sich in einem Militärkrankenhaus außerhalb der Stadt.«

»Was ist passiert? Was habe ich getan? Bin ich gefangen? Eingesperrt?« Hermann Maskulin versuchte sich in seinem Bett aufzurichten, wurde aber von Schläuchen und Elektroden gehalten.

Professor Eich hob beschwichtigend die Hand und fuhr mit ruhiger Stimme fort: »Sie sind zu Untersuchungen hier. Aber eines können wir mit Sicherheit ausschließen: dass Sie ein Werwolf sind!«

»Dann war es nur ein Traum?«

Professor Eich nickte, und Hermann sank erleichtert in die Kissen zurück. Dann sah er etwas, das schlimmer war als jeder Alptraum. Im Bett neben sich lag, an lauter Apparate angeschlossen wie er, Feodora Feminin und grinste.

»Wenn du mir das Röhrchen mit der blauen Flüssigkeit gelassen und nicht alles kaputt gemacht hättest, müssten wir hier nicht liegen wie zwei Laborratten«, sagte sie spöttisch. Doch Professor Eich brachte sie mit einem strengen Blick zum Schweigen.

»Die Neutrum AG hat jahrelang an einer blauen Flüssigkeit herumexperimentiert«, hob Professor Eich zu einer Erklärung an, »sie verändert menschliche Gene und verleiht besondere Fähigkeiten, speziell für Kampfzwecke. Deswegen ist nicht nur das Militär, sondern auch die Mafia sehr an dieser Flüssigkeit interessiert.« Von Feodora Feminin kam ein widerwilliges Stöhnen, doch der Professor ließ sich nicht aus der Ruhe bringen. »Das Problem ist, dass niemand – nicht einmal die Neutrum AG – genau sagen kann, welche Veränderungen mit dem menschlichen Körper vorgehen, wenn er mit der blauen Flüssigkeit in Berührung kommt. Es besteht jedoch Anlass zu der Vermutung, dass sie besondere Fähigkeiten verleiht. Aus diesem Grund werden wir mit Ihnen eine Reihe von Tests durchführen.«

Nun stöhnte auch Hermann Maskulin auf. Denn es begann ein langes, aufreibendes Testprogramm. Der erste Test betraf die Hitzebeständigkeit. Zuerst musste er etwas Heißes in die Hand nehmen, mit 100 Grad Celsius fing es an. »Das schaffe ich nie im Leben. Professor Eich, spinnen sie eigentlich?«, protestierte Hermann Maskulin. Doch der Professor drängte ihn, es wenigstens zu versuchen. Er verbrannte sich die Hand und zuckte zurück. Mit einem spöttischen Lächeln sagte Feodora Feminin: »So, jetzt bin ich mal dran.« Sie nahm den glühend heißen Gegenstand in beide Hände und ließ ihn gar nicht mehr los. »Das ist überhaupt nicht heiß«, sagte sie und schaute Hermann Maskulin verächtlich an. Professor Eich machte sich Notizen auf einem Klemmbrett und murmelte: »Dann ist das Ihre neue Fähigkeit.«

»Und was ist mit mir«, fragte Hermann Maskulin, »was ist meine neue Fähigkeit?«

»Offenbar wirkt die blaue Flüssigkeit nicht bei jedem Organismus gleich, insbesondere nicht bei Frauen und Männern. Worin Ihre neue Fähigkeit besteht, das müssen wir wohl noch herausfinden. Jetzt kommt der Stärketest.«

Doch auch im Stärketest wie bei vielen anderen Aufgaben erwies sich Feodora Feminin als überlegen. »Möglicherweise funktioniert die blaue Flüssigkeit nur bei Frauen«, grübelte Professor Eich am Ende der Testreihe. Hermann Maskulin war mehr als nur enttäuscht, er fühlte sich von Feodora Feminin regelrecht gedemütigt.

* * *

Noch in derselben Nacht löste Hermann Maskulin sämtliche Drähte und Elektroden von seinem Körper und schlich aus dem Krankenhaus. Lautlos erreichte er den Ausgang. Doch draußen um das Krankenhaus standen mehrere Soldaten Wache, und ringsum war ein hoher Zaun mit Stacheldraht. Das Militärkrankenhaus gehörte offenbar zu einem Hochsicherheitsbereich und glich tatsächlich einem Gefängnis. Da bemerkte Hermann Maskulin Schritte hinter sich. Es war dasselbe Klacken von Absätzen wie in dem Labor. Hinter ihm tauchte Feodora Feminin aus dem Dunkel. »Du willst raus hier?«, hauchte sie ihm ins Ohr, »dann halt dich an mich.«

Sie zog einen Betu aus ihrem Gürtel und schoss explodierende Feuerbälle auf den Drahtzaun, der glühend heiß wurde und zu schmelzen anfing. Die Wachen sprangen entsetzt zur Seite und versuchten, Hilfe zu holen. Doch Feodora Feminin mit ihrer besonderen Fähigkeit konnte das glühende Metall nichts anhaben. Ohne mit den Wimpern zu klimpern, bog sie die Drähte auseinander, und Hermann Maskulin folgte ihr in die Freiheit.

* * *

Diese Freiheit allerdings war trügerisch. Im Wald in der Nähe des Krankenhauses wartete bereits Mrs. Feminins Boss. Er ging zu ihr, packte sie und sprach mit seiner rauen Stimme: »Die blaue Flüssigkeit ist uns zwar abhanden gekommen, aber wir haben sie noch durch dich, in dir. Und du mit deinen Fähigkeiten bist jetzt unsere Geheimwaffe. Und als Erstes schaffst du uns diesen Mr. Maskulin aus dem Weg, sonst«, ihr Boss senkte seine Stimme noch tiefer und sagte dann, »na, du weißt schon.« Dann verschwand er im Dunkeln.

Als Hermann Maskulin zu ihr aufschloss, schaute er sie fragend an. Sie musste sich etwas einfallen lassen, um ihn außer Gefahr zu bringen, aber es ging nicht. Also entschloss sie sich, ihm die Wahrheit zu sagen. Sie erzählte ihm, dass sie für einen Mafiaboss gearbeitet habe, der sie nun zwingt, ihn umzubringen. »Und worauf wartest du dann noch?«, fragte Hermann Maskulin. – »Ich kann dich nicht töten«, sagte Feodora, »ich liebe dich.«

In diesem Moment fiel ein Schuss. Der Mafiaboss hatte genau gewusst, dass Mrs. Feminin ihren Auftrag nicht richtig ausführen würde. Sie schrie und weinte, weil der Herzschlag von Hermann Maskulin immer schwächer wurde. Sie dachte, nun ist alles vorbei. Eine Träne von ihr fiel zwischen seine Augen, sie öffneten sich, sein Herzschlag ging wieder schneller. Er schaute sie an und sagte nur: »Ich liebe dich auch.«

Feodora sah sich nach ihrem Boss um. Doch der hielt seine Waffe nicht auf sie gerichtet, sondern lag am Boden. Die Kugel, die Mr. Maskulin treffen sollte, war an dessen Brust abgeprallt und hatte den Mafiaboss mitten ins Herz getroffen. Denn Hermann Maskulins Brust war wie aus Stahl. Unzerstörbar. Das war seine neue Fähigkeit.

Zusammen beugten sich Feodora und Hermann über den Leichnam ihres Auftraggebers, der alles daran gesetzt hatte, die blaue Flüssigkeit in seinen Besitz zu bringen. Als sie ihn wegtragen wollten, fiel seine Perücke ab, die ganze Maskerade – und zum Vorschein kam das Gesicht eines Mannes, der vor einigen Jahren auf allen Fernsehkanälen für ein paar Stunden als neuer Bürgermeister von Neutrum zu sehen gewesen war: Professor Switti.

Ende

Das magische Brettspiel

Es war Freitag nach Schulschluss. Cody, seine Schwester Mary und sein bester Freund Jay liefen durch den Stadtpark. Da erblickten sie ein altes, verfallenes Haus, das zwischen ein paar Bäumen verborgen war. Die Neugierde packte sie. Vorsichtig traten sie ein. Das Holz war morsch, und es war sehr düster. Überall standen Kisten. Sie wühlten ein bisschen herum. Auf dem Dachboden fand Cody ein altes Brettspiel. »Hey Leute«, rief er, »seht mal her!«

Sie öffneten das Spiel. Jeder suchte sich eine Spielfigur aus und stellte sie auf das Brett. Cody las die Anleitung. Dann fingen sie an zu spielen. Nach ein paar Zügen begann das Spielfeld plötzlich zu leuchten. Alles um sie herum verschob und verzerrte sich, und sie wurden immer tiefer in das Spiel hineingezogen.

Als Cody aufwachte, befand er sich auf einer großen Wiese. Ein paar Kühe grasten friedlich vor sich hin. Plötzlich vernahm er ein lautes Brüllen. Ein riesiges Monster lief auf eine der Kühe zu, packte und verschlang sie. Cody erschrak. Schnell lief er hinter einen Felsen und versteckte sich. Das Monster verschwand wieder.

Als Jay erwachte, steckte er in einem Sumpf. Von allen Seiten kamen reptilienartige Wesen auf ihn zu, er war von ihnen umzingelt. Doch plötzlich durchbohrten Pfeile den Anführer der Schar. Verschreckt liefen die anderen davon. Im nächsten Moment erblickte er ein Mädchen, das sich näherte. Sie schien etwa 15 Jahre alt zu sein. Jay starrte sie an.

»Woher kommst du?«, fragte sie ihn.

»Aus Washington D.C.«, sagte er und sah, dass sie große Augen machte.

»Das gibt's doch nicht, ich auch!«, rief sie aus, »und aus welcher Zeit?«

Er wunderte sich kurz über die Frage. »Na, jetzt, heute, aus 2014 ...«

»Ich bin auch aus Washington, aber 1954«, sagte sie, und es klang etwas traurig.

»Und wo sind wir hier?«, fragte Jay nach einem Moment.

»In Acron, dem Land des Bösen«, antwortete das Mädchen und fügte hinzu, dass sie Jane hieß.

»Jane?«, fragte Jay lachend, »das trifft sich gut: Ich heiße Jay!« Doch sie gab ihm ein Zeichen, still zu sein.

»Komm schnell«, flüsterte sie, »wir müssen hier weg!« Bevor Jay fragen konnte, wieso, rannte sie los. Und er hinterher.

Unterdessen kam Mary zu sich. Auch sie war alleine und hatte keine Ahnung, wo sie sich befand. Sie wusste nur, dass sie in einem Baum hing. Mary guckte nach unten und erschrak. Der Baum war riesig und um sie herum nichts als Dschungel. Überall standen diese riesigen Bäume. Sie überlegte lange, wie sie von so weit oben herunterklettern konnte. Plötzlich raschelte es hinter ihr in den Ästen. Zwischen Blättern und Zweigen entdeckte sie eine Gestalt – ein Mensch, wie sie erleichtert feststellte. Doch er war eigenartig angezogen.

»Wer bist du?«, fragte Mary. Der Mann antwortete: »Das musst du jetzt nicht wissen. Komm, ich helfe dir und bringe dich in Sicherheit. Hier draußen ist es zu gefährlich.«

Der Mann führte sie über verschlungene Äste und schwankende Hängebrücken in eine verborgene Stadt hoch oben in den Bäumen. Die Bewohner musterten Mary skeptisch. Doch sie bemerkte es gar nicht. Sie staunte über die beeindruckende Architektur der Stadt. »Wow! Wie schafft ihr es, in dieser Höhe solche Häuser zu bauen?« – »Einfach ist das nicht. Aber wir haben die nötigen Mittel und die Erfahrung vieler Jahrhunderte«, antwortete der geheimnisvolle Mann, »komm, ich stelle dich jetzt dem Ältesten unserer Baumsiedlung vor. Ach, übrigens, du wolltest doch wissen, wie ich heiße? Nun, mein Name ist Teledor ...«

Wenig später saß Mary in einem schattigen Baumhaus und erzählte Eldor, dem Ältesten, wie sie hierhergekommen war. »Das ist eine sehr merkwürdige Geschichte«, sagte Eldor, »und es führt für dich kein leichter Weg wieder zurück.« Da meldete sich Teledor zu Wort: »Wie wäre es, wenn ich sie zur königlichen Hauptstadt begleite? Alleine schafft sie es nie.« – »Gut«, entschied Eldor, »gehe mit ihr! Aber ihr beide müsst noch heute aufbrechen. Am Horizont ziehen dunkle Wolken auf und ein Sturm wird kommen ...«

Als Teledor und Mary alles Nötige zusammenhatten, machten sie sich auf den Weg. Nach ungefähr drei Tagen kamen sie in der Hauptstadt an und baten um eine Audienz beim König. Als sie vor den Herrscher des Baumreichs trat, war Mary sehr überrascht. Es waren noch zwei weitere Personen bei der Audienz: Cody und Jay!

»Was macht ihr denn hier?«, fragte Mary erfreut. – »Das Gleiche könnten wir dich fragen«, antworteten Cody und Jay. Die drei Freunde fielen sich in die Arme, so erleichtert waren sie, sich wiederzusehen. Dann sprach der König: »Was führt euch her? Sprecht! Denn ich fürchte, ihr habt keine Zeit zu verlieren.«

Die drei Freunde erzählten dem König ihre Geschichte. Dieser nickte und murmelte, dass er so etwas schon einmal erlebt habe. Dann verfiel er wieder in Schweigen und dachte nach. Als Cody, Mary und Jay schon den Thronsaal verlassen wollten, rief er: »Halt, wartet! Um wieder in eure Welt zu kommen, benötigt ihr drei Artefakte: einen Kelch, den ich euch geben werde, den magischen Dolch des Waldes und das Blut Vladimirs. Aber beeilt euch, denn ihr braucht sie alle am nächsten Blutmond, der in zehn Tagen ist. Wenn ihr bis dahin nicht alle Artefakte besitzt, müsst ihr zehn Jahre lang auf den nächsten Blutmond warten.« – »Wir werden alles versuchen, mein König, aber wer ist Vladimir?«, fragte Cody. – »Das werdet ihr noch früh genug herausfinden«, sprach der König und beendete die Audienz.

Cody, Mary und Jay brachen noch am selben Tag auf. Es war eine lange Reise, in der sie nur nachts für wenige Stunden Rast einlegten. Nach fünf Tagen und fünf Nächten erreichten sie eine entlegene Baumsiedlung, wo sie den magischen Dolch erhielten. Nach drei weiteren Tagen kamen sie endlich zur Hochburg des Schreckens, Vladimirs düsterer Festung. Vor den Toren standen zwei Wachen, die ihre Schwerter kreuzten, als sie eintreten wollten. Es waren Skelette mit einem hämischen Grinsen. Cody packte die Wut. Ohne nachzudenken, nahm er den magischen Dolch und stach ihn dem Skelett zwischen die Rippen, woraufhin die Knochen zu Staub zerfielen. Noch ehe das zweite Skelett reagieren konnte, zog er den Dolch wieder hinaus und schickte es ebenfalls ins Reich des Todes zurück. Die drei Freunde betraten die Festung und machten sich auf den Weg zum Thronsaal. Zwischendurch begegneten sie weiteren Wachen, vor denen sie sich mühelos verstecken konnten. Als sie endlich den Thronsaal erreicht hatten, sahen sie Vladimir, der sich bedrohlich und riesengroß von seinem Thron erhob, als er sie bemerkte. Dann warf er sich mit einer Schnelligkeit auf sie, wie sie es von einem zwei Meter großen Mann nie erwartet hätten. Sie konnten grade noch ausweichen. Ein erbitterter Kampf begann. Mal sah es so aus, als würde Vladimir siegen, mal kamen ihm die Freunde mit dem magischen Dolch gefährlich nah. Doch dann eilte ein Trupp von Skelett-Wachen herbei, um ihrem Herrn zu helfen. Die Lage für die drei Freunde wurde immer aussichtsloser.

Bedrängt von Feinden, konnte Jay kaum aufschauen. Doch aus den Augenwinkeln sah er einen geschmeidigen Schatten die Wände des Thronsaals entlanghuschen. Für einen Moment stutzte er: Jane?! Sie war ihnen zu Hilfe gekommen und machte sich an dem Zugseil zu schaffen, das den mächtigen Kronleuchter hielt, der genau über Vladimir hing und der mehrere Spitzen hatte. Jay rannte zu Cody, der gerade mit Vladimir kämpfte, und riss ihn zur Seite. In dem Moment durchtrennte Jane das Seil, das den Kronleuchter hielt. Krachend schlug er am Boden auf, seine Spitzen durchbohrten Vladimir, dessen Blut sich über den Boden ergoss. Als Vladimir sein Leben aushauchte, verließen auch die Untoten die Welt der Lebenden. Die drei Freunde sammelten Vladimirs Blut in dem Kelch und verließen die Festung. Jay schaute sich immer wieder nach Jane um. Er wollte ihr danken. Doch sie war verschwunden.

Auf ihrem Weg zurück begegneten Cody, Mary und Jay keinen weiteren Wachen, offenbar waren sie alle zu Staub zerfallen. Als die Freunde wieder im Freien waren, stand der Blutmond schon hoch am Himmel. Er hatte die Form eines Vollmonds, nur dass er der Erde sehr nah war und leuchtend rot. Cody steckte den Dolch in den Kelch, in dem sich Vladimirs Blut befand. Als das Mondlicht den Kelch berührte, strahlte er in vielen Farben, und ein gleißendes Portal öffnete sich. Die drei Freunde durchschritten es und befanden sich wieder an der Stelle auf dem Dachboden des verfallenen Hauses in Washington, wo das Abenteuer begonnen hatte. In dem Strudel von Farben und Licht, den sie hinter sich ließen, meinte Jay für einen Moment Janes geschmeidigen Schatten zu sehen und ihren Arm, der ihm winkte.

Die Klasse 7c der Goethe-Gesamtschule Babelsberg in Potsdam:

Lea Bergemann, Linda Bergemann, Malwine Brandt, Eila Guder, Paula Kleger, Lina Franziska Lautner, Jenny Rosenkranz, Viha Stoffenberger *(Mr. Maskulin rettet sich selbst und die Menschheit)*

Tim Dethloff, Armin Dressel, Moritz Gerlach, Jonas Görner, Lynn Groth, Michelle-Christin Hebenstreit, Fenris Heidemann, Richard Hirsch, Moritz Köhler, Lea Maria Krischak, Janis Krüger, Lilly Ludloff, Rufus Mora, John-Lukas Schmidt, Niklas Schubert *(Die blaue Flüssigkeit)*

Fabian Günther, Yannik Horstmann, Johannes Kraft, Max Schütze *(Das magische Brettspiel)*

John von Düffel

Arbeitsjournal

20.8.2013, 4. bis 6. Stunde, Goethe-Schule, Potsdam-Babelsberg.

Eigentlich fühle ich mich gut vorbereitet auf die Klasse 7c. Ich habe mir ein paar grundsätzliche Dinge über den Wert des Geschichtenerzählens überlegt, eine Geschichte von mir eingepackt, die ich den Schülern vorlesen will, sozusagen zum Kennenlernen, und ein paar Schreibübungen für sie zum Warmwerden. Ich treffe die freundliche Deutschlehrerin Frau Abraham auf dem Pausenhof bei der Aufsicht und fühle mich sehr bestätigt in meinem Eindruck: Mit ihr habe ich großes Glück gehabt! Wir werden nur kurz unterbrochen. Einer der Schüler – aus der Klasse 7c – hat eine Weintraube ans oder ins Ohr bekommen und zeigt ihr das zerquetschte Corpus Delicti. Frau Abraham nimmt die Jungs beiseite, ein paar ruhige, klare Worte über den Wert von Weintrauben und wo sie hingehören. Es kehrt Ruhe ein. Eine Minute später hat das Weintraubenopfer Blätter von einer Hecke abgerupft und jemand anderem ins T-Shirt gesteckt. Frau Abraham sagt: »Man rupft auch keine Blätter ab, Pflanzen und Sträucher wollen auch leben.« Dann klingelt es.

»Wir werden in den nächsten 8 Doppelstunden zusammen eine Geschichte schreiben«, fasse ich unser Projekt nach einer längeren Einleitung vor der Klasse zusammen. Doch schon die erste Schüler-Frage wirft mich aus der Bahn: »Müssen wir die Geschichte zusammen schreiben oder kann jeder seine eigene Geschichte erzählen, so wie er will?« Ich hebe an zu einem Plädoyer für das gemeinsame Arbeiten, denke aber: Es wird nicht leicht werden, einen gemeinsamen Nenner zu finden. Und ich weiß auch nicht, ob ein gemeinsamer Nenner für das Schreiben einer Geschichte wirklich der beste Ausgangspunkt ist ... Wie weit die Interessen und Geschmäcker auseinandergehen, wird deutlich, als die Jungs sich mit Fantasy- und SciFi-Helden-Vorschlägen überbieten und ein Mädchen dazwischen ruft, sie hätte gerne eine Geschichte über Mord und Totschlag. – »Wie wäre es mit etwas, womit wir uns alle auskennen«, gebe ich zu bedenken. – Jemand schlägt vor »Schule«. Und der Rest der Klasse schreit: »Nein!«

Die Einigung auf einen gemeinsamen Nenner vertage ich erstmal. Ich lese meine Geschichte vor, mag mir aber schnell selber nicht mehr zuhören und beende sie vorzeitig, schon nach der Einleitung. Dann die Schreibaufgabe: eine Ausrede mit der Lizenz zum Lügen und Erfinden nach dem Motto: »Ich bin zu spät zum Unterricht gekommen, weil …« Eine einzige Bedingung füge ich hinzu: Es muss ein Held, eine andere Figur darin vorkommen. Schreibzeit: sieben Minuten. Die Schüler schreiben drauf los, insbesondere die Mädchen, bei den Jungs ist das unterschiedlich. Die letzte Bank besteht aus sechs Sportschülern des SV Babelsberg, sie bilden einen kleinen Extra-Verein im Klassenverband. Und ich spüre, während ich sehe, wie wenig auf ihren Blättern steht, meine Abhängigkeit. Anders als ein Lehrer, der Zensuren verteilt, bin ich darauf angewiesen, dass sie mitmachen. Die Frage ist nicht nur, wie schreiben wir eine Geschichte zusammen, sondern auch, wer ist für diese Geschichte verantwortlich und dafür, dass sie gut wird. Nicht nur Kreativität ist nicht so ohne Weiteres teilbar, sondern auch das Risiko des Scheiterns. Und vielleicht ist sogar das Risiko des Scheiterns, der totalen Blamage sogar die Bedingung ernsthafter Kreativität.

Nach der Doppelstunde ist meine Zuversicht erschüttert. Wie raufen wir uns zusammen? Welchen Modus des gemeinsamen Produzierens entwickeln wir? Welche Figur und Geschichte, welcher Stoff hat die Kraft, das Interesse der ganzen Klasse zu binden und am Leben zu halten? Ich gebe als Hausaufgabe: »Beschreibe einen potentiellen Helden für unsere Geschichte und seinen Gegenspieler.« Letzte Frage aus der Klasse: »Darf dieser Held einem anderen Helden ähnlich sein, den es schon gibt?« – Ich fürchte natürlich, dass Batman und Spiderman gleich wie Teufel aus der Kiste springen. Aber einen Helden, der keinem anderen Helden ähnelt, gibt es, wenn man ehrlich ist, auch wieder nicht. Wenigstens schaffe ich es noch, der Klasse mit auf den Weg zu geben, dass es kein Superheld sein sollte, dass wahre Helden Fehler haben, Verlierer oder auch Anti-Helden sein können. Aber inwieweit kann sich so ein Hinweis gegen die medialen Vorprägungen von Videospielen und Actionhelden durchsetzen?

Ich bin mit neunzigprozentiger Zuversicht in dieses Abenteuer gestartet. Schon nach der ersten Doppelstunde bin ich bei siebzig Prozent Zweifel.

23.8., 3. bis 4. Stunde

Nach der Kennenlern-Doppelstunde mit den Schülerinnen und Schülern der 7c nun das Kennenlernen ihrer Helden. Die Beteiligung ist rege: eine große Bereitschaft, seine Hauptfiguren und deren Gegenspieler vorzustellen! Besonders die Jungs wagen sich aus der Deckung, bei den Mädchen größere Zurückhaltung. Viel Film und Fantasy sprudelt hoch, Mischungen und Montagen aus Aktion- und Comic-Helden, »Herr der Ringe«, »Harry Potter«, »Star Wars«. Selten ein stillerer, beschädigter Held oder ein »Loser« als Hauptfigur. Die größte Schwierigkeit bleibt, eine Figur bzw. Figurenaufstellung zu finden, mit der alle etwas anfangen können. Ein paar Mal kommt in den Entwürfen als zentraler Schauplatz eine Schule vor, und mich durchzuckt kurz der Gedanke, ob ich die vehemente Ablehnung des Themas Schule in der ersten Stunde nicht als positives Zeichen hätte werten sollen, dass da der emotionale Hund begraben liegt und wir uns genau das hätten vornehmen sollen. Am Ende einigen wir uns auf die Figuren Mr. Maskulin und Mrs. Feminin, die ein Schüler vorgestellt hat, er gut, sie böse. Wir nehmen erst einmal diese Begriffsnamen als Passepartout oder Platzhalter und versuchen sie mit Eigenschaften aufzuladen – es kommen überwiegend positive Merkmale für den Mann: cool, stark, sportlich. Für die Frau gibt es keine Meldungen. Ich bringe die Frage nach dem Wann und Wo ins Spiel. Als Orte werden »Maskulin-City« und »Feminin-Town« vorgeschlagen sowie eine ganze Reihe Filmstädte wie New York/Manhattan, Oklahoma usf. Aus der letzten Reihe kommt die Idee für eine Phantasiestadt namens: »Neutrum«.

Das Gemeinsame bleibt ein Problem, trotz der größtmöglichen Offenheit und Freiheit, diese Namen mit eigenen Motiven und Themen zu versehen. Nicht zu unterschätzen ist die Enttäuschung, dass der eigene Entwurf erstmal auf Eis liegt. Und groß ist auch die Schwierigkeit, die Phantasien und Fiktionen ernst zu nehmen, die eigenen, aber insbesondere die der anderen. Das Zuhören und Einsteigen bei den Vorschlägen der Mitschüler findet kaum statt und lässt sich auch nicht erzwingen. Die Ideen sprudeln, manchmal geradezu reflexhaft, sind aber genau so schnell wieder weg.

Fürs nächste Mal wollen wir uns an einem konkreten Anfang versuchen, den dann alle zusammen weiterspinnen müssen, sozusagen reihum. Das wird dann die echte Nagelprobe für unser Projekt des kollektiven Produzierens.

27.8.2013, 4. bis 6. Stunde

Lieber Gott, wenn du ein Mittel weißt, wie man in einer 7. Klasse in der sechsten Stunde Ruhe und Konzentration herstellt, bitte sag es mir! Wenn es ein Buch darüber gibt, wie man eine 7. Klasse in der sechsten Stunde zum Zuhören bringt, bitte zeig es mir! Und wenn es keins gibt, mach, dass es geschrieben wird!

Die Anfänge, die von den einzelnen Schülern mitgebracht, vorgelesen und diskutiert wurden, waren überraschend unterschiedlich, formal und inhaltlich. Insofern war der Passepartout-Gedanke, zwei Platzhalter-Helden zu nehmen, die viel Raum für eigene Wege lassen, so falsch nicht. Mr. Maskulin und Mrs. Feminin waren mal ein von fremder Macht getrenntes Paar, das darum kämpft, wieder zusammenzukommen. Sie waren in einer anderen Geschichte Ex-Partner, die noch eine Rechnung miteinander offen haben und gegeneinander um ihre Ehre kämpfen. Sie waren ein Polizist und eine Einbrecherin, die auf frischer Tat in einem Labor ertappt wird und mit dem Polizisten um eine rätselhafte blaue Flüssigkeit kämpft, die dabei verschüttet wird und dann ... Sie waren zwei Drachen, von denen der weibliche Drachen den männlichen aus seiner Höhle vertreibt. Sie waren Rivalen im Kampf um das Präsidentenamt auf dem Planeten Casus im Land Grammatika. Sie waren Meister und Schülerin, bis zu dem Punkt, da das Mädchen ausgelernt hatte, in die Welt gestoßen wurde und dort den »Teilinator« erfand, der die Welt in Gut und Böse teilte. Sie waren noch vieles mehr in den verschiedensten Formen und Genres.

Das alles war sehr vielversprechend und lebendig. Weitaus schwieriger und zäher gestaltet sich indessen die Frage, worauf schwört man die Klasse zur Zusammenarbeit ein. Welche Ansätze verfolgt man weiter, will man gemeinsam produktiv machen und welche lässt man fallen, möglicherweise sehr zu unrecht? Das Problem der kreativen Zusammenarbeit stellt sich noch einmal ganz vehement. Einige haben keine Lust auf die Figuren, keine Lust auf irgendeine der Geschichten, wollen lieber ihre eigene Story schreiben. Andere sind über ihr Nichtgehört- bzw. Nichtgewürdigt-Werden enttäuscht und mögen nicht auf die Vorgaben anderer umschalten. Wir bilden nach einer unruhigen, wild durcheinandergehenden Abstimmung über die verschiedenen Interessenslagen zwei Gruppen: eine Aktion-Krimi-Gruppe, die mit der Polizisten-Einbrecherinnen-Geschichte weitermacht und dem Rätsel der blauen Flüssigkeit, daneben eine zweite Gruppe für die Rache-der-Ex-Partner-und-ihr-Kampf-um-die-Ehre-Geschichte. Einige mögen sich keiner der beiden Gruppen anschließen. Als ich konzediere, dass sie eine Extra-Gruppe bilden und ihre eigene Geschichte frei erfinden können, geht ein Ruck der Entrüstung und des Bedauerns durch die Klasse. Viele wollen sich auch den »Autonomen« anschließen. Eine kleine Meuterei kommt auf. Doch wir bleiben vorerst bei unserer Einteilung, und ich warne die Autonomen vor, dass auch sie zusammenzuarbeiten haben und vor dem Problem stehen werden, dass schon bald nicht mehr alles Eigene möglich sein wird.

Im Grunde kreisen wir immer um denselben Konflikt: solidaire oder solitaire? Gemeinsam oder einsam? Eine Geschichte von allen oder eine allein? Und ich nehme mir vor, diese Frage nicht per Machtwort zu entscheiden, sondern den verschiedenen Arbeitsweisen und Schreibsehnsüchten ihren Raum zu geben, in der Hoffnung, dass sich die kollektive Kreativität als die lustvollere Form der Zusammenarbeit durchsetzt und nicht nur dadurch, dass ich es sage.

30.8., 3. bis 4. Stunde

Heute war der Startschuss für die Gruppenarbeit, ausgehend von zwei verschiedenen Anfängen, die von der Klasse mehrheitlich ausgewählt wurden. Dazu noch eine kleine Dreier-Gruppe, die sich für keine der beiden Versionen erwärmen konnte und als »autonome Splittergruppe« ihr eigenes Ding macht. Die Gruppe mit der Ex-Partner-Geschichte geht in einen gesonderten Raum, findet schnell einen Modus und arbeitet so konzentriert und kreativ zusammen, wie man es sich nur wünschen kann. Bei der großen Gruppe, die sich für das Krimi-Genre entschieden hat, ein anderes Bild: Die Frage, wer die Führung über die Geschichte hat, wer bestimmt, welche Veränderungen und Vorschläge akzeptiert werden, stellt sich auf Anhieb. Wir teilen die große Gruppe in Untergruppen auf, denen einzelne Kapitel zugewiesen werden, die sie für sich vorantreiben, so lassen sich gewisse Fliehkräfte einfangen, aber ein starker roter Faden, eine verbindliche Gemeinsamkeit ist nicht geschaffen, und es bleibt eine gewisse Enttäuschung, nicht wirklich zusammengefunden und eine Arbeitsweise entwickelt zu haben, in der eine Geschichte aller entsteht. Die große Sehnsucht, seins, sein eigenes zu machen, bleibt, gerade weil das gemeinsame Produzieren nicht gleich gelingt.

Im letzten Teil der Doppelstunde wird die Fortsetzung der Ex-Partner-Geschichte vorgelesen und von allen diskutiert. Tolle Einfälle! Und viel Zuspruch auch aus den anderen Gruppen. Ich hätte erwartet, dass die Kritik der Mitschüler hier und da verletzen könnte und ich das Zwischenergebnis viel mehr schützen müsste. Aber die Gruppe war sehr produktiv und überzeugend und konnte sogar Ideen aus den Anfängen der vorigen Sitzung integrieren, namentlich die Wahlkampf-Idee, die Mr. Maskulin und Mrs. Feminin zu Rivalen um ein politisches Amt macht. Auch das eine kleine Utopie: dass beim Schreiben zusammen nichts wirklich verloren geht. – Wie integrierbar und gemeinschaftlich die Krimi-Geschichte sich entwickelt, wird die nächste Doppelstunde zeigen.

3.9.2013, 4. bis 6. Stunde

Mit der Gruppenarbeit geht es insgesamt besser, auch im gefürchteten dritten Unterrichtsblock mit den Konzentrationsverlusten und dem sehr verständlichen Bewegungs- und Freiheitsdrang. Allerdings gibt es zwischen Gruppe und Gruppe gewaltige Unterschiede. Selbst bei der gut zusammenarbeitenden Gruppe mit der Ex-Partner-Geschichte entwickeln sich gewisse Fliehkräfte, wenn Abzweigungen entstehen, wo ein Teil lieber die eine Fährte und ein anderer Teil eine andere Spur verfolgen will. Das Thema einsames oder gemeinsames Erzählen, alleinige oder kollektive Autorschaft lauert an jeder Ecke. Und es scheint mir schwer bis kontraproduktiv, in dem fiktionalen Freiheitsraum, den viele für sich entdecken, wieder auf Unterordnung und Negativauslese zu pochen. Denn wer wäre ich, nach den ersten Schritten einer gerade entflammt erzählenden Schülerin zu rufen: Halt, hier nicht weiter, zurück ins Glied!

Obwohl disziplinarisch eine ungeheure Erleichterung, ist die Gruppenarbeit auch ein zweischneidiges Schwert, weil die Partikularisierung in Untergruppen und Subgeschichten zunimmt und die Erzähl-Verantwortung, die ohnehin schwach ausgeprägt ist, völlig in den Hintergrund tritt. Die einzelnen Sonderaufgaben werden zu kleinen Inseln und Tummelplätzen, die ihren Bezug zur Handlung, zu den zentralen Personen schnell verlieren und auch den Geist und Ton der Gesamterzählung vermissen lassen. Disziplinarisch lassen sich durch die verminderte Gruppengröße ruhigere Arbeitskontexte schaffen, es gibt aber auch Gruppen, die nur Quatsch machen und ihre Aufgabe gar nicht ernst nehmen und in der kleinen Gruppe nur die Möglichkeit eines Spaßvereins sehen. Insbesondere die Krimi-Geschichte, die anfangs die größte Gruppe war, zerfleddert immer mehr und atomisiert sich in Einzelteile, die kaum in produktiven Zusammenhang zu bringen sind. Hier wird die größte Integrationsarbeit zu leisten sein.

Unterdessen – auch wenn es nicht das pädagogische Wunschergebnis ist – macht gerade die Gruppe der »Autonomen«, die mit wenigen Beteiligten ihr eigenes Thema verfolgt, die größten Fortschritte. Sowohl die Erzählung ist anschaulich und spannend als auch die Zielrichtung und die Gesamtkonzeption recht klar. Der kompakte Erzählwille und auch Ehrgeiz zum Eigenen treibt die Sache sehr voran und gewinnt eine Ernsthaftigkeit, die bei den anderen Gruppen oft fehlt. Allerdings haben sich die Autonomen auch eine sehr komplexe, vielschichtige Geschichte mit zahlreichen Stationen vorgenommen. Und so langsam wird es Zeit, in Etappen der Durchführung, an Zeitpläne sowie an Redaktions- und Überarbeitungsphasen zu denken.

6.9.2013, 3. bis 4. Stunde

Der Gruppenarbeitsmodus hat sich fast schon eingespielt, einige scheinen sich regelrecht auf dieses gemeinschaftliche Kreativfenster zu freuen, für andere ist es zumindest eine willkommene Abwechslung und nur ganz wenige haben keinen richtigen Anschluss gefunden und bleiben de facto für sich. Allerdings drehe ich an der Zeitschraube, damit es gar nicht erst gemütlich wird. Und der Zeitdruck ist ja auch hoch. In der kompletten Klasse ist es immer noch schwer, eine Gesamtaufmerksamkeit zu erzeugen und vor allem aufrechtzuerhalten. Aber die Gruppen arbeiten konzentrierter. Auch wenn ein verbindlicher gemeinsamer Plan kaum existiert bzw. immer wieder neue, überraschende Abzweigungen genommen werden, kristallisieren sich drei Hauptgeschichten heraus. Die Geschichte mit dem magischen Brettspiel, Arbeitstitel DAS SPIEL, erzählt von »den Autonomen«. Die Geschichte von Mr. Maskulin und Mrs. Feminin als Ex-Partnern, die in einem Wahlkampf gegeneinander antreten, in dem eine ominöse dritte Figur – Professor Switti – die Fäden zieht, um selber an die Macht zu kommen, Arbeitstitel WAHLKAMPF. Und die Krimi-Geschichte mit dem Einbruch im Labor durch Mrs. Feminin und Mr. Maskulin als Polizisten, bei dem die beiden sich im Kampf mit einer gefährlichen blauen Flüssigkeit infizieren und in einem Krankenhaus wieder aufwachen, Arbeitstitel DIE BLAUE FLÜSSIGKEIT. Der letzte Erzählkomplex ist in die meisten Gruppen zersplittert und läuft sehr auseinander. Doch die Deutschlehrerin Frau Abraham macht mir immer wieder Mut, die verschiedenen Teile zu integrieren – Mut auch zu dem großen Plan, die drei verschiedenen Erzählprojekte am Ende zusammenzufügen. Und genau das wollen wir versuchen: einiges an Konstruktion und Kolportage in Kauf nehmend, aber zugunsten des Erfolgs, der in der Gemeinschaftlichkeit als solcher besteht. Überraschend für mich: das Zusammenspinnen der frei flottierenden Teile macht sogar Spaß, eine die Grenzen der literarischen Gewissenlosigkeit schrammende Redaktionskreativität!

Entsprechend ist die Aufgabe für die einzelnen Gruppen, ihre Zwischenergebnisse so aufzubereiten, dass sie die jeweiligen Kapitel beim nächsten Mal präsentieren und wir gemeinsam den roten Faden weiterknüpfen können!

10.9.2013, 4. bis 6. Stunde

Heute die Doppelstunde der Wahrheit, zumindest über den Ist-Stand. Die einzelnen Gruppen präsentieren ihre Zwischenergebnisse, bevor das große Puzzlespiel mit den verschiedenen Einzelteilen beginnt.

Den Anfang machen die »Autonomen« mit ihrer Geschichte vom SPIEL, dem magischen Brettspiel, das eine Dreier-Gruppe von Jugendlichen in einem alten verlassenen Haus entdeckt. Das kleine Autorenteam war unabhängig in seiner Plot- und Figurengestaltung, und man merkt der Erzählung deutlich an, dass sie mit einer Zielstrebigkeit und Geschlossenheit geschrieben ist. Wie aus einem Guss. Die Erzählstimme ist durchgehalten und die Phantasiefelder harmonieren. Einziges Problem: Die Autonomen haben sich viel vorgenommen, ihre Geschichte verzweigt sich, umfasst größere Zeitabläufe und viele Stationen, wäre Stoff für einen kleinen Roman ... Beim Zuhören überkommt mich das Gefühl, dass es schade wäre, auf ein schnelles Ende zu drängen und den Sack gleich wieder zuzumachen. Offenbar haben sich hier Autorenfreunde gefunden, die vielleicht genug Ehrgeiz und Begeisterung für die eigene Sache aufbringen, um sie auch jenseits der knappen Unterrichtszeit weiter und zu Ende zu erzählen. Eine Erzählarbeit, die keine Schularbeit mehr ist, sondern ihr eigenes Ding? Das wäre die Utopie, die ich ihnen gerne ermöglichen würde.

Als zweites kommt das Team mit der WAHLKAMPF-Geschichte zu Wort. In diesem Autorenteam haben sich deutliche Hierarchien entwickelt, tonangebende Stimmen und eher passive Zuhörer. Vor der Stunde heißt es noch, es gebe vier verschiedene Schlüsse zur Auswahl. Doch nachdem eine der Anführerinnen ihre Schlussversion vorgetragen hat, halten die anderen ihre Varianten zurück und verstecken sich hinter Ausreden. Dank der starken, munteren Stimmen ist der Erzählton weitgehend konsistent in humorvoll-flapsigem

Parlando, umgangssprachlich und direkt an den Zuhörer adressiert. Einige motivationstechnische Ungereimtheiten und manchmal etwas willkürliche Konstruktionen fallen auf, aber insgesamt wird es eine recht runde Geschichte über Freundschaft, Verrat und Vertrauen, in der Mr. Maskulin und Mrs. Feminin von verfeindeten Ex-Partnern zu Verbündeten gegen einen bösen, intriganten Dritten werden und schließlich echte Freunde.

Die dritte Geschichte mit dem Arbeitstitel DIE BLAUE FLÜSSIGKEIT ist und bleibt die größte Baustelle und zeigt sich auch zersplittert, da niemand so etwas wie eine Gesamtverantwortung übernimmt und mehr Rückzugsgefechte als Vorwärtsbewegungen stattfinden. Ausreden über vergessene Hefte und Aufgaben häufen sich. Ich versuche, die Ergebnisse der Untergruppen in einen einigermaßen schlüssigen Handlungsverlauf zu bringen. Aber es hapert schon am Zuhören von Gruppe zu Gruppe, entsprechend schwierig ist das Schaffen von Querverbindungen, Anschlüssen und Motivverknüpfungen. Die nominell letzte Doppelsitzung werden wir auf diesen Erzählkomplex verwenden müssen, denn gerade die größte Gruppe ist pädagogisch zum Erfolg verurteilt.

13.9.2013, 3. bis 4. Stunde

Ein bisschen wehmütig schaue ich am Anfang dieser Doppelstunde durch die Reihen, denn offiziell ist dies unsere letzte gemeinsame Sitzung, und ich stelle fest, dass ich trotz mancher Ärgernisse und Enttäuschungen diese Klasse verdammt lieb geworden habe – vielleicht nicht als geballte 27köpfige Schülerfront, aber doch jeden und jede einzelne. Allerdings ist für Nostalgie wenig Raum, denn es ist noch sehr viel zu tun. Die Autonomen müssen ihre weitverzweigte Geschichte zu einem stringenten Ende bringen. Die Mädchen-Gruppe mit ihrer gutgelaunten Wahlkampfgeschichte muss erleben, dass das Gefühl, fertig zu sein, und das wirkliche Fertig-Sein nicht dasselbe sind. Und mit Hilfe von Frau Abraham ermuntere ich sie, an verschiedenen Stellen Unstimmigkeiten und Redundanzen zu beseitigen, zu kurz gekommene Motive und Motivationen auszubauen: der Zurück-auf-Anfang-Frust, durch den jeder Schreibende nach seiner ersten Fassung durch muss. Unsere Großbaustelle, die Geschichte der blauen Flüssigkeit, kommt nur sehr langsam voran. Perspektiven und Hauptfiguren bzw. der Erzählfokus auf die Protagonisten wechseln, Schauplätze und Zeitverläufe sind inkongruent und nur wenige Anschlüsse stimmen. Die einzelnen Arbeitsgruppen, die lange isoliert vor sich hin gewerkelt haben, müssen nun Brücken zu den Ergebnissen der jeweils anderen bauen. Keine leichte Aufgabe. Und natürlich macht Umschreiben und Überarbeiten erst einmal weniger Spaß als das unbeschwerte Drauflosdichten. Die Arbeit wird auch kleinteiliger, was es schwerer macht, alle SchülerInnen auf die Details und Feinheiten zu fokussieren. Schnell ist klar, dass wir am Ende dieser Sitzung kein Ergebnis haben werden. Und wir verabreden weitere Arbeitsschritte mit Blick auf eine nächste – dann wohl endgültige – Abschluss- und Abschiedssitzung in einer Woche.

20.9.2013, 3. bis 4. Stunde

Es hätte unsere Abschluss- und Endredaktionssitzung sein sollen, aber natürlich kommt in der Schule – wie im wirklichen Leben – immer alles anders als geplant. Exakt die Hälfte der Texte, die mich im Vorfeld per Mail hätten erreichen sollen, ist nicht da. Damit ist mir jede Möglichkeit zur Überarbeitung, Korrektur und weiteren Anregung genommen, außer bei der sehr stringenten ersten Wahlkampf-Geschichte, die im Redigieren sogar richtig Spaß macht und mich lange beschäftigt. Das Ergebnis kann ich den Schülerinnen (es sind ausschließlich Mädchen) vorlegen und mit ihnen den Überarbeitungsvorgang offen diskutieren, Änderungen und Übergänge, die ich hinzugefügt habe, in Frage stellen, nachvollziehbar machen und manchmal auch zurückändern. Das ist eine sehr produktive, wichtige Diskussion. Denn wie so oft lernt man im Überarbeiten mehr über das Schreiben und das Geschriebene als im unmittelbaren Produzieren.

Dieser gemeinsame letzte Durchgang ist bei den anderen Geschichten nicht möglich. Stattdessen erst einmal viele Ausreden seitens der Schüler und Ermahnungen von Frau Abraham und mir. Für einen Moment stelle ich die Option des Scheiterns in den Raum, auch weil ich mich frage, wer übernimmt jetzt die Verantwortung für das Gelingen, und gibt es wirklich auf der Schülerseite den Impuls, letzte Hand anzulegen und die Erzählung zu einem Ganzen zusammenzubringen? Es ist Frau Abraham, die den Schülern eine Brücke baut – ein bisschen dankbar scheinen sie dafür zu sein und sputen sich, das Versäumte nachzuholen und aufzuarbeiten. Natürlich muss jetzt alles sehr schnell gehen, Sorgfalt und Vertiefung leiden darunter. Ein bisschen unglücklich bin ich dabei, weil ich so viele gute Ansätze, so viel Potential sehe und mir die Hürden und Hindernisse zur Entfaltung in ihrer ganzen Komplexität und gruppendynamischen Unauflöslichkeit so bewusst geworden sind in dieser Zeit. Mein Respekt vor Frau Abraham und dem Lehrerberuf ist enorm gewachsen. Wie man dabei eigentlich alles sein muss: Sozialarbeiter, Gruppentherapeut, psychologischer Einzelbetreuer und Motivationstrainer, aber auch lobende und strafende Instanz. Und Kompetenz und Wissen soll man möglichst auch noch vermitteln!

Unsere Abschluss-Sitzung geht also nicht mit einem feierlich gesetzten letzten Punkt zu Ende, sondern holterdiepolter, mit hektisch hereingereichten halbfertigen Textfetzten. Die Verantwortung, inwieweit etwas Lesbares daraus wird, landet am Ende doch wieder bei mir, auch wenn ich mir schwöre, so viel O-Ton wie möglich zu belassen. Es klingelt, und alles ist plötzlich vorbei. Die Klasse stürmt auf den Schulhof. Frau Abraham und ich sitzen noch für die Dauer der Pause beisammen, ein paar Schüler kommen noch einmal vorbei und bedanken sich anständig. Dann beginnt schon die nächste Stunde, und ich gehe mit gemischten Gefühlen nach Hause. Eigentlich hätte die richtige Arbeit jetzt beginnen können – mit einigen, die den Weg mitgegangen sind und Möglichkeiten für sich und in sich entdeckt haben. Für sie ist es ein bisschen schade, dass es vorbei ist. Aber andere sind vermutlich froh. Und wahrscheinlich ist das eine der bittersten Erfahrungen des Lehrerberufs, dass man eben nicht alle erreicht.

Die Schüler der Klasse 9b
der Michael-Ende-Schule in Frankfurt-Rödelheim
mit Annegret Held

Die Erkenntnis der Liebe

Kapitel 1
Das Mädchen der Träume

Es war ein grauer Dezembernachmittag.

Nate war bei seiner Hauptbeschäftigung – er half im Restaurant seiner Familie aus, um sie zu entlasten. Dauernd überlegte er, wie er mehr Geld verdienen konnte – er hatte ziemliche Geldprobleme.

Gestern erst hatte ihm dieser Typ aufgelauert, der ihm eine Lederjacke geliehen hatte – und nun wollte er 100 Euro von ihm. Wie sollte Nate bloß die Kohle herbeischaffen? Er war völlig verzweifelt gewesen und wusste nicht weiter.

Doch plötzlich erklang ein Schuß – und als Nate hinausgelaufen war, lag dort genau dieser Typ, der diese 100 Euro von ihm gewollt hatte. Er war tot.

Solche Dinge geschahen andauernd in diesem Viertel, es war eine ziemlich üble Ecke von Berlin.

Wenigstens brauchte er dieses Geld nun nicht mehr zu besorgen, dennoch war es immer eng, auch heute trug er nur eine dünne Strickjacke, während er mit seiner italienischen Familie schuftete, um das Restaurant zu erhalten.

Manchmal dachte Nate selbst daran, ein Verbrechen zu begehen, vielleicht sogar eine Entführung ... drüben im Bonzenviertel ... einfach nach der Arbeit hinüberlaufen, es musste schnell gehen, und Nate war sehr sportlich. Er würde eine rostige Eisenstange nehmen und damit um die Häuser herumlungern, und schließlich irgendwo in der Nacht eine Tür aufbrechen – dort, wo vielleicht ein Mädchen alleine war und die Eltern wieder einmal unterwegs – das Mädchen hätte keine Chance.

Jeder vertritt nur seine Interessen, und ein Körper mehr, der verschwinden würde, wäre vollkommen unbedeutend.

Aber das waren nur solche Gedanken, auf die man in Neukölln kommen konnte – dem schlimmsten Viertel von Berlin. Nach der Arbeit ging er in seine alte, hässliche Wohnung. Angekommen ging er in sein karges Zimmer. Ein Bett, ein alter Röhrenfernseher, die alte, vergilbte

Tapete hing in den Ecken schon nach unten. Eine traurige Stimmung legte sich über sein Gesicht.

Am nächsten Tag war Ornella, ein gutaussehendes, aber nicht gerade sehr kluges Mädchen, dabei, sich umzuziehen, denn sie wollte mit ihren Freundinnen ins Restaurant ausgehen, und zwar am liebsten in ein italienisches. Sie zermarterte sich den Kopf darüber, was sie anziehen sollte.

Später im Restaurant wartet Ornella auf ihre Freundinnen, während Nate dabei war, am Nachbartisch das Geschirr wegzutragen. Er sah sie an und lächelte, doch sie hatte nur einen kurzen Blick für ihn und lachte über Nate. Nate blinzelte auf und ging dann abrupt im schnellen Gange.

Es war schon spät am Abend, als Nate endlich von der Arbeit nach Hause gehen konnte. Als er bemerkte, dass er seinen Bus verpasste, entschied er sich für einen anderen Weg. Nathan spürte, wie die Kälte durch seinen Körper wie ein stechender Schmerz strömte, was kein Wunder war mit der dünnen Strickjacke, die er sich gerade noch hatte leisten können, mit all diesen Schwierigkeiten.

Tausend Gedanken gingen durch seinen Kopf.

Endlich! Nach zehn Minuten erreichte er die andere Bushaltestelle, die Straßen waren leergefegt und Nathan sah von weitem die zwei Scheinwerfer des Busses. Nachdem der Bus an der Haltestelle anhielt, überlegte er sich, ob er noch rasch eine Fahrkarte kaufen sollte, aber er entschied sich doch dagegen.

Er stieg ein, und sofort stieg ihm dieser unangenehme Geruch in die Nase. Er schaute sich um, um herauszufinden, von wem oder was dieser fürchterliche Geruch kam und er bemerkte einen Junkie, der nah bei einem Mädchen saß. Man sah, wie unwohl sie sich fühlte. Nathan nahm den Platz gegenüber dem Mädchen ein, um sie besser betrachten zu können, da sie ihm bekannt vorkam ...

War das nicht das Mädchen von vorhin im Restaurant, das ihn so verächtlich angesehen hatte?

Er überlegte sich, ob er sie nicht doch ansprechen sollte, da sie ihm trotz allem gefiel und ihr Äußeres ihn faszinierte. Nathan beobachtete, wie eingedrängt sie sich fühlte und wie sie nicht aufstehen konnte. Langsam schlief der Junkie ein und sein Kopf berührte die Schulter des Mädchens.

Das war seine Chance! Jetzt wusste er, wie er sie ansprechen konnte!

Er flüsterte leise:

»Brauchst du Hilfe?«

Vor lauter Aufregung zitterte seine Stimme und sein Herz klopfte laut. Vor Furcht hatte sie leicht glänzende und mit Tränen gefüllte Augen.

Sie antwortete leise:

»Ja, bitte.«

Nate reichte ihr seine Hand und half ihr aufzustehen, er bemerkte, wie sein Kribbeln im Bauch stärker wurde und sein Adrenalin hochstieg. Er konnte es einfach nicht beschreiben, ihre warmen sanften Hände fühlten sich so gut und beruhigend an.

›Was ist nur mit mir los?‹, fragte Nathan sich selbst. Sie standen auf und begaben sich in den hinteren Teil des Busses.

Währenddessen wurde der Junkie wach, und man merkte, wie sauer und stutzig er wurde, durch seinen Alkoholkonsum war er noch aggressiver und kaum aufzuhalten, er torkelte in Richtung Ornella und Nathan. Ornella schrie leise auf, und auch Nate bemerkte den Junkie.

»Hab' keine Angst, bleib hinter mir«, sagte er zu Ornella.

Der Betrunkene versuchte Nate einen Schlag zu verpassen, doch Nate wehrte sich mit einem Faustschlag ins Gesicht. Er schrie den Busfahrer mit seiner tiefen Stimme an und befahl ihm, sofort den Bus anzuhalten und die Tür zu öffnen.

Nate packte Ornella an ihrem Handgelenk und zog sie raus.

Auf dem Bordstein angekommen, schaute er ihr tief in die Augen und fragte:

»Ist alles ok?«

Ornella erwiderte mit zitternder Stimme »Mir geht's gut – aber was ist mit dir? Das eben im Bus – ich weiß nicht, was ich sagen soll ... Danke! Und – ach übrigens, ich bin Ornella.«

»Mein Name ist Nathan – bist du sicher, dass es dir gut geht? Möchtest du, dass ich dich nachhause begleite? Es ist schon spät.«

Ornella lächelte kurz auf und erwiderte:

»Das wäre nett.«

Sie unterhielten sich den ganzen Weg, und Ornella erzählte, auf welche Schule sie geht.

»Wir sind da«, sagte sie und Nate staunte: »Ist das dein Haus?«

»Ja«, sagte Ornella.

Vor ihm ein großes Haus, das einem kleinen Schloss ähnelte.

»Danke nochmal«, sie holte einen Zettel und einen Stift aus ihrer Tasche und überreicht ihm ihre Telefonnummer. Voller Aufregung verabschiedete er sich von ihr und lief mit einem Lächeln nach Hause.

Kapitel 2
Die Hausparty

Am darauffolgenden Morgen bekam Nate eine Nachricht von seinem Freund Alex.

»Hey Nate, am Samstag steigt bei mir eine Party, ich lad dich ein. Du kannst jemanden mitnehmen.«

In diesem Moment dachte sich Nathan, dass er eine Chance hätte, mit Ornella zu dieser Party zu gehen.

»Hört sich gut an! Ich versuche zu kommen!«

Zuhause machte sich Nate Gedanken, wie er Ornella fragen könnte. Er hatte ja nur einen Zettel mit ihrer Telefonnummer, und er hatte sie nur zweimal gesehen. Während er noch überlegte, klingelte das Telefon und er sah, dass diesmal sein Freund Abderrahim am anderen Ende war.

Nate: Hallo?

Abderrahim: Was geht ab, Nate?

Nate: Nix bei dir?

Abderrahim: Auch nix. Ey Bro, kommst du morgen auf die Party?

Nate: Ich weiß nicht, Digger.

Abderrahim: Du hast mir doch von dem Mädchen im Bus erzählt, von Ornella!

Nate: Ja, habe ich!

Abderrahim: Die kommt auch ... überleg es dir gut!

Nate antwortete nicht.

Abderrahim: Naja, wie auch immer. Denk darüber nach und sag mir später Bescheid!

tut tut tut

Verzweifelnd und nachdenklich saß er auf dem Bett. Am nächsten Tag nahm er seinen Mut zusammen und ging zur Schule von Ornella. Er wartete, bis sie aus hatte. Als sie dann rauskam, wollte er sie fragen: »Hey Ornella – hast du schon von der Party von Alex gehört – möchtest du vielleicht mit mir hingehen?«

Doch sie sah so umwerfend schön aus, mit ihrem langen Haar und wie sie daherkam und lief wie ein Model, dass er es nicht wagte, sie anzusprechen.

Stattdessen lief er wieder nach Hause, griff zu seinem Handy und schrieb folgende SMS:

»Hey, hast du Lust, morgen mit mir zur Party zu gehen?«

Stundenlang lenkte er sich mit anderen Sachen ab. Mal warf er den Ball ständig gegen die Wand. Versuchte zu schlafen mit den ständigen

Gedanken an sie. Zerfließend im Gedankenfluss. Plötzlich vibrierte sein Handy. Aufgeregt, aber auch ängstlich blickte er darauf.

Ornella's SMS: »Ich habe schon eine Begleitung!«

Nach diesem Korb war Nathan am Erdboden zerstört. Er schrieb nur ganz traurig zurück:

»Ach so, ok.«

Er war so enttäuscht, es brach ihm das Herz in tausend Stücke. Dieser Korb kam nicht aus seinen Gedanken, er hatte vor, alles aufzugeben. Traurig machte er das TV an und probierte, sich zu entspannen. Verzweifelt legte er sein Handy auf das Bett. Er streckte sich aus und versuchte zu schlafen, Stunden vergingen, ohne dass er ein Auge zugedrückt hatte, die Musik lief noch immer.

Es war spät, als auf einmal seine Schwester Maria ins Zimmer kam, die eine Wohnung unter ihm lebte.

Die Schwester fragte ihn:

»Nate, ist alles ok?«

Nate antwortete nicht, obwohl er spürte, dass sie im Zimmer war. Sie setzte sich neben ihn und sagte:

»Nate, erzähl, was ist passiert?«

Nate antwortete: »Ach nichts«.

Die Schwester sah ihn an und sagte:

»Wie heißt sie?«

»Wer?«

»Na, das Mädchen.«

»Es gibt kein Mädchen.«

»Nate, ich bin deine Schwester, du kannst mir alles erzählen, vielleicht kann ich dir helfen.«

Nate setzte sich aufrecht hin und erzählte ihr von dem Korb. Nach dem Gespräch fing Maria an, ihm Ratschläge zu geben:

»Brüderchen, ich sag' dir mal, wie die Mädchen von heute ticken. Das Erste, was du machen wirst, ist dass du zu dieser Party gehst.«

»Und dann?«

»Dann zeigst du ihr erstmal deine Anwesenheit. Aber ignorierst sie.«

»Was soll das bringen?«

»Es wird was bringen, glaub mir. Anschließend gehst du zu einem anderen Mädchen und machst sie an!«

»Aber ich kann das nicht!«

»Wenn du ihre Aufmerksamkeit haben willst, dann musst du das machen!«

»Hmm, ok ...«

Kapitel 3
Die Heldentat auf der Party

Die sanften warmen Sonnenstrahlen erweckten ihn aus seinem Schlaf. Er war müde, er hatte nur drei Stunden geschlafen. Er griff zu seinem Handy: 3 verpasste Anrufe von Abderrahim. Er nahm sein Handy und ging die alte vermorschte Treppe runter, durch den Flur, direkt in die Küche.

Es herrschte absolute Stille in der Wohnung ...

Die Mutter war mit Maria übers Wochenende weg. In der Küche machte er sich was zu essen. Daraufhin empfing er einen Anruf von Abderrahim.

Sie diskutierten darüber, ob Nate auf die Party kommen würde, nach längeren Diskussionen kamen sie doch zu dem Entschluss, dass Nate auf die Party kommt, Abderrahim teilte ihm mit, dass er gegen 18.00 Uhr bei ihm sein wird.

Nate suchte sich seine besten Klamotten raus, er begab sich ins Bad, wo er sich unter die Dusche stellte. Der warme Dampf verbreitete sich im Bad. Nate öffnete die Badezimmertür und zog sich die Klamotten an. Als er grade anfangen wollte sich die Haare zu stylen, klingelte Abderrahim. Nate eilte zur Tür und begrüßte Abderrahim mit einem Handschlag, Abderrahim trat ein. Nate machte sich nur noch schnell die Haare.

Als er fertig war, begaben sich die beiden zur Party.

Die Party war in vollem Gange, immer mehr Gäste erschienen und laute Electro-House-Musik beschallte das ganze Haus. Eine nette Party, gesellige, junge Leute, die sich für ein paar Stunden amüsierten und unter das grob gemischte Partyvolk mischen wollten. Es wurde getankt und Schlampe für Schlampe abgefüllt.

Das Hinterhofklo war ein Liebespalast. Manche Gäste verschwanden in den Zimmern, aber Nate war das egal. Ornella war noch nicht aufgetaucht, doch ... ja, da ist sie!

»Soll ich sie doch ansprechen?«, dachte Nate. Vielleicht erstmal 'nen Kurzen ... und noch einen ...

Man könnte die meisten der hier Anwesenden als kontaktfreudige, normale Menschen abtun. Aber diese temperamentvolle Frohnatur mit ihren üppigen Hüften und Rundungen stach auf der Tanzfläche hervor. Nate hatte sie vorhin beim Abräumen des Geschirrs gesehen. Fließende Bewegungsabläufe. Ja, fast ungezogen, mit einem schönen Kleid für eine derartige Hausparty.

Was suchte sie hier, wunderte er sich?

Nate tastete in seiner Brieftasche nach einem Kondom – gähnende Leere.

»So. Jetzt tu ich es. Jetzt spreche ich sie an«, dachte Nathan.

Beschwipst und nicht mehr ganz gerade lief er zu Ornella.

»Würdest du gerne mit mir ausgehen?«

Spöttisch und mit einem Grinsen verneinte sie.

›Uff, so ein Scheißtag! Hätte ich sie nur nicht gefragt‹, dachte Nate. ›Mein Leben hat keinen Sinn mehr, ich will einfach nur sterben! Wieso hat sie mir einen Korb gegeben? Ich habe all meinen Mut zusammengenommen, als ich sie angesprochen habe, vielleicht war das doch eine schlechte Idee. Das Schicksal will nicht, dass wir zusammensein sollen. Egal, es gibt noch andere ...‹

Nate wollte die Party verlassen, er war betrunken und wütend.

Da sah er, wie Ornella von drei Jungen belästigt wurde. Er griff ein, haute auf einen Jungen ein. Aus den Ecken kamen Jungs, die auf Nate drauf gingen. Am Ende des Abends ging Nate mit einem blauen Auge nach Hause ...

Ornella war beeindruckt von seiner Heldentat.

Kapitel 4
Die Verzweiflung

Der nächste Tag brach an. Von dem lauten Gezwitscher der Vögel erwachte er aus seinem tiefen Schlaf.

Neben ihm ein Mädchen, nicht mal ihren Namen kannte er. Aber sie ließ ihn Ornella nicht vergessen. Er schaute auf seine Taschenuhr: 8:45 h.

Als er genauer auf das Mädchen schaute, merkte er, es war die Freundin von Ornella, es war Salina. Aufgebracht weckte er sie und bat sie zu gehen.

»Gottseidank heute erst um 10«, dachte er. Er wollte an die frische Luft gehen, um erstmal den Kopf klar zu bekommen. Aber er konnte sich einfach nicht rühren.

»Warum«, fragte er sich: »Warum habe ich sie nur gefragt nach einem Date? Mann, ab sofort hasse ich das Leben! Der Tag ist für mich jetzt schon gestorben, nein, nicht der Tag, sondern mein ganzes Leben! Ich hab keinen Bock mehr auf gar nichts!

Was soll ich nur tun. Mann, das Mädchen geht mir nicht mehr aus dem Kopf, aber anscheinend will sie mich nicht, ich muss wohl damit leben. Ob ich das schaffe? Ich frage mich jetzt, was sie gerade macht, sicher lacht sie grad über mich wegen gestern ... Ich hasse die Liebe.«

Er ging zum Kühlschrank und holte eine Wodkaflasche heraus und betrank sich wieder.

Bald war sein Alkoholvorrat aufgebraucht, und die selbstgedrehten Kippen neigten sich auch dem Ende zu. Die Wolkendecke beugte sich am glühenden Firmament, und ein weiß schimmernder Schnee strich an der Fensterbank entlang.

»Ich bin fertig«, dachte Nate, und der harte Stahl seiner Waffe löste seine Schweißperlen auf.

»Sie, die mächtigen Herren haben ihre selbsternannten Gesetze und ihre Moral hinter sich gepachtet und der Staat stützt diese geschlossenen Gesellschaften«, flüsterte Nate. »Ich hingegen bin ohne Sicherheit, ohne Kontakte, ohne Gelder, durch die ich die Gesetze anwenden kann, oder durch die ich mich schützen kann. Ich habe nur meine Waffe, sie ist meine Hoffnung, nicht die Gesetze. Keiner muss diese Auffassung teilen. Diese dreckige, versiffte Wohnung, der Schimmelpilz reißt breite Löcher in die verblasste Tapete. Vielleicht kann ich nur durch Entleibung meines Körpers diesen Umständen entfliehen.«

Nate hatte Selbstmordgedanken, der Alkohol reichte nicht mehr, um seine Traumwelt aufrechtzuerhalten.

›Mal schauen‹, dachte er. ›Ich bringe mich wahrscheinlich bald um. Das Licht ist ein kultiger Einheitsbrei, der Tod ist Stille und vollkommen peinbefreit.‹

Kapitel 5
Das Telefonat

Ornella: ›Ich konnte gar nicht schlafen, ich habe keine Ahnung, warum. Liegt es vielleicht an der Party von gestern?‹

Ornella saß in der Schule, aber sie konnte sich nicht auf den Matheunterricht konzentrieren, sie musste die ganze Zeit an Nate denken.

›Vielleicht war ich zu hart zu ihm ... hm ... Eigentlich war er doch nett und sympathisch, und wie er mir im Bus geholfen hat, als ich neben dem Junky gesessen habe ... und wie er mich vor den anderen Jungen beschützt hat, und wie er mit ihnen gekämpft hat ... nur wegen mir ... aber irgendwie nicht mein Typ ... hm ... Meine Arroganz hat mir schon viele Beziehungen zerstört, aber vielleicht wird das diesmal nicht geschehen, wenn ich mich ändere und vielleicht doch mit ihm gehe, was habe ich schon zu verlieren?‹

Sie schreckte hoch, als auf einmal der Mathelehrer vor ihr stand.

Herr Fridolin: »Ornella, wie es aussieht, passt du schon wieder nicht auf!«

Ornella: »Ehm ehm ... wie bitte?«

Herr Fridolin: »Es reicht mir langsam – wir wissen beide, dass du nicht die hellste Lampe im Laden bist ...«

Ornella: »So was lass ich mir nicht bieten, ich habe das hier echt nicht nötig! Ich verlasse jetzt den Matheunterricht, sie können mich mal kreuzweise am Arsch lecken!«

Herr Fridolin: »Halt, stop, das geht eindeutig zu weit ... setz dich sofort hin, sonst rufe ich deinen Vater an!«

Ornella: »Dann rufen sie doch meinen Vater an!«

Sie nahm ihre Tasche und lief heulend raus.

›Wieso blamiert er mich vor der ganzen Klasse, was erlaubt er sich da. Toll, jetzt verläuft auch mein Make-up. Und wieso heißt er Fridolin? Warum nur ...‹

Als sie an dem Schultor vorbeilief, bemerkte sie diesen Zettel, auf dem stand: »Ich gebe Nachhilfe in Mathe!«

Schnell schrieb sie die Nummer auf und steckte sie ein. Auf dem Nachhauseweg war Ornella traurig und sehr deprimiert, sie konnte einfach nicht vergessen, was der Lehrer zu ihr gesagt hatte. Als sie zuhause ankam, hatte sie Angst, dass der Vater von dem Streit heute morgen in der Schule erfahren könnte. Sie öffnete leise die Tür, damit der Vater nicht mitbekam, dass sie zuhause war, aber das half nicht ...

»Ornella, bist du es?!«, rief der Vater mit lauter Stimme.

»Mein Kind, ich hab heute einen Anruf von der Schule bekommen! Ich kann einfach nicht glauben, was du getan hast! Ornella, so habe ich dich nicht erzogen.«

Ornella: »Es ist nicht meine Schuld!! Er hat angefangen ...«

Ornellas Vater: »Herr Fridolin hat es mir ganz anders erzählt.«

Ornella: »Er lügt, er hat mich beleidigt, Papa.«

Ornellas Vater: »Das ist mir egal, du hast auf den Lehrer zu hören! Wenn du dich nicht absolut verbesserst in der Schule, drehe ich dir den

Geldhahn zu!«

Ornella: »Aber Papa!«

Ornellas Vater: »Nix ›Aber Papa‹ – so ist es, und so bleibt es auch! Entweder besorgst du dir selbst eine Nachhilfe, oder ich besorge dir eine. Ich muss jetzt zur Arbeit.«

Ornella: »Warte noch kurz, ich habe schon eine Nachhilfe gefunden, ich verspreche dir, ich werde mich heute noch darum kümmern ...«

Ornellas Vater: »Das hoffe ich mal, ich gehe jetzt – Ciao!«

Zwanzig Minuten später ...

»Hmm ... okay, ich rufe jetzt an, ich habe ja sonst keine andere Wahl.«

Ornella wählte die Nummer und wartete gespannt darauf, dass einer abnahm. Als sie die Stimme am anderen Ende des Telefons hörte, stockte ihr der Atem. Diese tiefe, raue Stimme kannte sie doch ...

Es war der Junge, dem sie einen Korb gegeben hatte.

»Nate!«, schrie sie auf.

Er sagte verwirrt:

»Hallo ...?«

Ornella: »Hallo, haben Sie die Anzeige zur Mathe-Nachhilfe aufgehängt?«

Nate: »Ja, das ist richtig ...«

Kapitel 6
Ein Funken Hoffnung

Ornella erzählt:

Ich lief zum Nachhilfeunterricht, ich war ganz nervös. Es regnete auf der Straße, und es waren nicht viele Leute unterwegs. Als ich vor seiner Tür war, machte ich mir Gedanken, was jetzt passieren wird und was ich sagen sollte.

Ich klingelte an seiner Tür, er machte auf.

»Komm rein«, sagte er aufgeregt. »Setz dich hin, ich komme gleich, kann ich dir was anbieten?«

»Nein danke«, antwortete ich schüchtern.

Die Wohnung war sehr klein, es sah nicht wirklich schön aus, doch mir war das egal, ich wollte nur in seiner Nähe sein.

Anschließend fingen wir mit dem Unterricht an. Er sah mir in die Augen, als er mir Englisch erklärte. Ich konnte mich nicht konzentrieren, er gab mir das Gefühl, dass ich bei ihm sicher bin.

»Hast Du die Aufgaben jetzt verstanden?«, fragte er.

»Ja, danke, dass du mir geholfen hast«, antwortete ich mit Schmetterlingen im Bauch. Gerade als ich gehen wollte, hielt er mich an und fragte:

»Ornella, ich wollte dich fragen, ob du vielleicht mit mir mal was trinken gehen möchtest?«

Ich wurde rot und sagte:

»Ja, warum nicht?«

Als Ornella im Park spazierte, dachte sie über die Zeit mit Nathan nach. Ihr gingen die Bilder nicht mehr aus dem Kopf. Sie entschloss sich, zu Nathan zu gehen und mit ihm zu sprechen. Sie freute sich schon.

Sie klopfte beherzt an seine Tür und fing schlagartig an zu reden:

»Nathan! Ich liebe dich. Dies ist mir nun klar geworden. Ich möchte mit dir zusammensein!«

Nathan antwortete glücklich, aber auch zugleich traurig:

»Ich liebe dich auch. Ich würde so gerne mit dir zusammensein, doch ich kann nicht. Ich habe ein Stipendium für ein College in L.A.!«

Ornella guckte beschämt und fragte, wann er wohl nach L.A. aufbrechen würde. Er meinte fröhlich: nächste Woche. Ornella guckte traurig und ging, ohne ein Wort zu sagen. Als sie zuhause angekommen war, wurde sie wütend.

Sie nahm die Waffe ihres Vaters und rannte zu Nate. Sie klopfte und sagte, sie wolle mit ihm reden und ob sie reinkommen dürfe.

Natürlich gewährte er ihr Eintritt. Als sie in seinem Zimmer waren, zog Ornella die Waffe und schrie unsicher, dass er sich setzen solle. Verzweifelt und ohne jeglichen Verstand zielte sie auf Nathans Stirn. Nate schaute in ihre mit Tränen gefüllten Augen und fragte:

»Ist es das, was du wirklich willst? Soll es wirklich so enden?«

Die Sonne blendete sie so sehr, dass sie nichts mehr sehen konnte.

»Ok, sagte er: drück ab! Es ist ok! ... Aber wenn du das tust, kann aus uns nichts mehr werden ...«

Ornella sah so kaputt und zerbrochen aus. Nathan sah ihr tief in die Augen, und langsam nahm er ihr die Waffe aus der Hand. Erleichtert umarmte er sie und küsste sie auf die Stirn, noch immer war er fassungslos, dass Ornella ihn umbringen wollte.

»Ich habe es einfach nicht mehr ausgehalten, dass mich jeder verlässt«, flüsterte Ornella.

Nathan warf die Magnum aus dem Fenster. Dann umarmten sie sich so stark, dass ihre Arme schmerzten.

»Es tut mir leid«, sagte Ornella. Nate umarmte sie und sagte:

»Du kannst mich doch in L.A. besuchen! ...«

»Das klappt ja doch nicht«, sagte Ornella entmutigt.

»Vielleicht kannst du nachkommen? Ich liebe dich so sehr, und das werde ich immer tun, bis ich sterbe und darüber hinaus ... ich kann nicht zulassen, dass unsere Liebe zerbricht!«

Und weil es die letzte Nacht war, die er hier verbrachte, blieb sie bei ihm, und es war so schön, dass sie es nie vergessen würden.

Schweigend ging sie am nächsten Tag nachhause. Die Sonne schien auf einmal wieder und die Vögel begannen zu singen. Sie sollte Nathan schreiben, hatte er gesagt, und bald sollte sie ihn besuchen. Wenn sie aber nun viel lernte und sich bemühte in der Schule ... dann bekam auch sie vielleicht ein Stipendium ... wer weiß? Sie spürte noch immer seinen Kuss auf ihren Lippen und hörte ihn sagen:

»Alles wird gut.«

Eines Tages aber, da war sie sich ganz sicher ... konnte sie es schaffen, und dann würde sie ihm für immer folgen ... nach L.A.

Ende

Die Klasse 9b der Michael-Ende-Schule in Frankfurt-Rödelheim:

Alina Asafa, Mert Atik, Shanija Atyabi, Janet Berhane, Basak Berk, Labinot Djafa, Mateusz Domert, Katharina Heilmann, Mark Justin Kaminski, Nessir Karim, Mert Kaya, Marlon Miles Krell, Tufan Kurt, Lisa Lange, Alexandra Maisch, Michael Micudaj, Ibrahim Moukthari, Daniel Pejic, Christopher Soluk, Okan Süner, William Tesfamarian, Feven Weldu, Guiseppe Zambito, Kujitim Zekiri

Annegret Held

Arbeitsjournal

Der Abend davor! Liege auf dem Sofa und mache mir Gedanken ... morgen geht es also los mit einer neunten Klasse der Grund- und Realschule Michael Ende in Rödelheim ... 24 Schüler aus 14 Ländern ... mitten in der Pubertät. Mir ist einigermaßen mulmig ... es kommt mir vor wie ein unübersehbarer, wabernder Haufen, mit dem ich womöglich nicht schreibe, sondern mich herumschlage, wie soll das werden? Auf der anderen Seite kommt die Klasse mir wie gerufen – habe ich doch bei meinem letzten Buch gemerkt, wie meine Sprache ... veraltet! Wie altmädchenhaft ich werde! Meine Sätze scheinen staubig zu werden und zu verrosten.

Welches Glück, dass ich da in einem Projekt mit »Heranwachsenden« etwas schreiben darf – sie könnten mich doch mal ordentlich inspirieren und aufpimpen ...?? Heißt das *aufpimpen*? Habe ich jetzt was ganz Furchtbares gesagt?

Wir werden sehen, ich werde morgen den Lehrer fragen, was »aufpimpen« heißt. Nun habe ich schon wieder was Altmodisches gemacht: ich habe mir für morgen meine Kleider herausgelegt! Ich musste lange überlegen, was ich anziehe, da ich damit rechne, für doof befunden zu werden. Bloß nicht overdressed, nicht underdressed, am schlimmsten: anbiedernd jugendlich daherkommen, oh Gott, nein! Ok, ich habe mich für einen grauen Rock mit rosa Strickoberteil und Stiefel entschieden ... Stiefel, um etwas Wehrhaftes auszudrücken.

Tatsächlich rechne ich doch damit, mich mit Händen und Füßen wehren und durchsetzen zu müssen, ich rechne mit irgendwas zwischen Büchsenbier, Füßen auf dem Tisch, Smartphones, Pöbeleien und krawalligem Getöse ...und hinterher verkloppt mich einer in der U-Bahnstation. Ich habe horrorhafte Vorstellungen von Jugendlichen in der Schule heutzutage. Müsste ich mal drüber nachdenken.

Bereits die Schule in Frankfurt zu finden war nicht einfach. Ich schrieb und telefonierte, niemand antwortete und schließlich ging ich von Schulhof zu Schulhof. Die Lehrer, nahe am Rande des Nervenzusammenbruchs, murmelten etwas von: noch Klassenfahrt, schon so viele Projekte, Konferenzen, Zeugnisse, Pausenaufsicht ... Kein Lehrer hatte seine Frisur in Ordnung, alle wirkten irgendwie ramponiert, sie mussten schrecklich gelitten haben. Auf dem letzten Schulhof kam ein Schüler gelaufen und schrie: es muss einer kommen! Die Lehrerin ist über die Mülltonne gefallen und liegt da und blutet!

Das gab mir zu denken, und ich sollte wohl eher mal mit den Lehrern schreiben als mit den Schülern: wie fühle ich mich heute? Wie überlebe ich das? Warum hilft mir keiner?

Schließlich lege ich mich auf die Michael-Ende-Schule in Frankfurt-Rödelheim fest – schlichtweg weil sie von Anfang gesagt haben: wir möchten das machen!

Ich begegnete dem Lehrer der Klasse, Andreas Simon, zum ersten Mal, als er knackig und mit einem Pfiff seine Schüler dazu brachte, die beschmierten Schulwände wieder zu reinigen – das Wunder: sie hörten aufs Wort. Eine männliche Autorität, die funktioniert! Man müsste ihn klonen! Die Schüler mögen den Lehrer offenbar und nennen ihn englisch: Seimen!

Die Wahrheit ist: ich rechne nicht wirklich damit, dass sie MIR zuhören, es wird nicht sein, wie auf der Lesung im Altenstift in Bad Kreuznach. Außer – Simon bleibt im Unterricht. Ich rechne auch nicht wirklich damit, dass sie mir eine manierliche Sprache zu meiner Stilverbesserung anbieten – eine modernere: gewiss. Aber so wie die Rechtschreibung in nahezu allen Chats, Foren und Leserbriefen ausschaut – da graut es mir. Die Sätze sind doch geschrumpft und komplette Wortverbindungen verschwunden: zwei links, zwei rechts, fünf fallen lassen? Was werden sie mir beibringen?

Eigentlich ... denke ich mir, möchte ich die Kiddies gerne erziehen. Mit meinen Stiefeln aufstampfen und sie zu Respekt und Ordnung verdonnern und nichts durchgehen lassen! Ich möchte ... autoritär sein.

Na, ob das was wird. Morgen fahre ich in die Michael-Ende-Schule, die mich so freundlich begrüßt hatte – und werde sehen, wen ich nun wirklich vor mir habe. Und freue mich ein wenig – und bin gespannt, welche Geschichten in ihnen schlummern.

8. Oktober 2013

Erste Stunde

Um 8.45 Uhr bin ich im Lehrerzimmer. Es herrscht eine gemütliche, freundliche Stimmung mit leichter Umtriebigkeit, auf allen Tischen liegen Taschen und Schreibutensilien. Bei allen sitzt die Frisur – nur bei der stellvertretenden Schulleiterin Frau Scholz fällt im Wirbel der Telefonate immer eine Strähne in die Stirn.

Ich kriege einen unprätentiösen Kaffee aus der altmodischen Filtermaschine und werde nochmal gebrieft über meine Schüler: diese ist Schulverweigerin, jener sehr aufgeweckt, diese stehen nicht gut in Deutsch … – vier Schüler sind deutsch, alle anderen italienisch, afghanisch, russisch, polnisch, türkisch, kroatisch, afrikanisch, marokkanisch, eritreisch, mazedonisch, amerikanisch. Viele aus Mischehen. Eine Frankfurter Durchschnittsklasse eben. Deutschland verbuntet.

»Sie brauchen Struktur, Struktur, Struktur!«, sagte Simon. Die eine Hälfte ihrer Arbeit verwenden die Lehrer für die Bildung, die andere Hälfte für die Sozialisation.

Um 9.50 Uhr geht es los, und ich bin eingestellt auf fliegende Filzstifte und besagtes Büchsenbier … und bin völlig verblüfft, auf eine vollkommen disziplinierte, aufmerksame und handyfreie Klasse zu treffen, der ich mich ungestört vorstelle und einige meiner Romane zeige, damit die Schüler einen Eindruck von mir haben. Sie bringen mir Respekt entgegen – damit hätte ich am wenigsten gerechnet.

Als ich in die Gesichter aus den vielen Nationen sehe, mit ihren fragenden Augen und dem scheuen Blick, überfällt mich ungeplant eine Liebesaufwallung. Ich bin noch nicht hundertprozent trittfest, rudere ein wenig herum, als ich die einzelnen nach ihren Namen frage und was sie so machen: Sport, Sport, Fußball, eine spielt Klavier, eine reitet … niemand sagt was von PC-Spielen.

Sie sind so vernünftig und … wohlerzogen!!

Verwirrt stelle ich mein Projekt vor und erkläre, dass eine gute Geschichte wie von den Gefühlen getragen wird, und bitte sie, mir – falls es ihnen möglich ist – so wahrhaftig wie möglich – die Gefühle zu sagen, die sie überwiegend bewegen.

Mein Grundgedanke war der, dass in Heranwachsenden die Seeleninhalte derart ungestüm wüten oder wallen oder die Jugendlichen peinigen, dass ich die Gelegenheit nutzen möchte, um das Tohuwabohu einmal betrachten zu können oder gegebenenfalls abfließen zu lassen …

Tatsächlich melden sich nun viele, und ich bekomme eine umwerfende Palette von Wut über Ehrgefühl, Liebe, ausgegrenzt sein, bis ich schließlich die halbe Tafel vollgeschrieben habe.

Ich bin nicht ganz sicher, ob mir nicht das Timing entgleitet – aber Simon assistiert hellwach und schlägt vor, dass jeder an der Tafel drei Striche machen darf, welche Grundemotionen die Schüler haben, aus denen wir unsere Geschichte entwickeln wollen. Die Favoriten sind: Arroganz, Mut, Hoffnung, Liebe und Enttäuschung.

Ich mache einen Versuch, zu erklären, warum Arroganz nicht wirklich ein Gefühl ist … aber das Thema ist überraschenderweise so vorrangig, dass ich vorschlage, die Geschichte aus diesen Grundemotionen zu entwickeln.

Sofort kommt ein Vorschlag von Mert aus der Jungenecke:

– Den ersten Schritt in der Liebe machen.

Ich bin abermals verblüfft. Die Jungen arbeiten hervorragend mit – ich dachte eigentlich, schreiben ist immer so ein wenig Mädchensache.

– Der Junge nimmt all seinen Mut zusammen, um das Mädchen anzusprechen, aber sie will ihn nicht. Da ist er enttäuscht. Und er braucht wieder Mut, um die Enttäuschung zu überwinden.
– Sie will ihn nicht, weil er arrogant ist!

Da meldet sich ein Junge und verlangt, dass das Mädchen arrogant sei.

Ein heftiger Streit entbrennt, ob der Junge oder das Mädchen arrogant sei – die Jungen wollen ein arrogantes Mädchen und die Mädchen einen arroganten Jungen. Per Abstimmung verlieren die Mädchen – also wird sie die Hochmütige sein.

Ich bitte darum, jeweils ein Schicksal zu entwickeln für die Hauptfiguren: sie können noch etwas erlebt haben! Als Erstes: das Mädchen.

Sofort melden sich die Schülerinnen und schlagen vor:

– Sie soll Krebs haben!

Die Nächste: – Sie wird schwanger!

Die Dritte: – Sie wurde vom Vater missbraucht.

Ein Junge meint, das Mädchen könnte durch einen Unfall im Gesicht völlig entstellt sein – da kann er ihr seine Liebe beweisen.

Wir befinden uns also in einer Liebesgeschichte, wo die Hauptfigur schwanger, entstellt, unheilbar krank und missbraucht ist – mich beschleicht ein gewisses Mitgefühl für die Protagonistin.

Der Junge hingegen soll nach den Vorstellungen der Jungens gutaussehend, trainiert und schlau sein … und das Mädchen irgendwie retten.

Ich finde alles in vielerlei Hinsicht umwerfend. Die Jungens sind in der Heldenrolle, die Mädchen in der Opferrolle – und alle sind sich vollkommen einig! Nun, den Zahn will ich ihnen ziehen und erkläre, dass Charaktere sich während einer Geschichte wandeln oder Entwicklungen durchleben!

Also kriegt der Junge ein Problem – weil er nie Geld hat. Das

Mädchen wird von arrogant und krebskrank ... zu intelligent, gesund und mitfühlend. Sie sprudeln nur so vor Ideen! Mir ist schon ganz schwindelig ... Aber es gelingt uns tatsächlich, so etwas wie ein erstes Storyboard zu entwerfen ...

Nach der ersten Stunde bin ich völlig gerührt. Sehr dankbar dem »Seimän«, der sofort bei Unruhe oder mangelndem Timing zur Stelle war, hinterher mit mir die Stunde besprach und eine Gruppenarbeit und verschiedene Gestaltungsmethoden vorschlug. Tja – ich kann hier noch viel lernen und habe meinen Spaß. Meine kunterbunte, disziplinierte Wohlfühlklasse ist in die Pause gelaufen, ich bin erlöst, ein wenig stolz und ich freue mich schon auf die nächste Stunde.

Ich habe vergessen zu fragen, was *aufgepimpt* heißt.

29. Oktober, nach den Herbstferien

Zweite Stunde

Ich erwarte wie von den anderen Schriftstellern geschildert den typischen Einbruch von Konzentration und Mitarbeit. Trinke erst noch einen Kaffee im Lehrerzimmer, die Kollegen servieren mir ein starkes Gebräu im hohen Becher. Noch immer habe ich das Gefühl, in ein großes Mysterium meines Lebens eingetaucht zu sein: hinter die Tür des Lehrerzimmers zu dürfen statt davor verbannt zu sein. Ich sage der Schulleiterin, daß die Lehrer einen so angenehmen Eindruck machen, so in sich ruhend und positiv, alles so gemütlich hier.

– Ach, sagt sie. – Noch haben wir Kraft, wir sind ja immer noch am Anfang des Jahres. Das ändert sich bald.

Das Kollegium ist getroffen von einem bösen Spiegelartikel, der die Lehrer angreift und in ein schlechtes Licht rückt. Ich gerate sofort in heftige Solidaritätsgefühle und will mich mit den Lehrern, die ich seit einer Stunde kenne, verbrüdern, rege mich auf über die Unverschämtheit. Ich merke tatsächlich, wie sehr dieser Artikel sie alle drückt. Ich finde es nicht fair, Leute zu beschimpfen, die ebenso wie etwa Altenpfleger zu den Berufsgruppen gehören, die gesellschaftliche Phänomene ausbaden müssen und die man in ihrer Not komplett allein lässt. Trotzdem scheinen die Lehrer hier sich ihrer Verantwortung in der Michael-Ende-Schule bewusst zu sein, die Schüler machen einen überraschend guten Eindruck. Man hörte auf den Gängen kein aggressives Geschrei, keine Drohungen, stattdessen viel Fröhlichkeit.

In der Klasse herrscht die gleiche Disziplin wie beim letzten Mal. Vermutlich durch die Herbstferien ausgeruht, sind sie völlig aufmerksam. Ich wiederhole, was wir letzte Stunde gemacht haben, und schreibe den lose zusammengestellten Handlungsablauf an die Tafel und male einen antiquierten Spannungsboden darüber mit der altbewährten Formel: Anfang, Höhepunkt, Schluss – wie erzeugen wir Spannung?

Schüler Michael meldet sich und sagt: diese Schüler-Liebesgeschichte ist doch völlig banal und regelrecht platt, völlig unter unserem Niveau.

Lehrer Simon pariert und sagt: Das ist in einem demokratischen Prozess entstanden, und nun kann man die Geschichte entwickeln ... Ich lobe den Schüler und sage, man muss sich in jeder Phase des Arbeitsprozesses hinterfragen, und nenne ihn klug – aber aus dieser banalen Geschichte – einen Korb zu kriegen – kann man eine komplexe Situation schaffen – jeder weiß, welche unendliche Schmerzen das verursachen kann ...

Alle zucken zusammen.

Ich lobe die Schüler viel zu viel, bin in einer Lobhudelei-Inflation.

Ich versuche, die Namen der Schüler aufzusagen – aber sämtliche Mädchen sehen heute völlig anders aus als beim letzten Mal: Haare auf, Haare hoch, ein Tuch gewickelt, anders geschminkt, kleine Schönheiten, ich bin verwirrt. Einige Namen habe ich noch niemals gehört: Labinot, Tufan, Feven, Kujtim, Basak.

Ich nehme pubertäre Unterströmungen wahr: unterdrückte Energie, Spannungen, nicht angesehen werden wollen, Müdigkeit.

Eine kleine Sensation: Schulverweigerin Lisa ist heute da, ein bildhübsches Mädchen, und trotzdem fliegt sie in wenigen Tagen ohne Abschluss von der Schule. Eine meterdicke Schulakte, Sozialarbeiter, Lehrer – alle sind gescheitert.

In der Klasse erinnern sie sich alle überraschenderweise an die Geschichte vor über drei Wochen vor den Ferien.

Ich verteile mit Hilfe von Simon Aufgaben an kleine Gruppen:

- Entwicklung und Beschreibung von Schauplätzen
- Namenfindung für sämtliche Figuren samt Familien und Freunden
- Beschreibung der Familien der Hauptfiguren, wo wohnen sie, welche Berufe, welche Nationalität?

- Charakterisierung der Hauptfigur des Mädchens
- Charakterisierung des Jungen
- Entwicklung der ersten Szene – wie lernen sie sich kennen?

Die Gruppen arbeiten engagiert und intensiv. Hätte ich nie mit gerechnet. Ich weiß nicht genau, was ich machen soll, und gehe mal hierhin und dahin. Simon arbeitet an irgendeiner Schulsache. Schließlich entsteht unter den Gruppen ein Streit, und sie streiten sich wie die Kesselflicker:

- Der Junge soll aus dem Iran sein! – Nein, er ist Italiener!! Warum kann er nicht indisch sein? – Nein – nein – nicht indisch!!! Der soll griechisch sein!
- Das Mädchen ist arrogant, also ist sie atheistisch! – Nein, der Vater ist im Iran gestorben und die Mutter Jugoslawin! Sie ist jetzt katholisch!
- Nein NEIN, sie ist orthodox!!

Religion und Nationalität sind das zentrale Thema, und sie beeinflussen die Elternhausgruppe, die Charakterisierungsgruppe und die Namensgebungsgruppe. Sie fragen mich: wer entscheidet das denn jetzt?

Ich fasele etwas von Schnittmengen und Brainstorming und merke – diese Aufgabenstellung war nicht genügend durchdacht. Freue mich einfach, dass sie so bei der Sache sind und so mitmachen. Simon meint, das kann sich bald ändern!

Nach intensiven zwei Stunden haben die Gruppen teils tolle Ergebnisse, bei einigen ist es auf dem Papier ein wenig karg. Ist mir wurscht. Die Lebhaftigkeit hat mir gefallen.

Wir haben: einen italienischen Jungen, der ein jugoslawisch-deutsch-iranisches Mädchen will ... der Junge lebt allein ... alles soll erst in New York spielen ... dann Berlin ... ich habe so eine Stofffülle, dass ich alles erstmal bändigen muss. So viele Zettel, so viele Anregungen ... ich werde das alles erstmal sichten – mir ist schon ganz schwindelig.

Ich muss mich sicherlich konzentrieren, sonst werde ich beim nächsten Mal wieder damit konfrontiert – es sei alles zu platt und banal!

4. November 2013

Dritte Stunde

Ein Desaster.

Totale Umkehr der Situation. Vom ersten Augenblick scheint die Stimmung gegen das Projekt zu laufen, die Geschichte ist doof, warum können wir nicht dies, nicht das, nicht jenes machen ...

Habe lediglich versucht, in Kürze klarzumachen, dass der Junge nicht kroatisch und italienisch sein kann, wenn er einen iranischen Vater hat und orthodox ist, wir müssen abstimmen. Alina greift ununterbrochen an. Der liebe Kujtim ist nicht gut drauf und attackiert andauernd.

Die Gruppenarbeit, die ich sorgfältig vorbereitet habe, kommt nicht mal in Ansätzen zum Tragen. Ich kriege weder Ordnung, noch Ruhe, noch Respekt, noch Gehör in der Klasse. Meine Autorität ist völlig dahin im Nullkommanichts. Unterschwellige Widerstände brechen offen aus. Sie bekämpfen mich, als hätte ich Tod und Verderben über sie gebracht.

Simon greift ein, übernimmt, macht eine klare Ansage. Die Schüler gehorchen sofort. Er ist eben Rocker. Simon fragt mich leise, wie das denn hier weitergehen soll. Ich zeige ihm die Gruppenarbeit, aber anscheinend macht das für einen Unterrichtsprofi wenig Sinn.

Simon fragt mich, ob wir nicht die Geschichte besser in sechs Kapitel aufteilen, jeder kriegt seinen Teil der Geschichte – in diesem muss dieses passieren, in diesem jenes.

Ich kapituliere auf ganzer Ebene und lasse ihn machen. Er malt alles an die Tafel, die Schüler funktionieren auf ganzer Ebene.

Ich gehe aus der Klasse wie ein begossener Pudel, ich habe nicht nur den Respekt der Klasse verloren, sondern auch ein Konzept. Hatte ich überhaupt ein Konzept, das funktioniert? Schriftsteller sind keine Pädagogen, aber ich habe mich nur noch in der schreienden Dressurmaschinerie wiederentdeckt.

Die Schüler haben keine Liebe zur Literatur oder zum Schreiben gefunden, ich habe sie nicht vermitteln können, die Sache ist nur noch eine lästige Pflicht wie alle anderen Hausaufgaben.

Möchte gerade aufgeben und alles hinschmeißen.

12. November 2013

Vierte Stunde

Ich trotte zur Rödelheimer Michael-Ende-Schule und habe nicht die geringste Lust. Habe mir lauter verschiedene Konzepte überlegt und Ansprachen, wollte mir die »Rädelsführer« vorknöpfen. Doch es scheint mir alles verkehrt, und aus lauter Ratlosigkeit stürze ich mich mit Bauchschmerzen ins Unvermeidliche – meine neunte Klasse der Realschule und ihren renitenten Schulabgängern.

Sobald ich die Klasse betrete, nehme ich auf der Stelle eine völlig andere Stimmung wahr.

Jeder einzelne Schüler scheint mir eine rätselhafte Stimmungswundertüte zu sein. Heute sind sie alle so aufmerksam und gesammelt wie in der ersten Stunde. Ich sage ihnen, dass ich nach Berlin gefahren bin und mit den anderen Autoren geredet habe. Sie sind mit ihren Klassen meist super klargekommen, aber mir gefiel besonders John von Düffel, der sich mit einer schwierigen Klasse plagte, die er so feinfühlig und dezidiert geschildert hatte, dass ich sehr getröstet war.

Bin inzwischen nicht mehr überzeugt, ob man mimosenhafte Schriftsteller ohne Konzept auf pubertierende und teils traumatisierte Schüler loslassen soll. Die Schüler sind in Frankfurt zu 80-90 % aus Migrationsfamilien und haben mitunter schwere und schwerste Dinge zu bewältigen. Wieso lässt man die Lehrer wie die Schüler allein? Nun, es gibt einen Sozialarbeiter an der Schule.

Simon macht zu Anfang wieder Disziplinarübungen. Die Schüler sollten einen Bibliotheksausweis besorgen. In 14 Tagen haben lediglich vier einen herbeigebracht. Drei oder vier haben keine Hausaufgaben, und immer wieder fehlen welche. Sämtliche Schülerinnen sind wieder anders frisiert und sehen sehr hübsch aus. Irgendwie scheinen sie mir heute wieder so liebenswürdig zu sein, so weich und aufnahmebereit.

Ich erkläre ihnen, dass mir die letzte Stunde nicht gefallen hat und wir sie komplett verloren haben durch die Rumdiskutiererei. Das akzeptieren sie anstandslos – oder teilnahmslos –, aber mit der klaren Kapiteleinteilung sind sie einverstanden. Ich schöpfe leichte Hoffnung.

Mir ist klar, dass ihnen beim letzten Mal die Geschichte zu langweilig war. Ich sage ihnen, dass in jedem einzelnen Segment jegliche Entwicklung erlaubt ist, sie sollen in den kreativen Fluss kommen.

Nach dem Setting: Figuren, Charaktere, Schauplätze, Namen, Handlungsverlauf – sollen die Figuren nun zu laufen beginnen. Von mir aus mit Mord und Totschlag, Drogenexzessen, Liebesleid ... Hauptsache, es macht ihnen Spaß.

Ich bitte die Schüler nochmals, ihre eigenen Gefühle in die Figuren hineinzubringen, da ich noch immer möchte, dass diese gefühlsgeplagte Altersklasse, in der es unaufhörlich brodelt und bebt, diese starke Energie in die Geschichten einbringt und womöglich vielleicht ein wenig aus sich herauslässt.

In sechs verschiedenen Gruppen mit je vier Jugendlichen werden die Kapitel 1-6 aufgeteilt.

Was ich nun erlebe, mein persönliches blaues Wunder des Quartals: die Schüler STÜRZEN sich in die Geschichten. Nicht eine einzige verweigert sich oder schaltet ab – im Gegenteil. Es wird diskutiert und fabuliert, einige beginnen mit wilden Kritzeleien, sie stellen mir Fragen.

Wie von selbst kommen handwerkliche Begriffe auf, die von den Kindern eingebracht werden: beispielsweise überlegen sie von selbst, welche Erzählperspektive eingenommen werden soll. Drei Gruppen möchten in der Ich-Form als Junge erzählen. Mich rührt total, dass drei Jungen sich entscheiden, aus der Mädchenperspektive zu erzählen.

Ich versuche, auf Simons Bitten einzugehen, der weitere Schreibtechniken erwähnt haben möchte, beispielsweise den »Inneren Monolog«.

Tatsächlich kommen eine Fülle von schriftstellerischen Überlegungen wie von selbst auf den Tisch:

Die Erzählzeit, die innere Reflexion, die Dialoge etc.

Eigentlich sollten die Jugendlichen diesmal jeder alleine schreiben – aber die meisten brauchen die Inspiration und die Dynamik der Gruppe. Mir egal. Ich bin über die überbordenden Ideen total glücklich.

Bei der Präsentation der Texte am Ende der Stunde sehe ich, dass diejenigen, welche die besten Ideen hatten, am wenigsten aufgeschrieben haben. Ich mag sie trotzdem und weiß, sie haben »innerlich« gearbeitet.

Die Gruppe um die persönlichkeitsstarke deutsch-russisch-afrikanische Alina hat kurzerhand die besprochene romantische Liebesszene umgeworfen und daraus einen suizidalen Akt mit Schusswaffengebrauch gemacht. Ich kann sie nur mühsam davon abhalten, alle

Hauptfiguren schon im fünften Kapitel umzubringen, sonst kommt die Gruppe mit dem Schlusskapitel nicht mehr klar.

Am Ende habe ich höchst erstaunliche und unterschiedliche Vorstellungen der Episoden.

Ich freue mich über alle. Die einen waren sehr lebhaft, andere ausgesprochen fleißig, einige überraschend. Mir gefällt am besten eine Gruppe, bei der Mert und Ibrahim die gesamte Szene in einen Dialog gepackt haben, den sie gemeinsam vorlesen – rhythmisch, inhaltlich, dynamisch, auf den Punkt. Richtig klasse!

Tufan hat es wunderbar geschildert – in der Jungengruppe, die sich auf die Mädchenperspektive eingelassen hat.

William überrascht mit einem spannenden Krimi.

Michael ist ausgesprochen stark im Sprachlichen, lässt jedoch seine Hauptfigur bereits in der ersten Szene vom Alkohol gezeichnet in den Abgrund taumeln.

Ich fand alle wunderbar. Vielleicht bin ich allzu sehr berauscht und jubele jede Silbe wie eine Trophäe in den Himmel. Vielleicht bin ich nur deshalb so erleichtert, weil es nicht so schiefgegangen ist wie beim letzten Mal. Aber ich habe das Gefühl, nun endlich etwas Kontakt und Zugang zu bekommen, ein großes Misstrauen scheint sich abzubauen.

Ich möchte, dass die Jugendlichen überhaupt einfach ein Gespür dafür bekommen, warum man Literatur und Sprache so lieben kann, und bitte sie für das nächste Mal, ihr Lieblingsbuch, ihren Lieblingstext oder ihren Lieblingssong mitzubringen. Ich möchte wissen, was sie lieben, was sie entzündet und mit was sie in Resonanz gehen.

Als sie mir ihre Texte – mit Füllfederhalter und in Schönschrift auf abgerissenen, karierten Zetteln – abgeben, freue ich mich über diese Papiere wie verrückt und packe sie andächtig ein wie das schönste Souvenir.

Simon bittet die Kinder in einem »Blitzlicht« mit je einem Wort diese Stunde zu beschreiben. Sie sagen:

– Ideen fließen lassen, interessant, interessant, lustig, war ok, interessant, kreativ, interessant, schöner als der Deutschunterricht, interessant, hat Spaß gemacht.

Ich bin glücklich, aber ich bin auch gewarnt, was meine Stimmungswundertüten beim nächsten Mal vielleicht parat haben. Wenn das Projekt vorüber ist, dann beherrsche ich die Sache aber!

18. November 2013

Fünfte Stunde

Lehrer Simon hatte am Abend vorher einen Auftritt mit seiner Band in der »Luna-Bar«, einer stadtbekannten Cocktailbar.

Habe ihn aus Neugierde dort besucht und an der schummerigen Theke einen »Martini-Pesto« getrunken mit Basilikum und dann noch einen Haselnuss-Cocktail, bis auch mir schummerig ist. Die Band »Soundwhichmaker« singt mit einer wunderschönen Sängerin barkompatible Musik. Simon sitzt an der Trommel und haut auf einen Hocker, wenn er lange Haare hätte, wäre er der perfekte Headbanger. So aber sieht man nur den Ohrring blitzen und wie er den Sound aufgenommen hat und mitgeht. Mir wird klar, warum er seine Klasse so gut im Griff hat, es ist sein Gefühl für Zeit und Rhythmus und Timing, da erträgt er keinen Missklang.

Am nächsten Morgen bin ich gespannt, ob Simon einen Hangover hat, ich selbst habe noch rechtzeitig die Kurve gekratzt. Bloß keine Blöße geben vor einer unberechenbaren Meute Halbstarker. Habe absichtlich eine bleu-farbene Lederjacke angezogen mit Glitzerkette und zu enger Jeans. Noch immer befinde ich mich in einer Spannung und »wappne« mich sozusagen.

Meine Klasse hängt am Anfang etwas dröge herum, lustlose Schlappheit. Als ich aber nach der »Hausaufgabe« frage, melden sich sofort viele Schüler und schnippen mit den Fingern. Ich hatte sie gebeten, einen Text, ein Buch, ein Lied mitzubringen, das sie besonders lieben, ich möchte doch, dass bei ihnen der Funke springt, zur schönen Kunst des Wortes.

Bei der Vorstellung hingegen traut sich keiner mehr, keiner will lesen, Texte verschwinden plötzlich wieder, heimlich steckt mir Basak einen Liebestext zu, den ich aber keinesfalls den anderen zeigen darf.

Mateusz legt schließlich einen Rap-Text vor mit folgendem Refrain:

»Egal was die Leute sagen, ich bin Optimist
Ich versuche, zu denken, obwohl mein Kopf mich fickt
Ich versuche, zu gehen, auch wenn die Füße gelähmt sind
Versuche zu sehen, obwohl die Augen getrübt sind vom Leben.«

Finde ich super von dem Jungen, obwohl er selbst entschuldigend hinzufügt, der Text sei doch etwas ordinär. Ich sage, auch Charles

Bukowski war ordinär und beendete jedes Kapitel mit dem Satz: »Ich ging nach Hause und legte mich an Bettys warmen Arsch.« Dennoch ist er ein großer, anerkannter Autor.

Ich hatte mir vorgestellt, dass ich mit den Jugendlichen die Texte nehmen könnte und darüber reden, was einen daran so entzückt, was der literarische Wert ist, was ihn ausmacht ...

Und bin völlig unvorbereitet, dass mir nichts einfällt und in meinem Kopf sich eine weiße Leinwand ausrollt, und den Schülern fällt auch nichts ein. Meine Einfallslosigkeit schockt mich und unterläuft die erste Stunde. Ich bin wie vernagelt. Hausaufgaben insgesamt werden hier eher optional betrachtet, mit der größten Selbstverständlichkeit hat die Hälfte keine dabei, was machen wir jetzt?

Simon ist heute nicht so streng, entweder hat er es aufgegeben, oder die Luna-Bar steckt ihm doch noch in den Knochen, er lässt mich einfach machen, und gemeinsam mit meiner gähnenden Leere im Gehirn scheint die erste Stunde in die Hose zu gehen.

Überraschend melden sich Alina, mit herrlich aufgesteckten Haaren und leuchtendem Lippenstift, dann Nessir, hochgewachsen, afghanischer Herkunft – sie haben freiwillig etwas geschrieben, ausführlich, poetisch und voller Freude. Ich freue mich wie bekloppt. Betrachte die Texte. Nessir hatte das letzte Mal bloß drei Sätze geschrieben und wusste offenbar mit allem nicht viel anzufangen. Er hatte das Thema: der Liebeskummer nach dem Korb.

»Was soll ich denn da schreiben?« Ich sagte: »Denk an den beschissensten Tag deines Lebens.«

Offenbar ist ihm zuhause der Scheißtag eingefallen, und er ist zwei Seiten lang. Bin begeistert. Alina war lyrisch und übertitelt den Text: »Seele ephemere«.

Ich frage, was »ephemere« bedeutet, und sie sagte, sie wusste es nicht, aber sie hat das Wort gesehen und es gefiel ihr so sehr.

Das gefällt nun mir so sehr, dass sie ein Wort nimmt, nur weil es ihr gefällt, und damit hat sie im Grunde das Wesen der Literatur erfasst.

»In der Geschichte, die ich schrieb, kannst du fliegen« ... Finde ich wunderbar.

Ich nehme die Geschichten mit nach Hause, reich beschenkt.

In der zweiten Stunde schreiben alle die Szenen, die für unser »Romänchen« (Zitat Tanja Dückers) noch fehlen: die Party und die Entdeckung, dass Ornella Hilfe braucht und sich dem Jungen Nate wieder annähert.

Ein Junge streicht kurzerhand den Namen des Freundes »Abderrahim« durch und nennt ihn Hermann. Ich stutze.

- Wir können deutsche Namen nehmen. Wir sind hier in Deutschland. Und Nathan heißt Nathan und nicht Näte oder Neithen oder so. Man muss doch nicht immer krampfhaft Multi-Kulti machen.
- Äh ... sage ich. – Bist du irgendwie deutschnational drauf? Hermann heißt bei uns der Opa!

Sein dunkelhäutiger Nachbar sagt: »Wir finden alle, dass er rechtsradikal ist«.

Ich sage: »Der Name Abderrahim bleibt! Das sind doch Freunde, wir leben zusammen und es ist scheißegal, wo einer herkommt«.

Während ich noch überlege, wie ich eine bessere Antwort hätte geben können und ob ich mich mit der deutschen Minderheit in dieser Klasse über nationales Bewusstsein unterhalten soll, meint auf der anderen Seite Ibrahim laut und deutlich, dass unsere Hauptfigur Ornella dumm sei, weil alle Frauen dumm seien und dumm bleiben.

Ich verlasse also den einen verbalen Kampfplatz und wende mich dem anderen zu und frage Ibrahim, ob das sein Ernst sei und welches Frauenbild er habe, und verliere mich in den Auseinandersetzungen zwischen nationalem Selbstverständnis und Einschätzung des weiblichen Geschlechtes und komme in ein einziges Durcheinander. Für diese Stunde kriege ich es nicht gebacken und ich weiß nicht, ob ich Entscheidendes zum Demokratieverständnis habe beitragen können.

Abgesehen davon haben die Jugendlichen viel Text und Engagement eingebracht, und trotz vieler offener Fragen bin ich dankbar. It's a game of give and take, es kommt ins Rollen, es ist eine Dynamik entstanden.

Das hartnäckige Gefühl: Ich bin mit einem blauen Auge davongekommen.

Bis zum nächsten Mal will ich sämtliche Texte zusammenschreiben, mir graut es schon, aber ich kloppe es irgendwie zusammen, denn ich liebe die handschriftlichen Kritzeleien auf den zahllosen Zetteln, was für ein seltsames Experiment. Ich trödele nach Hause mit einem Kaffeebecher in der Hand, und einen Haselnuss-Martini-Gin trinke ich in Zukunft nicht mehr.

Zuhause schaue ich nach: Ephemere kommt aus dem Altgriechischen und bedeutet: »nur einen Tag lang dauernd« ... flüchtig, vergänglich. Es bezeichnet Blumen und Pflanzen, die in einem Tage vergehen.

26. November 2013

Sechste Stunde

Habe drei Tage daran gesessen, die gesammelten Werke zusammenzufügen. Bin gerührt, verdutzt, amüsiert. Naja. Verdammt viele Waffen in dem Ding ... ganz schön sexualisiert bei einigen. Ich sehe den kompletten Einfluss von Rihanna in Strapsen, Madonna brünftig in Brusttütenkorsett, Mylie Cyrus auf der Abrissbirne ... Ich bin trotzdem dankbar, dass die Leute mich in ihre Welt haben blicken lassen. Denke immer noch: das ist der verheerende Einfluss der Medien ... und denke: kann man doch nicht so lassen. Bin ratlos.

Meine allerliebste Errungenschaft von M.:

»Die Party war in vollem Gange ... Electrohouse-Musik erklang überall ... Schlampe für Schlampe wurde abgefüllt ... das Hinterhofklo war ein Liebespalast.«

Was davon nun der Wahrheit näher ist oder dem Wunsch ... keine Ahnung. Ich bin bestürzt über den Verlust von Geheimnis, Unschuld, Süße ... vielleicht liege ich auch ganz falsch. Fürchte nur, dass auch die Mädchen unter dem Druck der frühen Sexualisierung leiden. Möchte ihnen Beatles vorspielen:

»I want to hold your hand« ... und ihnen sagen, dass Hand halten ganz viel ist, ganz viel ... und erstmal reicht.

Immerhin bin ich stolz auf die Geschichte, und ich platze vor Begeisterung, wenn nun im Unterricht die bislang scheue Feven und die ruhige Katharina sich melden und bemängeln, dass die Stile der einzelnen Erzählbeiträge nicht zueinander passen. Sie haben ein stilistisches Gefühl – sehr sicher sogar!

Wir thematisieren »Erzählstil«.

Die noch in mangelhaftem Zustand befindliche Geschichte lässt bei der Korrektur alle zu Experten werden: Guiseppe bemerkt den Mangel der vorher festgesetzten Familiennamen und Familienmitglieder und fügt sie klug ein. Die Gruppe um Marlon, Mateusz und Labinot bemerkt den logischen Fehler bei der Erpressungsszene mit der Jacke. »Wem gehört denn jetzt die Jacke?? Wo ist die Jacke??«

Mateusz: »Er zog die Lederjacke von dem dampfenden Leichnam.«

Ich kann überhaupt nicht aufhören, zu lachen. Simon hingegen ist heute nicht gut drauf.

Es gefällt ihm nicht, dass ich ihm den Text zum Ausdrucken so spät geschickt habe, es gefällt ihm nicht, dass ich so lange nach dem USB-Stick wühle, als ich den Text per Computer an die Wand beamen will. Er verwechselt mich mit seinen Schülern und schimpft mit mir und erklärt mir das Wort »Zeitmanagement«. Ich fühle mich wie eine 15-jährige Schülerin.

Ich bemerke, dass er wohl hart drauf sei, die Schüler beömmeln sich. Respekt, eeyh!

Es dauert nicht lange, da ist alles wieder gut. Ich bin glücklich, weil ich so viel Funken wahrnehme, so viel engagiertes Mitmachen, so viel positive Laune und Zutrauen ... jetzt habe ich die optimale Beziehung zu den Schülern. Das hat echt gedauert, aber so könnte es jetzt immer bleiben!

Ich lese wie auf einer offiziellen Lesung den Gesamttext vor ... alle sind durchaus gespannt und hochkonzentriert und ebenfalls amüsiert.

Das melodramatische Ende der fünften Gruppe wird diskutiert. Die Schüler sind hellwach und viel besser, als ich ursprünglich angenommen habe.

Aber wir haben jetzt richtig gut was zusammen.

In die Korrekturen schmeißen sie sich richtig rein und präsentieren mir am Ende umfangreiche Einschübe und Einfälle. Leider hat kaum jemand die Rechtschreibung korrigiert oder die immer wiederkehrenden Verkürzungen und Weglassungen ... und Genitiv und Dativ ... sie sind auch schlicht nicht alle in Deutschland geboren, tja. Dafür sind sie wieder recht gut.

2. Dezember 2013

Siebte Stunde

Habe endlos daran gesessen, Änderungen einzuarbeiten und die Korrekturen der Schüler harmonisch einzufügen. Wechsel der Erzählperspektiven und der Zeiten sind kaum zu glätten – ich entschließe mich, sie in ihren Unterschieden stehen zu lassen und sie vielleicht allenfalls mit einem einleitenden Satz zu kommentieren:

»Ornella erzählt.«

Als ich heute auf die Klasse treffe, die sich im Gang tummelt, glaube ich, an die lockere Atmosphäre und die gute Stimmung beim letzten Mal anknüpfen zu können ... weit gefehlt. Vor der Klassentür tummeln sich alle in Gruppen, und alle vermeiden den Blickkontakt, mein fröhliches »Guten Morgen« wird weitgehend ignoriert. Sofort sinke ich in mir zusammen, als sei ein inneres Gerüst zusammengebrochen ... das fängt ja gut an. Beim ritualisierten und ewig gedehnten: »Guten Moooorgen, Herr Siieemon und Frau Held« spüre ich schon, wie metertief sie sich entfernt haben, und dass ich ihr Interesse auf der anderen Seite der Welt mit dem Schaufelbagger ausgraben muss ... Was habe ich eigentlich erwartet? Dass mir die Shakespeares und Schillers und Franzens und Kronauers und Lewitscharoffs entgegenspringen, entzündet vor Schreibbegier und brennend vor dichterischem Impuls?

Ich hatte den Einfall, meine eigenen Tagebücher aus meiner Schulzeit mitzubringen und lese scherzeshalber und in dramatischer Pose vor:

»Ich bin verliebt in Volker Klees. Es ist, als möchte ich ihm um den Hals fallen, doch es ist, als läge mein Herz in Ketten. Oh Volker, oh Volker, warum zerreißt du sie nicht?«

Dieses scheint die ganze Klasse schrecklich peinlich zu finden und sich fremdzuschämen. Ich lese noch die eine oder andere kurze Passage vor, um zu zeigen, wie sich ein Schreibstil entwickeln kann. Ich denke, sie sind weder mit den Gedanken dabei, noch an meinen ollen Tagebüchern interessiert.

Besser, ich klappe es zusammen. Mir ist reichlich blümerant. Ich stehe auf und bemühe mich, Selbstbewusstsein und Haltung vorzutäuschen, bei gleichzeitig innerer Verwirrnis – und mit dem Gefühl, an die Wand zu laufen. Irgendwas in mir erinnert sich an Rudelführerqualitäten im Pfadfinderlager, und ich straffe mich und hebe die Stimme:

»Wieso sind eigentlich so viele Waffen, Sex und Gewalt in eurer Geschichte? Wie kommt das in eure Köpfe??«

Der friedliebende Daniel lächelt und sagt: »Na, das Fernsehen und die Videospiele. Daher kommt das!«

Sie wissen es ganz genau. Ich zitiere einen Satz des Hauptdarstellers: »Er beugte sich über den dampfenden Leichnam und durchsuchte seine Taschen nach Wertgegenständen.«

Ich frage, ob man diese Tätigkeit dem doch eher positiven Charakter von »Nate« zuordnen kann, wie überhaupt die Charaktereigenschaften der Darsteller einigermaßen stimmig sein sollten. Bei einigen überkommt mich das Gefühl, dass sie gar kein Gespür dafür haben, ob »Nate« sich jetzt positiv oder negativ, richtig oder kriminell verhält, es scheint tatsächlich zu schwimmen. Die Mehrheit ist aber gottseidank einverstanden, dass ich diesen Satz entferne, als eine der wenigen Korrekturen, die ich in der Handlung vornehme.

Wir wollen einen Titel suchen.

Wir müssen uns entscheiden zwischen Vorschlägen wie: »In meiner Geschichte kannst du fliegen« oder: »Die Erkenntnis der Liebe«.

Ich bin irgendwie am Ende ... meine Kräfte für das Projekt lassen nach, die Geschichte ist eigentlich geschrieben ... ich habe das dringende Gefühl, ich müsste mir um meiner selbst willen eine Erleichterung verschaffen und sage:

»Wisst ihr was, in der nächsten Stunde sehen wir einen Film«, und zwar die Verfilmung eines meiner Romane mit der jungen Pflegehelferin Lotta.

Da schlage ich zwei Fliegen mit einer Klappe: erstens muss ich nichts machen. Und zweitens nütze ich die Gelegenheit für eine Moralpredigt.

Nach all den Beschreibungen, etwa wie der Hauptdarsteller Nate sich aus seiner finanziellen Verlegenheit hilft, nämlich unter anderem mit einem Überfall in einer Reichensiedlung, fühle ich mich zu einer Standpauke bemüßigt.

Ich erzähle ihnen, dass auch Schriftsteller, Tänzer, Sänger und Schüler häufig pleite sind und dass es legale Mittel gibt, um sich etwas Geld zu verschaffen.

Ich sage, dass ich in einer Fabrik gearbeitet habe und im Büro, dass ich jeden einzelnen Job angenommen habe: »Ich habe wie die Lotta im Film im Altersheim gearbeitet und bekotzte Rollstühle geschrubbt!«

So. Damit verabschiede ich mich. Weiß auch nicht, warum ich mich sooo kaputt fühle.

9. Dezember 2013

Achte Stunde

Lehrer Simon hält eine Ansprache. Wir wollen am Samstag unseren kleinen Roman auf der Projektwoche vorstellen. Die Schüler arbeiten etwas aus zum PEN und zur Kulturstiftung des Bundes. Sie erhalten von mir Pressematerial über meine Person, Foto und vieles mehr. Ich werde gebeten, auch zu kommen.

Finde ich irgendwie prima.

Ich erkläre noch einiges zu dem Film, was der Regisseur verändert hat, dass Ivy eigentlich schwul war und das ZDF einen Hetero daraus gemacht hat und so weiter.

Dann gucken wir den Film und tatsächlich sind die Jugendlichen tief in die Geschichte hineingezogen, wie Josefine Preusser alias »Lotta« aus den »Letzten Dingen« sich mit Ivy durch das Pflegeheim plagt, und wie sie an ihren Aufgaben wachsen und die Liebe zu den Alten und Sterbenden entdecken. Das fasziniert wiederum mich, wie sehr der Film doch wirkt, und die Jugendlichen sehr wohl etwas anfangen können mit dieser Geschichte alltäglicher Qual, mit der Weisheit und dem Sterben ... Mir war der Film immer zu aufgedreht, aber offensichtlich spricht er ihre Sprache. Ich bin sehr glücklich wie die Schüler mitgegangen sind ...und ein wenig haben sie auch etwas über das Leben erfahren, speziell über das von Schriftstellern und wie sie sich herumschlagen mit finanziellen Nöten und Gelegenheitsjobs.

Ich bin zufrieden – und die Stunde war für mich sehr erholsam.

14. Dezember 2013

Samstag

Projekttag in der Michael-Ende-Schule.

Die 9. Klasse von Andreas Simon ist in die Schülerbücherei gewandert und hat blaue Stellwände voller Bilder und Informationen über die Arbeit der Bundeskulturstiftung und des PEN ausgehängt. An einer anderen Wand sind Fotos von uns allen, und wie wir gemeinsam in der Klasse arbeiten, der obligatorische Werdegang mit Fotos von meiner Wenigkeit hängt da, und auf einem Tisch liegen die Bücher ausgebreitet.

In der ersten Stunde kommen der Schulleiter und seine Vertreterin, Frau Scholz, sowie einige Kollegen und lauschen, was Shania und Kujitim vorzutragen haben. Sie berichten über die Aufgabe des PEN und der Bundeskulturstiftung. Dann lesen sie den Teil der Geschichte mit dem Junky im Bus. Ich bin sehr gerührt.

Wir sind nur wenige ... fünf Schüler und sechs Erwachsene. Der Schulleiter und alle anderen applaudieren und finden das Projekt wunderbar.

Kein Elternteil ist gekommen. Niemand. Kein einziges. Auch in den anderen Stunden nicht, auch in den anderen Klassen nicht.

»Das ist immer so«, seufzt Frau Scholz. »Wir müssen den Projekttag machen, das Ministerium fragt immer nach, ob wir ihn auch gemacht haben. Die Schüler machen sich viel Arbeit, auch für uns ist es eine Belastung, aber es kommt niemand.«

Es entspinnt sich zwischen den Lehrern und den Schülern eine Art unausgesprochener Solidarität, ein gemütliches Abhängen, so was wie: geteiltes Leid ist halbes Leid. Es herrscht eine tröstliche Atmosphäre, wie: »man kann es ja doch nicht ändern«. Mir fällt abermals auf, welches unheimlich gute Verhältnis diese Lehrer hier zu den Schülern haben, wie innig und humorvoll sie meistens miteinander umgehen. Diesen Vorsprung kann ich nie aufholen, er ist durch tausend kleine tägliche Routinehandlungen für jemand neu Hinzugekommenen unerreichbar, die Lehrer sind unglaublich liebevoll mit den Schülern. Wenn Simon etwas sagt, wenden sich ihm sofort alle zu, er ist das Alphatier, der Beschützer, der Chef. Er schaukelt seinen kleinen Sohn auf den Knien … so dümpelt der Vormittag dahin. Ich besuche noch andere Klassen und sehe, mit welcher Liebe sie ihre Projekte ausgearbeitet haben: Kostümpuppen auf Pappe gezogen, der Mathematiklehrer hat Rätselstunden gemacht. Eine Klasse hat gebacken nur für die Schüler und die Lehrer.

Ich darf ein türkisches Mädchen bewundern, das einen jener kunstvoll gearbeiteten Hinterköpfe unter dem Kopftuch verborgen trägt. Nachdem alle männlichen Schüler wie selbstverständlich hinausgegangen sind und die Lehrerin die Tür abgeschlossen hat, darf ich unter dem Kopftuch das aufgesteckte Haar mit dem zusammengewickelten Stofftuch bewundern, welche diese wundervoll hohe Form bilden, die sie schließlich mit einem hübschen Tuch geschmückt hat.

Wie ich vergessen habe, aus wie vielen Nationen sie kommen! Ich finde es herrlich, wenn sie hierher kommen, was für eine schöne Aufgabe für Deutschland, sich um diese Kinder kümmern zu dürfen, die von überall herkommen und Hilfe brauchen … und welche Schönheit sich da vor unseren Augen entfaltet.

Auf der Heimfahrt sitze ich in der U-Bahn bei Nessir aus Afghanistan und Mark von den Philippinen.

»Schade, dass das Schreibprojekt bald zu Ende geht«, sagt Nessir. »Als ich gehört habe, dass eine Schriftstellerin kommt, habe ich nicht gedacht, dass ich so was könnte. Aber dann habe ich es doch gekonnt, und es hat mir viel Freude gemacht – da war ich froh, dass ich so was auch KONNTE.«

Ich habe ein Tränchen im Knopfloch.
»Wer ist denn euer Lieblingslehrer?«, frage ich.
»Simon«, sagen sie. »Simon!«, sagen alle.
»Sagt ihr das, weil ich ihn treffe und es ihm verraten könnte?«
»Nein«, sagen sie, »er ist einfach der Beste.«
»Aber er ist doch streng, oder?«
Die Schüler verteidigen ihn heftig.
»Er ist streng, aber er meint das nicht so, er ist streng, weil er Gerechtigkeitssinn hat. Weil er sich um jeden Gedanken macht. Der will nur ... er WILL ... DER will, dass was aus uns wird!«

Dienstag, 8. Dezember 2013

Neunte Stunde

Es ist die letzte Stunde. Die Schüler sind ferienreif. Ich möchte aber nicht die Stunde runterschludern und ihnen einfach noch etwas mitgeben.

Ich bedanke mich, dass sie dieses Experiment mitgemacht haben und so viel geschrieben haben, dass sie also im »schöpferischen Element« waren. Ich habe ihnen vom Baumhaus-Verlag als Spende für jeden einen wunderbaren Facebook-Roman mitgebracht. Ich halte eine Lesung an die Öme:

»Wenn ihr lest, erweitert ihr eure Gedanken und euren Geist, usw. «

Ich erkläre nochmals, dass wir davon ausgegangen sind, wie sehr die Gefühle einen im Inneren beherrschen, und dass wir darauf unsere Geschichte aufgebaut haben. Dass wir also das Fließen des Inneren nach außen ... als Grundmotiv hatten. Dass ich mir wünsche, dass sie auch in Zukunft vielleicht das ein oder andere niederschreiben, um sich bewusst zu werden, was sie im Inneren quält oder freut. Dass sie sorgsam mit ihren Gedanken und Empfindungen umgehen sollen, und dass alles, was sie denken und empfinden, kostbar ist, noch viel kostbarer als ein neues Fahrrad oder ein Tablet. Wenn sie etwas aufschreiben, fallen ihnen schöne Gedanken ein ... wie etwa der von Alina: »In meiner Geschichte kannst du fliegen«.

Sie sollen schäbige oder negative Gefühle nie stehen lassen, weil diese sonst faulig und stockend werden und man sich immer schlechter fühlt. Die Gefühle ausdrücken im Gesang oder einer Freundin gegenüber oder aber in einem Tagebuch ...

Ich weiß nicht, warum ich ihnen gegenüber den Lebensratgeber-Modus einschlage ... bei einigen erkenne ich in den Augen, ich lande Volltreffer. Bei anderen: »Was labert die Alte?«.

Schließlich bitte ich sie nochmals, den Schluss der Geschichte zu verschönern, da er inhaltlich und sprachlich so wegsackt.

Erbittert fallen sie sich gegenseitig ins Wort: »Sie soll aber sterben!« – »Wieso muss die denn sterben?« »Der kann doch einfach ... die besuchen!« »Nein, die soll sterben!« »Die soll nicht sterben!!!«

Plötzlich stehen die Waffengegner auf ... es soll überhaupt keine Waffe mehr am Ende vorkommen. Wir stimmen ab: acht Schüler gegen die Waffe, sechs dafür, der Rest enthält sich.

Ich bin schon klatschnass geschwitzt, ich bin dankbar für Guiseppe, der die anderen bremst und zur Ruhe auffordert ... Guiseppe ist ein guter Typ, er wäre auch ein guter Lehrer. Die hübsche Shania hat sich an seine Schulter gelehnt, sie wären ein hübsches Paar ... sind sie ein Paar? Alle Mädchen finde ich hübsch, Basak, Janet, Feven, Alina, Katharina, Alexandra ...

Schließlich bitte ich in der Klasse, dass jeder Einzelne einen Schluss schreibt, und ich nehme nachher den besten oder den mit den logischsten Verläufen.

Sofort senken sich die Köpfe, sofort ist es still, sofort beginnen sie mit Begeisterung und tausend Einfällen das Papier zu bearbeiten. Sie schreiben alle schneller und mehr als am Anfang, und ich bin abermals gerührt. Ich bin glücklich, dass ich zum Schluss das finde, womit ich eigentlich hatte anfangen wollen: die Schüler ins schöpferische Element hineinzubringen und in ein Gefühl der Freude und Genugtuung, wenn die Einfälle überborden und sich auf das Blatt ergießen ... dieses Bild gesenkter Köpfe und wild drauf los schreibender Schüler bleibt mir nachhaltig in Erinnerung.

Ich hatte noch einen Einkaufswagen voller Frühstück mitgebracht und teile die Bücher aus. Sie reißen sie mir aus der Hand.

Das Frühstück interessiert die Schüler scheinbar nicht mehr richtig. Ich hatte es mitgebracht, weil Simon sagte, die meisten Schüler frühstücken gar nicht.

Aber sie wollen hinaus auf den Schulhof ... die Vitamine, die Ananas isst hauptsächlich der Lehrer Simon. Leichter Abschiedsschmerz.

Guiseppe lacht mich noch einmal an. Dann stürmen sie alle hinaus. Wer weiß was einmal aus ihnen werden wird? Im nächsten Jahr verlassen sie die Schule, und wer weiss, was ihnen da blüht! Viel

Glück! sage ich, mit einem beschmierten Messer in der Hand und vor mir die nicht aufgegessenen Brötchen, die Salami und die Marmelade.

Ich fühle mich ein wenig stehengelassen und schon vergessen mit meiner unbedeutenden Mission. Ob sie sich je erinnern an unsere kleine Geschichte?

Aber da ist ja noch Simon, der Rock'n Roller, der will, dass aus allen etwas wird. Grinsend isst er das letzte Stück Ananas auf. Ich bin froh, dass Simon nicht das geworden ist, was er wollte, ein Berufsmusiker.

Denn hier rockt Simon die ganze Klasse.

Die Schüler der Klasse M7gb der Wittelsbacher-Mittelschule in München mit Fridolin Schley

Als er Hanuschka das erste (das letzte) Mal sah

Als er Hanuschka das erste Mal sah, ahnte Robert noch nicht, was die Maske zu bedeuten hatte. Sein erster Gedanke war: *Sind wir jetzt hier in einem Irrenhaus, oder was? Und Fasching haben wir doch auch noch nicht!* Da wusste er noch nicht einmal, dass sie in seine Klasse kommen würde. Sie stand ganz allein vor dem Schuleingang. Fast wirkte es, als würden alle anderen Kinder, die hineinströmten, einen Bogen um sie machen.

Erst nach und nach erfuhr Robert, was hinter dieser Maske steckte, und je mehr er über Hanuschka herausfand, desto mehr faszinierte sie ihn; obwohl sie ihm auch leidtat. Interessant fand er sie jedenfalls ziemlich schnell, auch wenn er nicht genau wusste, warum. Vielleicht weil sie oft wie abwesend ins Leere blickte, so als hätte sie ein Geheimnis, das sie hinter der Delfinmaske verbarg. Dass sie die Maske immer bei sich hatte, war umso seltsamer, als Hanuschka gar nicht hässlich war, im Gegenteil. Bis auf eine dünne, lange Narbe an der Stirn hatte sie sehr zarte Haut und auffallende grün-braune Augen, die so leuchteten wie traurig auf dem Meeresgrund liegende Wasserkristalle. Meistens hatte sie lässige, sportliche Sachen an, Jeans und Wollpullis. Ihre glatten langen, schokoladenbraunen Haare, die stets ihre Ohren bedeckten, glänzten wie ein schön poliertes Auto, wie manche Jungs anerkennend bemerkten. Auch ihre Lippen leuchteten immer rötlich, als hätte sie gerade Erdbeeren gegessen, und sie war für ihr Alter körperlich schon ziemlich weit entwickelt.

Aber sie sprach nicht viel. Deswegen hielten sie manche anfangs für eine Zicke. An ihrem ersten Tag in der Klasse wollte sie sich nicht selbst vorstellen, aber zwei Schüler aus der ersten Reihe konnten einen Blick auf eine Art Steckbrief werfen, der auf dem Pult des Lehrers lag. Darauf hatte Hanuschka ein paar Informationen über sich geschrieben – dass sie 15 Jahre alt sei, in Spanien geboren wurde, aber russische Eltern habe. Und dass sie gern reise, Musik höre und tanze. Auf ihrem ledernen Federmäppchen stand allerdings mit schwarzem Edding geschrieben: MEIN LEBEN IST SCHEIßE. Aber so etwas in der Art stand ja bei den meisten irgendwo.

Einige Jungen versuchten etwas unbeholfen, sie kennenzulernen, indem sie sie auf dem Hof wie aus Versehen anrempelten und ihr dann unter Entschuldigungen halfen, ihre Bücher wieder aufzuheben, die zu Boden gefallen waren. Doch meist hatte sich Hanuschka dabei schon so erschrocken, dass sie kein Wort herausbrachte und mit ihren Büchern auf dem Arm flüchtete. Sie war ein ruhiges Mädchen und sehr schreckhaft, dafür war sie bald bekannt. Wenn sie irgendwo alleine ging, sah sie sich oft um, als hätte sie Angst, jemand könnte ihr folgen.

Als sie neu in die Klasse gekommen war, hatte sie eine Zeit lang fast gar nicht gesprochen. Wenn man sie anredete, dauerte es oft eine oder zwei Sekunden, bis sie den Blick auf einen richtete, so als müsste sie erst von irgendwoher zurückkommen. Dann murmelte sie meist etwas wie: »Oh, hi, tut mir leid, ich war ganz in Gedanken versunken.« Das sagte sie sogar mitunter zu Lehrern, wenn sie aufgerufen wurde. Aber das kam ohnehin nicht oft vor.

Manchmal verschwand sie auch tatsächlich. Dann kam sie etwa aus der Pause nicht zurück in den Technik-Unterricht, bis schließlich zwei Schüler losgeschickt wurden, um sie zu suchen. Meistens stellte sich hinterher heraus, dass sie einfach nach Hause gegangen war. Dort blieb sie dann zum Teil mehrere Tage, auch ohne Krankschreibung.

Bei aller Schüchternheit hatte Hanuschka eine sehr eigene Art, sich überall einzumischen. Denn sie konnte Konflikte nicht gut aushalten. Wenn zwei in der Klasse lauthals stritten, kam es vor, dass sie ihre Delfinmaske herausholte, sie aufsetzte und sich einfach wortlos neben die Streithähne stellte – so lange, bis die beiden sie irritiert ansahen und dabei vergaßen, warum sie sich eigentlich gezofft hatten. Hanuschka, oder Hanu, wie sie bald genannt wurde, hatte überhaupt sehr spezielle Seiten, deretwegen sie bei vielen beliebt war, aber bei noch mehr anderen unbeliebt. Gleichgültig war sie kaum jemandem. Angeblich war sie im Tierschutzverein engagiert, und in der Projektwoche leitete sie eine eigene Gruppe, die sich Maßnahmen gegen das Jagen von Delfinen überlegte und Protestbriefe gegen das Verstümmeln von Haien schrieb. Einen schickten sie sogar nach China und forderten darin ein Verbot des Schlachtens und Verzehrens kleiner Hunde. Obwohl Hanuschka Katzen eigentlich noch lieber mochte. Früher hatte sie mal eine gehabt, aber die lebte nicht mehr.

Bei vielen kam ein solches Hobby natürlich nicht sonderlich gut an. Hänseleien über ihren Tier-Tick machten schnell die Runde, und immer wieder versuchten Jungs, ihr die Maske wegzunehmen, die sie nur in den Pausen tragen durfte, und nicht mehr herzugeben, bis sie weinte.

Meist waren das dieselben, die vorher schon mal vergeblich versucht hatten, sich mit ihr zu verabreden.

Irgendwann näherte sich auch Robert ihr einmal schüchtern von hinten und sprach sie an, einfach so, in der Pause. Doch als er sie an der Schulter anfasste, zuckte er gleich wieder zurück, denn etwas hatte ihn … durchzuckt, wie ein Stromschlag. Zugleich hatte er das seltsame Gefühl, als würde etwas in Hanuschkas Innerem zersplittern, obwohl er sie nur ganz leicht berührt hatte. Als wäre alles in ihr unendlich empfindlich, wie aus sehr dünnem Glas. Hanuschka lief davon, ohne etwas zu sagen.

Auch andere machten diese Erfahrung. Wenn man Hanuschka zufällig oder absichtlich anfasste, im Sportunterricht, auf dem Pausenhof oder sonst wo, traf einen etwas wie ein Nadelstich, floss etwas von ihr auf einen über, das man kaum benennen konnte, und auch nicht, ob es unangenehm war oder nicht. Es glich einem verführerischen Schmerz, einer Verlockung, der man nicht widerstehen konnte oder wollte, obwohl man ahnte, dass sie nicht gut für einen war. Wie ein Alptraum, aus dem man erwacht und trotzdem wissen möchte, wie er ausgeht. Doch weil man es so schlecht beschreiben konnte, taten es alle ab und suchten sich irgendwelche naheliegenden Erklärungen, zum Beispiel, dass sich Hanuschkas Wollpullover eben schnell statisch auflade. Auch sie selbst stützte diese Auflösung des Phänomens, und so vergaßen die meisten die Merkwürdigkeit wieder. Denn es berührte sie sowieso bald niemand mehr – weil Hanuschka es zu vermeiden wusste, aber auch weil die Menschen auf Abstand zu der seltsamen Kraft gingen, die sie unbewusst in ihr spürten. Selbst den Lehrern war sie suspekt, und viele von ihnen waren froh, wenn sie im Unterricht nicht weiter auffiel. Gute Noten für die Mitarbeit bekam sie trotzdem, so als wäre das die heimliche Gegenleistung dafür, dass sie niemandem zu nahe kam.

Nur einmal rutschte dem Mathe-Lehrer Meier etwas heraus, als sich manche über Hanuschkas gute mündlichen Noten gewundert hatten: »Bei Hanuschka ist das etwas anderes«, sagte er, »sie ist ja traumatisiert«. Darauf erwiderte niemand etwas, denn keiner wusste, was damit gemeint war, aber gerade das machte die Erklärung fast noch einleuchtender. Nur Hanuschka war rot geworden und tief in ihrem Stuhl versunken.

Danach hatte sie es noch schwerer, Hänseleien und Streiche waren an der Tagesordnung. Herbert machte sich oft einen Spaß daraus, Hanuschka am Pausenstand ihren Pudding ins Gesicht zu kippen, bis ihre Delfinmaske über und über besudelt war. Dabei fühlte er sich immer wahnsinnig witzig, sagte Sachen wie »Delfine muss man schließlich füttern!« und lachte laut, während Hanuschka langsam Richtung Toilette schlich, um sich den Pudding aus dem Gesicht zu wischen. Dann rief er ihr meist noch hinterher: »Aller Pudding dieser Welt muss untergehen!«

Herbert war in der ganzen Schule dafür bekannt, dass er Pudding hasste und einen – wie er sagte – Rachefeldzug dagegen führte, denn von Pudding, besonders von Vanillepudding!, ernähre sich das Böse, und er wisse das so genau, weil er als Kind einmal in einen großen Puddingtopf gefallen sei und dort dem Teufel direkt ins Angesicht geblickt habe. Das war natürlich Schwachsinn; viel näher lag die Erklärung, dass er als Kleinkind immer hatte mitansehen müssen, wie alle in seiner Familie zum Nachtisch Pudding aßen, nur er nicht, weil er schon immer ein bisschen zu dick gewesen war. Vor allem seinen braven Vorzeigebruder verachtete er angeblich und war auch aus Trotz zu ihm Punk geworden. Aber irgendwie hatte es Herbert geschafft, mit dieser Puddinggeschichte an der Schule Kult zu werden, und sogar manche Lehrer sahen schmunzelnd weg, wenn er mal wieder jemandem den Pudding aus der Hand schlug.

Es war deutlich, dass Herbert von Anfang an etwas gegen die Freundschaft von Robert und Hanuschka hatte. Es war zudem nicht das erste Mal, dass die beiden dasselbe Mädchen gut fanden, auch wenn man es bei Robert immer gar nicht merkte. Er merkte es ja selbst kaum – oder erst nach und nach. Aber nie hätte er ein Mädchen so offen angemacht wie Herbert. Wenn Robert zwischen den Schulstunden auf Hanuschka zuging, um mit ihr zu sprechen – zum Beispiel weil er die Hausaufgaben nicht gemacht hatte und sich ihre ausleihen wollte –, kam es vor, dass Herbert schnell seinen Namen rief und ihn mit dem Zeigefinger zu sich heran winkte, um ihm irgendetwas Wichtiges zu sagen, was dann doch gar nicht so wichtig war, oder er ging, wenn Robert und Hanuschka verabredet waren, zu ihr und sagte, Robert habe ihn beauftragt, für ihn abzusagen, ihm sei etwas dazwischen gekommen. Manchmal bekam Robert auch anonyme Anrufe oder SMS-Nachrichten, in denen Sachen standen wie: *Halt dich von der Ruski fern!* Am Anfang fand Robert das noch ziemlich unheimlich, aber irgendwann war er sich relativ sicher, dass Herbert dahintersteckte, denn er war der Einzige, der Hanuschka Ruski nannte, wegen ihrer russischen Eltern.

Eine Zeit lang staute sich da jedenfalls etwas an zwischen ihnen – bis es einmal zu einem Gerangel kam, als Robert Herbert davon abhalten wollte, Hanuschka wieder einen Pausenpudding ins Gesicht zu stoßen. Am Ende war der Pudding auf dem ganzen Boden verschmiert, und beide Jungen bekamen einen Verweis. Aber das war es wert, fand Robert, denn in der darauf folgenden Stunde lächelte Hanuschka ihm dankend zu. Robert riss einen Zettel aus seinem Hausaufgabenheft und schrieb darauf: *Wenn du mal jemanden zum Reden brauchst, ich bin da.* Als er ihn zusammenknüllte und ihr zuwarf, schlug sein Herz, als wollte er ihr einen Antrag machen, und er lief rot an, als Herbert von hinten rief: »Robert plus Ruski!« Am nächsten Tag stand *R+R* ganz groß an der Tafel, umrahmt von einem krakeligen Herz. Das war natürlich peinlich, aber immerhin begann danach auch Hanuschka, sich öfter zu wehren. Einmal verpasste sie Herbert sogar eine blutige Nase und schmierte ihm einen Kaugummi ins Haar. Als Herbert daraufhin brüllte: »Sag mal, hast du nen Knall?«, antwortete sie nur lächelnd: »Wieso? Bei uns Ruskis macht man das so.«

Vielleicht war Herbert auch einfach nur eifersüchtig. Am Anfang hatte er Hanuschka im Chemieunterricht manchmal Zettelbriefe zugeworfen und sich damit mehrfaches Nachsitzen eingehandelt. Trotzdem hatte Hanuschka die Zettel jedes Mal ganz ruhig zerfetzt, nachdem sie sie gelesen hatte. Sie hatte sie immer so langsam zerrissen, dass ihre Banknachbarn das Geräusch kaum aushalten konnten.

Es war Winter, als Hanuschka verschwand. Wenn die Schüler morgens zur Schule liefen, konnten sie auf den Titelseiten der Zeitungen Schlagzeilen lesen wie: *Mädchen verschwunden! Bisher keine Spur!* Robert musste dann immer an einen Satz denken, den Hanuschka zu ihm gesagt hatte, kurz nachdem sie angefangen hatten, sich gelegentlich zu treffen: »Wenn ich irgendwann nicht mehr da sein sollte, würde es gar keiner merken.« Mehr als über den Satz hatte Robert sich damals darüber gewundert, dass sie ihn überhaupt zu ihm gesagt hatte. Denn so vertraut waren sie da noch gar nicht gewesen, obwohl sie schon fast ein Jahr lang in seiner Klasse war. Als Hanuschka dann tatsächlich verschwand, dachte Robert, dass dieser eine Satz vielleicht der Moment gewesen war, in dem sie sich wirklich kennengelernt hatten. Sie hatten in einem Café nahe der Schule gesessen, in das viele Schüler mittags gingen, um die Zeit bis zum Nachmittagsunterricht zu überbrücken. Robert hatte kaum etwas von dem Essen auf seinem Teller runtergebracht, denn da war wieder dieses komische Gefühl im Bauch gewesen – wie neuerdings fast immer, wenn er mit Hanuschka sprach. Manchmal musste er dann an Schmetterlinge denken. Inzwischen mochte er sogar ihren Namen, den er am Anfang noch so bescheuert gefunden hatte. An dem Tag hatten sie auch über ihre Eltern gesprochen, und Hanuschka hatte gesagt, dass ihre sich nicht besonders gut um sie kümmerten und dass sie aber manchmal glaube, das wäre ihre eigene Schuld.

Aus den Zeitungen wussten alle, wie verzweifelt die Eltern von Hanuschka waren. Sie war ihr einziges Kind. Und auch in der Schule herrschte bedrückte Stimmung. Nur Herbert erzählte allen mit diabolischem Lächeln, dass verschwundene Kinder, die nach einer Woche nicht gefunden seien, fast nie wieder lebend auftauchten. Das wisse er aus den Krimiserien im Fernsehen. Da waren schon fünf Tage vergangen. Und obwohl Herbert diese dunklen Ahnungen so verkündete, als wären sie Triumphe für ihn, war doch tatsächlich das Gegenteil der Fall. Ohne sein liebstes Angriffsziel wirkte er irgendwie haltlos, und man erkannte ihn deutlicher als das, was er war: nämlich seinerseits ein Außenseiter, doch einer, den im Gegensatz zu Hanuschka wirklich niemand mochte.

Je mehr Zeit aber verging, desto mehr Gerüchte und Lästereien tauchten auch von anderen Seiten her auf, erst hinter vorgehaltener Hand, dann immer offener. Die meisten waren hanebüchen und offensichtlich erfunden. Jemand wollte am Tag ihres Verschwindens beobachtet haben, wie Hanuschka nach der Schule vor dem Tor in ein Auto gestoßen worden sei; an ihren pinken Schuhen wäre sie ganz deutlich zu erkennen gewesen. Ein anderer gab zu Protokoll, er habe gesehen, wie sie bei der großen Lagerhalle von einem Mann an die Wand gepresst worden sei. Er selbst habe dem Täter noch einen Kübel über den Kopf geschlagen, doch als er dann losgelaufen sei, um die Polizei zu holen, habe der Mann mit Hanuschka im Schlepptau fliehen können. Außerdem, tuschelten einige zugeknöpfte Mädchen, wäre Hanuschka ja selbst schuld, wenn ihr etwas zugestoßen sei, schließlich habe sie auch immer besonders kurze Röcke angezogen. Da hätten ja sogar die männlichen Lehrer schon mal Stielaugen bekommen. Dabei stimmte das gar nicht. In Wirklichkeit war sie sogar eher immer ein bisschen zu dick angezogen gewesen, so als wollte sie sich nach außen gegen irgendetwas abpolstern.

Und dann, so ging das Gekeife weiter, diese peinliche Maske! Damit habe sie sich ja nur interessant und geheimnisvoll machen wollen, so wie alle aus ihrer Clique, die sich selbst die *Prime Girls* nannten, obwohl sie doch eigentlich nur eine Versammlung von Außenseitern waren. Angeblich wären die ja auch bei den Jungs ziemlich rangegangen, hätten sich schon mal einen Freund zu viert geteilt und ähnliches. Aber seit Hanuschka weg sei, wären auch die anderen Prime Girls ziemlich eingeschüchtert und fielen nicht mehr so auf. Manche fanden sogar, mit Hanuschka wäre eine gewisse generelle Unruhe verschwunden, die sie

– so still sie meist auch gewesen war – irgendwie verbreitet habe, allein schon dadurch, dass sie anders war. So gesehen habe es doch vielleicht auch etwas Gutes, wenn sie nicht zurückkäme – »jetzt mal ganz übertrieben gesagt« –, denn ein fauler Apfel könne bekanntlich schon die ganze Ernte verderben.

Aber es gab auch andere Stimmen. Einige der Jungs, die sie mit am meisten gehänselt hatten, sagten jetzt, dass sie zwar ziemlich nervig, aber eben auch recht unterhaltsam gewesen sei. Man habe gut über sie lachen können, und wenn sie jetzt wiederkäme, dann wär das schon o. k.

Vanessa, eines der Prime Girls und so etwas wie Hanuschkas beste Freundin – eigentlich ihre einzige richtige –, sagte aus, dass Hanuschka noch in der Woche zuvor bei ihr übernachtet habe, weil ihre Eltern auf einer Geschäftsreise waren. Hanuschka habe eigentlich keinen sonderlich bedrückten Eindruck auf sie gemacht, sie hätten Spaß gehabt, Popcorn gegessen und Filme geguckt, vor allem von Vampirserien konnte Hanuschka nicht genug kriegen. Doch nachts ging es ihr nicht gut. Sie sprach im Schlaf, war ganz verschwitzt und murmelte immer wieder: »Nein, lass mich ... lass mich ...« Vanessa fand das gruselig. Irgendwann weckte sie Hanuschka auf, traute sich aber nicht, etwas zu fragen. Am nächsten Morgen riefen die Eltern von Hanuschka an und erkundigten sich, ob sie noch eine weitere Nacht bleiben könnte, der Geschäftstermin habe sich verlängert. Vanessa freute sich, und auch Hanuschka stimmte zu, wirkte aber zugleich bedrückt und auf gewisse Weise enttäuscht. Auf dem Schulweg spielte ihnen an diesem Tag Herbert mal wieder einen Streich, er hatte Hanuschka in letzter Zeit ganz besonders auf dem Kieker. Normalerweise ließ sich Hanuschka ihre Angst und ihren Ärger nicht anmerken, aber diesmal war es, als liefe ein Fass in ihr über. In der Pause brach sie vor Vanessa in Tränen aus und stammelte, sie könne nicht mehr, immer wieder sagte sie das, bis Vanessa sie schließlich beide im Sekretariat befreien ließ und Hanuschka zu sich nach Hause brachte. Auch am nächsten Tag gingen sie nicht zur Schule. Das war in der Woche vor ihrem Verschwinden gewesen.

Wilde Geschichten über Hanuschkas Vergangenheit wurden jetzt viele erzählt. Plötzlich wollte jeder etwas gewusst oder geahnt haben. Sie sei von ihrer letzten Schule geflogen und ziemlich schlimm mit Drogen und Alkohol abgestürzt, angeblich, weil ihr erster Freund sie verlassen hatte – der »größte Stecher« des ganzen Ortes. Und die Maske trage sie, weil sie auf einem Trip hängengeblieben sei. Andere wollten gehört haben, dass Hanuschka schwanger gewesen sei, und jetzt war sie bestimmt irgendwo anonym in einer Klinik und ließ das Kind abtreiben.

Einer weiteren Version zufolge hatte Hanuschka herausgefunden, dass sie adoptiert war, und suchte nun nach ihren wahren Eltern. Aber Robert glaubte das alles nicht. Allerdings stimmte es, das musste er zugeben, dass sie über ihre Vorgeschichte immer geschwiegen hatte.

Zumindest fast immer. Denn damals bei ihrem Gespräch in dem Café musste etwas Besonderes in der Luft gelegen haben, so dass sie sich ihm für einen Moment geöffnet hatte, wie ein flüchtiger Luftzug, der eine schwere Tür ganz kurz einen Spalt weit aufschwingen lässt, nur um sofort wieder ins Schloss zu krachen. Robert hatte sie gar nicht nach der Maske gefragt, aber andererseits stand diese Frage eigentlich immer im Raum, wenn Hanuschka irgendwo war und das Delfingesicht aufgesetzt hatte.

Sie sei noch jünger gewesen, hatte Hanuschka gesagt, fast geflüstert, da sei es ... zu einer Art Unfall gekommen. Und danach hatte es einige Operationen gegeben, so dass man nun nichts mehr sah außer der Narbe an der Stirn und – sie wurde verlegen – naja, eben dem einen Ohr. Erst da fiel Robert auf, dass Hanuschka ihr Haar immer so trug, dass es ihre Ohren bedeckte, vor allem das rechte, und auch diesmal machte sie keine Anstalten, es ihm zu zeigen, sagte aber nach ein paar Sekunden des Schweigens: »Das willst du nicht sehen, Robert, glaub's mir.« Er wusste nicht, was er tun oder sagen sollte, stammelte ein wenig herum und legte ihr schließlich eine Hand auf die Schulter – als Geste des Mitgefühls, aber auch, das merkte er jetzt, weil er sie einfach berühren wollte. Der Schlag, den er bekam, war nicht so stark und schmerzhaft wie beim ersten Mal, aber er spürte ihn deutlich, und wieder war es so, als liefe da etwas aus ihrem Inneren auf ihn über, etwas Machtvolles, das ihm Angst einflößte. Ein Teil von ihm wollte die Hand sofort wieder wegziehen, aber er hielt stand, ließ sie auf ihrer Schulter liegen, bis Hanuschka plötzlich aufsprang und in Richtung Toilette lief. Robert setzte ihr nach, holte sie auf dem schmalen Gang ein; da drehte sie sich um und klatschte ihm eine. »Lass mich, Robert!«

»Was ist denn los mit dir, Hanu?«, fragte er verzweifelt.

»Nicht anfassen! Fass mich nicht an!«, rief sie schrill und begann zu zittern.

»Aber ich tue dir doch nichts, ich wollte doch nur ... ich meine, ich ...«

»Nein, Robert, ich will das nicht ... egal, was ... ich kann das nicht.«

»Ist es wegen deinem ... wegen diesem Traumati-Ding?«

»Lass es doch einfach gut sein, Robert! Du machst es nur schlimmer!«

»Aber ich kann dir helfen!«

Später weinte sie lang und konnte nicht mehr viel sagen, wollte aber auch nicht in den Arm genommen werden. Sie saßen draußen vor der St.-Ursula-Kirche, und als Robert leise sagte: »Dann verrate mir doch wenigstens, was dieses Traumati-Ding zu bedeuten hat«, antwortete sie so langsam, als koste es sie sehr viel Kraft: »Das ist wie eine böse Erinnerung, die dich immer wieder einfängt, so lange, bis du glaubst, es ist die Wirklichkeit.«

»Und warum darf ich dich nicht trösten?«

»Weil es dann auch von dir Besitz ergreift. Das hast du doch gespürt. Das spüren alle.«

Aber ich kann dir helfen. Das hatte er zu ihr gesagt. Und jetzt brauchte sie vielleicht wirklich seine Hilfe. Sogar dringend. Aber er wusste nicht, was zu tun war. So oft hatte er sich abends im Bett liegend vorgestellt, ein Held zu sein und den ganzen Ort vor einer bösen Macht zu beschützen, und immer öfter hatte in letzter Zeit Hanuschka in diesen Träumen eine Rolle gespielt. Er wollte ein Held sein, ja. Er wollte sie retten. Aber in der Wirklichkeit hatte er es nicht einmal geschafft, sie richtig vor Herbert zu beschützen. Oder davor, einfach zu verschwinden. Zugleich war das jedoch vielleicht auch seine große Chance. Jetzt konnte er es ihr endlich beweisen ... ja, was eigentlich? Und wo sollte er beginnen?

Am nächsten Tag, etwa eine Woche nach Hanuschkas Verschwinden, machte sich Robert nach der Schule auf die Suche. Zuerst ging er noch ziemlich planlos vor. Er lief durch Parks, schaute hinter Gebüsche und fragte in dem Kinderheim, das sich in der Nähe befand, ob zuletzt ein neues Mädchen aufgenommen worden sei. Er klingelte auch bei ihren Eltern. Erst öffnete keiner, da läutete er nochmal und nochmal, presste seinen Daumen immer wieder auf die Klingel mit dem Namen *Capra*. Hanuschkas Mutter hatte rötlich verschwollene Augen, als sie die Tür aufmachte, und ihre Schminke war verwischt, aber für einen kurzen Moment sah sie Robert hoffnungsvoll an. Dann erkannte sie, dass er natürlich nicht Hanuschka war, und stolperte wieder zurück in die Wohnung, ohne etwas zu sagen oder die Tür zu schließen. Robert stand kurz wie angewurzelt da, doch schon im nächsten Augenblick hörte er lallendes Gebrüll von drinnen. Trotz seiner Angst trat er zitternd ein. Die Wohnzimmertür stand einen schmalen Spalt weit offen. Er schielte zögerlich hindurch und erschrak erneut. Ein Mann, der Hanuschkas Vater sein musste, lag auf einem Sofa, im Gesicht ganz rot vom Alkohol. Um ihn herum lagen massenweise Wodkaflaschen, eine war zerbrochen.

Die Mutter stand wimmernd an die Wand gelehnt und hielt sich eine Wunde an der Stirn. Der Wohnzimmertisch war umgeworfen. Robert ging hinein und stellte ihn wieder auf; er wusste selbst nicht genau, warum er das tat.

Hanuschkas Eltern schienen ihn gar nicht zu bemerken. Oder es war ihnen egal, dass er da war. Erst nach einer Weile, in der sich keiner rührte, sagte die Mutter: »Hallo Robert. Das ist Igor, mein Mann.« Igor rülpste. Seltsam, Hanuschkas Mutter wusste, wer er war, obwohl sie sich gar nicht kannten. Aber wie sich herausstellte, hatte Hanuschka schon öfters von ihm erzählt – »und auch, dass sie dich gern hat«, sagte die Mutter mit einem traurigen Lächeln. Da wurde Robert etwas verlegen, aber auch froh für einen Moment. Die Eltern erzählten Robert, dass Hanuschka an jenem Tag sehr wohl von der Schule nach Hause gekommen, aber dann nochmal losgegangen sei, angeblich um spazieren zu gehen. Mehr wussten sie nicht. Das hatten sie auch der Polizei gesagt.

Robert war müde, als er am Abend nach Hause ging. Kurz überlegte er, ob es denn nicht auch sein konnte, dass Hanuschka gar nicht gefunden werden wollte; und dass sie jetzt irgendwo war, wo sie endlich Ruhe und Sicherheit hatte. Aber so richtig glaubte er das nicht. Er schlief schlecht, machte zunächst kein Auge zu und hatte dann einen merkwürdigen Traum. Darin betrat er zusammen mit Herbert den Hobbykeller in seinem Elternhaus, wo plötzlich Hanuschka die beiden freudig empfing, aber nicht nur lebendig und gesund, sondern noch dazu halbnackt und sehr sexy. Sie lag auf einer Yogamatte, hatte ihre Delfinmaske auf und hauchte ihnen zu: »Kein Grund zu streiten, Jungs, es ist genug für alle da ...«

Völlig verstört wachte Robert am nächsten Morgen auf. Aber es kam direkt noch schlimmer. Als er das Fenster öffnete, um durchzulüften, kam plötzlich ein Stein auf ihn zugeflogen. Robert konnte sich gerade noch wegducken, und der Stein landete krachend auf dem Fußboden. Was zum Teufel war da los? Robert blieb noch einen Moment in Deckung, doch als er schließlich vorsichtig hinauslugte, war niemand zu sehen. Das war bestimmt Herbert, dachte Robert, na warte, das gibt Rache.

Doch das Ganze schien ihn auch wachgerüttelt zu haben, denn beim Frühstück hatte Robert eine Idee. Er googelte Hanuschkas Namen. Sofort tauchten Zeitungsberichte auf, vor allem über eine Firma namens ›Brand Neu‹; dazu ein unscharfes Foto aus einer S-Bahn-Überwachungskamera. Ein älterer Mann war darauf von hinten zu erkennen, der offenbar gerade versuchte, zu fliehen. Etwas stimmte an dem Bild nicht, alles wirkte irgendwie durcheinander, Leute lagen kreuz und quer. In dem Artikel wurde ein Zugunglück erwähnt und ein Mädchen namens Hanuschka, das unter den Überlebenden war. »Das kann doch nicht Hanuschka sein«, murmelte Robert aufgebracht, »unmöglich«. Und was hatte es mit dieser Firma auf sich? Robert hatte Schwierigkeiten, sich auf den Text zu konzentrieren. Das hatte er oft. Bei längeren Sätzen verschwamm immer alles, und seine wiederkehrende Müdigkeit machte es noch schlimmer. Also beschloss er, der Firma ›Brand Neu‹ einfach einen Besuch abzustatten. Vielleicht war das eine Spur. Die Schule konnte warten.

Aus dem Internet wusste Robert die Adresse: Emenlauerstr. 84, im Stadtteil Neuland. Doch als er dort ankam und sich ungläubig umsah, fuhr ihm ein eisiger Schauer über den Rücken. Denn es gab hier kein Gebäude und keine Firma. Sondern nur einen Friedhof, den alten Südfriedhof. War das vielleicht ein schlechter Scherz von irgendwelchen Internetfreaks? Eine innere Stimme warnte ihn: *Geh da nicht rein, vertrau mir.* Für einen kurzen Moment hatte Robert das Gefühl, diese Stimme käme von Hanuschka, die ihn von irgendwoher zu schützen versuchte. Robert wollte wieder abdrehen, doch etwas hielt ihn fest, fast als zöge etwas an ihm, das sich zwischen den vielen alten, zum Teil umgekippten oder von Moos überwucherten Grabsteinen befand. Zögerlich trat er durch das verrostete Eisentor, das sich ihm nur quietschend öffnete, und lief über die ungepflegten Wege zwischen den Steinen. Hier war offenbar schon lange niemand mehr gewesen, und auch die Inschriften auf den Gräbern waren so ausgewaschen, dass man sie kaum noch entziffern konnte. Die meisten Gräber waren mehr als 50 Jahre alt. Robert sah sich um. Niemand war hier außer ihm, das merkte er erst jetzt. Sein Blick war so gebannt gewesen von den Gräbern, dass er nicht auf den Weg geachtet hatte. Er konnte die Straße nicht mehr sehen. Gerade als Robert spürte, wie Angst in ihm hochkroch, fiel sein Blick auf ein sehr kleines Grab direkt vor ihm. Der Stein war auffällig, denn er war viel neuer als die anderen. In schöner geschwungener Schrift war darauf eingraviert:

H.
** 27.12.1998*
†

Das war seltsam. Und ziemlich unheimlich. Robert brauchte einen Moment, um zu begreifen, was da stand. War das Hanuschkas Grab? Oder sollte es werden? Es war zumindest ihr Geburtsdatum. Aber was zum Teufel ... Die Sache wurde ihm langsam zu heiß. Er lief los, ohne zu wissen, wohin. Er rannte einfach. Alles verschwamm und verzog sich um ihn. Er hatte das Gefühl, ewig in diesem Labyrinth herumzuirren und immer tiefer einzudringen. Irgendwann fand er endlich einen Ausgang und ein kleines Besucherhaus, in dem ein älterer Mann saß und ihn besorgt anblickte.

»Alles in Ordnung, Winzling«, fragte er. Robert stand in der Tür, stützte seine Hände auf die Knie und keuchte. Er war völlig außer Atem.

»Ich ... ich suche eine Firma namens ›Brand Neu‹ ... aber eigentlich Hanuschka! Sie trägt oft eine Delfinmaske und hat so ein Traumati-Ding, und da drinnen ist ein Grabstein, das ist vielleicht ihrer, aber das kann gar nicht sein ... Außerdem darf sie doch nicht einfach ... sie kann nicht ...« Roberts Stimme brach, und er merkte, wie sein Kinn weich wurde. Der Mann legte seine Stirn in Falten und blickte noch besorgter drein.

»Bist du sicher, dass es dir gut geht, Junge? Du wirkst etwas ... durcheinander. Und ich glaube auch nicht, dass deine Freundin hier liegt, denn dieser Friedhof wird schon seit Jahrzehnten nicht mehr als solcher genutzt. Heute ist er eine historische Stätte, die ...«

»Aber da steht doch *H*, H für Hanuschka«, schrie Robert dazwischen, »und ihr Geburtsdatum!« Er war den Tränen nah. Jetzt erst blickte Robert auf und entdeckte im Hintergrund noch ein weiteres Zimmer, in das man durch einen engen Türspalt spähen konnte. Dort hantierten ein paar seltsam verkleidete Arbeiter mit allen möglichen Lötkolben, Reagenzgläsern und Pulvern herum. Ein unangenehm riechender Dampf kam aus dem Zimmer. Robert kannte sich mit so was nicht aus, aber seine erste Idee war, dass es sich um ein geheimes Drogenlabor handeln könnte. So etwas Ähnliches hatte er mal in seiner Lieblingsfernsehserie gesehen. Als der Mann Roberts Blick nach nebenan bemerkte, streckte er die Hand aus und zog die Tür zu.

»Geschnüffelt wird nicht, Winzling«, sagte der Mann nun mit gespielter Ruhe. Er griff nach dem Telefonhörer. »Setz dich doch vielleicht erst mal da hin und erhol dich, was meinst du? Wie heißt du eigentlich? Und wo, sagtest du gleich wieder, steht dieses frische Grab von deiner Freundin Hanna?« Robert sah, dass er eine sehr kurze Telefonnummer wählte.

»Also ...«, stammelte Robert.

»Was denn, mein Kleiner?«

»Na, da war doch dieses S-Bahn-Unglück ... und eine Firma namens ›Brand Neu‹ ...«

»Weißt du«, unterbrach ihn der Mann und erhob sich, »manche Geschichten sollte man einfach ruhen lassen. Denn alles hat seinen Preis, und manchmal einen ziemlich hohen. Warum willst du all das überhaupt wissen? Hast du nichts Besseres zu tun?«

»Nein«, rief Robert, »habe ich nicht!«

»Also, falls du Hanna meinst ... ja, sie kam oft her und ist hier spazieren gegangen. Sie wirkte häufig traurig. Normal war das nicht, wenn du mich fragst. Ich hab versucht, sie zu trösten ... aber sie wollte nicht getröstet werden.« Der Mann stand jetzt ganz nah bei Robert und grinste fies.

»Sie heißt Hanuschka!«, brüllte Robert, seine Stimme war jetzt ganz schrill. Er zeigte in Richtung der Gräber, wusste aber selbst nicht mehr, von wo er gekommen war. »Und sie ist nicht krank, sie hat nur so ein ... Traumati-Ding! Und sie ist auch nicht gestorben!«

Alles kam ihm nun so unwirklich vor, wie in einem Traum. In seinem Kopf war wieder Hanuschkas Stimme, *Renn, Robert, renn, und hab keine Angst!* Da stürmte er hinaus, vorbei an dem Mann, der noch versuchte, ihn festzuhalten und gleichzeitig in den Hörer rief: »Hallo? Hier ›Brand Neu‹ ... ja, ich habe hier einen verwirrten Jungen, der Fragen stellt nach ...« Doch Robert riss sich los und schrie so laut er konnte: »Ich habe keine Angst!« Im nächsten Moment war er auf der Straße und lief davon. Als er hörte, wie ein Auto angerast kam und knirschend auf den Kiesparkplatz des Friedhofs fuhr, versteckte sich Robert hinter einer Wand. Türen wurden geöffnet, und er sah vier Männer aus dem Wagen steigen, alle trugen Skimasken. Sie unterhielten sich eine Zeit lang mit dem älteren Mann, mit dem Robert gerade gesprochen hatte. Die Stimme von einem der Männer erinnerte Robert an die von Hanuschkas Vater, aber unter der Skimaske war er nicht zu erkennen. Und konnte das überhaupt sein? Wenn das Hanuschkas Vater war, dann musste der bedrohliche Mann aus dem Haus ja sein Chef sein. Zumindest schnauzte er ihn jetzt ziemlich an. Es wurde einfach immer komplizierter. Dann drehten die Männer wieder ab, und Robert hörte einen von ihnen sagen: »Kommt, verschwinden wir, wir müssen das Paket noch ausliefern.« Paket, welches Paket, fragte sich Robert. Also doch Drogen? O Mann, wo war er da nur reingeraten ...

Es dämmerte bereits, obwohl er doch gleich nach dem Frühstück hergekommen war. Es konnte eigentlich höchstens Mittag sein. Robert sah auf die Uhr. Es war schon kurz vor vier. Demnach war er fast sechs Stunden auf dem Friedhof gewesen. Aber er konnte sich an kaum etwas erinnern.

Zu allem Überfluss stolperte er bei der U-Bahn-Absperrung auch noch in jemanden hinein, den er jetzt gar nicht gebrauchen konnte.

»Herbert!«, sagte er fassungslos. »Was zur Hölle machst du denn hier in Neuland?«

»Das könnte ich dich genauso fragen, du Lappen!«, blaffte Herbert zurück. »Ich bin auf der Suche nach Hanu, also verzieh dich!«

Robert sah ihn erstaunt an. »Du ... suchst Hanu? Ich meine ...«

Da fiel ihm Herbert schon ins Wort, halb genervt, halb verlegen. »Na ja, irgendwie vermisse ich sie schon auch ein bisschen. Hast du damit vielleicht ein Problem?« Robert musste sich wegen Herberts Gesichtsausdruck ein Grinsen verkneifen. Herbert blickte jetzt zu Boden, und Robert war sich nicht sicher, ob er mit den Tränen kämpfte.

»Mir ist alles egal«, sagte Herbert schließlich mit bebender Stimme. »Ich will einfach nur Hanu finden, sonst nichts. Vielleicht sollten wir uns gegenseitig helfen.«

»O.k.«, antwortete Robert, »aber keine Streiche und keine Lügen«. Herbert nickte. Robert erzählte ihm, was er gerade erlebt hatte, doch Herbert unterbrach ihn recht schnell. »Ich kenne den Kerl, Robert, ich war auch schon bei ihm. Und ich habe das hier aus seiner Schublade mitgehen lassen, als er gerade abgelenkt war.« Herbert zog einen Umschlag aus seiner Jacke, griff hinein und brachte einige Fotos zum Vorschein. Es waren ganz ähnliche Bilder wie die, die Robert im Internet gesehen hatte. Doch diesmal war es kein Mann, der darauf abgebildet war, sondern ein Mädchen, schräg von hinten. Ihr Gesicht war von der Kamera weggedreht, aber Robert glaubte trotzdem, dass es Hanuschka war.

»Der Typ hat Dreck am Stecken«, sagte er, »so viel ist mal klar. Und er kennt Hanu«. Sie vereinbarten, dass Herbert sich an die Fersen des Mannes heftete, denn Robert musste nach Hause zum Essen. Er war schon mehr als spät dran. Dann trennten sich die beiden, gaben sich aber vorher noch schweigend die Hand. Das hatten sie vorher noch nie getan.

Robert brachte zu Hause kaum einen Bissen runter. Er musste erst wieder klar im Kopf werden. Er überlegte, wo er am besten nachdenken konnte, und ging schließlich auf die Dachterrasse ihres Hauses. Das war eigentlich verboten, aber hier kam er öfters hin, wenn es ihm nicht gut ging. Er setzte sich auf die Abgrenzungsmauer zum nächsten Haus und überblickte die Weite der Stadt in der Nachmittagsstimmung. Sofort fühlte er sich freier. Auch Hanuschka hatte vielleicht so einen geheimen Ort, an den sie sich zurückzog, um Kraft zu tanken. Den musste er finden, aber wie? Da durchfuhr Robert ein Gedankenblitz, so heftig, dass er fast in die Tiefe gekippt wäre. Das Tagebuch! Vanessa hatte ihm erzählt, dass Hanuschka vor dem Schlafengehen immer in ihr Tagebuch schrieb.

Obwohl es schon fast dunkel war, radelte Robert nochmal zurück zur Wohnung von Hanuschkas Eltern. Der Vater war nicht da. Vielleicht war die Mutter deshalb viel ruhiger als gestern. Sie schien sich sogar über Roberts Besuch zu freuen.

»Lustig«, sagte sie, »Herbert war vorhin auch schon da«.

»Was wollte denn Herbert hier?«, fragte Robert irritiert und fast ein bisschen verärgert. So als wäre das hier *sein* Territorium, das es zu verteidigen galt. Dann fiel ihm wieder ein, dass sie sich ja heute vertragen und verbündet hatten, war sich aber plötzlich gar nicht mehr so sicher, ob er das wirklich wollte.

»Na, er hat auch Sachen über Hanuschka gefragt.« Die Mutter machte Robert eine Tasse Tee und begann noch währenddessen ihre halbe Familiengeschichte zu erzählen, obwohl Robert gar nicht danach gefragt hatte. Sie sagte, dass sie und ihr Mann beide keinen Schulabschluss hätten und dass sie früher, als sie nach Deutschland gekommen seien, nun ja, als Stripperin habe arbeiten müssen, damit sie zusammen genug für die ganze Familie verdienten. Irgendwann habe Hanuschka das herausgefunden und sehr schwer aufgenommen. Das sei vor etwa zwei Jahren gewesen, kurz vor der Sache mit der S-Bahn. Das habe Hanuschka ihm ja sicherlich erzählt. Robert wurde hellhörig, tat aber so, als wüsste er, was sie meinte, um sie nicht in ihrem Redefluss zu stoppen. »Ja ja, ich weiß«, sagte er, »aber wie war das nochmal genau?« Die Mutter erzählte, dass Hanuschka vor zwei Jahren in einen schweren S-Bahn-Unfall verwickelt gewesen sei. Mehrere Waggons waren entgleist, es hatte Tote gegeben. Die Ursache konnte nie richtig geklärt werden, aber verantwortlich war wohl eine Zuliefererfirma der Bahn namens ›Brand Neu‹. Verurteilt worden war aber niemand. Hanuschka hatte Brand- und Schnittwunden im Gesicht, aber das Schlimmste war für sie gewesen, zwischen lauter Leichen zu liegen, bis sie gefunden wurde, mehrere Stunden lang. Darüber war sie nie richtig hinweggekommen. Gerade am Anfang hatte man sie praktisch nicht allein im Zimmer lassen können, ohne dass sie auf schreckliche Gedanken kam. Einmal hatte sie sogar ein Messer vom Abendbrottisch in ihr Zimmer geschmuggelt und in die Steckdose gesteckt. An dem elektrischen Schock war sie fast gestorben. Danach musste sie eine Zeit lang in einer geschlossenen Klinik betreut werden. »Manchmal war es beinahe«, sagte die Mutter, »als hätte Hanuschka eine gespaltene Persönlichkeit. Dann nannte sie sich sogar anders – Hanna. Erst als die Therapeutin auf die Idee mit der Delfinmaske gekommen ist, wurde es langsam besser.« Die Mutter erzählte auch noch, dass Hanuschka eigentlich nur einem

Menschen wirklich vertraue, ihrer Großmutter Anastasia, die in Spanien lebe, ganz allein, seit ihr Mann, Hanuschkas Opa, vor sieben Monaten an Lungenkrebs gestorben sei. »Das war eine schwere Zeit auch für Hanuschka – na ja, eigentlich bis heute.«

Nach einem Moment des Schweigens nahm Robert seinen ganzen Mut zusammen und berichtete der Mutter von dem Grab, das er auf dem Südfriedhof entdeckt hatte – und auch von dem Mann, der wie Hanuschkas Vater geklungen hatte, und von den Drogen und dem Kerl mit den Fotos in der Schublade. Doch die Mutter blickte nur lange ins Leere und sagte schließlich: »Dieser Scheißkerl, ich bringe ihn um. Weißt du, Igor hat versucht, mit ihnen fertigzuwerden, aber er hat Angst, er hat zu viel Angst.« Robert war sich nicht sicher, auf was sie sich dabei bezog und ob sie ihm überhaupt zugehört hatte. Sie war völlig in Gedanken versunken, murmelte nur Sätze vor sich hin wie: »Ich hätte besser auf sie aufpassen sollen« oder: »Ich hab so Angst, dass ihr etwas zugestoßen ist.« Das war die Gelegenheit. Robert sagte, er müsse mal auf die Toilette, und schlich sich in Hanuschkas Zimmer. Als er eintrat, wusste er sofort, dass es ihres war, denn es roch nach ihr. Bisher war ihm gar nicht bewusst gewesen, dass er ihren Geruch so genau kannte. Auf dem Nachttisch lag das Tagebuch und daneben ein Briefumschlag. Obwohl er wusste, dass er sich beeilen musste, konnte Robert nicht widerstehen, hineinzusehen. Es handelte sich um medizinische Aufnahmen einer Operation. Hanuschkas Operation. Robert wandte sich schnell ab – weil er Blut nicht sehen konnte, aber auch weil er das Gefühl hatte, Hanuschka damit vielleicht zu nahe zu treten. Trotzdem schob er sich die Bilder zusammen mit dem Tagebuch schnell unter den Pullover und eilte zurück ins Wohnzimmer. »Ich werde sie finden, Sie können sich auf mich verlassen«, sagte er bei der Verabschiedung zu Hanuschkas Mutter.

Robert war erschöpft. Was für ein Tag! Aber noch immer hatte er keine echte heiße Spur. Ich brauche einen Anhaltspunkt, dachte er, während er zuhause das Tagebuch betrachtete. Es lag in seinem Schoß. Er traute sich nicht gleich, es zu öffnen, er zögerte, denn eigentlich las man ja keine fremden Tagebücher. Fast zärtlich blickte er das Buch in seinen Händen an, dann schaute er wieder unentschlossen im Zimmer umher. Vor dem Schrank lag noch immer der Stein, der am Morgen durch das Fenster geflogen war. Jetzt erst sah Robert, dass es nicht nur ein Stein war, sondern dass an dem Stein noch etwas mit einem Gummi befestigt war. Ein Zettel. Verdammt, wieso war ihm das nicht schon in der Früh aufgefallen?! Robert sprang auf und riss den Zettel ab. Es waren nur ein paar Wörter, die darauf standen, aber Robert erkannte die Handschrift sofort. Es war Hanuschkas. Mit zitternden Händen las er: *Ostpark, heute Abend, 19 Uhr an der Bühne*. Roberts Gedanken überschlugen sich. Er sah hektisch auf die Uhr. Kurz vor sieben. Er rannte raus, rief seinen Eltern irgendeine Ausrede zu und schwang sich auf sein Fahrrad.

Schwer atmend erreichte er den Ostpark. Doch nach einem heimlichen Treffen sah das nicht gerade aus. Hunderte von Menschen standen vor der Bühne, wo eine Art Tanzdarbietung stattfand. Wie sollte er Hanuschka denn inmitten dieser Masse entdecken? Robert ließ sein Fahrrad stehen und arbeitete sich durch die Menge, schaute in jedes Gesicht, aber das hatte keinen Sinn. Es war einfach zu voll. Als er schon fast resigniert hatte, blickte er endlich einmal genauer auf die Bühne – und sah Hanuschka. Sie war verkleidet, aber Robert erkannte sie trotzdem gleich, vielleicht an ihren Augen, vielleicht an ihren Bewegungen. Sie tanzte dort mit fünf anderen Mädchen und machte Kunststücke. In dem Bühnenlicht sah sie wunderschön aus. Robert betrachtete sie gebannt. Hanuschka wirkte so anders als sonst, irgendwie freier, fast wie entfesselt. Als könnte sie dort auf der Bühne endlich jemand anderes sein. Auch Robert verlor das Gefühl für Zeit und Raum, alles verschwamm mit den eleganten Tanzbewegungen. Er musste sehr müde sein. Aber er war auch froh. Irgendwann erlosch das Licht auf der Bühne, die Leute begannen, begeistert zu klatschen, und Hanuschka verschwand mit den anderen Mädchen hinter dem Vorhang. Da erwachte Robert wie aus einer Trance und sah sich hektisch um. War das wirklich Hanuschka gewesen, oder hatte er sich das nur eingebildet? Er rannte los, zur hinteren Seite der Bühne, wo er fast in einen Mann mit Zylinder gelaufen wäre, der sich an der Bühnentechnik zu schaffen machte.

»Nicht so hastig, Kleiner«, sagte er. »Kann ich dir helfen?«

»Die Mädchen, die da gerade aufgetreten sind, wie heißen die?«, fragte Robert, wobei er jedes Wort abgehackt aussprach, weil er so außer Puste war.

»Na, du gehst ja ganz schön ran«, sagte der Mann und kicherte. »Also, unsere Mädchen heißen Hannah, Célina, Simona, Fatma ...«

Aber da hörte Robert schon nicht mehr zu, denn er sah die Gruppe der Tänzerinnen in einiger Entfernung mit ein paar Männern zusammenstehen. Robert schlich sich an und ging in Deckung. Vier Männer waren es. Robert glaubte, dass es dieselben waren, die er beim Friedhof gesehen hatte, aber sicher sein konnte er sich nicht, denn es war dunkel, und Robert war so schrecklich erschöpft. Robert kniff die Augen zusammen, um besser sehen zu können, aber er erkannte Hanuschka nicht mehr, in den Kostümen glichen sich die Mädchen alle. Mit einem Mal fror Robert. Ein kalter Windzug strich an ihm vorbei, dann fasste ihn jemand vorsichtig von hinten an der Schulter an. Fast im selben Moment durchfuhr ihn ein sanfter Blitz – wie ein leichter Stromstoß. Robert erschrak, obwohl es eigentlich nicht unangenehm war. Im Gegenteil, es war ein Gefühl, das ihm vertraut war. Und das er vermisst hatte. Er wirbelte herum. Hanuschka lächelte ihn erwartungsvoll an. Erst brachte Robert gar nichts heraus, dann stotterte er: »Wo ... wo warst du, ich habe dich die ganze Zeit gesucht!«

»Ich musste mich noch schnell umziehen«, antwortete Hanuschka leise und sah wie beschämt zu Boden, und Robert musste kurz an den merkwürdigen Traum von letzter Nacht denken.

»Ja, aber das meine ich nicht ... Ich meine, insgesamt, wo bist du denn gewesen, alle machen sich wahnsinnige Sorgen!«, rief Robert ziemlich laut und wusste nicht, ob er Hanuschka eine Ohrfeige geben oder um den Hals fallen sollte. Aber dafür war jetzt eh keine Zeit, denn Hanuschka packte ihn am Ärmel. »Los, schnell!« Die Männer waren von Roberts lauten Worten aufmerksam geworden und bewegten sich in ihre Richtung. Sie gingen sehr langsam, kamen aber seltsamerweise trotzdem schnell näher. Adrenalin schoss durch Hanuschkas und Roberts Adern, und kurz sahen sie sich nochmal in die Augen. Dann huschten sie los, erst schleichend und geduckt, doch wie auf ein geheimes Kommando hin richteten sie sich auf und rannten weg. Seine Hand ließ sie dabei nicht los.

Irgendwann blieben sie stehen und keuchten, kamen wieder zu Atem. Hinter ihnen war niemand mehr zu sehen, überhaupt war kaum noch etwas zu erkennen. Um sie herum war es stockfinster, nur ein paar Sterne funkelten am Himmel. Sie mussten auf einem freien Feld stehen. Zumindest hatte Robert den Eindruck, sich schon lange nicht mehr so frei gefühlt zu haben, obwohl er nicht die geringste Ahnung hatte, wo sie waren.

»Wo sind wir, Hanu«, fragte er schwer atmend. »Und willst du mir vielleicht endlich mal erklären, was hier überhaupt los ist?« Die letzten Worte hatte er fast geschrien.

»Ja«, sagte Hanuschka ganz ruhig, »darum sind wir ja hier.«

»Wo, hier?«

»Na, hier! Sieh dich doch mal um!«

Langsam gewöhnten sich Roberts Augen an die Dunkelheit, und ja, jetzt ahnte er, wo sie waren. Schemen von Gleisen und ausrangierten Zügen waren im Dunst der Nacht zu erkennen. Büsche. Ein Trafo-

Häuschen. Robert hatte all das schon mal gesehen. Auf den Fotos im Internet. Sie waren an der Unfallstelle, wo vor zwei Jahren die S-Bahn entgleist war. Robert erschrak, er wäre jetzt wirklich lieber zu Hause gewesen. Aber bevor er etwas sagen konnte, nahm Hanuschka wieder seine Hand und flüsterte: »Wenn ich hier bin, bilde ich mir immer ein, ich könnte noch immer den Gestank der Toten riechen und die Leichen an meinem Körper spüren.« Robert bekam eine Gänsehaut. »Aber niemand kommt mehr her«, fuhr sie fort. »Alle haben mit dem Fall abgeschlossen. Es gibt nicht mal ein Kreuz.« Erst jetzt fiel Robert auf, dass Hanuschka ihre Delfinmaske nicht dabei hatte.

»Ja«, sagte er, »nicht mal ein Kreuz. Das ist wirklich unter aller Sau. Aber kannst du mir bitte meine Frage beantworten?« Er war jetzt seltsam aufgekratzt, so als hätte er fünf Dosen Red Bull oder Rockstar getrunken. »WO. VERDAMMTE. SCHEIẞE. WARST. DU?«, brüllte er.

»Bitte, Robert, beruhige dich«, flüsterte Hanuschka, als hätte sie plötzlich Angst vor ihm. Sie zögerte eine Weile, dann bündelte sie all ihre Kraft. »Diese Stelle ist sehr wichtig für mich. Genau hier ist es vor zwei Jahren geschehen«, sagte sie mit unsicherer Stimme. »Es war ein Tag wie jeder andere, na ja, nicht ganz. Ich war mit der Bahn auf dem Weg in ein Camplager und ganz in Gedanken versunken, voller Vorfreude. Wir kamen vom Ostbahnhof. Plötzlich schwankte der Zug, der Schaffner konnte offenbar das Gleis nicht plangemäß wechseln, irgendetwas an der Weiche muss defekt gewesen sein. Der Zugführer hat noch die Notbremse gezogen, aber dann kam uns eine andere Bahn entgegen, und die hat einfach nicht mehr anhalten können. Mir gegenüber saß eine Familie mit Zwillingen. Kurz zuvor hatte der Vater mir noch erzählt, dass er Delfinzüchter sei. Und das Letzte, was ich noch sicher weiß, ist, dass seine Frau mit den Zwillingen gebetet hat, ein letztes Mal. Ihre Kinder hat sie dabei an den Händen gehalten. Dann gab es einen riesigen Krach, und alle haben geschrien. Viele riefen nach ihren Müttern, selbst erwachsene Männer. Einige sprangen noch aus den Türen. Auch ich habe versucht, hinauszukommen, bekam aber einen Stoß von hinten, bin gestolpert und auf die linke Seite geknallt. Ich muss kurz bewusstlos gewesen sein. Irgendwann bin ich aufgewacht, immer noch auf dem Boden liegend. Um mich herum und auf mir drauf lagen Leichen, und ich habe versucht, mich aus ihnen herauszukämpfen, aber es wurden immer mehr. Wie in einem Alptraum. Die Sitze waren voller Blut, auch die Menschen waren voller Blut. Dann hielt mich etwas von hinten fest, und ich erschrak, fuhr schreiend herum. Es war die Frau, die mir gegenübergesessen hatte. Ihr Gesicht war blutverschmiert, und sie schrie nach ihren Kindern. Ich wollte ihr helfen, aber ich konnte nicht, ich hatte selbst zu große Angst. Bis heute kann ich mir das nicht verzeihen. Ich habe nach ihr getreten, um meinen Fuß freizubekommen, und bin in Richtung Tür gestolpert. Aber die waren jetzt alle zu oder von panischen Menschen verrammelt. Es war hoffnungslos. Im nächsten Waggon konnte ich eine Tür sehen, die einen Spalt weit offen stand, und schlug mich dorthin durch, über viele Tote hinweg. Ihre weichen Körper unter meinen Füßen habe ich nie wieder vergessen. Ich will mich daran nicht mehr erinnern, Robert, verstehst du, es war so schrecklich.«

Robert hatte es die Sprache verschlagen, und ihm war fast ein wenig schlecht, so genau stand ihm mit einem Mal alles vor Augen. Er starrte Hanuschka an, wollte schlucken, aber sein Mund war zu trocken.

»Ich muss dann wieder zusammengebrochen sein«, fuhr Hanuschka fort. »Denn das Nächste, woran ich mich erinnere, ist, dass ich von Feuerwehrmännern aus einer Masse von Leibern herausgezogen und weggetragen wurde. Als ich die Augen das nächste Mal aufschlug, lag ich in einem Krankenhaus, und meine Eltern standen um mich herum. Meine Mutter wollte mich umarmen, aber da bekam sie bereits so einen ... Schlag, du weißt schon, so einen, wie ihn seitdem jeder kriegt, der mich anfasst. Du kennst das ja.« Sie lächelte ihn an. »Ja, damals ging es schon los damit, und es wurde noch schlimmer, als ich erfuhr, dass an diesem Tag 886 Menschen gestorben waren. Von der Familie mit den Zwillingen hat keiner überlebt. Aber es war nicht nur das, ich musste dann später auch immer daran denken, dass die Delfine jetzt keinen Züchter mehr hatten und bestimmt auch sterben würden ... Und JA, ich weiß selbst, wie bescheuert das klingt!«

Robert bekam erneut eine Gänsehaut, aber nicht, weil es so kalt war. Er versuchte, sich in Hanuschka hineinzuversetzen, aber es gelang ihm nicht richtig. Sie wirkte immer noch so anders als sonst. Befreit, aber dennoch traurig.

»A ... also«, stotterte Robert, doch Hanuschka unterbrach ihn, indem sie ihn an der Schulter anfasste. Wieder durchfuhr Robert diese seltsame Kraft, die von ihr ausging, doch diesmal zuckte er nicht zurück. Er wollte eher noch mehr davon.

Hanuschka sprach weiter, immer weiter, sie erzählte und erzählte. Wie sie nach dem Unfall nur sehr langsam wieder ins Leben zurückgefunden habe. Wie sie jede Woche zu einem Psychologen gegangen war und irgendwann verstanden hatte, dass sie erst Ruhe finden würde, wenn die Schuldigen des Unglücks entlarvt waren. Der Schutz der Delfinmaske half ihr, aber sie konnte trotzdem nicht aufhören, an den

Unfall zu denken. Sie hatte monatelang jeden Bericht darüber aufgetrieben und gelesen, aber nur in einer Zeitung stand irgendwann in fünf mickrigen Sätzen auf der letzten Seite, dass die Untersuchung eingestellt worden sei. Da schwor sie sich, den Fall selbst aufzulösen. Zusammen mit ihrem Vater stellte sie Nachforschungen an und stieß schließlich auf die Firma ›Brand Neu‹, die offenbar die Verantwortung für den technischen Defekt trug, aber für ihre schlampige Arbeit nie zur Rechenschaft gezogen worden war. Nachdem sie über das Internet die Adresse der Firma herausgefunden hatte, fuhr sie hin. Unvorsichtigerweise sagte sie dem Mann dort ihren Namen und erzählte ihm genau, was sie an dem Unfalltag erlebt hatte. Natürlich behauptete die Firma steif und fest, nichts darüber zu wissen, aber Hanuschka bohrte weiter und entdeckte schließlich das geheime Drogenlabor und auch, dass der Mann in dem kleinen Friedhofshäuschen der Mafiaboss war und in riesigen Kellerräumen unterhalb der Gräber Drogenvorräte hortete. Von dem Mann wusste sie nur, dass er sich Marc nannte.

Aber sie wünschte sich manchmal, sie hätte all das nie herausgefunden, denn als dieser Mafia-Marc davon Wind bekommen hatte, waren sie und ihre Familie immer stärker unter Druck gesetzt und bedroht worden, damit sie nicht zur Polizei gingen. Einmal war sie sogar entführt und in einem kalten Keller eingeschlossen worden. Man hatte sie ausgezogen, nackt an einen Stuhl gefesselt und auch ein paar Mal geschlagen. Mit ihrem Vater wurde das Gleiche gemacht. Dann hatten sie sie wieder nach Hause gebracht und ihnen gesagt, dass sie sie alle abschlachten würden, falls sie weiter Schwierigkeiten machten. Sogar ein symbolisches Grab hatten sie für Hanuschka auf dem Friedhof errichtet – als Drohung. Und ihr armer Vater war gezwungen worden, als Kurier für diese Verbrecher zu arbeiten. Irgendwann hatte Hanuschka es nicht mehr ausgehalten und war abgehauen, war bei der Theatertruppe untergeschlüpft, und da kaum jemand außerhalb der Schule sie ohne Delfinmaske kannte, war sie dort vor einer Entdeckung relativ sicher.

»Und wer waren die Männer da gerade hinter der Bühne?«, fragte Robert. Langsam ergab alles einen Sinn.

»Ich weiß es nicht, aber ich glaube, die haben mich gesucht. Wahrscheinlich wollen sie noch mehr Geld von mir und meiner Familie. Für noch mehr Drogen. Und immer so weiter. Aber die anderen decken mich.«

Robert konnte nicht sagen, wie lange Hanuschka sprach, während sie immer weiter über die offenen Felder liefen, aber irgendwann schien der Himmel wieder heller zu werden. Immer war Hanuschka so verschwiegen gewesen, und nun brach alles hervor, was die ganze Zeit in ihr eingeschlossen gewesen war. Zuletzt sagte sie noch, dass sie weggehen werde, vielleicht nur für eine Weile, vielleicht für immer. Das müsse sie tun, um den Erpressungsdruck von ihrer Familie zu nehmen. Mit der Tanzgruppe wolle sie auf eine kleine Tournee bis nach Australien gehen, und wenn die Drogenmafia mitbekam, dass Hanuschka fort war, würde sie ihre Eltern bestimmt in Ruhe lassen.

»Australien?!«, rief Robert aus. Es war sein erstes Wort seit einer ganzen Weile. Er war entsetzt; für einen Moment war es, als würde etwas in ihm zerbrechen. »Das darf doch nicht dein Ernst sein! Ich meine, was wird denn ... aber ich fühle mich doch ... einfach scheiße ohne dich.« Er stotterte und gestikulierte wild zwischen sich und Hanuschka hin und her. Er wusste selbst nicht, was er eigentlich zu sagen versuchte. Er wusste nur, dass er nicht wollte, dass sie wegging. Nicht jetzt, da er sie endlich wiedergefunden hatte.

»Ich weiß, Robert.« Hanuschka griff erneut nach seiner Hand. Aber er zog sie weg und spürte wieder, wie sein Kinn weich wurde. »Aber ich kann nicht anders«, sagte sie. »Wenn ich nicht gehe, wird alles noch schlimmer. Es tut mir leid, das musst du mir glauben. Und du wirst mich vergessen, bestimmt, das kommt ganz von allein.«

Robert wusste nicht, was er noch sagen sollte. Was es jetzt überhaupt noch zu sagen gab.

»Außerdem«, fuhr Hanuschka fort, »will ich nicht nur untertauchen, sondern ... eben *richtig* untertauchen.« Sie kicherte dabei fast ein wenig, obwohl ihr gleichzeitig eine Träne vom Lid fiel und die Wange hinunterkullerte. Sie machte keine Anstalten, sie wegzuwischen, so als schämte sie sich nicht dafür. »Im Wasser, verstehst du?« Robert sah sie verwirrt an. Er überlegte, ob er sie in den Arm nehmen und trösten sollte. Aber er konnte nicht, er hatte ja das Gefühl, selbst Trost zu brauchen. Immer wieder schoss ihm nur ein Gedanke durch den Kopf: *Sie geht weg. Sie geht weg. Sie geht weg.* Auch ihm traten Tränen in die Augen, aber er drängte sie zurück. Seine Lippen schmollten.

»Ich will nämlich die Delfine besuchen. Richtige Delfine, so wie die des Züchters. Und mit ihnen schwimmen. Man sagt doch, dass das alle Wunden heilt. Das stelle ich mir immer vor: wie ich mit ihnen schwimme, auf dem Rücken. Aber ich weiß auch nicht, ob das wahr werden kann.«

Robert starrte sie an. Sie waren stehen geblieben. Er fragte sich, ob Hanuschka jetzt endgültig verrückt geworden war. »Du willst mit ihnen schwimmen? Mit deiner Maske? Als wärst du einer von ihnen?« Er schüttelte den Kopf.

»Na ja«, antwortete sie etwas verlegen, »ich dachte, vielleicht brauche ich die Maske danach nicht mehr. Weißt du, seit dem Unfall konnte ich nur noch hinter dieser Maske glückliche Momente verspüren, ohne sie war ich immer traurig. Aber jetzt habe ich überlegt, dass ich sie vielleicht einfach bei den echten Delfinen lassen kann. Und alles, was damit zusammenhängt.«

»Wie zum Beispiel mich«, sagte Robert.

»Nein«, erwiderte sie leise, »es gibt Ausnahmen«. Robert konnte seinen Blick nicht von ihrem Gesicht abwenden. Er hatte den Eindruck, es hier und jetzt zum ersten Mal wirklich ohne Maske zu sehen. Er setzte sich auf einen Stein. In der Ferne hörte er ein sanftes Raunen. Hätte er es nicht besser gewusst, er hätte geschworen, dass es das Geräusch von Wellen war.

»Ohne Maske siehst du auch viel besser aus«, sagte er schließlich. Hanuschka lächelte. »Und wenn du gehen musst, dann komm ich eben mit«, rief Robert. Er klang jetzt wie ein trotziges Kind. »Oder wir gehen alle zusammen nach Spanien! Deine Eltern, wir und meinetwegen auch Herbert.« Aber so leicht war das nicht, das wusste er selbst. Hanuschka schüttelte ganz langsam den Kopf und strich ihm von oben über das Haar. Er lehnte seinen Kopf gegen ihren Bauch.

»Wenn du mich magst, lässt du mich gehen. Magst du mich denn?« Robert schossen wieder Tränen in die Augen. Er nickte, konnte Hanuschka aber nicht mehr ansehen. Da setzte sie sich neben ihn und sagte: »Ich möchte auch nicht ohne dich sein, weißt du? Und trotzdem muss ich es tun.« Für eine Weile schwiegen sie.

»Woran denkst du?«, fragte Hanuschka irgendwann. Vielleicht war nur eine Minute vergangen, vielleicht auch zwei Stunden. Robert wollte so vieles sagen, aber er wusste nicht, wie, deswegen antwortete er nur: »An nichts.« Er zitterte, obwohl er nicht fror.

»Hör zu, Robert!« Hanuschkas Stimme klang jetzt drängender. »Ich bin glücklich, dass du mich gefunden hast und dass du für mich da sein willst. Aber ich will auch für dich da sein, und wenn du jetzt traurig bist, dann ist das wichtig für mich, also sag doch bitte was!« Da drehte Robert seinen Kopf zu ihr und flüsterte: »Ich sag es dir beim nächsten Mal, o.k.? Dann haben wir einen Grund, uns wiederzusehen.« Da konnte auch Hanuschka nicht mehr. Sie legte ihren Kopf auf seine Schulter und ließ die Tränen laufen. Alles fiel jetzt von ihr ab. Sie hatte lang genug gekämpft, sie hatte keine Kraft mehr. Und das fühlte sich gut an.

Dann nahm sie Robert noch ein Versprechen ab; fast flehte sie ihn an. Er sollte ihr Tagebuch der Polizei geben und dafür sorgen, dass auch die Firma ›Brand Neu‹ davon erfuhr. Darin hatte sie geschrieben, dass sie für immer weggehe, weit weg, wahrscheinlich nach Russland. Dann würde die Mafia endlich von ihrer Familie ablassen.

»Also eine Art falsche Spur?«, fragte Robert.

»Ja, ein Fake-Tagebuch, das sie glauben lässt, dass ich keine Gefahr mehr für sie bin.«

»Aber der Mafia muss doch das Handwerk gelegt werden«, sagte Robert, »sonst können die doch immer so weitermachen«. Nur wie – das wusste er auch nicht. »Wir müssen eine Lösung finden, wir gehen zur Polizei, ja, das machen wir«, sagte er schon etwas kleinlauter.

Aber Hanuschka schüttelte den Kopf. »Nein, das können wir nicht, dann sind meine Familie und ich tot, und dann bringen sie bestimmt auch dich um!« Entsetzen und Angst lagen plötzlich in ihrer Stimme, und auch Robert erschrak. Er hatte das Gefühl, alles ertragen zu können – nur nicht, dass Hanuschka Angst hatte. Sie haderte sichtlich mit sich. Schließlich fasste sie ihn an beiden Schultern an und sah ihm fest in die Augen. Sie erzählte ihm, dass sie tatsächlich einen Beweis gegen die Firma versteckt habe, eine kleine Kiste mit Drogen, mit Pulver, verpackt in Brand-Neu-Firmentüten, die sie einmal heimlich mitgenommen und bei den Gleisen vergraben hatte. Genau dort, wo sie ihn vorhin hingeführt hatte. »Aber nur im Notfall, Robert, hörst du? Nur im Notfall!« Robert versprach es. Doch insgeheim war er fest entschlossen, diese Verbrecher auszuliefern. Für das, was sie Hanuschka angetan hatten. Und ihrer Familie. Und ihm. Er war so wütend. Schon stellte er sich vor, wie er die Seiten aus dem Tagebuch kopieren und per Expresspost an den Mafia-Marc schicken würde, und dann würde er nachts dort einbrechen und heimlich eine Videokamera installieren. Wenn der Mafia-Marc dann das Tagebuch gelesen hätte, würde er sicher gleich Telefonate mit anderen Gangstern darüber führen und sich dabei verraten. Guter Plan.

Aber das war alles Zukunft. Jetzt war jetzt. Robert zog Hanuschka an sich und drückte sie ganz fest. Er war davon beinahe ebenso überrascht wie sie. Erst zögerte sie, aber dann erwiderte sie die Umarmung. Jetzt kamen die Tränen doch, und er stemmte sich nicht mehr dagegen. »Ich werde mit dir gehen, egal wohin«, sagte er. Hanuschka lächelte und wurde rot, aber das konnte man in der Dunkelheit nicht sehen. Sie kam ganz nah an sein Ohr. »In deinen Armen bin ich zu Hause. Aber jetzt musst du mich gehen lassen. Irgendwann komme ich bestimmt wieder.« Damit riss sie sich los und rannte weg. Erst dachte Robert, das wäre nur wieder eins ihrer Spielchen, aber nach ein paar Sekunden lief er ihr nach. Das konnte, das durfte doch nicht ihr Abschied gewesen sein. In der Morgendämmerung erkannte Robert, wie Hanuschka ein ganzes Stück vor ihm auf ein Fahrrad sprang, das unabgesperrt an einer Hofeinfahrt stand. Sie wollte ihm offenbar wirklich entkommen. Damit er sie nicht zurückhielt. Bald war sie außer Sichtweite. Robert wurde langsamer, er hatte Seitenstechen und keine Luft mehr. Er folgte den Reifenspuren, die immer in Richtung Westen verliefen. Im Westen ist das Meer, dachte Robert.

Epilog

Ein Jahr verging. Es verging schnell, vielleicht weil Robert die ganze Zeit nur an Hanuschka dachte. *Jeder hat ein Geheimnis, aber wer will es schon preisgeben, sogar ich und du und jeder Mensch auf der Welt*. Dieser Satz ging Robert einfach nicht aus dem Kopf. Hanuschka hatte ihn in einem ihrer Briefe geschrieben. Sie schickte ihm regelmäßig Berichte von ihrer Reise und adressierte sie an ein geheimes Postfach, damit es niemand außer Robert mitbekam. Wenn ein Brief von ihr auf ihn wartete, war er glücklich für den Tag. Aber sonst war er oft traurig. Wann immer Hanuschka mit ihrer Theatergruppe irgendwo länger gastierte, schrieb auch er an sie. Er erzählte ihr, was zu Hause so passierte. Zum Beispiel überbrachte er ihr die »Superdupper-Nachricht«, wie er es nannte, dass der Mafia-Marc festgenommen worden war und jetzt hinter schwedischen Gardinen saß. (Hanuschka weinte vor Freude, als sie das las.) Das Verfahren lief noch. Robert hatte Hanuschkas Plan mit dem Fake-Tagebuch befolgt und zusammen mit Herbert tatsächlich auch heimlich mit einer Videokamera bei der Firma ›Brand Neu‹ Aufnahmen gemacht, mit einer Spezialanfertigung, die Herbert über Amazon bestellt hatte: ein Kugelschreiber mit eingebauter Kamera. Wenn man auf den Druckknopf drückte, nahm die Minenspitze eine halbe Stunde lang auf, mit Weitwinkel, Wärmebild und Richtmikro. Sie hatten durch das geöffnete Fenster und einen Spalt zwischen den Vorhängen gefilmt, Herbert stand dabei auf Roberts Schultern. Auf dem Video war später zu sehen, wie der Mafia-Marc ganz nervös wurde, als er die Tagebuchauszüge ausgepackt und gelesen hatte. Sofort hatte er telefoniert und den Auftrag erteilt, Hanuschkas Eltern aufzusuchen und nochmal kräftig einzuschüchtern, sozusagen als Abschlussabschreckung. Der Vater sollte sogar zusammengeschlagen werden. Am Ende sagte er noch: »Wahrscheinlich ist das Mädchen für immer weg, mitsamt der Drogentüte, die sie uns gestohlen hat. Vermutlich vertickt sie das Zeug jetzt sogar selbst. Trotzdem ist es vielleicht am besten, wir lösen die Firma hier erst mal ganz auf, sicher ist sicher. Wir fahren noch die letzten Pakete zu den vereinbarten Treffpunkten – und dann Feierabend und nichts wie weg.« Aber dazu kam es nicht mehr. Die Polizei war schneller und nahm den Mafia-Marc und ein paar von seinen Gehilfen am nächsten Tag fest. Denn Robert und Herbert hatten da bereits die Drogenkiste aus Hanuschkas Versteck bei den Gleisen ausgegraben und samt der Videoaufnahmen anonym an die Polizei geschickt. Das Video war als Beweis nötig, denn die Polizei wollte eigentlich gar nicht glauben, dass es in ihrer hübschen Stadt tatsächlich solch skrupellose Verbrecher gab.

Als alles ans Tageslicht kam, hatte Robert kurz überlegt, ob er in Erscheinung treten und sich als Held feiern lassen sollte, aber dann ließ er es bleiben. Es kam ihm irgendwie falsch vor, obwohl er ja immer ein Held hatte sein wollen. »Das bist du auch so«, hatte ausgerechnet Herbert zu ihm gesagt. »Für Hanu bist du es. Und das reicht.«

Wahrscheinlich hätte die Polizei ihm sowieso nicht geglaubt und gedacht, er verarsche sie. Er war schließlich noch ein Kind.

Kurz darauf hatten Robert und Herbert Hanuschkas Eltern besucht, um sie zu beruhigen. Doch ihr Vater Igor war immer noch ganz außer sich vor Sorge und sagte immer wieder nur mit hartem Akzent: »Wir müssen meine Tochter finden.« Da hielten es Robert und Herbert nicht mehr aus und erzählten ihnen einfach alles; dass Hanuschka in Sicherheit sei und dass es ihr gut gehe, zumindest besser. Die Eltern weinten vor Erleichterung und Dankbarkeit, und Igor schwor, dass er vor Gericht gegen die Gangster aussagen werde. Für einen Moment sagte dann niemand etwas, und kurz war es so, als wäre Hanuschka dort bei ihnen oder winkte ihnen von irgendwoher zu. Robert hatte wirklich das Gefühl, er könnte sie spüren und riechen, und seltsamerweise zog ihn Herbert nicht damit auf, als er es ihm auf dem Nachhauseweg erzählte, sondern nickte nur und sagte leise: »Ja, das kenn ich.« Da nahmen sie sich vor, vielleicht doch eines Tages alle zusammen nach Spanien zu ziehen. »Aber vorher müssen wir Hanu zurückholen«, sagte Herbert. »Und das verdammte Grab abreißen«, erwiderte Robert. Und genau das beantragten sie schon am nächsten Tag bei der Gemeinde.

Robert schrieb Hanuschka auch, dass das Tagebuch noch nicht öffentlich geworden sei, und dass sie deshalb in der Schule immer noch glaubten, Hanuschka wäre einem Verbrechen zum Opfer gefallen oder säße irgendwo in einer Irrenanstalt oder sei entführt worden, wahrscheinlich nach Irland. Denn dahin hatten sich die anderen Gangster nach der Festnahme des Mafia-Marc angeblich abgesetzt.

In ihrem nächsten Brief antwortete Hanuschka, die durchaus wusste, wie Psychiatrien von innen aussahen: »HAHA, das sind aber lustige Ideen! Tja, nur dass ich halt gar nicht in einer Irrenanstalt war – zumindest in letzter Zeit nicht. ;-) Wir waren inzwischen in in der Türkei, am Meer, und auch da gab's Delfine!« Bald würde es nach Australien gehen, endlich! Bisher waren sie schon in vier unterschiedlichen Ländern aufgetreten.

Aber auch sie vermisste Robert. Das schrieb sie ihm in jedem Brief, und oft schaffte es Robert nicht, geduldig alles der Reihe nach zu lesen, sondern flog eilig über die Zeilen, bis er den sehnsüchtig erwarteten Satz gefunden hatte. Er überlegte auch, ob er sie in Australien besuchen sollte, aber da sie es nicht vorschlug, traute auch er sich nicht.

Statt dessen berichtete er ihr, dass Herbert wegen seiner Puddingphobie bei einem Therapeuten gewesen sei und schließlich seine Angst überwunden habe. Allerdings konnte er jetzt selbst nicht mehr genug davon kriegen und hatte schon ziemlich zugenommen. Aber wenigstens nervte er nicht mehr so wie früher. Eigentlich hatte sich mit ihm sogar alles ganz gut eingerenkt. Er stand nicht mehr besonders im Mittelpunkt, wahrscheinlich weil er mit Hanuschkas Verschwinden aufgehört hatte, so viel Blödsinn zu machen. Und natürlich auch weil er jetzt mit Vanessa zusammen war, Hanuschkas bester Freundin. Wer hätte das gedacht?! Er war auch der Einzige, dem Robert die ganze Wahrheit erzählte, nachdem Herbert ihm anvertraut hatte, dass er Hanuschka ebenfalls schon lange toll fand. Nur was sie alles an Robert schrieb, wollte er nicht so genau wissen, so als täte es ihm insgeheim weh, dass sie nicht auch ihm Briefe schickte. Manchmal grinste er dann nur, löffelte seinen Pausenpudding und sagte: »Warte nur, bis sie wiederkommt. Dann bring ich euch schon wieder auseinander.«

»Damit werden wir dann auch noch leben können«, erwiderte Robert darauf meist nur.

Dass auch Herbert Hanuschka vermisste, tat Robert komischerweise gut. Denn sonst schien schon bald niemand an der Schule mehr an sie zu denken, alles ging einfach weiter. Aber das schrieb er Hanuschka natürlich nicht, und auch nicht, dass er den Eindruck hatte, durch dieses bereitwillige Vergessen der anderen noch einsamer zu werden. Manchmal fühlte er sich einfach nur wie der größte Pechvogel der Welt.

Dann kamen plötzlich keine Briefe mehr. Das Datum auf dem letzten war nun schon fünf Monate her. Robert machte sich zunehmend ernstere Gedanken und musste auch immer wieder an ihren Abschied denken, an das letzte Mal, als er sie gesehen hatte, und wie sie auf dem geklauten Fahrrad weggefahren und schließlich in der Morgendämmerung verschwunden war. Die Erinnerung daran, dass sie zuletzt auch noch vor ihm geflohen war, verletzte ihn plötzlich mehr als damals.

Fast jeden Tag ging er in das Café, in dem sie vor langer Zeit ihr erstes tiefes Gespräch geführt hatten, und trank dort Cappuccino; eigentlich mochte er zwar gar keinen Kaffee, aber Hanuschka hatte eben damals einen getrunken. Einmal schob er der Bedienung einen zerknitterten Fünf-Euro-Schein über die Theke, setzte sich in einen der Sessel, sah mit leerem Blick in die Ferne, dann auf seine Tasse und kam erst wieder zurück in die Welt der Lebenden, als ihn von hinten jemand anstieß und sich sogleich entschuldigte. Robert drehte sich um ... diese Stimme ... für einen langen Moment war er sich absolut sicher, Hanuschka zu erblicken: eine junge, schöne Frau mit kastanienbraunen Haaren, die in der Sonne glänzten, und grün-braunen Augen, die ihn durchdringend ansahen. Ihr schlanker, leicht gebräunter Körper war in ein weißes, knielanges Kleid gehüllt, und sie trug ein silbernes Armband, an dem ein kleiner Anhänger baumelte. Ein Delfin, natürlich, was sonst, dachte Robert. Aber da erkannte er, dass es gar kein Delfin war, sondern ein Stern mit Schweif, und Robert blickte auf und realisierte, dass es natürlich auch nicht Hanuschka war, sondern eine andere junge Frau, die er schon im nächsten Augenblick wieder vergaß, obwohl sie ihn freundlich anlächelte. Nach solchen Momenten glaubte Robert manchmal, er würde verrückt. Er lief dann zu Hause mit glasigen Augen an seiner Mutter vorbei in sein Zimmer und sperrte ab. Und wenn sie ihn später zum Essen rief, dachte er meist nur, ach, wozu das alles eigentlich noch?

Auch träumte er immer seltsamer von Hanuschka. Einmal saßen sie im Traum zusammen am Meer, als sie plötzlich zu ihm sagte, er und Herbert seien einfach die Besten, und dann zog sie einen Marihuana-Joint aus der Tasche und hielt ihn ihm hin. Auf den Joint war ein schicker Schriftzug gedruckt: *Brand Neu.*

Es war am vierten September, als Hanuschka wiederkam, einem Freitag. Der Wecker hatte Robert wach gemacht. Er hatte vergessen, ihn umzustellen, denn freitags musste er erst später zur Schule. Er vergaß in letzter Zeit immer öfter Dinge. Aus dem Spiegel im Bad blickte ihn sein verschlafenes, irgendwie verschwommenes Gesicht an. Er schleppte sich zum Frühstückstisch, wo seine Mutter Zeitung las und sein Vater eine Morgenzigarette rauchte. Auf der Rückseite der Zeitung erblickte Robert mal wieder einen Artikel über den Mafia-Prozess. Darüber wurde jetzt ständig berichtet, und seine Mutter hatte sich schon einmal gewundert, weshalb sich ihr Sohn so dafür interessierte. Nun waren offenbar die Urteile gesprochen worden; der Mafia-Marc würde seine Haft in einem Gefängnis in Sibirien verbüßen müssen.

Da klingelte es. Robert machte auf, und dann stand sie einfach dort vor seiner Haustür. Nach einem Moment, in dem sie sich nur ansahen, rief Hanuschka: »Robert!« Und fiel ihm in die Arme. »Hanu«, sagte Robert glücklich und verwirrt, er sagte es ganz leise, seine Lippen nah an ihrem Ohr. Sie war wieder da, sie war wirklich wieder da. Aber irgendetwas fehlte, und es dauerte einen Augenblick, bis Robert erkannte, was es war. Er hatte diesmal keinen Schlag bekommen, als sie ihn berührt hatte. Ihr Traumati-Ding strömte nicht mehr auf ihn über. Das war bestimmt ein gutes Zeichen, dachte Robert, auch wenn sich ganz tief in ihm so etwas wie Wehmut regte. Es war einfach alles zu viel auf einmal. Nicht mal angekündigt hatte sie sich! Robert hatte so viele Fragen an sie, dass er keine einzige herausbekam, und er war so aufgeregt, dass ihm ganz schwindlig wurde und er sich hinsetzen musste. Hanuschka zog eine Flasche Wasser aus ihrer Tasche und spritzte Robert ein paar Tropfen ins Gesicht. »Das ist Meerwasser aus Australien.« Bei jedem Spritzer sagte sie leise: »Robert ... Robert ... Robert.« Er fuhr sich mit der Zunge über die Lippen und schmeckte ganz leicht das Salz. »Willst du dich hinlegen und erst mal ein bisschen beruhigen?«, fragte Hanuschka.

»Nein«, flüsterte er und nahm ihre Hand, »es geht schon wieder. Ich hatte genug Zeit, um mich auszuruhen.« Nach einer Weile fragte er: »Wo ist deine Maske?«

»Die brauche ich nicht mehr. Ich habe sie dort gelassen.«

»Dann stimmt es also doch, das mit den Delfinen.«

»Ja, es stimmt.«

Am Nachmittag sprangen sie zusammen in den See, obwohl das Wasser kalt war. Dann setzten sie sich ans Ufer und sonnten sich. Und irgendwann küssten sie sich auch romantisch, aber das war viel später.

Die Klasse M7gb der Wittelsbacher-Mittelschule in München:

Faouzia Atcha-Dedji, Dilara Basel, Samantha Bauriedl, Malachy Bousselmi, Ezgi Cankurt, Fidan Demirkaya, Benedict Eberle, Ayse Gölcük, Noah Pascal Kampmeyer, Marc Justin Kelp, Sara de Marco, Wendi Maresi, Safiya Ouadah, Punnathorn Robkla, Florian Schwaiger, Jessica Schweichler, Mehmet Sevim, Lisa Staschat, Rebecca Zimmermann

Fridolin Schley

Arbeitsjournal

Ich komme aus einer Lehrerfamilie. Mein Urgroßvater unterrichtete Kunst, mein Großvater und meine Mutter Sprachen, alle drei sollen von ihrem Beruf erfüllt gewesen sein, ja beseelt. Meine Mutter sagte immer, wenn man dafür geboren sei, gebe es keine bessere Bühne. Sie sprach vom Klassenzimmer als Bühne, sie meinte, als Lehrer sei man zur Hälfte Schauspieler, und so unterrichtete sie auch, sie verbrauchte sich für ihre Klassen. Einmal, wenige Jahre vor meiner Geburt, stürzte sich ein Schüler von ihr vom neugebauten Münchner Olympiaturm. Später sagte sie oft, kaum etwas habe sie jemals so erschüttert. Danach wurde ein Schutzgitter oben am Turm angebracht.

Eigentlich habe ich immer geahnt, dass Lehrer der richtige Beruf für mich wäre, und trotzdem bin ich keiner geworden, habe nie den richtigen Moment gefunden, doch noch die Abzweigung zu nehmen, irgendwelche Gründe hielten mich immer ab. Oft habe ich das bereut.

Vielleicht zittert deswegen meine Hand, als ich am ersten Tag vor der Klasse stehe, sie begrüße, schließlich eine Kreide ergreife und meinen Namen an die Tafel schreibe, was gar nicht nötig ist, denn Frau John hat mich bereits vorgestellt. Aber ich will das unbedingt tun. Darauf freue ich mich schon seit Wochen. Denn am ersten Tag, das sehe ich noch ganz deutlich vor mir, haben unsere neuen Lehrer immer ihre Namen an die Tafel geschrieben, als wäre dies die initiale Tat eines Lehrers schlechthin, als unterschreibe man dabei gleichsam einen Vertrag, der erst besiegelt: Ja, ich bin Lehrer.

Endlich bin ich Lehrer.

Mein nächster Gedanke, als ich die Klasse überblicke, ist: Sind die klein! Siebte Klasse, Zwölf- und Dreizehnjährige, aber schon mein zehnter Gedanke wird sein: Was soll ich denen überhaupt noch beibringen? Denn da merke ich, wie viele unsichtbare Vorurteile ich in den Klassenraum geschleppt habe. Mittelschule, einsetzende Pubertät, hoher Migrantenanteil, das *müssen* ja kleine Monster sein. Doch stattdessen – passiert durchweg Erstaunliches. Ich schreibe einen Satz an die Tafel, von dem ich glaube – nein, weiß – dass er viel zu schwer ist; dass er ins Leere tönen wird: *Literatur beginnt dort, wo ein Wort oder ein Satz über den eigenen Zusammenhang hinausgeht.* Der Satz ist mir am Morgen in der Dusche eingefallen, und eigentlich schreibe ich ihn nur für mich selbst an die Tafel. Als ich frage, was das denn bedeuten könnte, setzt für ein paar Sekunden wunderschöne Stille ein. Es ist erst kurz nach acht Uhr morgens, aber ich kann förmlich hören, wie diese zwanzig Kinder vor mir nachdenken, sehr schnell nachdenken, ein Finger schießt nach oben, das einzige Mädchen mit Kopftuch: »Vielleicht heißt es, dass in der Literatur die Sprache mehr ist als ihre wörtliche Bedeutung.« Besser könnte man es nicht in ein Lehrbuch schreiben. Das ist der Moment, in dem ich denke: Was soll ich denen eigentlich noch beibringen?

Überhaupt erweist sich meine Vorstellung eines vollständigen Autoritätskollapses auf dem vermeintlichen Abstellgleis des deutschen Bildungssystems als hysterisch; noch bevor ich meine Fragen auch nur beendet habe, bohren sich mir schon zehn Finger entgegen, und ein- oder zweimal muss ich daran denken, wie meine Mutter sagte, es gebe nichts Schöneres, als in neugierige Gesichter zu blicken.

Diese Kinder wollen etwas. Sie. Wollen. Alles. Wissen. Sie fragen und fragen; wie der Alltag eines Buchautors aussehe, ob man damit viel Geld verdienen könne, ob man auf der Straße erkannt werde. Irgendwann fragt eine Schülerin, ob das denn nicht ein sehr einsamer Beruf sei, da wiegle ich ab, rede etwas daher, denke aber, genau deswegen stehe ich ja hier. Die Schüler halten erstaunlich lange durch. Erst nach über einer Stunde werden die ersten unruhig. Ich hole sie wieder ins Boot, indem ich verkünde, sie seien doch alle längst kleine Dichter – denn SMSen zu schreiben, das sei doch letztlich nichts Anderes als Lyrik: vorgegebene Form, Verdichtung, gestaltete Sprache. Sie lachen mich aus, aber nicht, weil sie sich nicht für Dichter halten würden, sondern weil man doch längst keine SMSen mehr schreibe, das sei ja was für Opas, man chatte längst nur noch über WhatsApp!

Dann stellen sich die Schüler gegenseitig vor – allerdings als literarische Figuren. Sie sollen jeweils eine besondere Eigenschaft eines anderen beschreiben und sich ausmalen, was demjenigen wohl damit in einem Roman widerfahren würde. Am Ende würden aus fünf Schülerinnen Models oder berühmte Schauspielerinnen geworden sein, aus zwei weiteren Shoppingqueens, aus drei Jungs Comichelden, und einer – der Kleinste aus der Klasse – würde als Mafioso Karriere machen und bei den anderen Schutzgelder kassieren. Keiner erzählt eine Geschichte des Scheiterns. Viel Gelächter – und vor allem raus, raus aus dem eigenen Zusammenhang.

Beim nächsten Mal bekomme ich die Nachmittagsstunden, ein riesiger Unterschied, die Schüler sind angestrengt, laut, sobald ich mich zur Tafel umdrehe, schießt der Geräuschpegel in die Höhe. Streckenweise sind sie nicht zu bändigen, dann greift Frau John ein – wie eine Zauberin, sie muss dafür nicht mal die Stimme heben. Später sagt sie zu mir, es sei die Kunst eines Lehrers, sich Autorität zu verschaffen, die nicht als eisern wahrgenommen werde; um sie zu lernen, brauche es Jahre, Jahrzehnte.

Frau John hat sich in die letzte Reihe gesetzt und lässt mich walten, trotzdem meine ich manchmal, wenn ich vor der Klasse stehe, wieder für eine Sekunde zu spüren, wie es war, an der Tafel ausgefragt zu werden.

Dann bin ich endlich wieder Schüler.

In ihrer strengen Güte entspricht Frau John dem, was Nietzsche als Idealtypus eines Lehrers beschrieb, *wer von Grund auf Lehrer ist, nimmt alle Dinge nur in Bezug auf seine Schüler ernst – sogar sich selbst.* Darin erinnert sie mich an Herrn Zapf, den besten Lehrer, den ich je hatte. Manche Lehrer biedern sich an, machen einen auf locker, aber Schüler wollen und brauchen keinen Kumpel als Lehrer. Andere sehen sich in Konkurrenz, ja wie im Kampf mit ihren zu bändigenden Klassen. In beiden Fällen: verlieren alle. Herr Zapf aber, von dem mir besonders seine tiefen Grübchen, seine hellen Wollpullover und die dynamische Art vor Augen stehen, mit der er seine Ledertasche über die langen Schulgänge trug, als wäre es eine sportliche Übung zwischen den Stunden, machte kaum Witze, und er schrie auch nie herum. Das war nicht nötig, denn bei ihm *wollte* man gut sein, *wollte* man gefallen; selbst die nihilistischsten Grufties, die Sprüche wie *School kills, kill school!* auf ihre schwarzen Lederjacken genäht hatten, machten bei ihm beflissen alle Hausaufgaben. Immer wieder mal habe ich überlegt, wie er das nur hingekriegt hat, dieser ruhige, unauffällige und nach jugendlichem Ermessen nicht sonderlich coole Mann, der – das fällt mir jetzt wieder ein – die Musik von Supertramp und Joe Cocker mochte. Ich glaube, er nahm uns einfach ernst. Es ging ihm nicht um sich, sondern um uns, Jahr für Jahr, Klasse für Klasse, Schüler für Schüler. Vermutlich bin ich deshalb nicht Lehrer geworden. Weil ich mir nicht vorstellen konnte, wie das gehen sollte, wenn man nicht dafür geboren war, geboren als glücklicher Sisyphus.

Ich merke schnell, ich muss die Schüler beschäftigen, jedes Dozieren geht jetzt ins Leere. Um die Gehirne ein wenig durchzulüften und in kreativen Fluss zu bringen, ziehe ich einen Joker, der immer funktioniert: Automatisches 7-Minuten-Schreiben. Auf Kommando kritzeln die Schüler los, alle 45 Sekunden ziehe ich einen Gegenstand aus meiner Wunderbox und halte ihn hoch. Die Schüler sollen ihn dann sofort in ihr Schreiben einbauen, sich zu Bildern, Sätzen, Satzfetzen inspirieren lassen und merken, wie man sich von der Sprache treiben lassen kann, wie sie einen trägt. Einzige Bedingung: niemals den Stift absetzen, immer weiterschreiben, komme, was wolle, auch wenn es weh tut. Sieben Minuten können sehr lang sein. Manchmal ist nichts anderes zu hören als das Kratzen der Stifte auf Papier, schöne Stille, dann wieder Lachen, wenn ich einen neuen Gegenstand zücke, ein Feuerzeug, eine Perücke, einen ausgestopften Piranha. Am besten kommt der Spielzeugrevolver an; der Revolver kommt immer am besten an. Vor allem die Jungs schreiben plötzlich wie wild. Hinterher wird vorgelesen, lauter Räuberpistolen, aber viele verschiedene Tonarten, Märchen, Fantasy, Action, manchmal fast Lautpoesie. Und eine Pyjamaparty, auf der sich ein Dosenfisch eine Zigarette anzündet, dabei seine Perücke verbrennt und sich zum Löschen lachend ins offene Meer stürzt.

Vielleicht sollten wir einen Krimi schreiben.

Die Zeit rennt. Wir sammeln Ideen für unsere Geschichte, erst alle gemeinsam, dann in Gruppenarbeit. Ich pinsle einen riesigen Gedankenbaum an die Tafel, der am Ende so wirr und verschlungen ist, so voller Kreise, unleserlicher Begriffe, Gedankenstriche und Verbindungen, dass die Klasse von selbst aufhört, mitzuschreiben, und mich ratlos anblickt. Doch dann sagt P.: »Sieht irgendwie aus wie ein Gehirn.« Da bin ich glücklich.

Irgendwann steht unser Grundplot fest: *Ein Mitschüler verschwindet. Was ist passiert?* Sofort sprudelt es los; die Jungengruppe entwirft einen Bösewicht, den sie unbedingt Adolf nennen will, doch als ich zu Bedenken gebe, dass unauffällige Namen doch oft viel unheimlicher sind, einigen wir uns auf Herbert. Jedenfalls soll Herbert seine ganze böse Energie aus seiner Abneigung zu Pudding beziehen – denn als Kind ist er in einen Puddingtopf gefallen und dabei fast erstickt. Jetzt ist er auf einem gnadenlosen Rachefeldzug gegen jeden, der Pudding isst. Sein Gegenspieler soll der wackere Oberkommissar Flo sein (der Vorschlag kommt von Flo), der nur zwei Freuden im Leben kennt: Seinen Heimatort sicher zu halten – und Pudding. Von einer anderen Gruppe kommt jetzt Widerspruch, irgendwie zu viel Pudding! Ihr schwebt als Hauptfigur eine einzelgängerische Schülerin vor, die von allen gehänselt wird, weil sie immer eine Delfinmaske trägt. Bei einem Säureunfall wurde nämlich ihr Gesicht verunstaltet, aber das wissen die anderen nicht, keiner kennt ihre Geschichte. Eine dritte Gruppe will unbedingt eine Vergewaltigungsgeschichte erzählen, in der ein Mädchen so traumatisiert wird, dass sich Schmerz und Angst buchstäblich veräußern: Jeder, der das Mädchen berührt, wird nun seinerseits wie von einem Schlag getroffen, spürt ihr Leid, ihre inneren Qualen, so dass sie bald von allen gemieden wird – und schließlich ganz verschwindet. Von vorne kommt der Vorschlag, dass der Vergewaltiger doch Adolf heißen und sein Opfer mit Pudding quälen könnte.

Heute wird es ernst, wir wollen mit unserer Geschichte beginnen. Zur kreativen Lockerung setzen wir uns in einen Kreis und spielen literarische Flüsterpost: Ich gebe einen Satz vor – und alle schreiben weiter, reichen ihr Papier dem Nebenmann, lesen den letzten Satz des Vorgängers und knüpfen wieder an. Das Ganze 10–15 Mal und so schnell, dass man hinterher die Schriften kaum entziffern kann. Dabei entsteht oft wunderbar befreiender Quatsch – und manchmal reine Poesie. Eine Zeilenfolge, die ich mit nach Hause nehme und an den Kühlschrank hefte, lautet:

Als ich sie zum ersten Mal sah
traute ich mich nicht, sie anzusprechen
sie war ein Geheimnis
ich behielt es für mich

Daneben ist aber auch viel von »hässlichen Schabracken« und allen denkbaren und unvorstellbaren Sex-Akrobatiken die Rede, was beim Vorlesen für große Erheiterung sorgt, auch weil Frau John sich nicht aus der Ruhe bringen lässt und noch die Beschreibungen alarmierendster Körperverrenkungen mit der souveränen Sachlichkeit einer Tagesschausprecherin vorträgt. Da die Satzkonvolute anonym bleiben, sind alle Hemmungen gefallen, und so erweisen sich Fäkalferkeleien und Körperöffnungen jeglicher Art als erstaunlich ergiebige literarische Topoi.

Jetzt sind zumindest alle wach.

Bevor die Schüler, die schon ihre Stifte auf den Bänken wetzen, mit ihren Entwürfen für das erstes Kapitel beginnen können, tragen wir nochmal die Grundbausteine unserer Geschichte zusammen und diskutieren über die Namen der Figuren. Dabei wird unerwartet heftig gerungen. Intuitiv scheint die Klasse zu merken, dass Namen – gerade in der Literatur – oft mehr sind als Namen. Man will sich keiner Figur verschreiben, die etwa Detlef heißt. Da sind sich alle einig, aber das ist auch schon das Einzige. Der einen ist ›Vanessa‹ »zu sehr Bravo«, dem anderen ›Tim‹ »zu deutsch«. Es gibt drei beliebte Kategorien: ausländische Namen (Aische, Selin), besonders deutsche Namen (Herbert, Karl-Heinz) und Sehnsuchtsnamen – Muster DDR (Anastasia, Davin). J. plädiert nochmal für Adolf, und Flo schlägt wieder vor, den Helden Flo zu nennen. Irgendwann ist das Dilemma dann demokratisch gelöst, auch wenn die Wahlbeobachter hinterher von vereinzelten Stimmmanipulationen berichten und eine Schülerin mit Inbrunst verkündet, zu diesen Namen falle ihr bei bestem Willen nur ein Romantitel ein: SCHREIBBLOCKADE!

Dann geht's endlich los. Tatort: Schule – vor allem ihre schillerndsten Ecken, Sprachlabor, Musikzimmer, Kartenraum ... Hauptfigur: das Mädchen Hanuschka, das ein dunkles Geheimnis in sich trägt, man sagt, ihr sei einmal etwas Schlimmes angetan worden. Zeichen ihrer Isolation und ihres Traumas ist eine Delfinmaske, die sie immer bei sich hat. Irgendwann verschwindet Hanuschka – entführt, ausgerissen, in eine Fantasiewelt entkommen? Niemand weiß es zunächst. Ihr einziger Verbündeter in der Klasse war der schüchterne Robert, der heimlich in sie verliebt ist und verbissen die Suche nach ihr aufnimmt. Sein Hauptverdächtiger und erbitterter Rivale ist der hinterfotzige Herbert, der sich in den Pausen stets einen Spaß daraus gemacht hat, Hanuschka ihren Vanillepudding ins Gesicht zu kippen. Möglicherweise hat Herbert aber noch viel dunklere Pläne ...

Die Ermittlung beginnt. 19 Stifte schreiben, 19 Versionen eines angekündigten Verschwindens.

Beim nächsten Mal bin ich heiser, stimmlich noch schmalbrüstiger als sonst; ich bitte die Klasse um Rücksicht und rechne schon damit, in den zwei Stunden wie von Hyänen zerfleischt zu werden. Doch nichts dergleichen. Was für ein Quatsch, denke ich zwischendurch, dass man vor Schülern keine Schwäche zeigen dürfe. Vielleicht ist sogar das Gegenteil der Fall. Als ich den ersten Entwurf unseres Anfangs, bei dem ich die Texte der Schüler zusammengepuzzelt und verschmolzen habe, vorlese (mit krächzender, kehlkopfentzündeter Stimme, die aber nicht übel zur Unheimlichkeit unseres Schulkrimis passt), sind Ruhe und Aufmerksamkeit sogar fast vollkommen. Jeder will hören, was von ihm eingeflossen ist. Schummeleien und Abweichungen fallen sofort auf; Kichern, wenn sich jemand wiederentdeckt, und enttäuschtes Stöhnen, wenn einer sich übergangen fühlt, wechseln sich ab. Doch der Moment des ersten Lesens und Hörens hat etwas Magisches, alle merken es, da bin ich sicher. Sämtliche Spinnereien, wüsten Abschweifungen und tastenden ersten Schreibentwürfe – plötzlich fügen sie sich zu einer Form, die richtig klingt, die lebt. Mit einem Mal werden die vielen abstrakten Überlegungen zu einer konkreten Narration, plötzlich ist da etwas in der Welt. Wie bei einer Geburt, denke ich, traue mich aber nicht, es zu sagen, um den schönen Augenblick nicht zu verkitschen. Aber erstmals habe ich das sichere Gefühl, dass einige der Schüler ahnen, warum man des Schreibens süchtig werden kann.

Manche wirken fast enttäuscht, als ich abbreche – sie wollen wissen, wie die Geschichte weitergeht, als hätten sie für einen Moment vergessen, dass sie das ja selbst bestimmen. Ein gutes Zeichen. Dass man sich beim Schreiben stets auch selbst überraschen soll, das liest man immer wieder in Schreibratgebern, aber erst hier im Klassenraum wird es wirklich einmal deutlich. Ein paar sehen sich wie leuchtend um – *Das haben wirklich wir gemacht*? Andere nicken nur selbstbewusst – *Wer denn sonst? Kann man schon lassen für den Anfang*. S. will trotzdem lieber allein an ihrer Geschichte weiterschreiben, die mit der Vergewaltigung.

Heute soll es aber erstmal um den Zusammenhang von Schreiben und Erinnerung gehen. Ich verliere mich ein wenig im Palaver, spreche über Literatur als Gedächtnisort und die immer anwesende Vergangenheit im Gegenwärtigen, darüber, dass ›jetzt‹ jetzt immer schon wieder vorbei ist und was das für das Schreiben heißt. Doch S., das Mädchen mit dem Kopftuch, erdet mich schnell wieder, als es nur mit den Schultern zuckt und sagt: »Ist doch klar, was einmal aufgeschrieben ist, wird nicht vergessen. Und wer wird schon gern vergessen?« Es gibt fast jedes Mal eine Situation wie diese: dass die Kinder einfach die besseren Worte finden.

Für die Lockerungsübung verteile ich Gummibärchen. Die Klasse soll versuchen, den Geschmack einmal ganz bewusst wahrzunehmen, zu beschreiben und sich dann über den Sinneseindruck assoziativ zu einer Erinnerung treiben zu lassen, zu einer vergangenen Episode ihrer jeweiligen Leben. Prousts Madeleine erwähne ich nicht, aber es funktioniert trotzdem. Beim Schreiben werden immer wieder Gummibären nachgeschoben – sozusagen zur weiteren Recherche. W. beschreibt die Konsistenz als »Mischung aus Knete und Haargummi« und erntet dafür Gelächter und Anerkennung. B. hat der Geschmack daran erinnert, wie er einst das Zählen lernte – er durfte immer so viele Gummibärchen essen, wie er aufzählen konnte. Nur zwei Mädchen, die die Tüte ein wenig griesgrämig weiterreichen, ohne hineinzugreifen, verweigern die Übung. Erst befürchte ich einen Akt der Rebellion, doch später erklären sie, dass sie als Muslima Gummibärchen nicht essen, wegen der Schweinegelatine. Aber müssten sie das überhaupt? Oder kann man sich einen Geschmack vorstellen? Zu spät geht mir auf, dass gerade das perfekt für die Übung gewesen wäre, eine Art Gegenentwurf, eine Nagelprobe, ob die Literatur den Mangel an Erfahrung ersetzen kann oder ihn nur offenbart.

Und noch etwas merke ich an meiner Erleichterung darüber, dass der Widerwille nicht mir und meiner Übungsidee galt: wie wenig ich weiß, wer oder was ich für die Schüler bin. Und dass auch sie sich nicht ganz sicher zu sein scheinen. Das verunsichert mich. Einerseits bin ich ihr Lehrer, ich bin viel älter, ich erkläre Dinge und beanspruche Autorität. Andererseits bin ich Verbündeter – das merke ich deutlich an Blicken, an Kommentaren – und will es irgendwo auch sein. Ich möchte von ihnen gemocht werden. Vermutlich geht das jedem so, aber den besten meiner Lehrer merkte man diesen Wunsch eben nicht an.

Wahrscheinlich ist eine gewisse Distanz gut. Doch zugleich hadere ich auch diesmal nach der Stunde: Jetzt ist fast die Hälfte des Kurses vorbei, und noch immer habe ich nicht das Gefühl, die Einzelnen wirklich zu kennen. Manche erreiche ich auch einfach nicht, zwei, drei Jungs, halb schüchtern, halb null-Bock. Soll ich sie strenger fordern? Dann wäre ich der Lehrer, der ich nicht sein will. Soll ich sie einfach dösen lassen? Das wäre der falsche Weg des geringsten Widerstands. Aber alle kann man nicht kriegen, mindestens einen verliert man immer.

Interessante Details erfahre ich eher zufällig, neben der Spur, in den Pausen oder vor der Stunde. So erzählt mir P., dass er zum Geburtstag gerade reich beschenkt wurde, mit einem eigenen Kickertisch für den Hobbykeller. Er wisse nicht einmal, von wem er sei, aber er habe eine Tante im Verdacht. Die habe ihm nämlich letztes Jahr schon einen Flipperautomaten geschenkt. Und einen Einarmigen Banditen. Ich frage ihn, ob er Geschwister habe, da sagt er, nein, er sei allein, und wirkt für einen Moment verlegen und traurig.

Ich nehme mir vor, die Klasse mehr über ihre unmittelbaren Lebenswelten schreiben zu lassen, und in meinem Kopf wiederholt sich wie in einer Endlosschleife immer derselbe Satz, ich weiß nicht, woher der jetzt kommt: *Wenn man dereinst meinen Schädel öffnet, wird man nichts als Neugier finden.*

Diesmal kein Spiel, kein Warmlaufen, gleich hinein in die Geschichte; jetzt muss die Spannung gehalten werden, nur den Faden nicht verlieren. Ich erzähle den Schülern, dass dieser Moment beim Schreiben mit das größte Glück ist – wenn man im Tunnel ist, einen nichts mehr ablenken kann und darf. Alles, was ist, ist oder wird dann Text, findet seinen Platz. Ich habe das Gefühl, dass die Klasse sich dieser Phase nähert, der Stuhlkreis, den wir bilden, bringt es in eine schöne Form. Der eine ist mehr dabei, der andere weniger, aber alle haben Anteil, die Konzentration ist hoch. Wieder kommen mir die Schüler für acht Uhr morgens sehr wach vor. Das kann ich von mir nur bedingt behaupten. Als ich das fertiggestellte erste Drittel unserer Geschichte vorlese, damit alle auf derselben Grundlage weiterschreiben können, formt mein Mund die Worte noch träge, durch viele Sätze stolpere ich. Andere, die ich besonders mag, koste ich beim Lesen aus, als wären es meine eigenen. Natürlich habe ich die Entwürfe der Schüler in eine gemeinsame Form gebracht, einander angeglichen und auch selbst Formulierungen eingeschmuggelt. Aber nichts stammt von mir allein, es ist ihre Geschichte. Und das spüren sie, das bannt sie. Immer wieder Kichern, wenn sie eine Stelle oder einen Einfall von sich erkennen. Mittendrin stößt ein Finger stolz in die Höhe, und S. fragt, ob man »unser Buch«, wenn es fertig sei, auch richtig kaufen könne, und ob sie Freiexemplare erhalten würden. Ich erinnere mich, dass das mit den Belegexemplaren mich vor vielen Jahren bei meinem ersten Buch auch am meisten interessiert hat. Mehr als das Honorar – diese Vorstellung, einen Karton mit verpackten Büchern von sich zu öffnen und sie zu verschenken, wie aus einem Bauchladen heraus. Raunen, als ich es bestätige, ja, das kann man dann in jeder Buchhandlung bestellen und kaufen. Ich frage mich kurz, ob es nicht falsch ist, die Verwertung, das Ökonomische so früh hereinzulassen, wenn ich doch andernorts gern auf Agenten schimpfe, die schon Abiturjahrgänge ›scannen‹, um junge Talente abzugreifen. Andererseits gehört der Publikationswille dazu, er kann einen tragen, er ist ein wichtiger Teil des Traums. Vermutlich hätte ich als Teenager nie angefangen zu schreiben, wenn mir die Schülerzeitung keine erste geschützte Öffentlichkeit geboten hätte. Niemand schreibt für die Schublade, das ist ein Mythos.

Dann gemeinsames Brainstorming – wie kann die Geschichte weitergehen? Die Exposition ist gelungen, Zeit, Ort, Figuren, Konflikte, jetzt muss es heißen: Handlung, Handlung, Handlung. Dass ich mal wieder selbst zu viel rede, merke ich daran, dass Frau John ein paar meiner Schlüsselbegriffe auf große Zettel schreibt und in die Mitte legt, als Anker für die Schüler. Solche Hilfen brauche er aber gar nicht, sagt P. und winkt ab. Er habe auch so genug Fantasie, und das komme daher, dass er so gern Rollenspiele spiele, *Das schwarze Auge*, *Herr der Ringe* usw. Ich frage ihn, welche Figur er dabei denn am liebsten sei, und er sagt, momentan der Zwerg, der habe die besten Fähigkeiten. »Aber du bist ja nun wirklich kein Zwerg«, erwidere ich, etwas verwundert über seine Wahl, P. ist nämlich tatsächlich alles andere als klein. »Na und«, sagt er, »das ist ja gerade das Tolle an der Fantasie, das ist doch wie beim Schreiben!«, und ich kann förmlich hören, wie er sich in Gedanken fragt, ob man mir wirklich alles erklären müsse.

Also weiter. Mir geht unser Schulkrimi bisher noch in eine zu düstere Richtung. Mord, Verätzungen, Vergewaltigung, alles dabei, und das sind noch die harmloseren Ideen. Ich überlege, woher diese Faszination für das absolut Abgründige kommt, und wann der Punkt erreicht wäre, da man als Lehrer anfangen müsste, bei dem einen oder anderen genauer nachzufragen. Dabei habe ich ja selbst in dem Alter Horrorbücher von Stephen King dutzendfach verschlungen. Heranzuwachsen ist immer auch ein bereitwilliges Tänzeln auf dem dünnen Eis, das über der Angst liegt. Trotzdem versuche ich, noch ein paar weitere Anregungen zu geben. Wenn unsere Heldin verschwindet, kann das doch auch noch ganz andere Gründe haben: Vielleicht ist sie ausgerissen, oder sie hat sich aus Versehen irgendwo eingeschlossen, oder sie ist durch eine Zeitschleuse in eine andere Welt geschlüpft. Ein paar Gesichter aus der Runde sehen mich an, als wollten sie sagen, schon recht, Sie Warmduscher, so einen Babykram können Sie selbst schreiben …

Stifte und Papiere raus, Kritzeln, atemlos, los, los, jetzt wollen es alle wissen. Es hat gewirkt. Nichts motiviert so, wie die eigene Geschichte zu hören, zu sehen, wie das Selbstgeschaffene an Form gewinnt. Da geht es mir bis heute nichts anders.

Viele wollen gleich ihre Notizen und Ideen vorlesen, können es gar nicht erwarten, tauschen schon flüsternd Ergebnisse aus: Unser Held soll auf dunkle Männer stoßen und mit ihnen ringen, dann auf ein Grab, das leer ist und einen geheimnisvollen Namen trägt; Briefe und Tagebücher tauchen auf, vermutlich aus dem Jenseits. Dann sollen sich die beiden Gegenspieler verbünden und unser Mädchen Hanuschka zusammen suchen, und auch diese ist auf einer Suche – nach ihren wahren Eltern, und außerdem ist sie ja eine gespaltene Persönlichkeit, und ihre Mutter war Stripperin und wurde von einem Mafiaboss misshandelt, dessen Schwanz dann irgendwann explodiert ist, und, und, und … Am Rande wird natürlich immer noch recht tüchtig gemordet, verätzt und vergewaltigt. Aber immerhin gibt es schon zwei Vorschläge für ein Happy End. Beide enden mit Kuchenessen bei Oma.

Für die letzte halbe Stunde scheuche ich die Schüler wieder raus aus dem inspirierenden Kollektiv, alle an ihre Plätze, jetzt gilt: losschreiben, ausformulieren, jeder für sich und gegen die Uhr. Denn der Sog des Schreibens entfaltet sich nur in der Versenkung, im Schreibfluss muss jeder alleine strampeln.

Eine Woche später. Ein müder Tag, typisch Advent. Fünf Schüler fehlen, angeblich »geht Magen-Darm herum«. Trotz der kleineren Gruppe ist die Atmosphäre zäh, träge, wie weihnachtlich eingewattet.

Zu Beginn lese ich den neu entstandenen Teil vor; er versandet im allgemeinen Gedöse, bis ich zu der Stelle komme, an der unsere weibliche die männliche Hauptfigur im Traum verführt. Die Worte »halbnackt« und »Yogamatte« wirken so belebend wie Lachgas. Kichern und Kommentare: »Das ist von mir!«, »Nein, von mir!«

Dann sprechen wir über Inspiration; darüber, dass sie aus der eigenen Erfahrung kommen kann, aber auch aus ganz anderen Quellen, aus Büchern, Filmen, Fotos. Für die Schreibübung verteile ich Bilder – willkürlich aus einer Sammelkiste gezogene Fotografien und Kunstpostkarten. Jeder soll, ausgehend von einem Bild, eine Szene entwickeln, die zu unserer Geschichte passt. Sinn muss das nicht unbedingt machen, sondern Spaß. Projekt: Aaaaaaufwaaaachen!!! Und wieder bin ich erstaunt, wie sie das meistern. Eine rauchende Frau von William Eggleston wird flugs zur Oma unserer Protagonistin erklärt, die gerade ihren Mann an Lungenkrebs verloren hat, aber trotzdem nicht gegen die Nikotinsucht ankommt. S. nutzt ein altes Schwarzweißfoto von vier Herren beim Tennisdoppel für eine Zeitreise – es zeige Hanuschkas Vater in seiner lang vergangenen Jugend, als sein Leben noch intakt und voller Möglichkeiten war. Ein Gemälde von Edward Gordon nimmt in S.' Fantasie die Gestalt einer Gruppe unangenehmer »Grufties« an, möglicherweise sogar Mitglieder jener Drogenmafia, der unser Held Robert auf der Spur ist und deren erstes Opfer wiederum L. in der von Cindy Sherman fotografierten, glamourösen, aber wie tot und steif auf einem Bett liegenden Frau erkennen will. Plötzlich fallen die Splitter ineinander, alles hängt mit allem zusammen. So entsteht Literatur.

Aber eben auch eine, die sich schwer bändigen lässt. Das ist, wie ich jetzt merke, gerade unser Problem. Der Krimi hat sich so verzweigt und so viel Energie darauf verwendet, Fährten zu legen und den Leser zu fesseln und zu verwirren, dass wir selbst nicht mehr ganz durchblicken. Wir müssen das Ende in Sicht haben, mahne ich, die Auflösung, aber die Schüler winken ab, nein, nein, jetzt müsse erst noch das Säureattentat erzählt werden und dann die Sache mit dem Grab, das geöffnet werde und leer sei, und, ach ja, die medizinischen Experimente an Hanuschka nicht zu vergessen! Ich schlage trotzdem vorsichtig vor, die Geschichte jetzt mal von hinten her zu denken, und dass ein Happy End mit Robert und Hanuschka doch vielleicht auch ganz schön wäre nach all den Abenteuern. *Happy End* kommt aber nicht so gut an. S. gähnt nur und fragt, ob jetzt wieder jeder an seiner eigenen Geschichte schreiben dürfe, die mit der Vergewaltigung.

Nachher wird Frau John zu mir sagen: »Du hast sie in diese komplexe Geschichte gelockt, jetzt musst du auch sehen, wie du sie wieder herausbekommst.«

Apropos eigene Geschichte: R. und S. denken ohnehin schon weiter. Beide arbeiten parallel an »größeren Büchern«, bis zu 20 Seiten stehen bereits – in drei Wochen will R. fertig sein. Schließlich drängt die Deadline – Weihnachten. Erst soll es ein Geschenk für die Familie sein, dann werden Verlage angeschrieben. Ich will gerade raten, da lieber nichts zu überstürzen, als mir auch S. ihre Romanidee verrät, aber nur unter der Auflage, dass ich sie keinem weitersage. Mit Ideenklau könne man heutzutage gar nicht vorsichtig genug sein. Es ist übrigens eine ziemlich gute Idee. Abends notiere ich sie mir. Man weiß ja nie.

Die vorletzte reguläre Stunde, eine intensive, auch seltsame. Mehrfach kippen Leichtigkeit und Schwere, Lachen und Gram ineinander wie in einem guten Buch. Immer neue Mädchen erzählen mir jetzt, dass sie an eigenen Geschichten arbeiten, sie wollen sie mir zeigen, am besten gleich, oder zumindest erzählen! Ihr Zugang zur Literatur ist noch ganz ursprünglich, Schreiben ist für sie Erzählen, egal ob mündlich oder auf Papier. (Auch später beim stillen Arbeiten rufen mich manche immer wieder zu sich, nicht um etwas zu fragen, sondern um mir das soeben Geschriebene, das noch nicht mal fertig ist, gleich vorzulesen, um es in die Welt zu setzen.) Bei R. geht es um eine junge Frau, die einen Hund auf der Straße findet und mit nach Hause nimmt, aber dann kommt es zu einer Verwechslung, und am Ende kriegt die Frau Krebs und stirbt. Ich frage R., ob sie sich da wirklich sicher sei mit diesem düsteren Ende und ob sie mal überlegt habe, die Geschichte gut ausgehen zu lassen. Och, sagt R. so selbstverständlich, als wäre dies ihre Lektion für mich am heutigen Tag, das schließe sich ja nicht aus, ihre Hauptfigur sei schließlich glücklich, am Ende gehen zu dürfen. Auch einen schönen Titel hat sie schon: *Mein neues Leben.* Da überlege ich wieder, ob ich die Klasse vielleicht doch zu sehr angeleitet habe, ob wir uns nicht noch dichter an ihre persönlichen Geschichten hätte heranwagen sollen.

Umgekehrt rückt mir die Klasse bedenkenlos näher. Mein neuer Haarschnitt wird ebenso kommentiert und wohlwollend abgenickt wie meine Uhr, und wieder kommt die Frage, ob ich beim Einkaufen auf der Straße von Fans erkannt werde. Für eine Sekunde bin ich versucht, zu lügen und zu sagen, ja ja, doch, klar, manchmal schon. Der Kurs ist immer wieder auch eine entlarvende Schule in Sachen Eitelkeit. Die freilich auch der Klasse nicht ganz fremd ist. Als ich eine Kamera zücke und sich alle für ein Gruppenbild aufstellen sollen, wird sofort vorm Spiegel jede Menge Haar gerichtet und an Klamotten gezupft. Bis die Formation endlich steht, wird ein ganzer Bürgerkrieg ausgefochten. Der will nicht da, die nicht hinter dem, jener nur vor der und diese natürlich in der Mitte stehen. Aber auf dem Foto ist dann wundersamerweise von diesem Durcheinander nichts mehr zu sehen. Statt dessen: 13 Autorengesichter, die man ausnahmslos für ein Buchcover ausschneiden könnte. Wache Blicke, ruhiges Lächeln, unangestrengte Körperspannung. Gegen dieses Selbstverständnis wirkt sogar Will Smith auf M.s Sweatshirt wie ein Greenhorn beim ersten Casting und der Kerl mit Brille ganz hinten rechts wie ausgestopft und aus dem Entenschaukasten entsprungen, in der Hoffnung, endlich auch mal mitspielen zu dürfen.

Übrigens fehlen vier Schüler. F. und P. sind immer noch krank, aber zwei Mädchen werden nicht wiederkommen, sie wurden von der Schule abgemeldet. Hintergrund unscharf, Probleme, Familie, Noten, Disziplin, fehlende Perspektive. Genaues sagt keiner. Da fällt mir erst wieder ein, was ja an sich selbstverständlich ist: dass jeder in der Klasse außerhalb dieser Stunden ein ganzes Leben führt (und oft kein einfaches). Dass unsere gemeinsame Zeit hier nur ein Tropfen ist im Fluss ihres Alltags (oft ein reißender), und dass es mir nur in meiner eigenen Perspektive so erscheint, als wäre alles, was ich von ihnen sehe und lese, auch das, was sie sind. Zwei Schülerinnen werden nicht wiederkommen, die schon Teil unserer Geschichte sind, die an ihr mitgeschrieben haben. Noch dazu an einer Geschichte über ein Mädchen, das ihrerseits wie vom Erdboden verschluckt wird. *Ein Mitschüler verschwindet – was ist passiert?* Das war ganz am Anfang unsere Grundidee. Und jetzt durchdringen sich plötzlich die Ebenen, verschwimmen Realität und Fiktion. Wann holt die Literatur das Leben ein und umgekehrt? Plötzlich sind wir doch nicht mehr so weit weg von ihren eigenen Geschichten; aber das zur Diskussion zu stellen – wie wirkliches und ausgedachtes Verschwinden zusammenhängen, wie die beiden Mädchen, die wir jetzt vermissen, sozusagen auch in unserer Geschichte um Hanuschka und Robert verschwunden sind – das traue ich mich dann doch nicht.

Und schiebe es auf die Zeit, den Zeitmangel. Heute sind wir mit der Aufklärung unseres Krimis beschäftigt, das Mädchen Hanuschka soll die vielen Fäden und Fallstricke entwirren. Die Angst, die sie treibt, geht in Lösung und Erleichterung auf. Es geht um Furcht und Selbstbefreiung.

Um sich besser in Hanuschka hineinversetzen zu können, soll sich in einer Schreibübung jeder an etwas erinnern, vor dem er einmal große Angst hatte, und beschreiben, wie er diese dann losgeworden ist. Inzwischen sind die Schüler schon routiniert, die ersten Stifte kreisen bereits, Angst und Erlösung in sieben Minuten, die Themen eines ganzen Lebens auf einem Reiskorn. Dass dies auch die Pole sind, die mein eigenes Schreiben mehr bestimmen als alles andere, verschweige ich. Jedem fällt dazu etwas ein, jeder kennt das Gefühl der Angst und die Schönheit, die es umgibt, wenn es weicht. Aber beim Vorlesen sind die Schreibwütigen zögerlicher als sonst, es geht eben ans Persönliche. Man zeigt Schwäche – und dass gerade das eine Stärke ist, nicht nur für die Literatur, ach, geschenkt. M. berichtet, dass er einmal große Angst davor hatte, dass sein Lieblingsboxer einen Kampf verlieren könnte, S. gesteht ihre Angst vor Fischen und wie sich diese schließlich erst in Ekel und dann in Mitleid verwandelt habe. S. liest vor, dass sie Angst davor habe, jemanden zu verlieren, den sie liebe. Sie sagt das wirklich so, und zum ersten Mal kichert keiner, als das Wort Liebe fällt. Ich frage sie, wann und wie diese spezielle Angst denn verschwunden sei, und sie antwortet, das sei sie bisher nicht.

Vielleicht hängt ja wirklich mal wieder alles mit allem zusammen. Jedenfalls stimmen einige aus der Gruppe beim anschließenden Beratschlagen über das Ende unserer Geschichte plötzlich sanftere Töne an als bisher. Nun soll Hanuschka nicht mehr endgültig verschwinden, sie soll wiederkommen, ja am besten gar nicht erst ins Ausland reisen. Und überhaupt, Australien, das ist doch das gefährlichste Land der Welt, die Hitze, die Schlangen, was soll sie da? Und mit Robert und ihr soll es jetzt auch ein gutes Ende nehmen.

Wahrscheinlich bilde ich es mir nur ein, aber als es zum Schluss ans Schreiben geht, scheint es mir, als pressten einige noch entschlossener als früher ihre Stifte aufs Papier, als gelte es, jemanden darauf zu bannen, zu retten, festzuhalten.

Letzter Schreibtag, alle losen Fäden bündeln, Endspurt. Ich versuche, die Klasse nochmal anzuheizen – der letzte Tag! – aber Weihnachtszuckerguss liegt schon sanft über uns, alles wirkt verlangsamt, feierlich und ruhig, und in erster Linie wollen die Schüler wissen, ob in der Tengelmann-Tüte, die ich mitgebracht habe, Geschenke für sie sind. Nein, rufe ich, Arbeit! Ein paar Augen rollen.

Wir tragen zusammen, warum das Ende einer Geschichte so entscheidend ist. Weil alle wichtigen Elemente und Figuren nochmal aufgenommen, verbunden und abgerundet werden; weil der Hauptkonflikt sich löst; weil man als Leser mit einer letzten Stimmung entlassen wird – mit Freude oder Trauer oder beidem; weil dort die gestellten Rätsel aufgelöst werden.

Wieder überlege ich, dass man all das auch auf unseren Kurs selbst anwenden könnte, auf die Geschichte unserer Geschichte, auf heute, auf das Ende. Meine Schlussstimmung: Erleichterung, darüber, dass wir es irgendwie hinbekommen haben – und gar nicht schlecht. Aber auch Wehmut. Ich mag ›letzte‹ Dinge generell nicht besonders. Und die gestellten Rätsel? Haben sich mir nicht alle enthüllt. Vieles und viele sind mir verschlossen geblieben, und erneut denke ich, dass ich den Kindern und ihren Leben selbst mehr Raum hätte geben sollen, anstatt nur an die Erfüllung der gestellten Aufgabe zu denken. Zum Beispiel wüsste ich gern, warum W. heute mit einem blauen Veilchen über dem Auge vor mir sitzt. Oder warum P. mich aus so müden Augen ansieht, als habe er die ganze Nacht nicht geschlafen. (Seltsamerweise finde ich später in seinem letzten Text von diesem Tag den Satz: »Jeder hat ein Geheimnis, aber wer will es schon preisgeben, sogar ich und du und jeder Mensch auf der Welt.«) Eigentlich, das wird mir jetzt klar, stehen wir noch ganz am Anfang unserer Geschichte. Jetzt, mit dem Vertrauen von drei gemeinsamen Monaten, wären wir so weit, wirklich zu beginnen.

Stattdessen müssen wichtige Fragen geklärt werden. Kriegen alle am Ende ein Buch? Gibt es eine Abschlusslesung? Und ganz wichtig: der Titel unserer Geschichte. Ein guter Wachmacher, denn einen packenden Titel will jeder, es ist schließlich der Identitätsanker der Erzählung, ähnlich wie die Namen der Figuren. Oder unsere eigenen Namen, die sind uns ja auch wichtig und sagen fast immer etwas aus, wenn man genauer überlegt. Vorschläge fliegen mir von allen Seiten zu, ich notiere, dann stimmen wir ab. *Hanuschkas Geheimnis* bekommt eine Stimme, *Die Verschwundene* zwei, mein eigener Vorschlag geht ganz leer aus, zu recht. Absoluter Abräumer ist B.'s Titel: *Als ich Hanuschka das erste (das letzte) Mal sah.* Verspielt, geheimnisvoll, doppelbödig. Peter Handke, der Gott der Buchtitel, nickt uns von irgendwoher wohlwollend zu.

Ich lese wie immer die zuletzt entstandenen Seiten unserer Geschichte vor, damit alle sehen, wo wir stehen – und wo genau ihre Sätze geblieben sind. Robert und Hanuschka laufen durch die Nacht, sie erzählt ihm, was passiert ist, alles klärt sich auf. Endlich kommen sie sich auch näher, sie halten sich an den Händen, sie weinen vor Erschöpfung. Nur die Stelle, an der sie sich gegenseitig ihre Liebe gestehen, überspringe ich beim Lesen, obwohl ich sie besonders mag. Ich weiß selbst nicht, warum ich zurückscheue, vielleicht weil ich nicht möchte, dass die Klasse den großen Gefühlen ihr Recht weglacht, vielleicht aber auch, weil ich den Satz ›Ich liebe dich‹ schon im wahren Leben nie über die Lippen gebracht habe, ohne mich insgeheim dafür zu schämen.

Dann noch eine letzte Schreibübung: Ich lese berühmte erste Sätze vor, und die Schüler sollen passende Schlusssätze assoziieren. Aus Kafkas grausiger *Verwandlung* macht F. einen Traum im Traum und lässt den armen Gregor Samsa zuletzt doch noch aus unruhigem Schlaf erwachen – verängstigt zwar, aber immerhin nicht als Ungeziefer. Günter Grass' Oskar Matzerath findet bei S. kein Entkommen aus seiner Heil- und Pflegeanstalt, sondern wird von der Gesellschaft zu Tode gepflegt und sucht seine Peiniger fortan als unruhig wandelnder Geist heim. Und in S.' Version von Patrick Süskinds Roman entpuppt sich das mörderische Parfüm als halluzinogener Stoff, von dem sich S. wohl an diesem Morgen selbst eine ordentliche Brise genehmigt hat. Jedenfalls fliegen ihre Sätze wie Konfetti durcheinander, alle lachen begeistert. Endlich wird gelacht. Es wurde im Kurs zu wenig gelacht, das fällt mir jetzt erst auf.

In der letzten halben Stunde nochmal stilles Schreiben. Jeder soll für sich eine runde Schleife binden, nochmal die wichtigsten Bälle unserer Geschichte in die Luft werfen und damit jonglieren: Geht Hanuschka wirklich nach Australien? Schreibt sie Briefe nach Hause, an Robert, der sie vermisst? Was wird aus der Mafia? Oder aus Herbert und seinem Pudding-Tick? Vor allem aber sollen sie sich überlegen, was ihnen persönlich an der Geschichte am wichtigsten war – und dafür letzte Sätze finden. (J. etwa schlägt vor, dass Robert und Hanuschka zusammen die Schule schaffen und dann ein Kind bekommen, einen Jungen namens Adolf.)

Am Ende der *Geschichte unserer Geschichte* tritt auch ihre Struktur noch einmal konzentriert hervor. Die, die immer motiviert waren, hängen sich nochmal richtig rein, bis erschöpfte Finger ausgeschüttelt werden; andere, die man schon öfter mal mühsam anschieben musste, schreiben jetzt gar nicht mehr, sondern beobachten irgendetwas Unsichtbares in der Luft. Aber ich ermahne sie nicht mehr, ich lasse alles laufen, die letzten Minuten gehören nur ihnen, so wie sie es wollen. Kurz vor Kriegsende sollte niemand mehr erschossen werden, hat meine Großmutter immer gesagt. Manche wollen schreiben, unbedingt, und sie werden weiterschreiben. Und manche eben nicht, und auch das ist gut, auch sie sind wichtig. Sie sind die subversive Gegenkraft, die jede Kreativität braucht.

Ein letzter Gong, ein letztes Einsammeln der Blätter. Ich habe mir ein paar Abschiedssätze überlegt, werde sie aber im Pausenrauschen nicht mehr los. Bevor ich gehe, wische ich noch die Tafel.

Die Schüler der Klasse 7a
der Otl-Aicher-Realschule in Leutkirch
mit Imre Török

Panische Nacht im Klassenzimmer

Noch bis in unsere Tage wird von Schülern der Otl-Aicher-Realschule in Leutkirch eine seltsame, abenteuerliche Geschichte erzählt, die sich in einer Nacht tatsächlich so zugetragen haben soll. Ob alles stimmt, was erzählt wird, können wir nicht mit Sicherheit sagen.

Sicher aber ist, dass etliche Schulklassen bereits eine Nacht in der Schule verbracht hatten. Man nennt das eine Lesenacht.

Schülerinnen und Schüler kommen am frühen Abend in ihrem Klassenzimmer zusammen, um Bücher zu lesen und um sich gegenseitig vorzulesen. Es wird viel erzählt, auch gegessen und getrunken.

Die Lesenacht, von der wir hier erzählen werden, sollte aber außergewöhnlich verlaufen, völlig anders als die bekannten langen Nächte in den Jahren zuvor.

Panik im Klassenzimmer, die Entführung der Klassenlehrerin, Slenderman im Smoking, eigenartige Geräusche in der Aula der Schule oder ein angsteinflößender Hausmeister kommen in den Erzählungen vor. Und viele schauerliche Geschichten mehr.

Wie gesagt, niemand kennt die wahren Begebenheiten, niemand weiß um das letzte Geheimnis in dieser Nacht. Nur die Schüler der Klasse 7a, ihre Klassenlehrerin und ein Schriftsteller, der die Klasse zuvor manchmal besucht hatte.

Zunächst lief in jener Nacht alles nach Plan.

Die Schüler schoben am Abend Tische und Stühle in die Ecke des Klassenzimmers. Sie legten Matten und Matratzen auf dem Fußboden aus, wo sie später in ihren Schlafsäcken schlafen würden.

Später. Viel später.

Denn eigentlich wollten alle zusammen mit ihrer Klassenlehrerin bis zum nächsten Morgen durchmachen.

Weil die Schülerinnen und Schüler fleißig alles aufgeschrieben haben, was sie für die Lesenacht mitgebracht hatten, können wir uns auf diese Aufzeichnungen verlassen.

Nun ja, wenn die Angaben wirklich alle stimmen. Vielleicht haben manche übertrieben.

Jedenfalls gab es 15 Liter Cola. Andere schreiben, es waren mindestens 20 Liter. Und Fanta, Schwip Schwap, Tee, Limo und Obstsäfte ebenfalls. In Unmengen, so steht es in einer Notiz. Andere tranken Kakao, Sprudel, Eistee und Energy Drink.

Auch an Essen hat es nicht gefehlt. Chips, Popcorn, Kekse, Semmeln, Wurstbrot, Allgäuer Käse, Salat, Döner, Dürüm, Hot Dog, Sandwich, Kuchen. Und natürlich Gummibärchen. Kurz vor Mitternacht soll ein Lieferant sogar jede Menge Pizzas gebracht haben. Und ein Kind hatte angeblich ein Taschenmesser dabei, obwohl das verboten war. Oder ging es gar um eine Schreckschusspistole?

Erlaubt und erwünscht war es natürlich, Lieblingsbücher mitzubringen.

Diese Liste ist besonders lang, weil viele der insgesamt 29 Schüler gleich mehrere Bücher für die Lesenacht dabeihatten. Also wollen wir nur einige hier aufzählen:

Kommissar Kluftinger
Die drei ???
Harry Potter
Bob, der Streuner
Die Tribute von Panem
Onkel Toms Hütte
Mars Attacks
Dunkle Gestalten wandern durch Europa
Die Theorie des Paranormalen
Warum ich Azaleen liebe
Ostwind
Scorpia Rising
Knödel-Blues
Dance Academy
Dewey, der berühmteste Kater der Welt
Gregs Tagebuch
Percy Jackson
Ananas Express
Fünf Freunde
Die 1000 Fußballwunder
Geistergeschichten
Pferdebücher
Liebesgeschichten
Gruselgeschichten

Gruselgeschichten?

Ja. Davon werden wir hier gleich erzählen, nämlich wie schauderhaft es in dieser Nacht zugegangen war.

Die ersten Stunden aber haben die Schüler sich gegenseitig aus den mitgebrachten Büchern vorgelesen oder über ihre Lieblingsbücher erzählt. Sie haben reichlich gegessen und getrunken und haben schließlich zu spielen begonnen. Alle waren gut drauf, erzählten sich Witze und sie lachten, als einer laut gerülpst hat.

»Das geht hier wie im Saustall zu«, rief jemand, und sie lachten noch mehr.

Einige hatten ihr Handy dabei oder einen MP3 Player, sogar ein iPad mit 16 GB. Doch die meiste Zeit verbrachten sie zusammen, sie spielten Blinde Kuh, Fangen im Dunkeln, Sackhüpfen, Menschenmemory, Wahrheit oder Pflicht, Zahnbürstenmörder und auch Werwolf-Spiele. Dabei verlor einer seine Hose und musste sie überall suchen.

Es ging wirklich lustig zu. Ja, noch waren die Kinder gut drauf.

Zum Schluss gab es eine kleine Kissenschlacht. Andere sagen, das war eine »Kissenschlacht in großem Ausmaß«, und einige bekamen blaue Flecken ab.

Was stimmt, was erfunden ist, das wird sich vielleicht noch herausstellen. Sicher aber ist, dass nach so viel Spiel und Spaß die Kinder gegen Mitternacht todmüde waren und sich schlafen gelegt hatten. Die Klassenlehrerin schaltete das Licht aus, legte sich hin und schlief auch bald ein.

Jetzt aber begann es, schauerlich zu werden.

Mitten in der Nacht wachte Mira auf, weil sie aufs Klo musste. Im Dunkeln stolperte sie über ihre Mitschülerin. Teresa erhob sich auch und folgte im Halbschlaf Mira. Niko wurde dabei aus unruhigen Träumen gerissen und ging hinaus, tappte im Dunklen zur Toilette. Nach kurzer Zeit stürmten die drei wieder ins Klassenzimmer und erzählten den aufgeschreckten Klassenkameraden von seltsamen, sonderbaren Erlebnissen.

Teresa hatte eine Gestalt beobachtet, »die machte einen Schritt nach dem anderen«. Sie hörte nur ihre Hausschuhe, wie sie auf dem Boden abrollten. Fünf Schritte vor der Klotür sah sie etwas Schwarzes. Sie hatte das Gefühl, dass sich das große rechteckige Ding bewegte. Sie hatte furchtbare Angst. Trotzdem glitt ihre Hand langsam und vorsichtig zu dem Ding. Es fühlte sich kalt an. Sie holte ihre Taschenlampe hervor und führte den Lichtstrahl in Richtung Monster. Sein gläserner Bauch war voll mit Süßigkeiten.

»Das ist der neue Snackautomat«, riefen manche.

Doch schon begann Niko hastig zu erzählen.

»Auf einmal sah ich eine große Gestalt vor mir. Es war Slenderman, mit einem Smoking und weiß im Gesicht. Ich schrie los. Doch dann stand da nicht Slenderman, sondern unser Hausmeister im Slenderman-Anzug. Nun ging die Panik richtig los. Plötzlich rannten Kinder von überall her durcheinander, wie tagsüber in der Pause. Mira rastete aus, nahm den Besen und schlug dem Hausmeister auf den Kopf. Er war tot, und Roman und Niklas warfen ihn in einen Container. Ich rannte in ein Klassenzimmer und nahm mir den Zeigestock zur Verteidigung. Dann ertönte eine Stimme: Warum hat Mira mich ermordet? Ich sagte: Woher soll ich das wissen?

Dann war die Stimme plötzlich weg, und ich rannte hierher.«

Jetzt erst gestanden andere Schülerinnen und Schüler, dass sie vorher bereits heimlich draußen waren.

Eine hat einen Mörder mit einem Messer in der Hand gesehen. Aber vielleicht war das der Hausmeister, der eigentlich nachsehen wollte, was in der Nacht in der Schule los sei.

»Nein, es war ganz sicher Hugo das Skelett, das da herum lief.«

»Und ein Polizist rannte schreiend aus einem Schrank«, ergänzte Sarah, »und ich schaute in den Schrank, es lief Blut in Strömen die Wand hinab.«

»Ja«, meldete sich Carina, »und ich habe gesehen, wie die Aula in ein unheimliches Licht getaucht war. Und da, da fiel ein Stuhl nach dem anderen um. Und noch einer. Mir wurde heiß und kalt zugleich.«

Auch Julian wusste von abenteuerlichen Erlebnissen zu berichten:

»Oh, oh«, hatte Julian Tim flüstern hören, »das kann heiter werden.«

Tim deutete auf Simone. Ihr sommersprossenreiches Gesicht und ihre Brille ließen Simone wie immer albern aussehen. Aber sie war die Gefährlichste aus der Klasse.

Und Tim musste neulich eine Strafarbeit schreiben, bloß weil er heimlich während des Unterrichts in seinem Action-Roman mit dem Titel »Die Londoner Unterstadt im 19. Jahrhundert« gelesen hat. Simone hatte gepetzt.

Doch gerade zickte sie Max an und stolzierte hochnäsig wie eine Tussi davon.

»Wo will die hin?«, fragte sich Max und eilte ihr hinterher. Simone war auf die Toilette gegangen.

Auf dem Weg traf der Junge auf Sabine, die sich gerade Schokolade aus dem Snackautomaten geholt hatte.

»Wolltest du nicht auch Simone beobachten?«, fragte Max. »Ich hatte Hunger. Und außerdem habe ich gesehen, was ich sehen wollte«, antwortete Sabine stolz.

»Was meinst du?«

»Während du mich dumm angeguckt hast, ist ein Mann Simone in die Toilette gefolgt. In die Mädchentoilette«, lästerte Sabine.

»Ich hab doch gesagt, das ist ein todsicheres Versteck.«

Sie eilten zur Tür und lauschten. Sie hörten eine raue, kratzige Stimme, die zu Simone sprach.

»Du hast doch gesagt, die Schulklasse ist vorhin in die Sporthalle gegangen. Also kann ich jetzt die Schule sprengen.«

»Ja, aber erst nach Mitternacht, wenn alle schlafen.«

Simone sprach anscheinend mit einem Mann, der zu einer Terrorgruppe gehörte.

»Achtung, sie kommen aus der Toilette raus!«

Sabine schubste Max zur Seite, und sie verkrochen sich unter einem Tisch in der Schulaula.

»Was sollen wir jetzt tun? Sollen wir den MI7 alarmieren?«, flüsterte Sabine.

»Ja, wir sollten schon anrufen, denn es geht hier um viele Tote, wenn die Organisation wirklich zuschlägt.«

Max nahm sein Smartphone und telefonierte leise mit Hauptmann King Tschorden von MI7.

»Wir werden die Schule umstellen«, sagte der Hauptmann nach dem kurzen Bericht von Max, »und Sie, Max, müssen sich um die Schüler kümmern.«

»Okay«, sagte Max, legte auf und blickte aus dem Versteck.

Die Luft war rein. Sabine und Max gingen zur Turnhalle und klärten dort Tim heimlich auf.

»Ich wusste es! Ihr kann man nicht trauen«, schrie Tim.

»Pst!«, zischten Sabine und Max und blinzelten zu Simone hinüber. Sie hatte anscheinend nichts gemerkt.

Sabine und Max verließen wieder die Turnhalle und liefen an einem Gebüsch vorbei. Plötzlich langte eine Hand aus einem Busch, packte Max empfindlich am Arm und zog ihn ins Gebüsch.

»Entschuldigung. Sie sind doch Max, richtig?«, fragte Hauptmann King.

Max atmete auf. Da drückte ihm der Hauptmann eine Waffe in die Hand.

»Was soll ich damit? Ich will nicht töten«, stammelte Max.

»Das sollst du auch nicht. Du wirst nur einen Warnschuss abgeben, die Schüler in Sicherheit bringen, und dann schreiten wir ein. Wir müssen die riesige Bombe entschärfen. Und die Ausführung der grausamen Pläne der Terroristen verhindern.«

Gebannt schaute die Klasse den Erzähler Julian an.

Viele schauderten. Alle wollten wissen, ob diese Geschichte gut ausgehen werde. Julian nickte. Er wollte noch beruhigend sagen, dass nach viel Mord und Totschlag kein Schüler verletzt, nur die arme Sabine einen leichten Steifschuss abbekommen würde.

Da fiel ihm schon ein anderer Schüler ins Wort.

»Aber habt ihr auch die Vitrine mit dem eingeschlagenen Glas gesehen, und wie zwei Diebe den Ring aus der Vitrine geklaut haben?«, fragte jetzt Jeremias. »Mein Herz pochte und mein Adrenalinpegel stieg so hoch, als würde ich in der härtesten Achterbahn der Welt sitzen.«

»Es waren aber zehn Männer«, warf Roman dazwischen, »ich sah sie in drei Vans auf den Hof fahren. Sie waren maskiert und trugen Koffer, auf denen große Ausrufezeichen standen. Ich schloss meine Augen. Als ich sie wieder öffnete, waren die Vans noch immer da.«

»Ja, die wollen bestimmt unsere Lehrerin entführen«, flüsterte eine, die auch Sahra hieß. Denn es gab in der Klasse gleich drei Mädchen mit diesem Vornamen.

»Jetzt erzähl schon! Das ist spannend«, drängte der Klassensprecher.

Sie hockten alle zitternd bei ihren Schlafsäcken. Jedem stand die Angst ins Gesicht geschrieben. Alle dachten so, aber niemand wagte, die Frage auszusprechen. Was hat es mit der Entführung ihrer beliebten Klassenlehrerin auf sich?

Es war eine Weile still, als Nadja schließlich ausrief:

»Ich will sie suchen gehen. Kommt jemand mit?«

Kein Mucks.

»Ich«, sagte schließlich Mira.

»Ich auch«, riefen Laura und Sarah im Chor.

Die vier liefen langsam zur Tür, öffneten sie leise und schlichen hinaus.

»Passt gut auf!«, schrie ihnen Amelie hinterher.

Vor der Treppe blieben Mira und Laura stehen. Nadja und Sarah warfen ihnen einen vorwurfsvollen Blick zu.

»Wäre doch gut, wenn jemand Wache hält«, flüsterte Laura.

»Dann gehen wir eben allein«, sagte Nadja, und die beiden gingen die Treppe hinunter.

Sie hörten Geräusche, die von der Schulküche her kamen. Sie näherten sich langsam dem Raum. Auf einmal hörten sie einen Schrei. Es war der Aufschrei ihrer Lehrerin. »Halt!«, flüsterte Sarah. »Ab hier gehe ich nicht weiter!« »Komm schon«, erwiderte Nadja.

»Führ mich bitte, wir sind schon ganz nah dran, gib dir einen Ruck!«

Sarah nickte.

Die beiden standen jetzt vor der Schulküche. Sarah öffnete mit zitternder Hand die Tür einen Spalt breit und riss sie dann auf. Die Mädchen atmeten durch.

Sie erblickten ihre Klassenlehrerin in einem edlen, roten Abendkleid. Sie saß zusammen mit einem Herrn am Tisch, und sie aßen eine Suppe.

»Was macht ihr denn hier?«, fragte die Lehrerin erschrocken.

»Wir haben gedacht ...«, Nadja stotterte, »dass Sie entführt wurden.«

»Aber nein, eure Lehrerin und ich wollten uns nur heimlich treffen, weil wir sonst keine Zeit dafür gefunden haben.«

»Und wieso hat unsere Lehrerin aufgeschrien?«, fragte Sarah misstrauisch.

»Ich habe leider heiße Tomatensuppe auf mein Kleid geschüttet. Aber bitte erzählt das nicht weiter, sonst gehen wilde Gerüchte herum.«

»Alles klar. Wir sind ja so erleichtert, dass Ihnen nichts Schlimmes passiert ist, und wir wollen auch nicht weiter stören«, sagte Nadja.

Beide Mädchen verkniffen sich ein Lachen und gingen hinaus. Draußen kicherten sie sehr, rannten zusammen mit den anderen Mädchen die Treppe hoch zum Klassenzimmer und lachten nur noch.

Auch die Klassenlehrerin lachte laut, nachdem sie diese Geschichte gehört hatte.

»Ihr Mädchen habt tatsächlich eine ganz schön blühende Phantasie. Aber ich bin die ganze Zeit hier bei euch gewesen.«

Dennoch waren die meisten Schüler immer noch aufgekratzt und redeten weiter durcheinander von Dieben, Mördern, maskierten Männern, Terroristen und Gespenstern, und dass einige gesehen hätten, wie der Hausmeister eine Leiche hinter sich her gezogen habe. »Das habt ihr euch alles nur eingebildet, weil ihr zu müde wart«, versuchte die Lehrerin ihre Schüler zu beruhigen. Als ihr das nicht gleich gelang, erinnerte sie ihre Schüler an die Besuche des Schriftstellers Imre Török und was der ihnen über das Fabulieren erzählt hatte. Die Schüler sollten sich, um sich abzulenken, ganz neue Geschichten ausdenken. Man bildete also vier Gruppen, jede Gruppe gab sich einen Namen und begann Ideen zu sammeln.

Andreas, Elias, Jannik, Jerry, Laura, Philipp und Sarah K. waren »Die Einhörner«.

Matthias, Mira, Nadja, Niklas, Nikolaus, Seven, Teresa und Toni nannten sich »Hüftschwung«.

Festim, Ion, Julian, Luca, Lukas, Nico und Sarah H. hießen »Stone«.

Amelie, Armin, Carina, Felix, Roman, Noah und Sarah S. nannten sich »Sheriffs«.

Hier nun präsentieren wir die vier Geschichten, für alle Welt, falls jemand noch an den phantastischen Erlebnissen der Klasse 7a der Otl-Aicher-Realschule in jener denkwürdigen Nacht im Schuljahr 2013/14 zweifeln sollte.

Die Einhörner

Wo ist Wolle?

Die Schüler saßen zusammen und spielten noch Werwolf, ein Kartenspiel, in dem die Werwölfe jede Nacht einen Dorfbewohner fraßen.

Die Kinder aßen Chips und Popcorn, zusätzlich bestellten sie noch Pizza, zu Trinken standen Cola, Fanta und vieles mehr bereit. Nun mussten die Schüler schlafen, da die Lehrerin noch vorhatte, später eine Nachtwanderung zu veranstalten. Obwohl die Schüler behaupteten, nicht müde zu sein, schliefen sie nach ein paar Minuten ein.

Plötzlich drang ein grelles Licht durch das Fenster des Klassenzimmers. Da wachte Wolle auf und ging langsam hinaus. Niemand bemerkte es.

Nach einiger Zeit wachten auch die andern auf, denn das Licht drang zum zweiten Mal durch das Fenster.

Elias entdeckte auf einmal einen Zettel auf dem Pult:

Brauche noch
150,– €
Anzahlung

Die Schüler erschraken. Plötzlich war jeder hellwach. Sie bemerkten, dass ein Schüler fehlte. Alle bekamen Panik, denn es war der Schüler mit dem reichen Vater. Einige sagten, es wären Werwölfe, die ihn zerfleischt hätten. Andere glaubten an einen Entführer, wieder andere dachten, das Ganze hat etwas mit der Mafia zu tun.

Sie suchten Wolle im ganzen Schulhaus, doch vergeblich. Sie riefen die Polizei an, doch die Polizei meinte, sie machen sich erst auf die Suche, wenn das Kind seit 24 Stunden vermisst wird.

Alle Schüler waren ängstlich, sie stellten Tische und Stühle vor die Tür und bewaffneten sich.

Nach einer halben Stunde klopfte es an der Tür.

Die Schüler schrien wie verrückt. Die Tür öffnete sich. Sie erblickten eine große männliche Gestalt. Niemand erkannte das Gesicht. Die Schüler dachten, ihr letztes Stündlein hätte geschlagen.

Eine tiefe dunkle Stimme sagte:

»Was soll denn das?«

Der Mann kämpfte sich durch die Tische und Stühle. Plötzlich sahen die Kinder eine zweite Gestalt. Einige mutige Schüler stürzten sich mit einem großen Lineal und Geodreieck auf die zwei Personen.

«Halt, stopp!«, rief eine Stimme.

Alle hielten den Atem an. Es klang wie die Stimme von Wolle, dem entführten Kind.

Ein Schüler machte die Taschenlampe an. Jetzt erblickten sie einen Pizzalieferanten und Wolle, das entführte Kind.

Beide trugen Pizzas.

Die Schüler entschuldigten sich für den Angriff und fragten, was passiert war.

»Also das war so ...«, antwortete Wolle, »mitten in der Nacht klopfte es an der Tür. Ich machte auf und sah den Pizzaboten. Ich ging mit ihm hinaus, da ich niemanden aufwecken wollte. Der Pizzalieferant war Jerry, ein Bekannter unserer Familie. Er sagte, dass er noch Hilfe brauche, um die letzten Pizzas zu transportieren, und fragte mich, ob ich nicht mitkommen könnte. Ich wollte die Pizzas gleich bezahlen, hatte aber leider kein Geld dabei. Dann habe ich diesen Zettel geschrieben, und wir sind weggefahren.«

Die Schüler waren erleichtert und lachten, danach aßen sie endlich genüsslich ihre Pizzas.

Hüftschwung

Mordfall in der Nacht

Der 13jährige Matthias lebte glücklich und zufrieden mit seiner Mutter Teresa und seinem Vater Niklas in einem Haus im Wald in der Nähe von Leutkirch. An einem Abend brach der Vater zu seiner Arbeit auf. Doch er vergaß, sein Essen einzustecken!

Also fuhr Teresa ihm nach, um ihm die belegten Brote zu bringen. Niklas war Jäger von Beruf.

Sie sah das Auto von Niklas am Wegesrand stehen, also parkte sie neben seinem Auto und lief in Richtung Jägerstand. Sie hatte den Kragen ihres braunen Mantels tief in Gesicht gezogen, weil es am späten Abend sehr kalt war.

Beim ersten Jägerstand fand sie ihren Mann nicht, also lief sie zum nächsten.

Niklas bekam auf einmal Hunger. Er guckte in seinen Rucksack, und da bemerkte er, dass seine Vesperbrote nicht im Rucksack waren. Im selben Moment sah er eine Gestalt, die aussah wie ein Reh. Wie einstudiert nahm er sein Gewehr und drückte ab. Dann guckte er durch sein Fernglas, ob das Reh auch tot war. Da bemerkte er, dass es die Teresa war, die auf dem Waldboden lag. Niklas erschrak, und er sprang seiner geliebten Frau sofort zur Hilfe.

Vater Niklas erzählte später:

Ich konnte nicht mehr atmen. Meine arme Frau war jetzt schon vier Stunden im Operationsraum. Schließlich kam einer der Ärzte und holte mich in sein Besprechungszimmer. Dort sagte er mir, dass meine Frau wegen der Kugel erst einmal im Koma liegen würde. Die Ärzte wissen aber nicht, wann und ob sie überhaupt aufwachen wird.

Ich wollte meine Frau unbedingt sehen, aber die Ärzte ließen es nicht zu. Mit meinen dreckigen Jagdklamotten durfte ich nicht auf die Intensivstation. Also fuhr ich ganz schnell nach Hause und zog mich um. Dann fuhr ich ebenso schnell wieder zurück ins Krankenhaus. Unterwegs trank ich einen ¼ Liter Cognac. Dort angekommen, rannte ich schnell wieder nach oben zur Station.

Ihr Kopf trug einen Verband. Sie wurde beatmet.

Aber sie lebte.

Matthias verkraftete das Unglück nur schwer. Er brauchte seine Mutter sehr, viel mehr als seinen Vater. Der hatte sich wegen seiner Arbeit nie Zeit für den Sohn genommen.

Als der Vater aus dem Krankenhaus nach Hause kam, stolperte er die Treppe im Flur hinunter. Aber er konnte sich noch fangen.

Mittlerweile hatte er mit sich selbst Mitleid. Er überlegte, was er tun konnte. Verzweifelt ging er zur Bar und trank so viel er konnte.

In der Nacht verließ er das Haus und stürzte sich vor einen Zug.

Als Matthias das mitkriegte, war ihm das egal. Eine Freundin von Teresa kümmerte sich um ihn.

Eines Tages kam die Mutter wieder gesund nach Hause. Matthias freute sich drüber sehr. Alles wurde am Ende gut.

Zu der Beerdigung von Niklas aber war niemand hingegangen.

Stone

Die späte Rache

Es war ein friedlicher Freitagmorgen.

Um 6:00 Uhr klingelte der Wecker bei Lukas. Er machte sich fertig für die Arbeit. Auf dem Weg zu seinem Büro holte er noch beim Finanzamt die Karten für das Freilichtspiel an dem Abend, das in Altusried, nicht weit von Leutkirch, auf der Freilichtbühne aufgeführt werden würde. Da er spät dran war, raste er mit seinem Audi A8 durch die Straßen. Als er bei seiner Arbeitsstelle ankam, machte er sich gleich an den Bauplan für einen Wolkenkratzer, denn er war Architekt.

Währenddessen trafen sich pünktlich um 8:00 Uhr Nico und Ion am Bahnhof in Leutkirch. Nico kaufte mal wieder 50 g Marihuana von Ion ab. Obwohl die Polizei Ion beim Drogendealen schon öfters erwischt hatte, stieg er immer wieder ins Drogengeschäft ein, da er damit nicht schlecht verdiente.

Endlich hatte Lukas Feierabend, denn es war schon 17:00 Uhr.

Auf dem Weg zum REWE regte er sich schrecklich über die roten Ampeln auf, und als ob das nicht schon schlimm genug war, stand er auch noch enttäuscht vor dem Kühlregal, denn es gab keine Salamipizza mehr. Er fuhr mit einem Gesicht »wie sieben Tage Regenwetter« nach Hause und machte sich Ravioli warm. Die schmeckten zwar nicht so gut wie Salamipizza, aber sie waren besser als gar nichts. Dann war es auch schon wieder an der Zeit, denn er wollte zu den weithin bekannten Freilichtspielen in Altusried.

Auf dem Weg dorthin musste er noch seine Frau von der Arbeit holen. Sie waren gerade noch rechtzeitig gekommen.

Eine Reihe hinter Lukas und seiner Frau Julia saßen Ion und sein Kumpel Nico. Ion musste erst überlegen, aber dann fiel es ihm wieder ein, wer vor ihm saß: sein ehemaliger und noch immer verhasster Mitschüler Lukas. Er hatte Ion immer wieder wegen seiner schlechten Noten ausgelacht und vor den anderen Schülern gedisst. Plötzlich kam wieder die Wut, der volle Hass in ihm auf. Und vor allem das Gefühl, Lukas jeden Moment angreifen und umbringen zu können.

Nach einer Stunde war eine kurze Pause. In der Zeit schmiedete Ion einen Racheplan, wie er es Lukas am besten heimzahlen könne.

Dann fiel ihm etwas ein. Oder doch nicht?

Es erklang eine Stimme: »Bitte setzen Sie sich alle wieder auf die Plätze.«

Nach einer weiteren Stunde, als die Vorstellung vorbei war, sagte Ion zu Nico:

»Verfolge den kleinen Pisser.«

Nico musste sich beeilen denn sein kleiner Golf hatte nicht so viel unter der Haube wie der Luxusschlitten von Lukas.

Nach einer halben Stunde waren Lukas und seine Frau wieder zu Hause in Friesenhofen, einer kleinen Ortschaft in der Nähe von Leutkirch. Nico kannte jetzt also die Adresse und fuhr damit zu Ion. Der sagte zu ihm:

»Fahr heute Nacht zu Lukas und bring ihn um, deine fünf Mille kannst du dir dann morgen Mittag abholen!«

In der Nacht ging die Frau von Lukas noch mit dem Hund Falco spazieren. Sie hatte nur den Schnepper reingetan, und der Wind stieß die Tür auf.

Das kam für Nico genau recht, er konnte durch die offene Tür ins Haus. Er ging nach oben und hörte ein leises Schnarchen aus dem Schlafzimmer.

Er sah Lukas und holte sein Messer aus der Hosentasche. Dann rammte Nico die Klinge Lukas ins Herz. Er zog das Messer wieder heraus und legte es Lukas in die Hand, damit es so aussah, als ob es Selbstmord war.

Die Nachbarinnen Luca und Sarah, die in einer Wohngemeinschaft lebten, hatten einen lauten Schrei aus dem Nachbarhaus gehört.

»Was war das? Los, lass uns die Polizei anrufen!«, rief Sarah, worauf Luca die Polizei anrief.

Inzwischen hatte Nico sich aus dem Staub gemacht.

Nach kurzer Zeit traf die Kriminalpolizei bei Lukas ein. Als Julia aus der Ferne die blau blinkenden Lichter sah, rannte sie so schnell sie nur konnte nach Hause. Da erblickte sie das Auto der Kripo vor der Tür.

Julia erschrak, rannte hoch zu ihrem Schatzi und brach heulend zusammen. Dabei schrie sie:

»Wieso, wieso nur tust du mir das an, Gott!!!«

Oberhauptkommissar Murati versuchte sie zu beruhigen, als plötzlich Sarah und Luca ins Zimmer gestürmt kamen. Die Mädels nahmen Julia die Nacht über bei sich in der WG auf und kümmerten sich um sie. Am nächsten Morgen gingen Luca und Sarah mit Julia zur Kripo, wo ihnen der Neuling Herr Kiesel sagte:

»Es war eindeutig Selbstmord, denn ein Mörder hätte das Messer stecken lassen.«

»Warum nur?«, fragte Sarah.

Plötzlich mischte sich Oberhauptkommissar Murati ein und sagte:

»Falsch. Es war Mord ...«

Luca unterbrach ihn und fragte:

»Also was jetzt???«

»... denn wenn es Selbstmord gewesen wäre, hätte er das Messer nicht alleine aus seinem Körper gekriegt. Also war jemand dabei. Frau Müller, wissen Sie, ob Ihr Mann bei der Arbeit oder privat irgendwelche Feinde oder Konkurrenten hatte?«, fuhr Herr Murati fort.

Er fragte die anderen beiden Frauen:

»Hat jemand von Ihnen etwas mitbekommen?«

»Wir hörten einen lauten Schrei und riefen daraufhin die Polizei an«, sagte Sarah.

»Haben Sie irgendeinen Verdacht, wie der Täter ins Haus gekommen sein könnte? Denn wir haben keine Einbruchsspuren gefunden.«

»Ich hatte nur den Schnepper reingetan, und der Wind könnte die Tür aufgestoßen haben.«

»Das hilft uns schon ein Stückchen weiter. Sie können jetzt nach Hause gehen, wir werde Sie auf dem Laufenden halten.«

Auf dem Weg zurück zur WG beschlossen die Mädels, dass sie Julia in ihre WG aufnehmen würden. Die Frau von Lukas aber weinte noch den restlichen Tag lang.

Mit Luca und Sarah plante später Julia die Beerdigung von Lukas, wen sie alles einladen würden und so ...

Er wurde in Friesenhofen beerdigt. Als Leichenschmaus gab es Salamipizza. Am Abend klingelte das Telefon in der WG. Es war die Kripo, und der Kommissar fragte:

»Kennen Sie einen gewissen Nico Rösle? Wir haben seine DNA-Spuren an der Türklinke gefunden.«

»Nein, den Namen habe ich noch nie gehört. Ich wüsste es, auch wenn er ein alter Schulfreund oder ein Arbeitskollege von meinem Mann wäre«, sagte Julia. »Okay, das wär's fürs Erste. Wir melden uns, wenn wir etwas Neues haben.«

Die Kripo ließ den Namen noch durch verschiedene Computer laufen, aber das Ergebnis war negativ. Nico Rösle war noch nicht kriminell aktiv gewesen.

Am nächsten Morgen holte Sarah die Post. Ein Brief ohne Absender. Sie dachte, bestimmt wieder irgendeine Werbung. Aber es war keine Werbung, sondern ein Drohbrief, in dem stand:

»Ich will morgen um neun Uhr 1000 Euro in einer weißen Plastiktüte an der alten Eiche am See finden. Wenn nicht, wird eine von euch dreien ihr Leben lassen müssen. Und übermorgen will ich wieder eine Plastiktüte, aber mit 2000 Euro.«

Sarah erschrak und informierte die anderen. Luca, Julia und Sarah gingen mit dem Brief zur Kripo. Die fanden DNA-Spuren von einem gewissen Ion Bunter. Den Namen ließen sie ebenfalls durch den Computer laufen, und das Ergebnis war positiv. Er war als Drogenhändler bekannt.

Die Polizei machte sich auf die Suche und fand ihn auch gleich. Oberhauptkommissar Murati sagte:

»Stopp! Sie sind wegen Verdachts auf Mord vorläufig festgenommen!«

Das ließ sich Ion nicht zweimal sagen und rannte weg. Aber schon nach kurzer Zeit holte ihn die Polizei ein. Ion wurde mit auf das Polizeirevier genommen.

Später entschied der Richter, dass er für zehn Jahre ins Gefängnis müsse.

Ion gestand erst jetzt, dass er Nico kenne und er sein Komplize war. Ob aber Nico der Mörder war, dazu machte Ion keine Angaben.

Die Suche nach Nico erforderte viel Geschick, denn er war längst auf der Flucht. Man fand heraus, dass er seinen Namen in Rico Bayer geändert hatte. Er war nach San Francisco geflohen.

Ab jetzt übernahm die Polizei in San Francisco die Fahndung. Aber man wusste nicht, ob Nico auch sein Aussehen geändert hatte.

Er wurde weltweit gesucht, in Krankenhäusern, bei Verwandten und Bekannten, einfach überall, bis man ihn schließlich bei seiner Tante Ursula in Frankreich fand. Er wurde mit einem Polizeihelikopter zurück nach Deutschland gebracht. Nico sagte vor Gericht nichts.

Als er dann im Gefängnis neben Ion seine Zeit absitzen musste, sagte der zu ihm: »Sag die Wahrheit, dann wird es für dich vielleicht nicht ganz so schlimm ausgehen wie für mich!«

»Ich bin doch eh schon mindestens für 25 Jahre hier.«

»Das dachte ich auch, aber mein Anwalt sagte, wenn ich die Wahrheit sage, geht es nicht so schlimm aus.«

»Und? Hat es was gebracht?«

»Ja, ich dachte, dass ich hier mindestens 20 Jahre verbringen muss. Dann habe ich die Wahrheit gesagt. Und sieh einer an, es werden nur zehn Jahre in Gefangenschaft«, sagte Ion.

Es war gerade Dienstwechsel. Und der Wärter hatte sich verspätet. Konnte Nico fliehen?

»Ist ja schön und gut, was dein Anwalt sagt. Aber ich habe jemanden ermordet. Da kann es ja nur noch schlechter für mich ausgehen!«, sagte Nico.

Als plötzlich die Türe zuknallte, sprachen die beiden nichts mehr.

Am nächsten Morgen ergriff Nico seine Chance, vor Gericht auszupacken, um die Wahrheit zu sagen. Er nutzte diese Chance und gestand alles. Dadurch, dass er die ganze Wahrheit gestanden hatte, musste er tatsächlich nur 20 Jahre ins Gefängnis.

Die Polizei rief in der WG noch einmal an, und ein Termin wurde ausgemacht. Am nächsten Morgen fuhr Julia mit dem Bus zur Kripo. Dort angekommen, wurde sie von Oberhauptkommissar Murati in Empfang genommen. Er erzählte ihr alle Einzelheiten der Tat.

Die Täter waren im Gefängnis, und die drei Bewohnerinnen der WG hatten nichts mehr zu befürchten.

Sheriffs

Die Entführung in der Geisterbahn

An einem Samstagmorgen fuhren Carina, Sarah und Amelie mit ihrem Onkel Armin auf den Jahrmarkt in Memmingen, einer Stadt nicht weit von Leutkirch. Onkel Armin ließ die Mädchen aussteigen, weil er Streifendienst hatte.

Als er weg war, sagte Sarah:

»Wir könnten ja Geisterbahn fahren.«

Carina stimmte sofort zu, doch Amelie sagte:

»Das hat uns Onkel Armin doch verboten. Es heißt, dass dort Kinder entführt werden.«

Doch Sarah und Carina hörten ihr nicht zu und stürmten in die Geisterbahn. Amelie wartete an der Bahn. Nach kurzer Zeit kam Carina in einem Wagen aus dem Tunnel. Doch von Sarah keine Spur.

Amelie war sehr aufgebracht und fragte Carina, wo Sarah sei. Doch Carina sagte nur:

»Die ist bestimmt nur in der Geisterbahn aus dem Wagen gestiegen.«

»Wir müssen sie suchen!«, antwortete Amelie.

Sie stiegen in einen Wagen und fuhren los. Es wurde dunkel, und plötzlich fing Carina laut zu lachen an. Doch dann verstummte sie wieder.

Amelie griff auf den Sitz neben sich. Carina war verschwunden.

Amelie ging, als die Fahrt vorbei war, sofort zu Onkel Armin, und sie erzählte ihm alles. Onkel Armin beschloss, mit Amelie nochmal zusammen in der Geisterbahn zu fahren. Sie schauten sich gespannt um. Aber nichts war zu sehen.

Doch da rief Onkel Armin auf einmal laut:

»Stopp! Zieh die Notbremse!«

Er stieg aus, und Amelie folgte ihm. Er tastete sich gekonnt an der Wand entlang. Auf einmal entdeckte er einen Knopf an der Wand, in der hintersten Ecke, ganz verstaubt und klein. Er drückte drauf, und eine Tür ging auf.

Sie gingen hinein. Alles war dunkel. Zum Glück hatte Onkel Armin seine Taschenlampe dabei. Er machte sie an. Und sogleich sahen sie Carina und Sarah. Sie standen an einen Stamm gefesselt.

Amelie rannte gleich zu ihnen hin. Onkel Armin schaute sich noch um. Nach kurzer Zeit war ein komisches Geräusch aus der hintersten Ecke zu hören. Eine Stimme rief:

»Wer auch immer hier ist, der soll sofort verschwinden!«

Dann trat ein Maskierter hervor. Er hatte ein Messer in der Hand. Onkel Armin zückte sofort seine Dienstwaffe und rief:

»Hier ist die Polizei. Hände hoch! Lassen Sie sofort das Messer fallen.«

Der Maskierte wusste nicht, was er tun sollte, und warf das Messer in Richtung von Onkel Armins Kopf.

Onkel Armin wich aus.

»Sind das Neonazis?«, fragte Amelie. Sie rannte auf den Maskierten zu und versuchte, ihn zu Boden zu werfen.

Währenddessen rief Onkel Armin seinen Kollegen Noah an.

Der kam auch sofort. Noah rannte zu Sarah und Carina, und er half ihnen, sich zu befreien, als plötzlich ein anderer Maskierter aus einer Ecke auftauchte und mit einer kindlichen Stimme fragte:

»Hey Boss, haben wir Besuch?«

Doch der vermeintliche Boss rief zurück:

»Sag mal, Felix, bist du bescheuert? Hier ist die Polizei!« Doch Felix hörte nicht auf seinen Boss und rannte auf Noah zu. Da Felix einen kurzen Moment abgelenkt war, konnte Noah ihn mit Leichtigkeit besiegen und fesseln.

Währenddessen haben Sarah und Carina die letzten Fesseln von ihren Armen und Beinen entfernt.

Jetzt gingen die Mädchen zu den Maskierten, die nun gefesselt auf dem Boden lagen, denn alle wollten wissen, wer sich unter den Masken versteckte. Als Erstes zogen sie dem sogenannten Boss die Maske herunter. Als sie sahen, wer sich unter der Maske verbarg, stockte allen der Atem. Es war Roman, ein schon lang gesuchter Verbrecher.

Dann zogen sie dem Zweiten die Maske herunter. Darunter verbarg sich Onkel Armins Sohn Felix. Onkel Armin fing sofort an, mit Felix zu schimpfen, was Felix sich nur dabei gedacht habe. Felix antwortete kleinlaut:

»Roman hat mir Geld dafür geboten und mir erzählt, wir würden die Kinder in der Geisterbahn nur erschrecken. Sonst nichts.«

Onkel Armin telefonierte anschließend mit ein paar Kollegen aus der Stadt, dass sie zur Geisterbahn kommen sollten. Sie könnten den lang gesuchten Gauner Roman bei ihm abholen und ihn sogleich ins Gefängnis bringen.

Nun konnten alle wieder gesund und munter nach Hause fahren und sich von dem Schrecken in der Geisterbahn erholen.

Sarah und Carina versprachen Onkel Armin, nie wieder etwas zu machen, was er ihnen verboten hat.

Die Klasse 7a der Otl-Aicher-Realschule in Leutkirch:

Noah Bauhofer, Niklas Boguth, Janik Dieng, Armin Eß, Roman Geiß, Matthias Hofman, Nico Hösle, Elias Johannes Huber, Julian Kiesel, Philipp Lau, Felix Mikolaschek, Lukas Steffen Müller, Festim Murati, Nikolaus Natterer, Antonios Nikas, Jeremias Reutlinger, Sven Sperner, Ion Elias Wunderle, Andreas Würzer, Carina Crombach, Mira Dieterle, Luca Marina Dittrich, Laura Frick, Sarah Haggenmüller, Nadja Jasmin Heinle, Sarah Kling, Amelie Münsch, Teresa Perauer, Sarah Schmid

Imre Török

Arbeitsjournal

Das Schreibprojekt der Bundeskulturstiftung an der Otl-Aicher-Realschule begann nach den Sommerferien 2013 im September, die neunte und damit letzte Doppelstunde fand nach den Weihnachtsferien am 13. Januar 2014 statt.

Anfang Juli 2013 rief ich den Realschulleiter Manfred Trieloff an und erzählte von dem Projekt. Herr Trieloff zeigte sich sehr interessiert und wollte sogleich mit einigen Deutschlehrern darüber sprechen, welche Schulklasse am ehesten in Frage komme. Tags darauf meldete er sich zurück, und wir haben einen Termin für die Vorbesprechung vereinbart.

Die Leiterin des Gesamtprojekts, Franziska Sperr, kam zu dieser Vorbesprechung nach Leutkirch. Wir trafen uns vor der Schule, um 11 Uhr gingen wir zum Realschulrektor in dessen Büro. Die Deutschlehrerin Franziska Lehner kam dazu.

Frau Sperr berichtete über Vorgängerprojekte und ging ausführlich auf das nun geplante Schreibprojekt der Bundeskulturstiftung in Zusammenarbeit mit dem P.E.N.-Zentrum Deutschland ein. Frau Lehner und Herr Trieloff zeigten sich nicht nur von dem Projekt höchst beeindruckt, sondern auch erfreut, dass die Otl-Aicher-Realschule eine der Schulen im Rahmen des anlaufenden Projekts sein werde. Jede gewünschte Unterstützung seitens der Schule wurde zugesagt. Ein sehr erfreulicher Auftakt.

* * *

Da der Stundenplan für das kommende Schuljahr noch nicht erstellt war, haben Frau Lehner und ich vereinbart, uns gegen Ende der Sommerferien über den Termin meiner ersten Unterrichtseinheit zu verständigen.

Sie fragte mich, wie es mir recht sei, ob sie bei den Unterrichtseinheiten dabei sein solle bzw. dürfe, oder ob ich lieber allein mit den Schülern arbeiten wolle. Ich war mir selber unsicher und habe sie gebeten, anfangs auf jeden Fall mit dabei zu sein. Später würden wir es von Fall zu Fall entscheiden.

Mir geht es aus meinen Erfahrungen mit früheren kreativen

Schreibprojekten so, dass ich anfangs ein grobes Konzept entwickle, mir jedoch sämtliche Freiheiten lasse, mein Konzept von Mal zu Mal den jeweiligen Gegebenheiten anzupassen. Ich folge also im »Unterricht« – was ich nie als Unterrichten im schulischen Sinne begreife – demselben Prinzip, das ich auch beim Schreiben bevorzuge: Die Ideen brauchen Steuerung, doch zugleich brauchen sie ihre eigene, urtümliche Reifezeit. Dieses oft im und mehr oder minder rein aus dem Unterbewusstsein gesteuerte Prinzip lässt sich ad hoc kaum einem Außenstehenden erklären, sondern meistens nur aus dem fertigen Ergebnis ableiten.

Von daher habe ich in meiner jahrelangen Arbeit als Dozent für kreatives Schreiben abgelehnt, dass mir jemand »über die Schulter schaut«. Es ging mir dabei nicht um die Befürchtung, dass jemand meine Methoden, meine Herangehensweise begutachtet, sondern darum, dass ich die Methoden zwar praktiziere, aber während des laufenden Prozesses nicht erklären mag und in der Regel auch nicht ganz erklären kann.

Es ist wie im Schreibprozess selbst, die Kreativität hat ihre eigenen Gesetze.

Um es vorwegzunehmen: zwischen der Klassenlehrerin und mir hat sich eine gute und sehr einvernehmliche Zusammenarbeit entwickelt, die meine Arbeit angenehm erleichtert hat. Sie hat sich in inhaltlichen Fragen ganz zurückgenommen, hat die Schüler in keiner Weise »lehrerhaft« beeinflusst. Organisatorisch und beratend, insbesondere während der Phase der Gruppenarbeit mit vier Gruppen in der zweiten Hälfte des Projekts – aus den Gruppen kamen meist mehrere Fragen alle »zur gleichen Zeit« –, war Frau Lehner mir eine sehr willkommene und kooperative Hilfe.

Danke schön!

* * *

Nach den Sommerferien haben wir uns auf Doppelstunden jeweils an Montagen geeinigt; die erste Projektstunde in der Klasse 7a habe ich am 12. September durchgeführt. Bedingt durch Herbstferien und Weihnachtsferien, bedingt aber auch durch den Umstand, dass ich als Bundesvorsitzender des Verbands deutscher Schriftsteller (VS) gerade im Herbst zahlreiche Termine landesweit wahrzunehmen hatte, beschlossen wir, die jeweils nächste Projektstunde von Fall zu Fall zu vereinbaren.

Dem kreativen Prozess im Gesamtrahmen und der Einzelarbeit der Schüler, von denen nicht wenige auch zu Hause neben ihren schulischen Verpflichtungen an Geschichten weitergeschrieben und neue Ideen gesammelt hatten, kamen nach meinem Eindruck die Pausen im Ablauf des Projekts zugute. Es war für mich geradezu überraschend, wie präsent den Schülern auch nach zwei oder drei Wochen das zuvor Besprochene noch war. Ich musste mir da schon nach jeder Projektstunde Einzelheiten zu Hause gleich notieren, wer was gesagt oder gefragt hatte, während die meisten Kinder sich an meine Tafelaufschriebe, an mündliche Ausführungen, an viele Schülerfragen noch genau erinnern konnten. Stets wurde ich daran erinnert, was ich das letzte Mal angekündigt hatte, und musste gelegentlich beschwichtigen: Ja, das machen wir auch tatsächlich, aber zuvor steht noch eine kleine andere Übung an.

Die erste Begegnung, die ersten Projektstunden waren besonders intensiv und spannend für beide Seiten, für die Schüler und für mich, und – wie mir Frau Lehner im Nachhinein erzählt hat – die ersten Projektstunden haben die Schüler bereits tief beeindruckt, so dass sie die Fortsetzung der Zusammenarbeit freudig erwartet haben.

Bereits am Tag vor der ersten Projektstunde erzählt mir mein Sohn, der auch die Otl-Aicher-Realschule, aber eine höhere Klassenstufe, besucht, dass ein Schulkamerad ihn im Bus stolz angesprochen hat:

»Dein Vater kommt morgen zu uns und wird mit uns ein Buch schreiben.«

Aha, denke ich, das Projekt sorgt schon für Gesprächsstoff unter den Schülern.

Ich frage meinen Sohn, was er von meiner Einstiegsidee hält, dass Schüler sich in der Nacht in die Schule einschließen lassen, um dort etwas anzustellen.

Gar nichts hält er davon. Das würde überhaupt nicht funktionieren. Die Putzfrauen würden die Schüler am späten Nachmittag entdecken.

Und wenn die Schüler sich viel später in das Schulgebäude schleichen?

Abends geht der Hausmeister durch die Schule und kontrolliert alle Räume. Danach ist bis zum Morgen alles abgeschlossen.

Okay, sage ich, wie gut, dass ich dank deiner Hilfe morgen nicht dumm dastehe.

Dann fällt mir ein: Aber ihr habt schon mal eine Lesenacht durchgeführt und in der Schule übernachtet.

Ja, das würde gehen.

Ich lasse mir die Umstände erzählen.

Gut, mit dieser Variante müsste es mit meinem Einstieg funktionieren.

* * *

Das Schulgebäude kenne ich von Elternabenden. Aber wo war nochmal das Zimmer des Schulleiters? Unsere Besprechung vor den Sommerferien ist schon zwei Monate her.

Ich irre durch Flure, frage schließlich eine Schülergruppe. Sie geben überschwänglich Auskunft. Dann Getuschel und Gekicher.

»Das ist er.«

Herr Trieloff wartet bereits auf mich. Wir trinken Kaffee, sprechen über das Projekt, Herr Trieloff ist nach wie vor sehr davon angetan, dass dieses Projekt an seiner Schule durchgeführt wird. Frau Lehner kommt von der Pausenaufsicht, wir gehen ins Erdgeschoss zum Klassenzimmer. Schüler sehen uns kommen und flitzen mit lauten Rufen ins Klassenzimmer.

Der Realschulrektor begrüßt mich vor der Klasse und hält eine kurze Ansprache, in der er die Bedeutung des Projekts hervorhebt. Er wünscht uns alles Gute.

Es geht los.

Ich will einfach nur viel über die Klasse erfahren. Frau Lehner hat mir im Vorgespräch schon manches erzählt, sie war auch im letzten Schuljahr schon Klassenlehrerin dieser Klasse. Doch ich möchte hören, was mir die Schüler erzählen, insbesondere will ich wissen, welche Bücher sie lesen.

Doch das ihnen Bekannte interessiert sie weniger. Sie wollen lieber über mich, über meine schriftstellerische Arbeit viel in Erfahrung bringen.

Ein Fragespiel hin und her beginnt.

Ich erzähle u.a. über meine Arbeit in einem vergleichbaren früheren Schulprojekt, bei dem schließlich auch ein Buch entstanden war. Ich habe das Buch dabei, lasse es herumgehen.

ZUGETEXTET – Ein Schreibprojekt. Ravensburger Buchverlag.

Hoffentlich fragt niemand nach dem Alter der Schüler bei diesem früheren Projekt.

Natürlich fragt einer genau das.

Ich sage, dass die Schüler 16 und 17 Jahre alt waren.

Das schaffen wir nie.

Natürlich schafft ihr es. Habt Vertrauen in eure Kreativität. Außerdem werde ich euch ja helfen. Was ist überhaupt Kreativität?

Wildes Durcheinander, viele melden sich.

Ich gehe an die Tafel und notiere.

Schreibt bitte mit. Und ihr braucht dann einen Hefter, eine Mappe, worin ihr das Material sammelt, das während unserer Zusammenarbeit entsteht.

Frau Lehner sagt, dass bis zum nächsten Mal alle Schüler einen Hefter für das Projekt dabeihaben werden. Auch das klappt prima.

Wir sind noch bei dem Thema Kreativität.

Sonst pflege ich einiges aus meiner Zitatensammlung von Schriftstellern über das Thema Schreiben und Kreativität vorzutragen. Für die Klasse 7a habe ich mir lieber ein kleines Ratespiel ausgedacht, es heißt »Der Bleistiftbaum«. Der Gag dabei ist, dass man nicht ohne weiteres entscheiden kann, ob der Erzähler lügt oder die Wahrheit sagt. Zwei »Assistenten« stehen neben mir und sollen beurteilen, ob ich die Wahrheit gesagt habe. Natürlich durchschauen sie mich mit der Zeit. Die Klasse freut sich mit den »Assistenten«.

Ich erzähle weiter über das Projekt und dass auch an anderen Schulen Geschichten für unser Buch – ich betone immer wieder während des Projekts, dass es unser gemeinsames Buch wird – entstehen werden. In Berlin und in Frankfurt und in Dresden usw. Und eben hier in Leutkirch.

Sie sind stolz.

Werden wir ganz berühmt?

Na klar.

Weltberühmt?

Wenn wir hier eine supertolle Geschichte schreiben, dann vielleicht auch weltberühmt.

Wo soll die Geschichte spielen? In San Francisco? In Japan? Auf dem Mond? Am besten wird es sein, wenn unsere Geschichte hier in Leutkirch spielt. Sogar hier im Klassenzimmer. Ach, das ist doch langweilig.

Wartet es ab, es wird nicht langweilig.

Werden wir viel Geld mit dem Buch verdienen?

Hm. Das hängt von der Auflage und von vielen anderen »Dingen« ab. Ich werde euch die nächsten Male immer mal ein bisschen über das Buchgeschäft erzählen. Doch als Erstes müssen wir es schreiben.

Und wann schreiben wir, wann fangen wir mit dem Buch an?
Wir sind schon dabei, eure Fantasie arbeitet bereits an dem Buch.

* * *

Im Laufe des Projekts zeige ich den Schülern einige meiner Bücher, erzähle über deren Entstehung und über den Buchmarkt.

Besonders interessiert sie meine Tätigkeit als Ghostwriter, zumal ich ihnen dabei auch ein Buch über das Getränk »Capri-Sonne« zeige.

Sie wollen, dass ich aus meinen Büchern vorlese. Einmal gebe ich nach und lese eine Kurzgeschichte vor, in der es ums Fabulieren geht. Ich erkläre, wie der Weg von der ersten Idee bis zur fertigen Geschichte war.

Aber im Mittelpunkt soll unser gemeinsames Buch stehen.

Bereits bei den ersten Treffen erzähle ich der Klasse von der Idee mit der langen Lesenacht in der Schule.

Mein Plan in meinem Kopf ist bereits fertig. Die Geschichte wird zwei Teile haben:

Eine Collage aus Ergebnissen von Schreibübungen, die ich im Laufe des Projekts durchführe. Die schriftlichen Ergebnisse und unsere mündlichen Erzählungen werden von mir zusammengefügt. Später stelle ich fest, dass ich viel kürzen muss. Das erarbeitete Material geht über den Rahmen des vereinbarten Umfangs hinaus.

Vier Geschichten, die jeweils von einer Schülergruppe verfasst werden und deren Endfassung ich nur ganz behutsam korrigiere.

Mit 29 Schülern kann ich keine Geschichte schreiben, bei der sich jeder Schüler einigermaßen ausreichend einbringen kann.

Die Gruppenarbeit beginnt erst nach der vierten Projekteinheit. Frau Lehner nimmt die Zusammenstellung der Gruppen vor, damit eine gleichmäßige Verteilung der Begabungen gewährleistet ist. Sie kennt die Schüler viel besser als ich und verfolgt die Entwicklung des Schreibprojekts aufmerksam. Die Gruppen überlegen sich selber, wie sie heißen wollen:

Die Einhörner
Hüftschwung
Stone
Sheriffs
(weitere Ausführungen in der Buchgeschichte selbst).

Über Spannung, Spannungsaufbau, Spannungsbögen erzähle ich den Schülern, ohne dabei die Theorie zu bemühen.

Stellt euch vor, ihr seid während der langen Lesenacht hier im Klassenzimmer, und etwas Gruseliges passiert. Sollen wir das gleich schreiben?

Wer mag, kann nebenbei schon loslegen. Wir machen ja keinen Unterricht im üblichen Sinne. Ihr habt durchweg die Freiheit, sofort zu schreiben, wenn euch etwas Tolles einfällt.

Doch ich möchte auch, dass wir zusammen Ideen sammeln, was da Aufregendes passieren kann. Und was ihr dabei fühlt. Wer macht mit?

Wieder füllt sich die Tafel mit Vorschlägen. Da ich die Tafelaufschriebe oft für mich als Gedächtnisstütze fotografiere, hier einige der Wortmeldungen:

Angst, Panik, zittern, laut schreien, Gänsehaut, schaudern, es läuft kalt den Rücken herunter, das Blut gefriert in den Adern, die Knie schlottern, in Ohnmacht fallen, die Zähne klappern, in die Hose gemacht, die Augen aufreißen, das Herz rutscht in die Hose, starr vor Angst, Stechen im Magen, laut kreischen, es wird einem heiß und kalt usw.

Viele der Wendungen kehren später in Kurzgeschichten, die als vorbereitende Übungen der Hauptgeschichte dienen, wieder.

Einige wollen nun nicht mehr Ideen sammeln, sondern über etwas Gruseliges schreiben. Ich lasse sie gewähren. Irgendwann sage ich: Stellt euch vor, der Automat im Flur wird lebendig.

Sie lachen. Später taucht der Snackautomat in einigen Kurzgeschichten auf. Manchmal reicht eine kleine Bemerkung zur richtigen Zeit, um die Fantasie anzuregen.

Dann wieder Zwischenrufe.

Darf auch ein Mord passieren?

Alles darf passieren. Es passiert ja nur in der Fantasie.

Aber – füge ich hinzu und betone dies auch später oft – ich möchte, dass in den Geschichten kein Schüler zu Schaden kommt. Die Geschichten sollten gut ausgehen. Für die betroffenen Schüler zumindest. Zunächst gruselig und spannend, aber letztendlich soll keinem Schüler etwas Schlimmes zustoßen.

Darf auch Slenderman vorkommen?

Ups. (Ich bin überfragt.) Wer ist Slenderman?

Alle erklären auf einmal, ich verstehe kaum ein Wort. Einer rennt vor und fragt, ob er Slenderman an die Tafel malen darf.

Ja.

Alle sind mit dem Ergebnis zufrieden. Und ich muss zu Hause mich mal wieder kundig machen, damit ich in Zukunft mitreden kann.

Recht so. Und ich denke:

Nur wenn ich euch verstehe, wenn ich in eure Welt eintauche, kann ich euch auch lenken. Denn natürlich tue ich das. Nur solltet ihr nicht das Empfinden haben, dass ich euch lenke. Ihr habt sämtliche Freiheiten, euren Ideen zu folgen. Ich helfe euch dabei nur hier und dort auf die Sprünge.

Wieder eine Frage:

Darf auch Herr Horoba in einer Gruselgeschichte vorkommen?

Wer ist Herr Horoba?

Unser Hausmeister. Also, ein Hausmeister darf schon in der Geschichte vorkommen, aber keiner mit Klarnamen.

Ich muss ein bisschen schmunzeln, und sie merken es.

Warum nicht mit richtigem Namen, fragt einer etwas scheinheilig.

Wir schreiben ausgedachte Geschichten. Außerdem gehört es sich nicht, mit den Namen tatsächlich lebender Personen zu spielen.

Ich muss an meine Expertise für das Bundesverfassungsgericht über Maxim Billers Roman »Esra« denken. Über Kunstfreiheit und Persönlichkeitsrecht. Kann ich den Schülern so nicht klarmachen.

Ich suche nach einfachen Beispielen.

Wenn jemand in der Schule ein Blatt verteilen würde, auf dem steht, der Schüler XY ist ein hinterhältiger Dieb.

Es passiert aber, sagen die Schüler, dass jemand disst.

Was macht jemand?

Disst. Schlecht über andere redet.

Dann schreibt darüber. Aber ohne Klarnamen.

Später, bei Überarbeitung und Korrektur der Texte für den Collagen-Part der Geschichte, muss ich trotzdem an einigen Stellen Namen ändern.

Sie sind einfach so sehr in die Mischung aus Fiktion und schulischer oder häuslicher Realwelt vertieft, dass ihnen immer wieder Klarnamen unterlaufen. Wir einigen uns am Schluss des Projekts darauf, dass Vornamen bleiben können, das sei unverfänglich.

Je weiter wir in der Arbeit an Einzelgeschichten und an den jeweiligen Gruppengeschichten vorankommen, umso mehr spüre ich, wie wir uns gegenseitig beeinflussen. Ja, sie lernen von mir. Aber auch ich lerne von ihnen, mein Wissen, meine Kenntnisse hier und dort zu überdenken.

Meistens fühle ich nach der Doppelstunde zunächst eine leichte Erschöpfung, da ich versuche, auf so gut wie jeden einzugehen. Aber schon nach einer Stunde fallen mir Sachen ein, von meiner eigenen Schulzeit bis hin zu laufenden Schreibprozessen, und ich merke, wie meine Erfahrungen mit den Schülern in meinem Bewusstsein Erinnerungen wachrufen und sie zum Teil in einem etwas anderen Licht erscheinen lassen.

Kreativität ist nicht nur eine einseitige Angelegenheit.

Ich vermute, die Schüler, viele von ihnen, spüren etwas von dieser Wechselwirkung auch.

* * *

Eine Doppelstunde bestreite ich ohne Frau Lehner, sie ist in der Woche auf Klassenfahrt mit einer anderen Schulklasse.

Vorher hatte sie mich gefragt, ob wir den Termin verschieben sollen, aber ich dachte, es könnte auch eine interessante Erfahrung werden, allein in der Klasse zu agieren.

Es läuft zunächst alles gut, die Schreibübung, die Besprechung der Texte. Unruhig ist es ja auch, wenn die Klassenlehrerin anwesend ist. Oft frage ich mich, wie sie diesen Lärmpegel jeden Tag aushält. Meistens, wenn es zu unruhig wird, greift sie zu einer kleinen Glocke. Die Ruhe hält nicht lange an.

Beim Vorlesen der Ergebnisse ist es erstaunlicherweise meist relativ ruhig. Relativ. Dass ein Radiergummi oder ein zerknülltes Blatt Papier durch die Gegend fliegt, dass eine mal kurz an den Haaren gezogen, ein anderer geschubst wird, lässt sich kaum abstellen.

Nun, allein in der Klasse geht es noch »freier« zu. Manche Beschwerden:

die hat zu mir gesagt ... der hat das und das gemacht ... die reden dauernd so laut, da kann ich nicht schreiben usw.

Und dann stellen mich einige regelrecht auf die Probe.

Einer müsse aufs Klo, ob er dürfe.

Ich weiß nicht, dass das während der Unterrichtszeit in der Regel untersagt ist.

Kurze Zeit später, der Junge kommt wieder, da halten andere von innen die Tür fest. Gezerre hin und her. Ich gehe hin, um für Ordnung zu sorgen. Da springt aber schon die Tür auf, der Junge stürmt herein, andere drängeln hinaus, kommen aber sogleich kleinlaut wieder ins Klassenzimmer.

Einer jammert, er sei gestoßen worden.

Ja, und deinetwegen müssen wir jetzt eine Strafarbeit schreiben, so murren andere.

Ich bitte die Klassensprecherin und den Klassensprecher nach vorne. Sie sollen mir und der Klasse erklären, was vorgefallen war. Da rufen einige Beteiligte, dass sie auch erzählen wollen. Okay, sage ich. Fünf Schüler stehen jetzt vorne.

So, ihr spielt jetzt mal alles nach und erzählt dabei, was vorgefallen ist.

Die Gruppe findet Gefallen an dem Spiel, auch die Klasse schaut und hört den Rednern und Widerrednern interessiert zu.

Zum Schluss sage ich: So. Genauso werdet ihr in euren Gruppen eure Geschichten ausdenken und schreiben. Jede Schülerin und jeder Schüler wird eine Rolle übernehmen.

Tatsächlich gestalten sich Gruppenarbeit und Entstehung der Gruppengeschichten später nach diesem Prinzip des Rollenspiels. Das war ein völlig spontaner Einfall von mir, aus der Situation geboren.

In späteren Doppelstunden höre ich immer wieder: und ich bin der Junge des reichen Vaters ... ich bin der Kommissar ... ich bin die Mutter von ... Immer wieder Gelächter. Aber die Identifikation mit den Protagonisten der Geschichten funktioniert gut.

* * *

In der ersten Phase des Projekts biete ich einige Schreibübungen an. Die Ergebnisse werden vorgetragen und teilweise auch diskutiert. Ihre Blätter heften die Schüler in ihren Ordnern ab.

In einer der Übungen geht es um Lieblingsbücher. Mündlich erzählen die Schüler ausführlicher, was sie zu ihren Lieblingsbüchern notiert hatten.

Eine andere Übung geht dahin, was Schüler gern in einer langen Lesenacht zu Essen und Trinken dabei haben würden.

Auch der Titel der Gesamtgeschichte der Klasse 7a entsteht im gemeinsamen Brainstorming, wobei wir vorgeblich »nur« nach einer guten Überschrift für einzelne Gruselgeschichten suchen.

Mit »Panikgeschichten« in der Schule beschäftigen wir uns in zwei bis drei Sitzungen. Längst vergessen sind anfänglich Einwände, dass eine Geschichte in der eigenen Schule etwas total Langweiliges sei. Inzwischen »lebt« der Snackautomat, die Schulküche muss für ein Stelldichein herhalten und das Mädchenklo ist ein Treffpunkt von Terroristen.

Die Collage, also die einführende Grundgeschichte, die weitgehend auf Ergebnissen der Schreibübungen und der Diskussionen über die lange Lesenacht basiert, lese ich dreimal vor, jeweils um neue Details aus den Diskussionen und aus weiteren Ergebnissen von Schreibübungen ergänzt.

In der letzten Phase des Projekts konzentrieren wir uns ausschließlich auf die Gruppenarbeit. Die Sitzordnung ist gänzlich aufgehoben, jede Gruppe arbeitet für sich in einer Ecke des Klassenzimmers.

Nun ist es an der Zeit, in der Fantasie die Schule zu verlassen. Es geht um jene Geschichten, die sich die Schüler in der panischen Nacht erzählen. In jeder Gruppe sammeln wir dazu Ideen.

Ich gehe von Gruppe zu Gruppe, verfolge die Entwicklung der Geschichten, gebe Ratschläge, erinnere an Tipps aus den Schreibübungen. Manchmal dominieren einige in einer Gruppe offensichtlich. Dann lasse ich jene, die weniger zu Wort kommen, ihren Beitrag zu der Geschichte vor der ganzen Gruppe erzählen.

In einer Geschichte (Die späte Rache) geht es um DNA-Spuren, die die Polizei sofort zuordnen kann.

Das geht nicht, sage ich, wenn der Betreffende vorher noch nicht offenkundig straffällig geworden war.

Die mit ihren modernen Computern finden doch alles raus.

Hm, denke ich, vielleicht habt ihr gar nicht so unrecht.

Grundsätzlich greife ich inhaltlich wenig ein, frage aber viel nach: dies und jenes verstehe ich nicht, ihr könnt es noch genauer, viel anschaulicher formulieren.

Und ich lobe viel. Ich bestärke sie immer wieder in dem Gefühl, einmalig gute Ideen zu haben. Es ist meine Überzeugung, dass anfangs Lob und Verständnis viel mehr als Kritik die Kreativität befördern.

Sobald die Geschichten aus den Gruppen Gestalt annehmen, lasse ich die Texte oder Textabschnitte vor der ganzen Klasse vorlesen.

Beifall.

Auch mal abfällige Bemerkungen. Sofort regt sich Widerspruch:

Hey, stänker' nicht rum, wir sind doch noch gar nicht fertig.

Tatsächlich verändern sich die Geschichten mit der Zeit. Sie werden vor allem kürzer als geplant. Es geht eben doch mal ein kurzer

Zwischenteil verloren. Oder ein Schüler hat seine Aufschriebe zu Hause vergessen. Manche verlieren auch die Lust: das wird eh keine gute Geschichte.

Wieder erzähle ich von meiner eigenen literarischen Arbeit: wie oft ich manches in den Papierkorb (des Computers) schmeiße, wie oft ich Stellen neu schreibe. Und zwischendurch auch mal die Lust verliere.

So geht es nun mal zu bei Schriftstellern.

Und wir sind jetzt alle zusammen Schriftsteller, die für ein Buch schreiben.

Werden auch wirklich alle unsere Namen im Buch stehen?

Selbstverständlich.

Und wird man das Buch überall kaufen können?

Ja, über das Internet sogar in der ganzen Welt.

Sie sind stolz.

Die Geschichten sind fast fertig.

Jeweils ein oder zwei Schüler aus den Gruppen erklären sich bereit, die zum Teil aneinandergeklebten Textteile noch einmal abzuschreiben. Ich bekomme die vollständigen Geschichten.

Korrekturen nehme ich kaum noch vor. Auch wenn die Ausführungen hier und da etwas holprig sind. Es sind ja Geschichten von 12jährigen Schülern, die nur so im Original, so originell die Sichtweise, die Denkweise und etwas vom Lebensgefühl der Kinder vermitteln. Lebensgefühl: Die Geschichten der vier Gruppen sind ganz ohne inhaltliche Vorgaben entstanden. Zur Vorbereitung haben die Schreibübungen und meine Ausführungen in den ersten fünf bis sechs Doppelstunden gedient. Ab da habe ich sie mit Rat und Tat begleitet, doch inhaltlich habe ich so gut wie nicht mehr eingegriffen. Die Kinder sollten im Wesentlichen schreiben, wie es ihrem Lebensgefühl und ihrer Lebensvorstellung entsprach.

Salamipizza ist nun mal in.

Manche Ängste, auch andere psychosoziale Komponenten, treten an vielen Stellen offenkundig zutage. Dass die Geschichten einen möglichst versöhnlichen Ausgang nehmen sollten, ja, darauf habe ich immer wieder Wert gelegt.

Ich denke, das ist gut so.

Die Schüler der Klasse 8b
der Real- und Mittelschule in Dresden
mit Jens Wonneberger

Landheimfahrt mal anders

1

Es war viel zu heiß in jener Nacht, aber das war nicht der Grund, warum Maike nicht schlafen konnte. Es war kurz nach drei, in der Dunkelheit blinkten die Zahlen der Uhr, als sei der Wecker genauso nervös wie Maike. Heute würde sie mit der Klasse ins Landheim fahren. Vor ein paar Wochen hatte sie deshalb noch Luftsprünge gemacht, es sollte an die Ostsee gehen, wie lange hatte sie sich das gewünscht! Aber vor ein paar Stunden hatte das Fernsehen einen aufregenden Bericht gebracht. An der Ostsee wurde seit Tagen ein Mädchen vermisst, ein Verbrechen, so hieß es, könne nicht ausgeschlossen werden. Das war gar nicht weit von Fischershagen passiert, und so hieß auch der Ort, wo das Landheim stand. Natürlich wurde gesagt, dass die Polizei alles unternehmen würde, um den Fall so schnell wie möglich aufzuklären, niemand müsse sich Sorgen machen. Die hatten gut reden, Maike jedenfalls hatte Angst.

Sie war unausgeschlafen, als sie zum Treffpunkt kam, und es nervte sie, dass die anderen herumwuselten wie ein aufgescheuchter Hühnerhaufen. Mia kam gleich auf sie zu und umarmte sie, als hätten sie sich fünf Jahre nicht gesehen. Mia war eigentlich Maikes beste Freundin, aber manchmal konnte sie ganz schön nervig sein. Jamie regte sich über ihre Eltern auf, die natürlich wieder Stress gemacht hatten. »Hast du auch nichts vergessen? Pass auf dich auf! Geh nicht so spät ins Bett! Putz dir ordentlich die Zähne!« Alles Kindereien, die anderen schienen nichts von dem verschwundenen Mädchen gehört zu haben. Sollte Maike sie warnen? Wahrscheinlich würden sie ihr aber ohnehin nicht glauben. Kim auf gar keinen Fall! Wie sich diese Zicke heute wieder rausgeputzt hatte, sogar ein Schminkköfferchen hatte sie dabei! Sicher wegen Felix, der erst seit einem Monat in der Klasse war. ›Der ist ja sooo süß!‹ In Gedanken äffte sie Kim nach, dabei war Felix wahrscheinlich genauso eine Niete, wie alle anderen Jungen in der Klasse, obwohl er sich nicht für Fußball interessiert und sehr schöne Augen hat. Aber sich im Bus neben Felix setzen, das würde sich Kim bestimmt nicht trauen!

Hannes kam wie immer zu spät. Schon von weitem sahen sie ihn kommen, lässig jonglierte er mit seinem geliebten Fußball. ›So ein Angeber‹, dachte Maike, gleich wird er zu Lars und Tim gehen, und dann gibt es sowieso nur noch ein Thema: Fußball. Bla, bla, bla! Na gut, einige der Mädchen haben auch nichts anderes als Hip-Hop im Kopf, wahrscheinlich werden sie im Landheim wieder so einen blöden Tanz einstudieren.

Als Hannes den bereitstehenden Bus erreicht hatte und den Ball noch immer hüpfen ließ, sah man, dass der Ball in einem Netz steckte und deshalb gar nicht weg konnte, die Jungen fanden das auch noch witzig. Sogar Herr Malla lachte. Eigentlich fanden es alle gut, dass Bens Vater sie ins Landheim begleiten würde. »Endlich mal ein Mann«, hatte Celina vor ein paar Tagen gerufen. Ausgerechnet Celina, die jedes Mal rot wie eine Tomate wurde, wenn Max sie anlächelte. Es stimmte ja, sie hatten in der Schule fast nur Lehrerinnen, aber wenn dieser Herr Malla genau so ein Langweiler war wie Ben, dann gute Nacht! Im Bus würde der sich bestimmt gleich wieder hinter irgendeinem Buch vergraben und ihnen dann einen endlosen Vortrag halten, vielleicht über die Tiere der Ostsee. Jetzt musste Maike lachen, denn sie stellte sich Ben als einen Fisch vor, der immerzu die Lippen bewegte, ohne dass ein Ton zu hören war, nur Luftblasen kamen aus seinem Mund.

Als die Koffer und Rucksäcke verstaut und sie alle eingestiegen waren, herrschte tatsächlich eine Stille wie unter Wasser. Einige spielten noch mit ihren Handys oder hatten Kopfhörer in den Ohren, doch die meisten wollten schlafen, scheinbar hatten alle eine ähnlich unruhige Nacht gehabt wie sie. Maike sah sich noch einmal im Bus um. Herr Malla schlief schon, Hannes alberte mit Lars und Tim herum, Ben saß direkt vor ihr und las in einem Buch. Maike musste gähnen. Kim hatte sich natürlich nicht neben Felix, sondern neben Celina gesetzt, das war typisch. Zufrieden rückte sich Maike in ihrem Sitz zurecht, doch als sie die Augen schließen wollte, fuhr der Bus durch einen Tunnel und die Lichter der entgegenkommenden Autos blitzten auf wie die Zahlen ihres Weckers in der letzten Nacht. Wieder musste sie an das verschwundene Mädchen denken.

Sie hatte sich gerade wieder etwas beruhigt, als Ben vor ihr sein Buch mit einem lauten Knall zuschlug. »Krass!«, rief er, »kennt ihr eigentlich die alte Sage von Fischershagen? Dort hat man vor Jahrhunderten einen Seeräuber enthauptet, dessen Geist nun in jeder Vollmondnacht durch die Gegend spukt und nach seinem Kopf sucht.« Das hatte Maike gerade noch gefehlt. Plötzlich gab es im Bus kein Halten mehr, ein paar Jungen hatten sich ihre T-Shirts halb über den Kopf gezogen und taumelten durch den Gang wie wild gewordene Gespenster. »Uuuaaahh!«, riefen sie und fuchtelten mit den Armen, und Kim quiekte natürlich sofort hysterisch auf und schielte dabei zu Felix. Und Felix? Maike war es, als habe Felix sie angesehen. Es stimmte, er hatte wirklich schöne Augen.

2

Nach fünf Stunden Fahrt erreichte die Klasse 8b endlich Fischershagen. Schon von weitem fiel Maike auf, wie einsam das Landheim auf einem kleinen Hügel stand, es war das einzige Haus weit und breit, bis in die nächste Stadt mochten es mindestens acht Kilometer sein und zu allem Überfluss erstreckte sich hinter dem Haus ein Wald. Diesen Wald, dachte Maike, würde man passieren müssen, wollte man an den Strand gelangen.

»Igittigitt«, rief Kim, als sie das Landheim sah, »das soll wohl ein Witz sein, eine heruntergekommene Holzhütte mitten im Wald, eine Bruchbude ist das und kein Shoppingcenter weit und breit!«

Das Merkwürdigste aber war, dass das Haus verschlossen war. Kein Mensch war zu sehen, nur aus dem Wald kamen merkwürdige Geräusche, ein lautes Knattern und manchmal ein schrilles Aufheulen, das wie ein Schrei klang. »Wahrscheinlich das Gespenst«, spottete Hannes. Eine Weile warteten sie vor dem Haus, Herr Malla schaute nervös auf die Uhr und Frau Müller, die Lehrerin, wollte unbedingt noch ihre Belehrungen loswerden, dann aber schoss Hannes plötzlich den Fußball in Richtung des Bolzplatzes und schon waren alle Jungen weg. Nur Felix blieb stehen, doch als er merkte, dass er allein mit den Mädchen war, trottete auch er lustlos auf den Fußballplatz. Die Mädchen unterhielten sich über die Zimmeraufteilung, das war eine heikle Angelegenheit, nur Jamie sagte kein Wort. Sie stand etwas abseits und telefonierte mit ihren Eltern, wahrscheinlich gab es zu Hause wieder Stress.

Dann machte Mia den Vorschlag, an den Strand zu gehen. »Dann müssen wir ja durch den Wald«, wollte Maike schon sagen, doch dann biss sie sich auf die Lippen und schwieg. Celina war sofort einverstanden. »Endlich ans Meer«, sagte sie begeistert, »man kann das Salzwasser bereits riechen.« Sie träumte schon von romantischen Sonnenuntergängen und wie schön es sein würde, dann mit Max am Strand zu sitzen. Sie fürchtete, die anderen würden ihre Gedanken erraten, und obwohl Max nicht zu sehen war, wurde sie wieder rot, so wie vor ein paar Minuten, als Max sie beim Aussteigen berührt hatte. Sie fragte sich, ob das nur Zufall gewesen war.

Kim wollte eigentlich erst duschen und sich umziehen, aber das Haus war ja verschlossen, und so trug sie sich wenigsten ihren glänzenden Lipgloss auf und tuschte ihre Wimpern.

Sogar die Jungen wollten nun zum Strand. Obwohl die Sonne noch schien, war es im Wald schon ziemlich dunkel, der schmale Weg war von dichtem Gestrüpp gesäumt. Die Geräusche waren verstummt, aber das machte die Sache nur noch unheimlicher. Maike suchte die Nähe von Felix, irgendwie fühlte sie sich so sicherer. Sie waren noch nicht weit gegangen, als es im Unterholz knackte. Instinktiv griff Maike nach Felix' Hand, ließ sie aber gleich wieder los. Felix tat, als habe er nichts bemerkt, er sah sie nicht einmal an. Aus dem Wald trat ein Mann, er trug eine Schutzbrille und hielt eine Kettensäge in der Hand. Er hatte braune Wanderstiefel und eine blaue Arbeitshose an, der rechte Hosenträger hing herunter. Er war vielleicht Anfang sechzig, seine Glatze glänzte vom Schweiß, an den Seiten des Kopfes klebten ein paar graue Haare. Erst als er die Schutzbrille abnahm, war sein Gesicht zu erkennen. Maike erschrak, quer über die Stirn lief ein langer, blutiger Kratzer. Am linken Oberarm hatte der Mann ein Tattoo, ein Schwert, um das sich eine Schlange wand. Herr Malla verzog angewidert das Gesicht, doch dann ging er auf den Mann zu und reichte ihm die Hand.

»Ich bin Bob, der Hausmeister«, sagte der Glatzkopf und grinste. Felix wollte seinen Nachnamen wissen. »Wieso?«, fragte der Mann schroff, es schien, als wolle er seinen Namen nicht nennen. »Diettrich«, knurrte er schließlich. Hannes lachte. »Sie sind wohl Spezialist fürs Schlösserknacken?« »Diettrich mit Doppel-t. Doppel-t wie Kettensäge«, antwortete der Mann und hielt das Gerät drohend in die Höhe. »Und ihr seid also die 8b, na dann mal rein in die gute Stube«, sagte er und zeigte mit der Kettensäge in Richtung des Hauses. »Stellt euer Gepäck ab, und dann brauche ich ein paar starke Männer, im Wald liegt Holz für ein Lagerfeuer.«

Mit dem Strand wurde es also vorerst nichts, denn nun wollten erst einmal alle ihre Zimmer sehen. Kaum hatten sie das Haus betreten, war wirklich ein Schrei zu hören. Alle sahen auf Frau Müller, die ganz bleich geworden war. An der Tür zu ihrem Zimmer hing eine fette Spinne. »Keine Panik, junge Frau«, sagte Bob Diettrich, wischte das Tier von der Tür und zertrat es, bevor es fliehen konnte.

Tagebuch Felix

Als wir heute im Landheim ankamen, hat mich Maike zum ersten Mal angelächelt. Als ich vor einigen Wochen in die Klasse kam, war sie das erste Mädchen, das mir auffiel. Sie hat lange schwarze Haare und leuchtende Augen, leider ist sie oft schlecht gelaunt und nörgelt an allen herum. Auch an mir, das tut richtig weh. Aber als sie mich heute anlächelte, strahlten ihre Augen wie kleine Sonnen. Ich hätte gern ihren Rucksack aus dem Bus getragen, aber da stand schon Kim neben mir und fragte, ob ich ihr bei ihrem Koffer helfen könne. Was soll man machen? Nein, ich bin nicht in Maike verliebt! Wir sind gute Freunde, mehr nicht. Na ja, vielleicht ein ganz kleines bisschen, aber eigentlich ist das nicht mein Ding. Im Bus haben manche »Wahrheit oder Pflicht« gespielt und sich dabei abgeknutscht. Ich habe mich schlafend gestellt, ich versuche immer, so wenig wie möglich aufzufallen. Im Wald hat Maike nach meiner Hand gefasst, was soll ich sagen, es war schön, aber ich habe mir nichts anmerken lassen. Lassen wir das, bleiben wir bei den Fakten. Das Landheim ist ganz o.k., ich bin mit Ben und Max auf einem Zimmer, denn die Fußballer wollten natürlich unter sich sein. Der Hausmeister heißt Bob Diettrich, er scheint ein Witzbold zu sein, aber er kommt uns auch irgendwie unheimlich vor.

Tagebuch Maike

Ich habe ein Zimmer mit Mia, zum Glück ist Kim bei Celina und Jamie untergekommen. Es ist wirklich ein schönes Zimmer, und wir haben es nicht weit bis ans Meer, auf das ich mich so gefreut habe. Trotzdem war es bisher ein beschissener Tag. Es ist wie verhext, erst hat Felix Kims Koffer getragen, dann sind wir gleich in den Wald und haben diesen schrecklichen Hausmeister getroffen. Ihm würde ich sogar einen Mord zutrauen. Drei Tage mit dem unter einem Dach, das halte ich nicht aus! Felix tut manchmal, als sei ich Luft für ihn. Dann gab es zum Abendessen auch noch Fisch. Im Bus hatte ich mir vorgestellt, Ben sei ein Fisch, und nun lag so ein Vieh vor mir auf dem Teller. Ich habe keinen Bissen runterbekommen, aber ein bisschen Diät kann ja nicht schaden.

Tagebuch Jamie

Endlich im Landheim! Endlich eine Woche weg von zu Hause! Aber wir waren noch gar nicht richtig angekommen, da rief schon meine Mutter an. Sie hatte meine letzte Mathearbeit gefunden und hackte wegen der Fünf gleich wieder auf mir rum. Wenn ich mir vorstelle, dass sie einfach in meinem Zimmer war und in meinen Sachen gewühlt hat, einfach schrecklich. Und Dad hat bestimmt wieder nichts gesagt, Dad sagt nie etwas, obwohl ich glaube, er würde gern zu mir halten. Dad ist ein elender Feigling. Celina hat sofort gemerkt, dass es mir schlecht geht und sich um mich gekümmert. Zum Glück sind wir zusammen auf einem Zimmer, blöd nur, dass auch Kim bei uns wohnt. Die ganze Zeit hat sie uns von Felix vorgeschwärmt. Am Abend soll es noch ein Lagerfeuer geben, aber mir ist die Lust darauf vergangen.

Am Abend schleppte Bob Diettrich mit den Jungen das Holz aus dem Wald zum Lagerfeuer. Die Jungen taten obercool und fühlten sich als starke Männer. Ben erklärte, wie man ohne Streichhölzer ein Feuer entfachen könne, er hatte das in einem Buch gelesen. Er nahm ein Stück Holz und bewegte es wie einen Quirl auf einem anderen Holzstück, aber es klappte dann doch nicht. Der Hausmeister grinste und schüttete schließlich etwas Benzin auf den Holzstoß. Die Jungen waren begeistert. Die Mädchen kreischten, als die Stichflamme in die Höhe schoss.

Felix wollte sich neben Maike setzen, doch der Platz war schon besetzt. Eine Weile saßen alle um das Lagerfeuer und starrten gebannt auf das knisternde Holz. Es war wunderschön. Dann kam jemand auf die Idee, wieder »Wahrheit oder Pflicht« zu spielen, und diesmal konnte sich Felix nicht drücken. Als er »Pflicht« nahm, zwinkerte Mia Maike zu und bestimmte, dass er sich für den Rest des Abends neben Maike setzen musste. Kim schickte Mia einen bösen Blick zu und ließ die beiden dann nicht mehr aus den Augen.

Als im Feuer genügend Glut war, brachte Frau Müller einen Topf mit Teig, und sie machten Knüppelkuchen. Maike hatte jetzt wirklich Hunger, und es schmeckte ihr umso besser, da Felix ihr seinen Stock reichte und ihr dann auch noch einen Marshmallow gab. Dankbar und froh lehnte sie sich gegen seine Schulter. Für Kim war das zu viel, sie stand einfach auf und ging. Kurz darauf verschwand auch Bob Diettrich. Hannes rief ihm hinterher, ob er Bier besorgen könne, doch der Hausmeister reagierte darauf nicht, er schien mit seinen Gedanken ganz woanders. Tim sah, wie er in einer Kellertür verschwand, und wollte ihm nach, doch Herr Malla packte ihn bei der Schulter und hielt ihn zurück. »Hiergeblieben Freundchen«, sagte er streng. Er hatte wohl Angst, der Hausmeister könnte ihnen wirklich Bier bringen. Tim setzte sich wieder und beobachtete die anderen. Ben stopfte Unmengen Marshmallows in sich hinein. Lars und Hannes hatten sich zwei der für die Knüppelkuchen vorgesehenen Stöcke genommen und zelebrierten einen Fechtkampf. Celina starrte auf Max, doch der spielte nur gelangweilt auf seinem

Handy herum. Mia hatte sich neben Jamie gesetzt und den Arm um ihre Schulter gelegt. Tim versuchte zu verstehen, worüber sie sich unterhielten. Jamie sagte unter Tränen, dass ihre Eltern sich wohl trennen würden. Aber eigentlich interessierte sich Tim mehr dafür, was der Hausmeister jetzt im Keller machte.

Als Frau Müller etwas später das Zeichen zum Aufbruch gab, murrten alle und versuchten mit ihr zu verhandeln. »Wir sind doch keine kleinen Kinder mehr«, protestierten sie. Doch als habe sich der Himmel mit ihr verbündet, begann es plötzlich zu regnen, und alle verzogen sich auf ihre Zimmer.

3

Am nächsten Tag, gleich nach dem Frühstück, verkündete Herr Malla, dass es heute an den Strand gehe. Es war wirklich ein toller Morgen, die Wolken der letzten Nacht hatten sich verzogen, es würde heiß werden und da kam eine Abkühlung gerade recht. Alle rannten sofort begeistert auf die Zimmer, um ihre Sachen zu packen. Die Mädchen zogen sich ihre Bikinis an, die Jungen ihre Badehosen.

Kim hatte natürlich mehrere zur Auswahl und fragte Celina, welcher gut genug für Felix wäre. Celina hatte schlechte Laune, weil Max sie am Lagerfeuer nicht beachtet hatte. Kim hielt ihr ein winziges, neongrünes Teil vor die Nase.

»Der zeigt zu viel Haut«, sagte Celina genervt.

»Echt jetzt?«, fragte Kim und begann dann zu strahlen: »Ha, umso besser!«

›Gegen Maike hat sie trotzdem keine Chance‹, dachte Celina und ging wütend aus dem Zimmer. Erst als sie auf dem Flur stand, wunderte sie sich darüber, dass Jamie nicht im Zimmer gewesen war. Sie hatte sie den ganzen Morgen noch nicht gesehen. ›Die wird wieder irgendwo telefonieren‹, dachte sie.

Maike stand vor dem Haus und bemerkte gar nicht, dass Felix ganz in ihrer Nähe stand und den Weg durch den Wald an ihrer Seite gehen wollte. Sie war müde, sie hatte schlecht geschlafen. In der Nacht war sie schweißgebadet aufgewacht, jemand hatte sie im Traum verfolgt. Dann hatte sie geglaubt, ein Geräusch zu hören. Es war dunkel im Zimmer, aber sie ließ das Licht aus, um Mia nicht zu wecken. Sie hatte sich im Zimmer umgesehen, doch da war nichts zu entdecken gewesen. Vorsichtig war sie aus dem Zimmer geschlichen, und da war es wieder gewesen, dieses leise, wimmernde Geräusch, als ob jemand in ein Kissen heulte. Vielleicht war es Jamie, die war ja den ganzen Tag so merkwürdig gewesen. Maike hatte an der Zimmertür gelauscht, doch da war alles still gewesen. Also hatte sie sich zum Ausgang geschlichen. Draußen war es noch angenehm warm, aber alles war jetzt in dichten Nebel gehüllt. Maike hasste Nebel. Vielleicht sollte sie doch lieber umkehren? Doch plötzlich hatte ein schrilles Geräusch die Stille durchdrungen, diesmal hatte es geklungen, als sei es ein Schrei, aber er klang gepresst, als werde jemandem der Mund zugehalten. Sie war in Richtung des Geräusches gegangen und hatte sich selbst über ihren Mut gewundert. Sie war immer schneller gelaufen, hatte gekeucht, irgendetwas hatte sie weitergetrieben, sie musste wissen, was da los war. Was sie dann schemenhaft wahrgenommen hatte, ließ sie erstarren. Hinter dem Fußballtor waren zwei Gestalten gewesen, sie waren nur als Silhouette zu erkennen, doch es schien, als kämpften sie miteinander. Nun hatte sie doch Angst bekommen, sie war zurück ins Zimmer geschlichen, aber schlafen konnte sie nicht mehr.

Felix ging auf Maike zu, doch als er Celina sah, fragte er die mit einem hämischen Grinsen, ob sie schön von Max geträumt habe. ›So ein Idiot‹, dachte Maike, ›der benimmt sich manchmal wie ein kleines Kind‹.

Endlich kam auch Kim als Letzte aus dem Haus, und Herr Malla begann, die Schüler zu zählen. Die Jungen machten sich einen Spaß und rannten wild durcheinander, und so musste er noch einmal von vorn beginnen. Doch auch beim dritten Versuch kam er nicht zum gewünschten Ergebnis. Es waren nur zweiundzwanzig.

»Jamie fehlt«, sagte Mia plötzlich.

Alle sahen sich um, tatsächlich, Jamie war nirgends zu sehen. Die wird sicher noch telefonieren, sagte Celina. Frau Müller erklärte sich bereit, auf Jamie zu warten, Herr Malla sollte mit den anderen schon zum Strand gehen.

Endlich das Meer! Als sie über die Düne kamen und die spiegelnde Wasserfläche sahen, gab es kein Halten mehr. Alle rannten los, sogar Herr Malla stieß einen lauten Freudenschrei aus, was Ben natürlich peinlich war. Die Jungen warfen ihre Handtücher in den Sand und stürzten sich sofort in die Wellen. Als sie merkten, dass die Mädchen am Ufer stehen geblieben waren, kamen sie zurück und begannen mit Wasser zu spritzen. Kim stand am weitesten vom Ufer entfernt, sie hatte Angst wegen dem Make-up und den Haaren, die sie am Morgen extra noch gewaschen hatte. Maike nahm all ihren Mut zusammen und warf sich mit einem Hechtsprung in die kalten Fluten. Doch als sie auftauchte, sah sie, wie Felix mit den Händen Wasser schöpfte und damit auf Kim zu rannte. Aber bevor er sie damit bespritzen konnte, packte Kim ihn an den Armen und begann mit ihm zu raufen. Maike sah, wie nah sie sich dabei kamen.

Nach dem Baden dösten die Mädchen in der Sonne, die Jungen spielten etwas abseits Fußball. »Ich muss mal«, sagte Tim und verschwand in den Dünen. Die Sache mit dem Hausmeister ging ihm nicht aus dem Kopf, er dachte an die letzte Nacht, als der Mann im Keller verschwunden war. Und später, Hannes und Lars hatten schon geschlafen, hatte er ihn durchs Fenster mit einem Fremden am Fußballtor gesehen. Deshalb wollte er jetzt unbemerkt zum Landheim zurückgehen und nach Bob Diettrich suchen, doch plötzlich sah er ihn wenige Meter entfernt stehen. Sofort warf er sich in den Sand. Als er vorsichtig den Kopf hob, sah er, dass der Hausmeister einen Spaten bei sich hatte und ein Loch in den Sand grub. Er schwitzte und war nervös, er sah sich immer wieder um, wahrscheinlich befürchtete er, dass jemand ihn beobachtete. Tim versuchte zu erkennen, was der Mann vergraben wollte, doch da er nicht entdeckt werden wollte, hielt er den Kopf geduckt und konnte nichts sehen. Kriechend zog er sich nach einer Weile hinter eine Düne zurück und lief dann schnell zu den anderen.

Eigentlich wollte er Hannes und Lars Bescheid sagen, doch als Tim die Klasse erreicht hatte, sah er, dass Frau Müller inzwischen eingetroffen war. Sie hatte Jamie nicht gefunden, obwohl sie in allen Zimmern des Landheimes nachgesehen hatte.

»Auch im Keller?«, fragte Tim, noch außer Atem, doch Frau Müller wusste nichts von einem Keller. Sie war ganz bleich und zitterte. Maike erschrak, sie musste an die Gestalten im Nebel aus der letzte Nacht denken. Was, wenn es Jamie genauso ergangen war wie dem Mädchen, von dem das Fernsehen berichtet hatte? Auch Frau Müller war beunruhigt, sie wusste nicht, was sie tun sollte. »Wir müssen die Polizei rufen«, entschied Herr Malla, und damit war der schöne Strandtag vorerst beendet.

Im Gänsemarsch trottete die Klasse den schmalen Waldweg zurück ins Landheim. Plötzlich blieb Herr Malla, der als Erster ging, stehen. Es entstand ein Gedränge, einige scherzten und schoben absichtlich ihren Vordermann weiter. Lars war es, der das Absperrband als Erster bemerkte. Rechts von ihnen im Wald flatterte es um eine kleine Lichtung. Polizei, stand auf dem Absperrband, immer wieder Polizei, Polizei, Polizei. »Wie im Fernsehen«, sagte jemand, aber alle wussten, das hier war die Realität. Und alle wussten, was das Tuch zu bedeuten hatte, das da im Gras lag und einen länglichen Gegenstand bedeckte. Schon kam ein Polizist über die Wiese und bedeutete ihnen weiterzugehen. Natürlich dachten sie gar nicht daran weiterzugehen. Eine Leiche, das bekam man schließlich nicht jeden Tag zu sehen. Für Maike war klar, dass es sich um das vermisste Mädchen handeln musste. Sie erzählte den anderen, was sie im Fernsehen berichtet hatten. Vielleicht war es aber auch Jamie? Dann hatten sie noch mehr Grund, sich nicht einfach wegschicken zu lassen. Sie überlegten, wie sie den Polizisten ablenken und unbemerkt hinter das Absperrband gelangen konnten. Ben machte einen Vorschlag. Kim und Felix sollten ein Paar spielen, das sich der Absperrung von der anderen Seite näherte. Sie sollten sich immer wieder abknutschen und dabei langsam dem Fundort nähern, bis der Polizist ihnen entgegentreten musste. Dann wäre der Weg für die anderen frei.

»Dein Gehirn wurde wohl von einer Erbse ersetzt«, rief Maike, und ehe die anderen reagieren konnten, ging sie auf den Polizisten zu und fragte, ob es sich um die Leiche eines Mädchens handelte. Der Polizist sagte, darüber dürfe er keine Auskunft geben, und weil auch Herr Malla und Frau Müller sie nun zur Seite schoben, mussten sie widerwillig weitergehen.

4

Als sie im Landheim ankamen, waren alle traurig, sie hatten sich auf den Strandtag gefreut, der nun so schnell zu Ende gegangen war. Aber Jamie war verschwunden, und das war natürlich viel schlimmer. Außerdem stecke ihnen der Anblick der Leiche in den Knochen, denn dass sich unter dem Tuch eine Leiche befinden musste, war sicher. Warum sonst sollte die Polizei alles abgesperrt haben?

Herr Malla forderte die Schüler auf, in den Gemeinschaftsraum zu gehen, wo ein Polizist schon auf sie wartete. Er stellte sich als Hauptkommissar Rülke vor und sagte, dass er die Untersuchungen leite. Es war ein kleiner unscheinbarer Mann in einem grauen Anzug, irgendwie hatten sie sich einen Kommissar anders vorgestellt. Er wollte wissen, ob jemand mit Jamie gesprochen hatte, doch niemand konnte ihm etwas sagen, außer, dass sich Jamies Eltern trennen wollten und sie deswegen sehr niedergeschlagen war. Kommissar Rülke machte sich ein paar Notizen. »Mir ist klar, dass das eine schlimme Situation für euch ist, aber wir werden alles unternehmen, um eure Mitschülerin zu finden. Es ist schließlich nicht das erste Mal, dass jemand abgehauen ist. Übrigens, was die Sache im Wald betrifft, das ist nichts Schlimmes, trotzdem ist es ab sofort streng verboten, den Wald zu betreten. Außerdem fordere ich euch auf, das Landheim nach achtzehn Uhr nicht mehr zu verlassen. Geht jetzt auf eure Zimmer und macht euch keine Sorgen!«

Plötzlich schrie Celina los: »Keine Sorgen?! Sind Sie noch ganz dicht?! Jamie ist weg, sie könnte tot sein!«

Frau Müller nahm Celina zur Seite und versuchte sie zu beruhigen, dann verließ sie mit ihr den Raum. Dort brach nun ein Chaos aus, alle redeten aufgeregt durcheinander, jeder stellte seine Vermutungen an und wollte es besser wissen.

»Ruhe!«, brüllte Rülke, und als tatsächlich alle verstummt waren, sagte auch er ganz ruhig: »Bitte bewahrt Ruhe, wir haben die Sache im Griff, wichtig ist jetzt nur, dass ihr nicht den Kopf verliert.«

»Den Kopf verlieren, wie das Gespenst in der Sage von Fischershagen«, witzelte Ben, doch keiner konnte darüber lachen.

Kurz darauf, beim Mittagessen, ging die Diskussion natürlich weiter. Frau Müller und Herr Malla waren zum Glück nicht da, ihnen schien der Appetit vergangen zu sein. Aber auch die anderen stocherten lustlos in ihrem Essen herum, alle machten sich Sorgen, nur Kim hatte ein paar blöde Bemerkungen parat.

»Wenn Jamie weg ist, kann ich ja in ihrem Bett schlafen, das steht direkt am Fenster und man hat eine prima Aussicht«, sagte sie.

»Hast du überhaupt kein Herz?«, fuhr Celina sie an.

»Nun bleib mal locker«, sagte Kim ganz ruhig, »ihr wird schon nichts passieren, sie ist alt genug und wird schon wissen, was sie tut.« Sie schaute zu Felix, als wollte sie ihn durch ihre coolen Worte beeindrucken.

»Was macht dich bloß so sicher?«, zickte Maike sie an.

»Mein Gott, da sich Mami und Pappi jetzt trennen, braucht sie einfach etwas Aufmerksamkeit.«

»So wie du, was?«, giftete Tim.

»Lasst uns doch mal in Ruhe überlegen«, meldete sich nun Ben und rückte sich seine Brille zurecht. »Jamie liebt doch das Meer. Sie ist gerne mal allein am Strand. Wir sollten sie zuerst dort suchen.«

Nun übernahm Hannes das Kommando, denn das konnte er ja gut. Wie beim Fußball teilte er die Klasse in zwei Gruppen und gab Anweisungen, wie die Suche erfolgen sollte. »Und passt auf, dass Herr Malla und Frau Müller nichts mitbekommen, geht einzeln los und trefft euch erst am Waldrand, nehmt die Handys mit, aber lauft der Polizei nicht in die Arme. Und vergesst nicht, pünktlich um sechs müssen wir wieder hier sein.«

»Aye-aye, Sir«, sagte Ben.

Alle waren einverstanden, sogar Kim, nur Tim murrte etwas herum, sagte aber nichts.

Genau wie Hannes es gesagt hatte, standen sie einzeln auf und verließen nacheinander den Speiseraum. Als Felix ging, beeilte sich Maike, ihm zu folgen, sie wollte unbedingt in seiner Gruppe sein, ganz egal, wie Hannes sie eingeteilt hatte. Dann stand Tim auf, doch anstatt den Raum zu verlassen, ging er zur Essenausgabe und holte sich einen Nachschlag.

»Du hast vielleicht Nerven«, sagte Hannes.

Tim überlegte, ob er Hannes erzählen sollte, was er in den Dünen beobachtet hatte, dann wartete er aber doch, bis auch Hannes ging.

Von weitem sah Tim, wie die anderen sich am Waldrand in zwei Gruppen sammelten, aber er hatte natürlich anderes im Sinn. Zuerst schlich er zur Kellertür und hörte, wie der Hausmeister sich in seiner Werkstatt zu schaffen machte. ›Umso besser‹, dachte er, ›dann ist die Luft in den Dünen ja rein‹.

Er hatte sich die Stelle genau gemerkt und fing sofort zu graben an. Der Sand war noch ganz locker, das machte die Sache einfach. Man brauchte nur mit den Händen graben. Er war schon ziemlich tief, als er plötzlich seine Hand erschrocken zurückzog. Was war das? Es fühlte sich irgendwie weich und glitschig an, und einen Moment lang wollte er gar nicht mehr wissen, was da vergraben lag. Er hätte vielleicht doch Hannes mitnehmen sollen. Dann nahm er seinen Mut zusammen und kratzte den Sand beiseite. Zunächst stieß er nur auf ein Stück Plastikfolie, doch dann sah er, dass eine kleine Kiste darin verpackt war. Sie war nicht besonders schwer, aber fest verschlossen, er schüttelte sie, etwas klimperte. Schnell stopfte er die kleine Kiste unter seine Jacke, rannte zurück zum Landheim und versteckte sich, bis die anderen von der Suche zurückkamen.

Einzeln kamen die anderen an, sie sahen niedergeschlagen aus und blieben ratlos vor der Tür stehen, nur Felix verzog sich sofort auf sein Zimmer.

Tagebuch Felix

Was für ein Tag! Wir waren am Strand. Maike hat sich gleich mutig ins Wasser gestürzt, ich glaube, sie hat das wegen mir gemacht. Aber das ist eigentlich nicht so wichtig: Erst war Jamie weg und dann der ganze Wald voller Polizei. Ich glaube, sie haben eine Leiche gefunden. Es ist der Hammer! Alle haben sich Sorgen um Jamie gemacht, nur Kim hat sich echt unmöglich benommen! Wenn die so weitermacht, kann sie mir den Buckel runterrutschen mit ihrem schönen Bikini. Ben hat dann vorgeschlagen, nach Jamie zu suchen, obwohl der Kommissar gesagt hat, wir sollten nichts unternehmen. Das hätte ich dem Schlaumeier gar nicht zugetraut. Ich hatte schon vorher die gleiche Idee, habe aber leider wieder nichts gesagt. Warum bin ich nur immer so feige? Und dann hat natürlich Hannes gleich den Chef markiert und die Suchtrupps eingeteilt. Wir haben dann den ganzen Nachmittag nach Jamie gesucht, aber nichts gefunden. Ich will mir gar nicht vorstellen, was mit ihr ist. Maike ist echt fertig, ich habe versucht, sie zu trösten, dabei habe ich selber riesige Angst.

Pünktlich um 18 Uhr schloss Bob Diettrich das Landheim ab. Die Schüler hatten sich im Speiseraum versammelt. Sie waren niedergeschlagen, denn die Suche nach Jamie war erfolglos gewesen. Erst nach einer Weile bemerkten sie, dass Celina und Max fehlten. »Die haben wahrscheinlich Besseres vor«, sagte Lars grinsend. Die Jungen machten jetzt ihre Witze, da kamen Celina und Max endlich in den Raum und wurden mit Gelächter begrüßt. Max wurde rot, ließ Celina in der Tür stehen und ging schnell zu den Jungen.

Celina war enttäuscht von Max, der sie vorhin im Wald noch beruhigt hatte, als sie ausgerechnet Kommissar Rülke in die Arme gelaufen waren. Celina war erschrocken und hatte versucht, eine Entschuldigung zu stammeln, aber Max hatte sich wie ein Mann schützend vor sie gestellt und ganz ruhig gesagt, sie hätten heute Morgen am Strand etwas vergessen. Zu ihrer Überraschung hatte Rülke nicht geschimpft. »Gut, dass ich euch treffe«, hatte er stattdessen gesagt und ihnen dann erklärt, dass man im Wald eine Bombe aus dem Zweiten Weltkrieg gefunden hatte. »Keine Leiche!?«, hatte Max gefragt. »Wieso Leiche? Ihr schaut wohl zu viele Krimis«, hatte Rülke erwidert und erzählt, dass man den gefährlichen Fund mit einem Tuch abgedeckt hätte, um eine Panik zu vermeiden. »Na, das ging ja nach hinten los«, hatte Max gespottet, und als sie sich auf den Rückweg machten, hatte er sogar kurz Celinas Hand ergriffen.

Celina begann nun, den anderen von ihrer Begegnung mit Rülke zu erzählen, und sie war stolz, dass ausgerechnet sie der Klasse nun verkünden konnte, dass die Bombe inzwischen entschärft und die Sperrung wieder aufgehoben war. Und das alles bedeutete wohl auch, dass Jamie noch lebte. Alle waren erleichtert, bis Mia sie daran erinnerte, dass Jamie trotzdem noch immer verschwunden war.

Tagebuch Jamie

Ich bin gestern Abend früh weg, und niemand hat es gemerkt. Die saßen alle noch am Lagerfeuer, aber ich konnte nicht mehr. Ich musste einfach weg. In letzter Zeit wird alles schlimmer und schlimmer. Erst verlässt mich mein Freund und nun wollen sich meine Eltern trennen. Ich wollte nur noch allein sein, nur mein Tagebuch habe ich mitgenommen, denn die anderen interessieren sich ja nicht für meine Probleme, außer Mia, die sehr nett zu mir war, aber auch das wurde mir irgendwann zuviel. Erst bin ich in den Wald, ich lief einfach und lief und wusste schon bald nicht mehr, wo ich war. Dann hörte ich die Wellen rauschen, ich muss also ganz in der Nähe des Strandes gewesen sein, ich war erleichtert, denn von da aus hätte ich noch zurückgefunden. Es war schön so allein in der Dunkelheit, ich habe mich auf einen Stein gesetzt und dem Rauschen des Meeres und der Bäume zugehört. Doch dann war plötzlich ein Licht aufgetaucht, ein kleiner Punkt nur, der sich aber direkt auf mich zu bewegte. Ich sah die Umrisse einer Gestalt, die durch den Wald lief. Sie hatte einen Spaten über der Schulter. Ganz in meiner Nähe blieb sie stehen, und im Schein der fremden Taschenlampe konnte ich sehen, dass es der Hausmeister war. Was machte der Hausmeister mitten in der Nacht im Wald? Er begann in der Erde zu graben, und nach einer Weile zog er etwas aus dem Boden und wickelte den Gegenstand in Plastikfolie ein. In diesem Moment muss ich auf einen dürren Ast getreten sein, es knackte, der Mann sah hoch, sah sich um und kam dann auf mich zu. Ich rannte weg, ich rannte und rannte, der Mann mir hinterher, ich stolperte und fiel hin. Alles schmerzte, aber ich blieb ruhig liegen, bis sich das Licht wieder entfernte. Mein Handy war von dem Sturz kaputt gegangen und ich wusste nun wirklich nicht mehr, wo ich war. Ich blieb die ganze Nacht liegen, ich hatte furchtbare Angst. Als es langsam hell wurde, schleppte ich mich weiter. Aber in welche Richtung sollte ich gehen? Irgendwann entdeckte ich einen verlassenen Schuppen, der offen stand. Es war ein sehr alter, verfallender Schuppen, das Dach war mit einer dicken Schicht Moos bewachsen und brach fast zusammen. Ich ging hinein und legte mich auf eine schmutzige Matratze auf dem Boden. Irgendwann muss ich eingeschlafen sein. Inzwischen sind einige Stunden vergangen. Was soll ich jetzt tun? Die anderen werden mich sicher suchen. Soll ich hier auf sie warten? Aber in ein paar Stunden wird es schon wieder dunkel.

5

Jetzt, da die Ausgangssperre aufgehoben war und es noch eine Weile hell sein würde, beschlossen die Jungen, noch etwas Fußball zu spielen. Tim aber ging schnell und leise in sein Zimmer und hoffte, dass keiner ihn dabei beobachtete. Zu seiner Überraschung saß Hannes auf seinem Bett. Er bekritzelte mit einem Kugelschreiber seinen Ball und hörte dabei Musik. Tim ließ sich auf einen Stuhl fallen. »Bist du gar nicht Fußball spielen?«, fragte er erstaunt. »Keine Lust«, sagte Hannes und sah Tim herausfordernd an. Der blieb eine Weile auf seinem Stuhl sitzen, dann aber hielt er es nicht mehr aus und holte die kleine Schatulle aus dem Schrank. »Was ist das denn?«, fragte Hannes erstaunt, doch Tim hatte den Eindruck, dass Hannes seine Überraschung nur spielte. »Wenn ich das wüsste ...«, sagte Tim und erzählte Hannes, wie er den Hausmeister beobachtet und dann die Kiste bei den Dünen aus dem Sand gegraben hatte. »Am Ende ist da auch eine Bombe drin«, sagte Hannes lachend.

Dann versuchten sie, die Schatulle zu öffnen. Sie stocherten zuerst mit einem Stück Draht im Schloss herum. Die Kiste ließ sich nicht öffnen. Irgendwann stellten sie den Kasten auf den Boden und schossen den Fußball dagegen, dass es nur so schepperte. Die Kiste aber blieb zu. »Scheiße!«, fluchte Tim, doch dann machte es ihnen Spaß, den Ball immer wieder gegen die Kiste zu bolzen, und sie bemerkten nicht, dass sich die Tür des Zimmers öffnete und jemand ins Zimmer trat. Offenbar war dieser Jemand durch den Lärm auf sie aufmerksam geworden.

»Hört sofort auf damit!«, rief es hinter ihnen, und als sie sich erschrocken umdrehten, sahen sie Bob Diettrich. Wie gelähmt hielten sie inne und starrten den Hausmeister an.

»Sucht ihr vielleicht das?«, fragte der und hielt einen altertümlich aussehenden Schlüssel in die Höhe. »Ich ... wir ... wollten ja nur ...«, stammelte Tim und machte sich schon auf das Schlimmste gefasst. Ängstlich starrte er auf das Schlangentattoo auf Bob Diettrichs mächtigem Oberarm.

Doch dann geschah etwas Merkwürdiges. Der Hausmeister hob die Schatulle vom Boden auf, setzte sich auf Hannes' Bett und stellte sie sich auf die Knie. »Setzt euch«, sagte er, und es klang durchaus nicht böse. Ganz ruhig und als sei es die normalste Sache der Welt erzählte Bob Diettrich ihnen, wie er gestern Nacht nach dem Lagerfeuer in den Wald gegangen sei und diese Kiste ausgegraben hatte. Dabei habe er eine Bombe gefunden und die Polizei alarmieren müssen. »Ich hatte vielleicht Schiss«, sagte er, »mit so einer Bombe ist nicht zu spaßen. Die Kiste musste natürlich wieder weg, was hätte ich der Polizei denn sagen sollen?« Er habe sie also in den Dünen wieder vergraben und ... »Und ich habe sie ausgebuddelt«, fiel ihm Tim ins Wort. Langsam hatten sich die Jungen beruhigt. »Aber woher wussten Sie denn von der Schatulle?«, fragte Hannes.

»Das«, sagte der Hausmeister, »ist eine lange Geschichte.«

»Wir haben Zeit«, sagte Tim etwas vorlaut und sah den Hausmeister an.

»Also gut«, knurrte der. »Meine Familie lebt schon seit Jahrhunderten hier in Fischershagen. Einige meiner frühen Vorfahren waren die Henker des Ortes und mussten Verbrecher und Piraten hinrichten. Ich bin wahrlich nicht stolz darauf, das könnt ich mir glauben.«

»Dann ist die alte Sage von Fischershagen also wahr?«, fragte Tim und erinnerte sich, wie Ben schon bei der Anreise im Bus von dem grusligen Geist ohne Kopf erzählt hatte.

»Vielleicht ist sie wahr, vielleicht auch nicht, wer kann das schon wissen«, fuhr Bob Diettrich fort. »An Geister glaube ich jedenfalls nicht, egal ob mit oder ohne Kopf. Real ist aber dieser Schlüssel, der in unserer Familie von Generation zu Generation weitergegeben wird. Er soll, so wurde es von Generation zu Generation erzählt, zu einer Kiste gehören, die einer meiner Vorfahren an der Hinrichtungsstelle vergraben hat, aber keiner wusste bisher, wo diese Stelle war, erst ich habe es nach monatelanger Suche in den Archiven des Heimatmuseums herausgefunden.«

Während er die letzten Worte sprach, steckte der Hausmeister den Schlüssel vorsichtig in das Schloss der Kiste. Gebannt starrten Tim und Hannes auf den Kasten. Bob Diettrich versuchte den Schlüssel langsam zu drehen, es knackte, aber das Schloss blieb zu. »Verflucht«, sagte er, »es klemmt, wahrscheinlich ist das Schloss eingerostet.«

Tim und Hannes sahen sich an, sie wussten nicht, ob das nur eine List war. Doch nachdem der Hausmeister auch sie hatte probieren lassen, blieb ihnen nichts anderes übrig, als ihm zu glauben. »Und ich dachte, Sie sind ein Spezialist fürs Schlösserknacken«, sagte Hannes enttäuscht.

»Ich bringe die Kiste jetzt in meine Werkstatt«, sagte Bob Diettrich, »dort wird das Schloss ordentlich geölt und morgen sehen wir weiter.« Noch ehe Tim und Hannes widersprechen konnten, war er mit der Kiste verschwunden.

Tagebuch Jamie

Nun wird es tatsächlich langsam dunkel, und ich habe fürchterlichen Hunger. Vor einer Stunde hatte ich beschlossen, mich auf den Weg zu machen. Alles ist besser, als noch länger hier in dieser armseligen Hütte rumzusitzen. Vielleicht suchen die anderen mich ja gar nicht, dann kann ich hier warten, bis ich schwarz werde. Ob meine Eltern schon wissen, dass ich verschwunden bin? Ob sie sich nun wieder versöhnen werden? Ich wollte also los. Aber gerade da knackte es im Unterholz. Ich habe mich schrecklich erschrocken, dachte an den Mann aus der Nacht, doch es war wohl nur ein Tier, vielleicht ein Hase. Oder ein kleiner Hund! Wie schön wäre es, jetzt einen kleinen Hund zu haben, an den man sich kuscheln könnte. Die Lust zum Losgehen war mir jedenfalls gründlich vergangen. Ich schaute mich noch einmal in der Hütte um. Hier war lange niemand gewesen, alles war dreckig und roch vermodert. Doch dann sah ich etwas in der Ecke glänzen. Ich hob es auf, es war eine Nagelfeile. An der Nagelfeile klebte etwas Blut. Hilfe, Blut! Hier muss etwas Schreckliches passiert sein. Und dann habe ich noch ein Portemonnaie gefunden, ein Portemonnaie mit einem Schülerausweis. Das Foto zeigt ein Mädchen in meinem Alter, es heißt Nele. Hat Maike nicht etwas von einem vermissten Mädchen erzählt? Was, wenn das Mädchen hier war? Wird sie dann wiederkommen? Ich muss jetzt aufhören, es wird dunkel. Ich habe schreckliche Angst.

Weder von Tims und Hannes' Erlebnissen, noch von Jamie wusste Maike etwas, als sie an diesem Abend im Bett lag. Aber dass Jamie Angst haben musste, das ahnte Maike. Mia schlief schon, aber Maike konnte kein Auge zumachen. »Du musst positiv denken«, hat ihre Mutter immer gesagt, aber das wollte ihr jetzt nicht gelingen. Jamie war jetzt schon seit 24 Stunden verschwunden, Maike musste sie finden, wenn es sein musste auch allein.

Mitten in der Nacht stand Maike auf und zog sich an. Sie nahm sich ihr Handy und eine Taschenlampe, dann schlich sie sich aus dem Zimmer. Die Schuhe behielt sie in der Hand, doch kaum war sie auf dem Gang, stand plötzlich Felix vor ihr.

»Was machst du denn hier?«, flüsterte Maike.

»Das Gleiche könnte ich dich auch fragen, wo willst du hin?«

»Spazieren«, sagte Maike gereizt.

»Jetzt, mitten in der Nacht!? Du willst doch nicht etwa allein ...«

»Doch«, flüsterte Maike, aber sie war zugleich erleichtert, dass sie Felix getroffen hatte.

»Ich komme mit«, sagte Felix, »aber wo willst du eigentlich suchen?«

Maike fiel ihm um den Hals. »Entschuldige«, stammelte sie, aber da hielt Felix sie schon ganz fest.

»Ich konnte einfach nicht schlafen«, sagte Maike, »und als ich so wach lag, da fiel mir ein, dass ich vor zwei Jahren schon mal hier in der Nähe war. In einem Nachbarort, in den Sommerferien mit meinen Eltern. Wir sind damals viel in der Gegend herumgewandert, und einmal haben wir dabei eine alte Hütte im Wald entdeckt. Das muss ganz in der Nähe sein, ich glaube, ich würde sie wiederfinden. Vielleicht ist Jamie ja dort.«

»Jetzt im Dunkeln würdest du den Weg finden?« Felix war skeptisch, er hatte eigentlich Angst, aber vielleicht würde sich die Angst am besten überwinden lassen, wenn man etwas tat. Und die Vorstellung, das gemeinsam mit Maike zu tun, ließ ihn plötzlich mutig werden.

»Komm«, sagte er, »wir klettern aus dem Fenster.«

6

In der Hütte war es inzwischen dunkel geworden, doch Jamie hatte keine Lust, sich wieder auf den schmutzigen Boden zu legen wie in der letzten Nacht. Schlafen würde sie sowieso nicht können, dazu hatte sie zu viel Angst, außerdem wurden der Hunger und der Durst immer unerträglicher. Aber was sollte sie tun? Jetzt im Dunkeln hatte es keinen Sinn, durch den Wald zu laufen, und obwohl auch die Hütte schrecklich war, wollte sie sich nicht zu weit von ihr entfernen. Sollte es regnen, hätte sie wenigstens ein Dach über dem Kopf. Plötzlich hörte sie ein Geräusch. Es klang wie ein Knacken, so, als sei jemand auf einen trockenen Ast getreten. Vielleicht war es nur ein Tier, oder dieser merkwürdige Hausmeister war zurückgekommen. Panik überfiel sie, sie wollte weglaufen, blieb aber wie angewurzelt stehen. Erst als eine dunkle Gestalt aus dem Wald trat, lief sie hinter die Hütte und versteckte sich. Von dort aus sah sie, dass die Gestalt viel kleiner und schlanker war als der Mann, den sie in der letzten Nacht gesehen hatte. Sollte man sie gefunden haben? Jamie nahm all ihren Mut zusammen, trotzdem klang es wie ein klägliches Winseln, als sie ein »Hallo« rief. »Wer ist da?«, fragte die Gestalt, und nur an der Stimme erkannte Jamie, dass es ein Mädchen sein musste. ›Was macht ein Mädchen in der Nacht im Wald?‹, fragte sich Jamie. Sie dachte an die blutige Nagelfeile und den Schülerausweis, den sie in der Hütte gefunden hatte. »Mein Name ist Jamie«, piepste sie, »hier, ich bin hinter der Hütte. Bist du etwa Nele?« Das fremde Mädchen kam auf sie zu. »Ja«, sagte sie, »aber woher weißt du das?« »Der Schülerausweis«, sagte Jamie, »ich habe in der Hütte einen Schülerausweis gefunden«. Das fremde Mädchen schien genauso erleichtert wie Jamie. »Hast du dich etwa auch verlaufen?«, fragte sie. Jamie erzählte ihr, dass sie aus dem Landheim komme, gestern Abend abgehauen sei und sich im Wald verlaufen habe. Sie erzählte von ihrem Freund und der Trennung ihrer Eltern und dass sie einfach nicht weitergewusst habe. »Und, willst du nun zurück?«, fragte Nele. »Na klar«, sagte Jamie und fing zu weinen an.

»Heul nicht«, sagte Nele, »ich bin schon ein paar Tage von zu Hause weg, bei mir zu Hause sieht es nämlich auch nicht viel anders aus, mein Vater ist ausgezogen und meine Mutter verbietet mir, ihn zu besuchen. Aber du hast Recht, weglaufen bringt wirklich nichts, die Erwachsenen machen, was sie wollen, ich jedenfalls will auch zurück.«

»Na prima«, rief Jamie erleichtert, »worauf warten wir.«

»Du bist gut«, sagte Nele, »worauf wir warten? Auf einen Engel vielleicht, oder einen guten Geist, auf jeden Fall auf jemanden, der den Weg durch den Wald kennt!«

Jamie fühlte, wie ihre Knie weich wurden, wie die ganze Hoffnung, die sie gerade noch gehabt hatte, wieder in sich zusammenbrach. »Du kennst also den Weg auch nicht?«, brachte sie enttäuscht heraus. Und dann sah sie den blutigen Lappen, den sich Nele um die Hand gewickelt hatte. »Bist du verletzt?«, fragte sie.

Nele nahm die Hand schnell hinter den Rücken, die Verletzung schien ihr peinlich zu sein. »Als ich die Hütte entdeckte, war sie abgeschlossen«, sagte sie und erzählte, wie sie das Schloss mit ihrer Nagelfeile aufgebrochen und sich dabei verletzt hatte.

Nun konnte Jamie sogar ein wenig lächeln. »Ach so«, sagte sie erleichtert, »und ich dachte schon, hier wäre etwas Schlimmes passiert.«

»Schlimm genug«, sagte Nele und zog ihre Hand wieder hinter dem Rücken hervor.

Jamie wickelte den blutverschmierten Lappen ab und reichte Nele dann ihr sauberes Taschentuch. Es war gut, dass sie sich um jemanden kümmern konnte, und sie schien darüber ihre Angst zu vergessen. »Weißt du was, wir warten zusammen die Nacht ab und morgen früh, wenn es hell wird, werden wir den Weg schon finden.«

Maike und Felix waren schon eine Weile durch den dunklen Wald geirrt, als Maike laut seufzte. »Was hast du?«, fragte Felix.

»Ach nichts, es ist nur deprimierend. Wir suchen schon so lange und noch immer keine Spur von Jamie.«

»Wir finden sie schon«, antwortete Felix, doch sein Gesichtsausdruck war voller Zweifel. Zum Glück konnte Maike das nicht sehen, denn das Licht der Taschenlampe beleuchtete nur einen schmalen Streifen des Weges. »Sind wir denn noch richtig?«

»Ich glaube schon, weit kann es nicht mehr sein«, sagte Maike, doch das klang wenig überzeugend. Jetzt in der Nacht war es wirklich schwierig, sich zu orientieren.

Sie gingen schweigend weiter, irgendwo schrie ein Käuzchen.

»Lass uns umkehren«, sagte Felix nach einer Weile.

»Nein«, beharrte Maike, und sie klang wie ein trotziges Kind. »Wir können Jamie doch jetzt nicht im Stich lassen, es ist schon die zweite Nacht, dass sie verschwunden ist.«

»Na gut«, knurrte Felix, »noch eine halbe Stunde, dann kehren wir um.«

»Danke«, sagte Maike, der jetzt langsam kalt wurde. ›Ich hätte mir eine dickere Jacke anziehen sollen‹, dachte sie gerade, als sie über eine Wurzel stolperte. Der Schein der Lampe irrte über den Waldboden, streifte einige Baumstämme und beleuchtete dann die Krone einer mächtigen Buche. Felix kam ihr zu sofort zu Hilfe. »Alles okay bei dir?«, fragte er. »Komm, gib mir deine Hand.«

Maike griff nach der Hand, die Felix ihr hinhielt, sie rappelte sich auf, doch auch als sie ganz dicht vor ihm stand, ließ sie seine Hand nicht los. ›Was für warme Hände er hat‹, dachte Maike. »Danke«, hauchte sie, weiter kam sie aber nicht, weil Felix sie plötzlich küsste.

»Tut mir leid, das hätte ich nicht tun sollen«, stammelte er dann und war froh, dass Maike nicht sehen konnte, wie sein Gesicht errötete.

»Was meinst du?«, fragte Maike.

»Der Kuss gerade«, sagte Felix, »aber ich glaube ... na ja, ich glaube ...«

»Was denn?« Maike spürte, wie ihr Herz pochte.

»Ich glaube, ich habe mich in dich verliebt.«

Maike wusste nicht, was sie sagen sollte. Aber vielleicht war es gar nicht nötig, dass sie jetzt etwas sagte. Sie legte ihren Kopf an Felix' Schulter und wünschte sich nur, möglichst lange so stehen zu können. Die Dunkelheit, die Kälte, das alles gab es jetzt nicht mehr. Es gab nur noch sie und Felix.

Der aber machte sich plötzlich von ihr los und trat einen Schritt zur Seite. Die Heftigkeit seiner Bewegung erschreckte sie. »Was ist denn plötzlich mit dir?«, fragte sie ängstlich.

»Hast du das nicht gehört? Ich glaube, da waren Stimmen. Mach das Licht aus!«

Schweigend standen sie da, Maike hielt den Atem an, doch da war nichts zu hören.

Lass uns umkehren, wollte sie schon sagen, als die Stimmen wieder zu vernehmen waren, und zwar ganz in ihrer Nähe. Maike schaltete die Taschenlampe wieder an und ließ den Lichtstrahl in die Dunkelheit schweifen. Tatsächlich, ein Stück vor ihnen stand eine Hütte, sie erkannte sie wieder. Und gleich daneben ... nein, Jamie konnte es nicht sein, es waren zwei Gestalten, die nun das Licht bemerkt hatten und direkt auf sie zukamen. Maike tastete nach der Hand von Felix. »Licht aus!«, zischte der, packte grob nach Maikes Hand und machte sich zur Flucht bereit.

»Wer ist da?«, kam es aus Richtung der Hütte. Es war die Stimme eines Mädchens, und sie klang so flehend, dass Felix dann doch all seinen Mut zusammennahm. »Jamie?«, fragte er. Maike aber wartete die Antwort nicht ab, sie war sich auf einmal ganz sicher, sie riss sich von Felix los und rannte auf die Hütte zu. »Maike, nicht!«, rief Felix verzweifelt, doch dann sah er schon, wie Maike einer der Gastalten ins Gesicht leuchtete. Es war Jamie, sie hatten sie wirklich gefunden!

Die nächsten Minuten waren merkwürdig. Sie taten nichts und taten alles zugleich, sie lachten und weinten, sie redeten durcheinander, sie scherzten, sie waren traurig, sie umarmten sich, und nur langsam begriffen Maike und Felix, dass sie nicht nur Jamie, sondern auch das Mädchen gefunden hatten, von dem Maike schon vor ihrer Abfahrt ins Landheim gehört hatte.

»Wer hätte das gedacht«, sagte Nele lachend und schaute die beiden dabei dankbar an, »wirklich ein Engel und ein guter Geist.«

Auf dem Rückweg stellten sie sich vor, wie die anderen sie freudig begrüßen würden, was für ein Hallo es im Landheim geben würde, doch dann meinte Felix, dass es vielleicht besser wäre, wenn niemand erfahren würde, dass sie sich heimlich aus dem Haus geschlichen hatten. Maike war das egal, sie wusste ja, dass sie die Mädchen gefunden hatte, und sie wusste nun auch, dass Felix sie liebte. Gern hätte sie zwar so schnell wie möglich gesehen, wie Kim darauf reagieren würde, doch schließlich stimmte sie zu, dass diese Nacht ein Geheimnis bleiben sollte. Schließlich war es ein Geheimnis, das sie mit Felix teilte.

Maike und Felix stiegen also wieder durchs Fenster. Sie waren schon lange in ihren Zimmern, als es an der Haustür des Landheims klingelte, und sie taten genauso überrascht und erfreut, wie alle anderen überrascht und erfreut waren, als Frau Müller eine Tür nach der anderen aufriss und meldete, dass Jamie zurückgekommen sei.

Frau Müller war viel zu aufgeregt, um zu bemerken, dass in einem der Zimmer zwei Betten leer waren. Tim und Hannes nämlich hatten es nicht bis zum Wecken ausgehalten und waren schon im Morgengrauen zur Werkstatt des Hausmeisters geschlichen. Lange mussten sie nicht warten, denn auch Bob Diettrich schien dem Morgen voller Ungeduld entgegengefiebert zu haben.

»Na dann mal ran an den Speck«, scherzte er, als er die Tür zur Werkstatt aufschloss. Die Jungen drängelten sich an ihm vorbei, sie konnten kaum glauben, dass die Schatulle noch immer ungeöffnet auf der Werkbank stand und der Hausmeister sie nicht überlistet hatte. Doch genau so war es, die kleine Kiste stand da, der Schlüssel lag daneben. Vielleicht hatten sie sich in Bob Diettrich doch getäuscht.

Der Hausmeister ließ sich nun alle Zeit der Welt, er wischte mit dem Finger etwas Öl weg, das aus dem Schloss gelaufen war, betrachtete lange und nachdenklich den Schlüssel, als müsse er noch einmal prüfen, ob es der Richtige sei. »Nun machen Sie schon«, drängte Tim. Bob Diettrichs Hand zitterte leicht, als er den Schlüssel ins Loch schob. Kaum hatte er ihn gedreht, ein leichtes Knacken war zu hören, schon griff Tim nach dem Deckel der Schatulle und klappte ihn hoch. Bob Diettrich legte noch einmal seine Hände schützend über den Inhalt, dann endlich gab er jeden Widerstand auf. Zuerst nahm er ein altes Buch aus der Kiste, blies den Staub ab und begann sofort darin zu blättern. »Die Chronik meiner Vorfahren!«, rief er begeistert und ließ sich auf einen Stuhl fallen. Hannes zog derweil eine silberne Kette aus der Kiste und hielt sie hoch. Am unteren Ende baumelte ein glitzerndes Medaillon. »Krass«, sagte er, doch keiner beachtete ihn. Bob Diettrich war in das alte Buch vertieft, und Tim hatte auf dem Boden der Schatulle ein zusammengefaltetes Blatt entdeckt. Vorsichtig nahm er es an sich, faltete es an einer Seite auseinander, doch als er sah, dass es sich um eine Landkarte handelte, auf der eine mit einem roten Kreuz markierte Stelle zu sehen war, es sich also vermutlich um eine Schatzkarte handelte, schob er sich das Blatt kurz entschlossen unter seine Jacke.

»Was das wohl wert sein mag?«, fragte Hannes und stierte noch immer auf das Medaillon. »Was man dafür alles kaufen könnte?«, schwärmte er. »Für jeden ein neues iPad, mindestens ...!«, rief Tim und griff jetzt auch gierig nach dem Medaillon. »... und Fußball-Jahreskarten für die ganze Klasse!«, fiel Hannes ein. »Halt, halt!«, rief Bob Diettrich, »das könnte euch so passen. Nichts da, die Sachen kommen ins Heimatmuseum, das ist doch wohl klar.« Die Jungen maulten ein wenig, doch dann schämten sie sich ein bisschen, es stimmte also, sie hatten sich in dem Hausmeister gründlich getäuscht. Tim hatte ein schlechtes Gewissen, als er mit Hannes die Werkstatt verließ und dabei eine Hand fest gegen seine Jacke drückte.

7

Nachdem Frau Müller die Eltern von Jamie und Nele benachrichtigt und auch der Polizei das Auftauchen der beiden Mädchen gemeldet hatte, begann die Klasse den letzten Tag des Landheimaufenthaltes zu planen. Es gab einiges nachzuholen. Alle waren aufgeregt und gut gelaunt, sie wollten noch einmal zum Meer, die Jungen wollten Fußball spielen, das Heimatmuseum sollte besucht werden und keiner fand das langweilig, denn Tim und Hannes hatten inzwischen allen die Geschichte des Hausmeisters erzählt. Für den Abend war eine Abschlussparty geplant, aber vorher mussten noch die Rucksäcke und Koffer gepackt werden. »Na, bei euch ist ja was los«, staunte Nele, die von ihren Eltern die Erlaubnis bekommen hatte, bis zum nächsten Morgen im Landheim zu bleiben und Jamie den ganzen Tag nicht von der Seite wich.

Der Strand und das Heimatmuseum waren bis zum Mittag abgehakt, doch es gab ja noch viel zu tun.

Während die Jungen, Herr Malla und Bob Diettrich noch ausgelassen dem Ball hinterherjagten und völlig verschwitzt waren, begannen sich die Mädchen schon für die Party zurechtzumachen. Jamie, Celina und Kim saßen auf den Betten und schminkten sich gegenseitig. Auch Nele, für die Bob Diettrich eine Matratze ins Zimmer gelegt hatte, war dabei. Sie besprachen noch einmal die Erlebnisse der letzten Tage, die beiden Ausreißer erfuhren so von der Bombe, die man zunächst für eine Leiche gehalten hatte. Jamie versuchte Nele davon zu überzeugen, im nächsten Halbjahr auf ihre Schule zu wechseln. »Das wird leider nicht gehen«, sagte Nele und wurde wieder traurig, doch die anderen munterten sie auf, sogar Kim alberte mit herum und schien Felix und Maike wenigstens für ein paar Minuten vergessen zu haben. Nele hatte inzwischen mit ihrer Mutter gesprochen. Sie würde ihren Vater nun alle vierzehn Tage besuchen dürfen, wenigstens das.

Bob Diettrich war der Erste, der den Sportplatz verließ. Er wollte die Musikanlage aus dem Keller holen. Hannes protestierte, weil seine

Mannschaft nun einen Mann weniger hatte. »Ich mach auch Schluss«, sagte Tim, »dann sind die Mannschaften wenigstens wieder gleich stark.« Er griff sich an den Fuß, als habe er sich verletzt, und humpelte vom Platz. Doch kaum war er um die Ecke, rannte er dem Hausmeister hinterher. Er wartete, bis der Hausmeister seine Werkstatt aufgeschlossen hatte, dann ging er zu ihm. »Frau Müller sucht Sie überall«, sagte er, »sie will noch etwas wegen der Party mit Ihnen besprechen.« Der Hausmeister zuckte mit der Schulter und verschwand. Tim aber schlich sich in die Werkstatt, in der noch immer die leere Schatulle stand. Er nahm das zusammengefaltete Papier aus der Jackentasche und legte es hinein. Er bemerkte nicht, dass Bob Diettrich schon wieder in der Tür stand und ihn beobachtete. Der Hausmeister sagte nichts, aber als er sich umdrehte und ging, lag ein Lächeln auf seinen Lippen.

Als auch die anderen das Spiel beendet hatten, sah Herr Malla, dass Ben allein auf den Waldrand zulief. ›Jetzt will der doch nicht auch noch abhauen‹, dachte er genervt und ging seinem Sohn hinterher. Doch Ben hatte sein Buch über Pflanzen und Bäume dabei und sah immer wieder am Waldrand nach, ob die Pflanzen, die da wuchsen, auch in seinem Buch standen. Herr Malla war beruhigt und ging zurück zum Landheim, wo der Hausmeister gerade begonnen hatte, für den Abend einige Lichterketten aufzuhängen.

»Jetzt ist Partytime!« Kim stürmte in alle Zimmer und trommelte die Klasse zusammen. Sie musste nicht lange bitten, denn alle hatten nur darauf gewartet. »Wo ist eigentlich Jamie?«, fragte plötzlich Lars. Sofort war Ruhe, alle schauten sich erschrocken um. »Keine Angst«, sagte Celina, »die hat sich nach dem Duschen ins Bett gelegt und wird eingeschlafen sein.« Sie beschlossen, Jamie noch eine Weile schlafen zu lassen und sie erst später zur Party zu holen.

Bob Diettrich hatte die Party wunderbar vorbereitet, außerdem musste er eine riesige CD-Sammlung besitzen, denn er legte immer wieder coole Songs auf. »So ein alter Knabe und so gute Musik«, rief Hannes. Alle lachten und tanzten ausgelassen.

Irgendwann ging Maike, um nach Jamie zu sehen. Die war gerade munter geworden und kämmte sich die Haare. »Ich komme gleich«, sagte sie. Auf dem Gang vor Jamies Zimmer traf Maike auf Felix, der ihr offenbar gefolgt war. Maike ging auf ihn zu und legte dann ihren Arm um seinen Hals. »Danke für alles«, flüsterte sie, dann küssten sie sich so lange, bis Jamie aus der Tür kam, sie an den Händen fasste und mit auf die Party zog.

Inzwischen war es dunkel geworden, die Musik wurde nun ruhiger und langsamer. Maike und Felix tanzten sofort eng umschlugen, Mia sah ihnen zu, sie freute sich für ihre Freundin, fragte sich aber auch, ob Maike nun noch Zeit für sie haben würde. Auch Max hatte sich endlich getraut, mit Celina zu tanzen. Lars, Tim und Ben tanzten abwechselnd mit Nele. »Endlich mal ein neues Mädchen«, sagte Hannes. Sogar Frau Müller und Herr Malla wagten sich nun auf die Tanzfläche. »Wie es scheint, sind die beiden sich auch nähergekommen«, scherzte Mia. Ben fand das allerdings gar nicht lustig. »Na, das fehlte noch!«, stöhnte er.

Es war ein wunderschöner Abend, nicht einmal ein Wutanfall von Kim konnte die Stimmung trüben. Felix hatte mit ihr geredet, aber dass er und Maike jetzt ein Paar waren, hätte schließlich auch ein Blinder gesehen. Als Kim die Party verlassen wollte, hielt Nele sie zurück. »Renn nicht weg«, sagte sie mit sanfter Stimme, »das bringt doch nichts«.

Die Disco hatte bis tief in die Nacht gedauert. Am Morgen waren alle unausgeschlafen und sprachen wenig. Alle wollten nur schnell in den Bus, um weiterschlafen zu können. Auch Bob Diettrich war zur Verabschiedung gekommen. Tim gab ihm die Hand, die beiden sahen sich lange in die Augen. »Bis bald«, sagte der Hausmeister, als Tim in den Bus stieg. Nur Jamie und Nele standen lange vor der Tür und umarmten sich. »Ich werde dich vermissen«, sagte Nele. »Ich dich auch, aber du kannst ja anrufen. Und wir besuchen uns doch?« »Na klar, sobald es geht.«

Langsam setzte sich der Bus in Bewegung. Bob Diettrich und Nele winkten, und auch im Bus drängten sich alle an die Scheiben, um sich von den beiden zu verabschieden. Als langsam wieder Ruhe eingetreten war, fragte Frau Müller: »Und wohin fahren wir im nächsten Jahr?«

Da zog Tim sein Handy hervor und zeigte es herum. Er erzählte den anderen von der Karte, die er heimlich fotografiert und erst dann in die Truhe zurückgelegt hatte. »Nächstes Jahr«, rief er, »suchen wir den Schatz!«

Die Klasse 8b der Real- und Mittelschule in Dresden:

Benjamin Ay, Liana Beljajew, Robert Blachnik, Sara-Luisa Czaja, Sandy Danielzyk, Emily Dittrich, Lena Ebermann, Salome Euskirchen, Adriana Groth, Veronique Hensel, Mandy J. Herrmann, Lea Hesse, Rafael Höhn, Pauline Jonat, Jenny Joseph, Eileen Kittler, Andre Kost, Vincent Kuntze, Michaela Limbach, Erik Mireider, Laura Oguntke, Marcel Paix, Kimberly Posner, Lisa Schilbach, Annemarie Schur, Jasmin Wenistetter, Nadja Worm, Linda Zimmermann

Jens Wonneberger

Arbeitsjournal

Die 116. Mittelschule im Dresdner Stadtteil Leubnitz-Neuostra. »Freu dich auf uns – wir freuen uns auf dich« fordert und verspricht die Homepage, dennoch habe ich gemischte Gefühle und den Kopf voller Klischees über den Alltag an deutschen Schulen, die in der Öffentlichkeit meist Problem-Schulen sind. Erstes Vorgespräch mit Franziska Sperr vor den Sommerferien. Leubnitz-Neuostra, ein alter Dorfkern, ein Neubaugebiet aus den 70er Jahren, die Schule ein Typenbau, wie es in Dresden Dutzende gibt, aber 2003 saniert, alles hell und freundlich, Grünpflanzen und ein Aquarium im Eingangsbereich, die Innenhöfe begrünt, sogar einen Teich gibt es. Kein Graffito, kein Papierschnipsel ist zu sehen. An den Wänden Schülerarbeiten aus dem Kunstunterricht. Bilder im Stil von Expressionismus, Impressionismus und Pop-Art. Wir wollen eine Geschichte schreiben und es soll eine eigene sein.

Die Lehrerin, Andrea Baumgart, ist vom Projekt begeistert, wir rennen offene Türen ein. Die zukünftige 6. Klasse, die das Projekt umsetzen soll, lerne ich noch nicht kennen.

Nach den Ferien dann die Nachricht, dass Frau Baumgart die Klasse abgeben musste, nun wird es die 8b sein. Die neue Lehrerin der 6. möchte das Projekt aber auch, fragt, ob ich nicht zwei Klassen parallel betreuen könnte. Ein Willkommenszeichen auch das.

1. Tag, 6.9.2013

Die 8b sei eine lebhafte Klasse, sagt Frau Baumgart, es klingt wie eine Warnung. Die Klasse hat 28 Schülerinnen und Schüler, der Ausländeranteil liegt noch unter dem ohnehin niedrigen sächsischen Durchschnitt, nämlich bei null. Ich fühle mich sofort angenommen, erzähle von mir, meinem Beruf und dem Projekt. Kaum Fragen (die erwartete, ob man davon leben könne, wird mir erst in der Pause im Lehrerzimmer gestellt), viel mehr interessiert die Schüler, ob sie wirklich alle zur Präsentation fahren werden (irgendwie hatten wir das wohl im Vorgespräch mit der Lehrerin angedeutet, ich hatte es schon vergessen).

Dann die Vorstellung der Schüler: die Namen, ein paar Hobbys, viele, ich hatte danach gefragt, lesen kaum oder gar nicht, vier allerdings schreiben selber Geschichten. Die Geschichten der Freundin seien spannender als die von Schriftstellern. Spannung wird als wichtiges Kriterium für ein Buch genannt. Ich staune über die Ruhe und Disziplin in der Klasse, wir kommen schnell dazu, uns über ein Thema zu verständigen. Mord gilt als Synonym für Spannung, also steht Krimi ganz oben auf der Liste, zwei Mädchen möchten, dass eine Vergewaltigung vorkommt. Favorit ist aber das Thema Internat (kein Wort von PC-Baller-Spielen, dafür gilt die Fernsehserie »Schloss Einstein« als Vorbild). Auch ein historischer Roman wird genannt, dann natürlich Sport, Liebe, Probleme von Jugendlichen, viele wollen die Tagebuchform, das Internat soll in New York stehen. Ich muss kaum eingreifen, ein paar Hinweise zu nötigen Recherchen genügen, der historische Roman ist schnell aus dem Rennen, aus New York wird die Ostsee, aus dem Internat ein Landheim, ein Thema, in das sich alles einbauen lässt. Wichtig ist den Schülern ein männlicher Betreuer (im Lehrerzimmer treffe ich in der Pause fast nur Frauen). Einige Figuren werden knapp entworfen, zunächst hauptsächlich mit äußeren Merkmalen (lange Haare, schöne Augen, süße Nase, coole Kleidung, Sixpack). Heiße Diskussionen, ob ein Junge Tim oder Tom heißt, ob ein »schöner« Name mit negativen Eigenschaften ausgestattet werden soll, aber ich bin erstaunt, wie sich die Klasse jedes Mal einigt, ohne dass jemand den Ton angibt.

Dann soll ein Anfang geschrieben werden. Alle geben ein paar Sätze ab.

2. Tag, 13.9.2013

Aus den vielen Anfängen habe ich einen montiert und dabei versucht, möglichst viele Ideen unterzubringen. Wir besprechen die angedeuteten Konflikte und Handlungsstränge. Mir erscheint alles etwas zu brav. Ich erzähle von zwei Zeitungsartikeln der letzten Tage. Einer berichtete über eine Jugendherberge in der Sächsischen Schweiz, in der ein Junge von Rechten verprügelt worden ist, der andere über Mobbing in der Schule. Kaum Reaktionen, die Probleme scheinen weit weg. In Ordnung, es soll eine eigene Geschichte sein. Liebe ist wichtig, der Hausmeister des Landheims soll unbedingt eine Kettensäge haben und Leichen müssen sein. Ich deute an, dass auch aus Ängsten, Andeutungen und falschen Fährten Spannung entstehen kann.

Wir bearbeiten die Themen in Gruppen weiter, aber jeder schreibt für sich allein, einige führen die Handlung weiter, andere schreiben an Tagebüchern.

Die zweite Stunde bin ich allein, Frau Baumgart bleibt im Lehrerzimmer. Er wird ein wenig lauter, und die verschiedenen Rollen in der Klasse werden deutlich. Ein Mädchen, bisher eine der Aktivsten und von Ideen sprudelnd, erklärt sofort, nicht weiterschreiben zu wollen. Die bisher Stillen liefern die besten Texte. Ich lasse einige Texte lesen, das geht gut, die meisten wollen lesen, halten sich erstaunlich an die bisherigen Vorgaben für die Figuren, lediglich die Jungen-Figuren bleiben blass (Fußball als einzige Charakteristik). Einschätzungen und Diskussionen gibt es aber kaum.

3. Tag, 20.9.2013

Lese das 2. Kapitel, das diesmal noch mehr als beim Anfang eine Montage aus den verschiedenen Textstücken der Schüler ist. Allgemeine Zustimmung. Wir entwickeln die Handlung weiter, wobei nicht nur die nächsten Schritte, sondern auch ein mögliches Ende der Geschichte einbezogen wird. Ich moniere die bisher eher schwachen männlichen Figuren (Jungen sind in der Klasse klar in der Unterzahl). Es erweist sich, wie schwer die am ersten Tag aufgestellte Forderung nach Spannung in die Tat umzusetzen ist. Einige der heute entstehenden Texte schildern einfache Abläufe, außerdem fällt es einigen schwer, der bisher festgelegten Figurenkonstellation zu folgen, sie haben noch ihre eigene Geschichte, nicht die Geschichte als Ganzes im Blick. Das erweist sich für mich als Dilemma. Man möchte die Schüler zu eigenen, auch ausgefallenen Ideen ermutigen und muss sie doch auffordern, sich ins Korsett anderer Vorstellungen zu fügen. Einige verlieren darüber die Lust.

Der Geräuschpegel heute sehr hoch, die von mir gebotenen Freiheiten werden genutzt, außerdem ist es der letzte Schultag vor der wirklichen Landheimfahrt. Die meisten schreiben dennoch eifrig. Wieder wollen viele lesen, erstmals gibt es auch Kritik, die sich oft an Kleinigkeiten festmacht und dennoch glühende Verteidigungsreden, aber auch beleidigte Reaktionen hervorruft.

Einiges verblüfft mich, zum Beispiel das schöne Wortspiel mit dem Namen Diettrich, oder dass ein Tattoo den Schülern heute noch immer als Charakteristik des Bösen und Bedrohlichen gilt. In den Pausen scheinen fast alle mit ihrem Handy verwachsen, im Text aber taucht ein Handy bisher kaum auf. Vielleicht ein Zeichen dafür, dass man das eigene konkrete Umfeld nicht für würdig hält, in einer Geschichte eine Rolle zu spielen? Ich denke an die Bilder in den Fluren, die etwas Vorgegebenes nachahmen, und versuche die Schüler zu ihren eigenen Gedanken und Ausdrucksmöglichkeiten zu ermutigen.

4. Tag, 11.10.2013

Wir sprechen über die Bedeutung von Kritik und die beleidigten Reaktionen aus der letzten Stunde. Ich lese das 3. Kapitel und Änderungen, die nach den Diskussionen um den Handlungsfortgang in den vorigen Passagen nötig geworden sind. Ich erläutere meine Auswahlkriterien für die einzelnen Textbausteine. Einige haben Mühe, den einzelnen Handlungsfäden zu folgen, oder halten an ihrer Version fest. Zu einigen Punkten gibt es Abstimmungen.

Erste Widersprüche und Schwierigkeiten treten auf. Auf der einen Seite eine überbordende Phantasie und der Wille zu möglichst spektakulären Ereignissen, auf der anderen Seite die Notwendigkeit, alles zu einer plausiblen Geschichte zu verbinden. Dies wird vor allem in den Diskussionen deutlich, im konkreten Schreiben sind dann alle erstaunlich nah an der Realität.

Die Klasse droht sich in eifrige Schreiber und jene, die die Stunde als Freizeit begreifen, zu teilen. Zum Glück ist die erste Gruppe die weitaus größere. Als Problem erweist sich, auf Klingelzeichen konzentriert oder gar kreativ sein zu sollen. Ich versuche, das kreative Schreiben als eine besondere Arbeit darzustellen. Jeder soll sich das für ihn geeignet erscheinende Umfeld dazu schaffen, wer Musik braucht, soll Musik hören. Alles ist erlaubt, wenn es die anderen nicht stört.

5. Tag, 8.11.2013

Lange Pause durch Ferien und Feiertag. In Berlin hat es ein Treffen mit den anderen Autoren gegeben. Verteile viel Lob für die bisherige Arbeit (auch eine Folge der Eindrücke des Berliner Treffens, auf dem alle ihre Erfahrungen geschildert haben), ermutige einige, die sich das letzte Mal verweigerten, zur Mitarbeit, mit Erfolg, wie sich zeigen wird.

Die meisten Schüler scheinen von ihrer Geschichte infiziert, einige fangen gleich am Beginn der Stunde an zu schreiben. Ich muss auf die Bremse treten, denn die verschiedenen Handlungsfäden laufen eher auseinander als zusammen, manche verlieren bei der Arbeit an einem Handlungsstrang erneut die Gesamtgeschichte aus dem

Blick, einige Figuren drohen ganz zu verschwinden. Recht wilde Diskussionen über den Fortgang der Geschichte, die zum Teil weit auseinandergehen. Wieder tauchen Fantasie-Elemente auf, die der bisherigen Anlage der Handlung und der Personen zuwiderlaufen. Innere Logik des Textes? Man könnte die Figuren ja beamen! Andererseits auch realitätsbezogene Vorschläge, so soll aus dem mutmaßlichen Leichenfund im Wald nun der Fund einer Bombe aus dem zweiten Weltkrieg werden (in Dresden hatte es einen solchen Fund vor Wochen gegeben). Änderungen an bereits geschriebenen Textteilen werden nötig. Es sind Erfahrungen, die beim Schreiben an längeren Texten gemacht werden müssen.

6. Tag, 15.11.

Nur eine Stunde, weil die Klasse zur Kriminalprävention muss. Keine Zeit zum Schreiben, wir diskutieren den Fortgang der Geschichte, es gibt wieder Abstimmungen, die Schlussszenen werden konzipiert, so dass in den nächsten Stunden ein relativ feststehendes Programm abgearbeitet werden kann. Ein Lernprozess auch für mich, der ich mich beim Schreiben gern vom Text treiben lasse und den Ausgang so lange wie möglich offenhalte.

7. Tag, 29.11.

Da wir in der letzten Stunde wegen der kurzen Zeit nichts geschrieben haben, soll es heute gleich losgehen. Ich habe die Diskussionen der letzten zwei Treffen in Stichworten zusammengefasst und die Handlung bis zum Schluss skizziert. Die Schüler haben sich plötzlich entschieden, in Gruppen zu arbeiten, was sich als ungünstig erweist. Der Lärmpegel steigt gewaltig, es wird mehr herumgealbert als diskutiert und geschrieben, viele verstecken sich in der Gruppe. Zu allem Überfluss versagt meine Stimme. (Als Schüler wollte ich Lehrer werden, für die Bewerbung war ein Belastungstest der Stimme nötig, den ich nicht bestand ...) Die Ergebnisse sind bescheiden. Einige meinen, ich werde es schon richten. Die zweite Stunde läuft völlig aus dem Ruder, nur wenige arbeiten am Text. Die Pause seit der letzten wirklichen Arbeitsstunde scheint zu lang, das Interesse an der Geschichte scheint bei vielen verloren gegangen zu sein. Eine Stunde Improvisationen frei nach Büchner: Wir sind so jung, und du bist so alt.

Vor Jahren habe ich einige Projekte in der Klasse meiner Tochter begleitet. Sie besuchte eine Montessori-Schule, alle waren Freiarbeit gewohnt und das selbstständige Arbeiten die Norm. Hier wird die gewährte Freiheit ausgenutzt, werden gnadenlos Grenzen ausgelotet. Man brauchte viel mehr Zeit, um diese verständliche Phase zu überwinden. Außerdem wäre mehr Zeit vor allem für die konkrete Arbeit am Text nötig, an der Sprache. Es geht hauptsächlich darum, einen Plot zu finden, mit dem alle einverstanden sind.

8. Tag, 6.12.

Auswertung der letzten Stunden, vor allem der Disziplin und der Arbeitsmoral. Ich appelliere an die Ehre, versuche ihnen klarzumachen, dass es ihre Geschichte ist. Wir schreiben einzeln weiter, was in den meisten Fällen auch gut gelingt. Dennoch auch der Eindruck, dass die Luft nach den langen Pausen raus ist, das Interesse an der Geschichte verloren geht. Dann aber, bei der Diskussion, ob Tim die Schatzkarte behalten oder zurückgeben soll, werden viele Stimmen laut: Er sollte sie behalten, und über die Schatzsuche schreiben wir im nächsten Jahr eine zweite Geschichte.

Trotz aller Probleme entstehen immer wieder Textpassagen, die ich fast unverändert übernehmen kann. Schwierigkeiten gibt es bei den Tagebuchpassagen. Viele wiederholen lediglich die im Text schon beschriebenen Handlungsabläufe, wo es darauf ankäme, die Dinge aus der individuellen Sicht der jeweiligen Figur zu beschreiben.

9. Tag 13.12.

Ich versuche noch einmal, die gesamte Geschichte zu lesen. Die meisten haben Schwierigkeiten, sich auf einen so langen Text zu konzentrieren. Ich breche ab, auch um Zeit für eine Auswertung des Projektes zu haben. Für den Titel gibt es etwa zehn Vorschläge, die vehement verteidigt werden, letztlich stimmen wir ab und mir wird klar, dass die Mehrheitsentscheidung nicht die beste sein muss. Aber wie schon in einigen anderen Situationen fehlt die Zeit, die Klasse von einer guten Idee, die sich vielleicht erst nach längerem Überlegen als solche erweisen würde, zu überzeugen.

Zum Schluss noch ein Klassenfoto. Das Entsetzen einiger Mädchen, die Flucht vor die Spiegel in der Schülertoilette. Plötzlich gibt es sehr viele Kims in der Klasse, Geschichten sind das eine, das Leben etwas anders.

Die Auswertung selbst ist wortkarg, wobei eine gewisse Zufriedenheit nicht zu überhören ist, doch die Stunde und das Projekt sind zu Ende und den Schülern sitzt schon die in der nächsten Unterrichtsstunde folgende Englisch-Klausur im Nacken.

Die Schüler der Klasse 8b
der Gemeinschaftsschule am Brook in Kiel
mit Feridun Zaimoglu

Das Wunder

Anika, Katje und Daniel kannten sich bereits seit dem Kindergarten. Nun besuchten sie gemeinsam die achte Klasse. Auch ein Junge namens Marco gehörte zu ihren Klassenkameraden. Anika mochte Marco sehr gern und hatte es nur Katje anvertraut.

Die Klasse unternahm eine einwöchige Klassenfahrt in das Waldheim am Brahmsee. Das Haus, in dem sie übernachteten, hieß »Schröderhaus«. Die Mädchen schliefen im Erdgeschoss, die Jungen im ersten Stock. Gemeinsam mit dem Heimleiter erkundete die Klasse nach der Ankunft das große Waldgelände. Fast alle ekelten sich, als der Leiter verkündete: »Im Wald findet ihr viele Insekten.«

Marco fragte ängstlich: »Gibt es hier auch Wildschweine?«

»Nein, davor brauchst du dich hier nicht zu fürchten«, beruhigte ihn der Heimleiter.

Auf dem Rückweg zum Schröderhaus kamen sie an einer Badestelle des Brahmsees vorbei.

»Oh, toll, wir möchten schwimmen«, erklang es von allen Seiten.

»Für ein kurzes Fußbad haben wir noch Zeit«, kamen die Lehrer dem Wunsch nach.

»Und morgen wandern wir zum Tierpark«, gaben sie bekannt.

Missverständnisse auf der Wanderung

Alle freuten sich am nächsten Tag auf die bevorstehende Wanderung. Jeder quasselte aufgeregt durcheinander. Auf dem Weg zum Tierpark zog Daniel Katje zu sich und flüsterte ihr schüchtern zu: »Sag es nicht Anika.«

Katje war verwirrt und fragte verblüfft: »Was ist denn?«

Daniel stotterte: »Emm ... ich liebe ...!«

Katje fragte Daniel neugierig: »Sag doch, wen liebst du?? Ich verrate es schon keinem!!«

Daniel: »Ich mag Anika schon sehr gerne, seit ich sie kenne. Behalte es aber für dich, ich beichte es ihr, wenn wir zurück in der Schule sind! Versprich es mir, es ist mir wichtig.«

Katje beruhigte ihn: »Versprochen, ich geh jetzt zurück, sonst denken die anderen noch etwas von uns.«

Sie trennten sich.

Im Tierpark hatten alle Spaß, aber als es richtig lustig wurde, mussten sie leider schon ins Waldheim zurückwandern. Auf dem Rückweg trödelten Anika und Katje hinter den anderen her. Frau Müller forderte Anika auf: »Kommst du mal bitte ganz kurz zu mir?«

Anika rief: »Komme schon.« Marco schlängelte sich schnell zu Katje durch.

Marco: »Hi! Endlich treffe ich dich alleine.«

Katje: »Hää, was redest du da?«

Marco: »Egal ...«

Katje: »...«

Marco: »Deine Augen sind schön.«

Katje: »Ähhhh ... OK, danke.«

Katje schaute ihn schief an und dachte: »Was will er von mir?«

Marco: »Ich muss dir was beichten ... Ich ... ich mag dich sehr.«

Verschämt ließ Marco Katje stehen und rannte zu Daniel, er schaute ganz kurz nach hinten zu Katje. Sie war stehen geblieben und sprachlos. Anika kam zurück und fragte: »Was ist los?«

Katje schaute Anika verwirrt an und sagte: »Nein, alles gut, komm, lass uns weitergehen.«

Am nächsten Morgen war die Rückreise.

Zurück in der Schule!

Katje war noch ganz verwirrt über die Sache mit Marco und Daniel. Sie wollte es Anika beichten und ging zu ihr. Auf einmal sahen die beiden Marco und Daniel und winkten die Jungen aufgeregt heran. Stumm standen die vier auf dem Schulhof, niemand sagte etwas. Schließlich nuschelte Daniel: »Was geht ab?«

Anika: »Alles, was Beine hat, hahahahaha.«

Verlegen lachten die anderen mit: »Hahahahaha«.

Dann waren sie wieder leise. Marco guckte Katje tief in die Augen. Katje schaute zurück. Daniel sah Anika verträumt an. Alles war ruhig. Plötzlich klingelte es laut. Sie mussten in die Klasse zurückkehren. Auf dem Weg dorthin versuchte Marco, Katje zum Lachen zu bringen. Er machte Faxen. Er erzählte: »Fritz ging um die Ecke und ist weg.« Aber keiner lachte.

Katje: »Das soll ein Witz sein?«
Marco: »Ja!«
Sie hatten ihren Klassenraum erreicht.

Unfall und Rettung

Anikas Gedanken drehten sich immer um Marco, und sie wollte ihm endlich sagen: »Ich mag dich sehr!«

Auf dem Nachhauseweg wollte sie gerade eine Ampel überqueren, als sie Katjes aufgeregte Stimme hinter sich hörte: »Warte mal, Anika! Wann wolltest du es Marco beichten?Ich denke, du solltest es lassen!«

Anika fragte verwirrt: »Wieso soll ich es lassen?«

Katje: »Ähmm, weil ... es wäre nicht gut, weil ...«

Anika entgegnete fröhlich: »Ach, egal. Sieh mal, da steht Marco auf der anderen Seite. Ich geh jetzt mal, ok?«, und lief los.

Katje schrie: »Anika, die Ampel ist rot!! Bleib stehen!!«

Anika bemerkte im Unterbewusstsein die Gefahr. Sie sah vorbeirasende Autos dicht vor sich und spürte, wie sie jemand von hinten schubste. Sie fiel hin, dabei vernahm sie einen lauten Schrei einer anderen Person. Katje alarmierte per Handy einen Krankenwagen und rannte zu Anika, die auf dem Straßenrand lag. Diese fragte verdutzt: »Wer hat mich geschubst? War es Marco?«

»Nein«, flüsterte Katje traurig.

»Wer war es? Wer hat mich gerettet?«, wollte Anika wissen.

Katje verriet es Anika: »Es war Daniel, der dich gerettet hat!«

»Was? Wo ist er? Hat er sich verletzt?«, fragte Anika aufgelöst.

»Ja, er hat sich am Kopf verletzt«, informierte Katje Anika.

»Ruf den Krankenwagen!«

»Habe ich doch schon längst getan, da kommt er schon!«

Mit lauter Sirene raste der Rettungswagen mit dem verletzten Daniel und der weinenden Anika zum Krankenhaus, denn Anika durfte Daniel begleiten. Der Junge wurde zur Behandlung in einen Raum geschoben, während Anika endlos lange drei Stunden vor dem Raum ausharrte. Dann kam eine Krankenschwester und erklärte ihr: »Daniel geht's gut, er hat sich nicht schwer verletzt.«

Erleichtert fragte Annika: »Darf ich ihn bitte sehen?«

»Ja, aber nur kurz!« Anika ging schüchtern und etwas verstört rein und schaute Daniel lange an, er forderte sie liebevoll auf: »Setz dich doch hin!«

Anika setzte sich hin und sagte nichts. Sie sah auf ihre Hand.

Daniel fragte: »Was steht denn da?«

Anika schob ihre Hand unter ihren Oberschenkel: »Ähhh ...! Nichts Besonderes!«

Daniel: »Sag doch bitte, sonst rede ich nicht mehr mit dir!!!«

»Ja, ok, ich zeig es dir, sei nicht sauer!« Ich

Liebe

......♥

Daniel: »Wen liebst du?«

Anika schrieb auf ihre Hand ein »D« und zeigte es Daniel.

»Für wen steht das D ?«, fragte Daniel aufgeregt.

Anika wollte gerade ein »A« schreiben ... Doch plötzlich platzte Katje ins Krankenzimmer rein. Daniel und Anika erschraken sich. Anika fiel der Stift aus der Hand. Sie versteckte ihre Hand in ihrer Jackentasche. Katje schaute die beiden an und merkte, was los war. Katje meinte nur: »Ich geh mal Wasser holen.« Sie ging vor die Tür und belauschte die beiden. Anika hob den Kugelschreiber auf und fing an, weiterzuschreiben. Sie zeigte die Hand Daniel erneut. Darauf stand

»Ich

liebe

Daniel ♥«

Daniel stammelte glücklich: »Wirklich, stimmt es auch?«

Anika: »Ja wirklich, es stimmt.«

Daniel: »Dein Beweis, bitte!«

Anika näherte sich langsam Daniel, beugte sich zu ihm und gab ihm einen Kuss auf die Wange. Unerwartet riss Katje die Tür auf und verkündete glücklich: »Ihr seid das süßeste Paar des Jahres 2014!«

Daniel und Anika wurden ein Paar. Der Unfall hatte den beiden nicht nur Pech gebracht, sondern auch Glück.

Falsches Spiel

Leyla wartet an der Bushaltestelle auf ihren Bus. Sie öffnet ihre Nietentasche und holt einen Lipgloss raus, um ihre Lippen nachzuziehen. Sie sieht ein paar Meter neben sich einen jungen Mann. Er starrt sie pausenlos an und nähert sich langsam, Leyla vermeidet Blickkontakt. Langsam wundert sich Leyla und spricht ihn an. Leyla hat den Verdacht, dass es ein gewisser Mert aus dem sozialen Netzwerk ›Facebook‹ ist.

L: »Was glotzt du so?«

M: »Ich glotz ja nicht mal dich an.«

L: »Verpiss dich jetzt einfach.«

M: »Will dich nicht nerven.«

L: »Ja, besser für dich.«

Beide sind einige Minuten leise und reden nicht mehr. Leyla bindet ihre Haare mit einem Haargummi zusammen, das an ihrem Handgelenk ist. Mert versucht sie weiterhin unauffällig anzugucken. Er will seine Hoffnung nicht aufgeben, Leyla irgendwann besser kennenzulernen, und spricht sie deshalb wieder an.

M: »Ich bin Mert, wie heißt du?«

L: »Was geht dich das an, Alter?«

M: »Ich habe ja nur gefragt, chill.«

L: »Ich bin Leyla.«

M: »Bist du noch Jungfrau?«

L: »Bist du krank im Kopf? Missgeburt!«

M: »Alles gut, war nur 'n Scherz.«

L: »Rede nicht mehr mit mir!«

M: »Ja sorry, war echt nicht so gemeint.«

L: »Okay.«

M: »Bekomme ich deine Nummer?«

L: »Nein, ganz bestimmt nicht.«

M: »Der Bus kommt in einer Minute, komm schon.«

L: »Warum willst du meine Nummer?«

M: »Dann schreiben wir bei Whatsapp*.«

L: »KP**.«

M: »Komm schon!«

L: »Vergiss es!«

Mert merkt, dass sein Bus in Sicht ist. Er schreibt hastig auf einen Fetzen Papier seine Nummer, drückt das Papier Leyla in die Hand.

M: »Schreib mir, bitte!«

Mert steigt in den Bus ein. Leyla guckt sich das Stück Papier noch einmal an, zögert kurz und steckt sich das Papier in ihre Tasche. Leyla ist im Bus und denkt über die ganze Sache nach.

Sie kommt zu Hause an, geht in ihr Zimmer und setzt sich auf ihr Bett. Sie wühlt in ihrer Tasche herum und sucht nach ihrem Handy. Sie findet einen zerknüllten Zettel mit der Telefonnummer von Mert. Sie speichert Merts Telefonnummer auf ihrem Handy. Sie schreibt Mert an.

Beim Chatten:

L: »Hallo?«

M: »Leyla?«

L: »Ja?«

M: »Was machst du?«

L: »Nichts, chillen***, du?«

M: »An dich denken.«

L: »Oh süß, haha.«

M: »Und sonst? Alles gut bei dir?«

L: »Ja, alles easy.«

M: »Okay, muss jetzt zum Training, wir schreiben später.«

L: »Okay, tschüss.«

M: »Tschüss.«

Nach dem Chat besucht Leyla eine Freundin und chillt mit ihr. Leyla redet mit ihrer Freundin über Mert und erzählt ihr, dass sie sich in ihn verliebt hat. Die Freundin aber ist nicht darüber erfreut, weil sie sehr viel Schlechtes über Mert gehört hat. Leyla diskutiert mit ihrer Freundin und will ihr einreden, dass Mert ein guter Junge ist. Ihre Freundin wechselt das Thema,weil sie darüber nicht reden will.

Leyla geht nach Hause und wundert sich die ganze Zeit, was ihre Freundin über Mert Schlechtes gehört hat. Leyla steigt aus dem Bus aus und holt ihre Rougepalette mit eingebautem Spiegel aus der Tasche und will ihre Wangen noch mal konturieren. Sie ist so sehr darin vertieft, dass sie die Stufe vor ihren Füßen nicht sieht. Daraufhin stolpert sie und das Rouge landet auf ihrer Schläfe.

Leyla hat vergessen, etwas zum Essen zu kaufen, deshalb geht sie zu Sky.

Mert weiß, dass Leyla nicht zu Hause ist. Sein bester Freund Alpi erzählt Mert, dass Leyla bei ihrer Freundin gewesen und jetzt auf dem Weg nach Hause sei. Mert geht zu Leylas Mutter Fatma, da er ja weiß, dass Leyla in diesem Moment nicht zu Hause ist.

Er klingelt. Die Mutter guckt durch den Türspion.

Sie öffnet die Tür.

Fatma: »Wer bist du ?«

M: »Ich bin Mert und wohne in Elmschenhagen.«

F: »Und was willst du hier?«

M: »Sie haben doch eine Tochter namens Leyla, stimmt's ?«

F: »Warum?«

M: »Bitte sagen Sie es mir.«

F: »Ja, habe ich, sie ist aber nicht zu Hause.«

M: »Ich möchte sie heiraten.«

F: »Wie ?? Du willst sie heiraten?? Ich kenne dich nicht mal.«

M: »Deswegen bin ich hier, ich möchte gerne mit ihnen Bekanntschaft schließen. «

F: »Du kannst doch nicht einfach hier auftauchen und um die Hand meiner Tochter bitten. Hast du überhaupt eine Arbeit?«

M: »Ja, ich arbeite als KFZ-Mechaniker bei meinem Vater.«

F: »Vergiss es, meine Tochter ist viel zu jung und jetzt geh!«

Mert bummelt nach Hause und ist etwas gekränkt, aber er macht sich nichts draus. Zu Hause angekommen, verspürt er etwas Hunger. Er schiebt sich eine Pizza in den Ofen, begibt sich in sein Zimmer und schreibt Leyla an. Er fragt, wie es ihr gehe, was sie mache usw. Sie schreiben länger als 30 Minuten, und da Mert so aufgeregt ist, hat er die Pizza im Ofen völlig vergessen. Plötzlich hört er den Rauchmelder und rennt sofort in die Küche. Er ist so mit dem Aufräumen der Küche beschäftigt, dass er erst nach einer Stunde wieder an Leyla denkt. Sie ist schon längst offline. Er ruft sie an und fragt, ob sie eventuell wieder mit ihm schreiben könnte. Sie ist damit einverstanden und geht wieder auf Whatsapp, wo sie Mert dann anschreibt. Sie chatten wieder sehr lange. Er fragt sie, ob sie sich mal treffen könnten. Sie stimmt zu, hatte aber ein komisches Gefühl dabei. Mert schlägt vor, sich mit ihr am Montag nach der Schule zu treffen.

Einige Tage vergehen, und Leyla geht am Montag wie jedes andere Mädchen zur Schule. Sie hat sich hübsch angezogen und ihren Lipgloss mitgenommen. Sie steht an der Bushaltestelle und zieht wieder ihren Lipgloss aus der Tasche. Sie sieht, dass ihr Handy leuchtet und ihr jemand geschrieben hat. Sie guckt auf ihr Handy und erkennt, dass die Nachricht von Mert stammt. Er meint, dass er erst 15 Minuten nach Schulschluss da sein könne. Sie findet es nicht schlimm und steigt in den Bus ein. Die Schulstunden vergehen sehr schnell. Letzte Stunde. Es klingelt. Leyla richtet ihr Oberteil und geht auf die Toilette, um sich nachzuschminken. Als sie das Schulgebäude verlässt, sieht sie Mert. Leyla eilt zu ihm. Sie umarmen sich.

M: »Na, wie geht's?«

L: »Gut, dir?«
M: »Auch, danke schön.«
L: »Und wohin gehen wir jetzt?«
M: »Wollen wir zu mir nach Hause gehen?«
L: »Können wir einfach nicht draußen bleiben?«
M: »Nein, es ist zu kalt.«
L: »Okay, aber ich kann nicht lange bleiben.«
M: »Okay, kein Problem, ich bin eh alleine zu Hause.«
Sie gehen zu Mert.
M: »Zieh deine Jacke aus.«
L: »Ja, okay.«
M: »Willst du was trinken?«
L: »Nee, ich geh sowieso gleich.«
M: »Nein, du bleibst hier!«
L: »Nein!!«

Mert ist wütend und hält es nicht mehr aus, er greift sofort zum Messer und hält es ihr an den Hals und drückt seine Handfläche auf ihren Mund. Ihr Herz pocht, ihre Knie zittern, sie versucht sich zu wehren, doch Mert ist zu stark. Er wirft ihr die ganze Zeit Beleidigungen vor. Sie fängt an zu weinen. Nach einigen Minuten schafft sie es doch, sich zu befreien, indem sie in seine Hand beißt. »Du Arschloch, ich wusste es, wenn du mich noch einmal anschreibst oder anrufst, ich schwöre es dir, ich mach dir dein Leben zur Hölle!«, schreit sie. Sie greift ihre Tasche und rennt aus der Tür, ihre Schminke ist verwischt.

Leyla ist wütend und traurig, sie hat Glück, dass es einigermaßen dunkel ist und keiner sieht, dass sie so weint. Sie rennt die Straße entlang, auf dem Weg fällt ihre Tasche herunter. Ihr Handy, ihre Schminktasche und ihre Taschentücher kullern heraus. Sie kniet sich hin und hat kaum die Kraft, etwas aufzuheben. Sie bricht zusammen und liegt auf dem Boden. Sie fühlt sich hilflos. Dennoch rappelt sie sich auf. Sie nimmt ihr Handy und kontaktiert ihre beste Freundin. Dilan kommt sofort an die Stelle, wo Leyla sich gerade befindet. Beide gehen zu ihrer Freundin, wo sie ein Gespräch über diese ganze Sache führen.

D: »Erzähl, was ist passiert?«

Leyla erzählt ihrer Freundin alles, was passiert ist, jedes Detail, jedes Wort.

D: »OMG**** Leyla, das ist ja schrecklich. Wenn du willst, Engel, du kannst immer zu mir kommen, kein Problem!«

L: »Danke, du bist die Beste.«

Leyla geht nach Hause, sie setzt sich auf ihr Bett und denkt noch mal genau über die Sache nach. Sie ist sehr traurig und weiß nicht, wie sie damit weiterleben soll. Sie guckt auf ihr Handy. Da der Akku leer ist, geht sie kurz ihr Ladegerät holen. Auf dem Weg dahin kommt sie am Spiegel im Flur vorbei. Sie guckt sich an und sieht eine kleine Wunde am Arm, die Mert ihr zugefügt hat. Sie bricht wieder in Tränen aus. Sie schaltet ihr Handy wieder an und sieht eine Nachricht von Mert.

Leyla traut sich kaum, die Nachricht zu öffnen. In der Nachricht steht: »Wir werden uns wiedersehen.«

Sie bekommt Angst und ruft ihre Freundin Dilan an.

D: »Leyla? Was ist?«

L: »OMG, Mert hat mir geschrieben, ich habe Angst, was soll ich tun?«

D: »Was hat er denn geschrieben?«

L: »Wir werden uns wiedersehen.«

D: »Leyla, mach dir erstmal keine Sorgen, wenn du willst, kannst du morgen zu mir kommen.«

L: »Ja gerne, bin dann ungefähr um halb zwei da, okay?«

D: »Alles klar, ich geh dann jetzt schlafen, bis morgen.«

Der nächste Morgen bricht an, und Leyla geht unter die Dusche. Sie hofft, durch laute Musik und den warmen Wasserstrahl die Sache ein wenig zu vergessen. Es ist mittlerweile 12:30 Uhr, Leyla zieht sich an, schminkt sich und macht das, was Mädchen eben machen. Sie ist gekränkt und traurig, dennoch versteckt sie diese Gefühle. Sie macht sich auf den Weg zu ihrer Freundin. Sie kommt an, sie umarmen sich und ihre beste Freundin gibt ihr einen Kuss auf die Wange. Beide gehen in die Wohnung und setzen sich auf das Bett.

D: »Leyla, ich habe etwas erfahren!«

L: »Was denn?«

D: »Ich habe bei meinen Freundinnen ein wenig rumgefragt. Mert hat letzte Woche in einem Kiosk geklaut. Er wurde erwischt. Er ist jetzt im Knast, danach wird er in die Türkei abgeschoben.«

L: »OMG, echt? Das freut mich irgendwie gerade voll, haha!«

Sie reden und reden weiter, Leyla blüht langsam wieder auf und hat keine Angst mehr, alleine rauszugehen.

Leyla hat seitdem kein einziges Wort mehr über Mert gehört, und es geht ihr nach einigen Wochen wieder sehr gut.

* Whatsapp: Whatsapp ist ein Programm, das man sich auf ein Smartphone herunterlädt, um kostenlos chatten zu können.

** KP: kein Plan.

*** Chillen: ein anderes Wort für beruhigen.

**** OMG: Oh, mein Gott.

Liebe auf den ersten Blick

Heute feiert Fatmas Schwester Hochzeit in einer Halle, in der etwa 200 Personen eingetroffen sind. 25 Tische mit je 8 Stühlen sind aufgestellt worden. Die Tische sind mit weißen Decken bedeckt. Auf den Tischen stehen Teller und Schalen mit Baklava, Studentenfutter und Kurabiye. Auf der Bühne unterhalten türkische Sänger, die Gitarre und Klavier spielen, die Gäste. Es gibt noch eine Bar, an der man sich Getränke holen kann, wenn die Gläser auf dem Tisch geleert sind. Die Wände wurden ebenfalls mit weißen Decken dekoriert.

Fatma gehört mit ihrer besten Freundin Aysegül auch zu den Hochzeitsgästen. Gemeinsam tanzen sie etwa 10 Minuten, dann geht Aysegül zu ihren Eltern und Fatma will sich ein Glas Cola an der Bar bestellen. Sie drängelt sich durch die Menschenmenge. Sie schaut sich um und sieht einen Jungen, der etwa 15 Jahre alt ist. Dieser stürzt sich gerade auf das leckere Studentenfutter. Fatma beobachtetet ihn. Er ist nur zwei Tische von der Bar entfernt.

Der Junge steht auf und nähert sich der Bar. In der Zwischenzeit hat Fatma ihre bestellte Cola ausgetrunken und will auf ihren Platz zurückkehren, dabei begegnen sie sich und beide sehen sich schweigend an. Der Junge möchte ein Gespräch beginnen, weiß aber nicht wie. Er wird knallrot. Beide sind für eine gefühlte Ewigkeit still.

Der Junge bricht das Schweigen: »Hi!«

Fatma: »Hi!«

Der Junge: »Wie findest du die Hochzeit?«

Fatma: »Gefällt mir ganz gut, und die Braut ist übrigens meine Schwester.«

Der Junge: »Oh, herzlichen Glückwunsch!«

Fatma: »Danke!«

Der Junge: »Naja, ich gehe denn mal weiter!«

Fatma: »Okay, wir sehen uns bestimmt später, tschüss!«

Der Junge: »Tschüss!«

Fatma sucht aufgewühlt ihre Freundin Aysegül. Sie sieht Aysegül auf der Tanzfläche in Aktion. Zufällig blickt Aysegül Fatma an und merkt, dass sie ihr etwas zuruft und sie zu sich winkt. Aysegül ist verschwitzt und will sich erst ein Glas Cola holen, aber Fatma hält sie zurück: »Ich besorge dir ein Glas Cola!«, und macht sich auf den Weg.

Hakan, der sie nicht aus den Augen gelassen hat, folgt ihr unauffällig. Sie stehen dicht nebeneinander an der Bar. Er bestellt sich ebenfalls eine Cola. Der Junge nimmt einen Schluck und spricht Fatma schüchtern von der Seite an: »Hi!«

Fatma: »Hi!«

Der Junge: »Wie heißt du eigentlich?«

Fatma: »Fatma, und du?«

Der Junge: »Ich heiße Hakan.«

Fatma: »Schöner Name!«

Hakan: »Danke, deiner aber auch.«

Fatma: »Danke!«

Hakan: »Ich geh dann mal, vielleicht begegnen wir uns später nochmal! Tschüss!«

Fatma: »Tschüss!«

In der Zwischenzeit beobachtet Aysegül Hakan und Fatma. Aysegül steuert auf die Bar zu, Hakan verlässt sie jedoch gerade. Sie nimmt Fatma ihr Getränk aus der Hand, dirigiert ihre Freundin an ihren Tisch und fragt sie dort aus. Beide Mädchen quatschen über Hakan. Aysegül überredet Fatma, zu Hakan zu gehen und sich weiter mit ihm zu unterhalten. Nervös schlendert Fatma zu Hakan.

Fatma: »Na, da sieht man sich ja wieder.«

Hakan: »Freut mich, dich zu sehen.«

Fatma: »Und wollen wir uns ein bisschen auf der Hochzeit umschauen?«

Hakan: »Gerne, können wir machen.«

Gemeinsam beobachten sie alle Gäste und nähern sich zufällig der Tanzfläche. Mutig fragt Hakan Fatma: »Würdest du mit mir tanzen?«

Fatma: »Spinnst du? Mein Vater bringt mich um!«

Gerade legt der DJ ein langsames Lied ein.

Hakan: »Du hast Recht. Entschuldige.«

Die Hochzeit geht dem Ende entgegen. Der DJ kündigt an: »Die Braut wird gleich den Strauß werfen, alle unverheirateten Frauen und Mädchen bitte auf die Tanzfläche!«

Etwa 20 Frauen und Mädchen stürmen hin, darunter auch Fatma und Aysegül. Im Chor zählen alle runter: »Üc!« »Iki!« »Bir!«

Die Braut wirft den Strauß mit Schwung auf die Tanzfläche, und wer fängt ihn? Natürlich Fatma!!

Sie denkt an Hakan ...

Türkische Wörter in der Geschichte:

Baklava – türkische Süßspeise
Kurabiye – Teiggebäck
üc – drei, iki – zwei, bir – eins

Liebesgefühle

Die vier Freunde Alex, Martin, Jenny und Kim amüsierten sich auf dem Jahrmarkt und fuhren mit der Geisterbahn. Sie befanden sich paarweise in unterschiedlichen Wagen: Kim saß neben Martin und Jenny neben Alex. Unerwartet gab es einen Stromausfall, alles blieb stehen und es wurde stockdunkel.

Kim flüsterte: »Ich habe Angst.« Martin sagte beruhigend: »Halte meine Hand.« Zärtlich streifte er ihre Hand und umfasste sie. Dann rückten sie näher zusammen. Kim fragte schüchtern: »Hast du denn keine Angst?« Martin beichtete: »Doch, ein bisschen Angst habe ich auch!« »Wenn wir zu zweit sind, brauchen wir keine Angst zu haben«, beruhigte sie ihn. Martin überlegte laut: »Wie es wohl den anderen geht? Ich glaube, die haben auch Angst.« Kim stimmte zu: »Ja, glaube ich auch.«

Sie kamen sich immer näher und näher, bis sie sich schließlich vorsichtig küssten. Und im nächsten Wagen: Alex fragte besorgt: »Alles okay?« »Ja, und bei dir?«

Alex: »Klar, solange du bei mir bist.« Er spürte, dass er rot wurde.

Jenny freute sich insgeheim über die Bemerkung.

»Hast du gar keine Angst?«, wunderte er sich.

»Nein, ich mag die Dunkelheit«, erklärte sie grinsend.

Er rückte etwas an Jenny heran. Nun fragte er besorgt: »Findest du es nicht kalt?« »Doch, etwas«, gab Jenny zu. Er zog seine Jacke aus und legte sie liebevoll um Jennys Schultern. Jenny flüsterte: »Danke, aber jetzt wird dir kalt.«

Nach 25 Minuten setzte sich die Geisterbahn wieder in Bewegung. Dann schlenderten Jenny, Alex, Martin und Kim Hand in Hand im Park herum.

Am nächsten Tag verabredeten sich die vier fürs Kino und guckten die Komödie »Fack ju Göthe«. Beim Verlassen des Kinos stürzte Kim unerwartet die Treppen herunter. Martin rief erschrocken: »Kim, sag was, ist alles gut?« Sie antwortete nicht. Kurze Zeit später kam der alarmierte Krankenwagen und brachte sie zur Notaufnahme. Kim litt an einem Hirntrauma und Gedächtnisschwund. Martin und den anderen ging es deswegen scheiße. Jenny und Alex versuchten Martin zu trösten. Jenny sagte aufmunternd zu Martin: »Es wird schon alles wieder gut«. Alex stimmte zu: »Ja, es wird alles gut, vertrau uns.« Martin murmelte bedrückt: »Mh ja, es kann gut sein ...«

Einen Tag später gingen Jenny, Martin und Alex zu Kim ins Krankenhaus. Die drei fragten leise: »Hallo Kim, wie geht es dir?« Kim meinte erschreckt: »Wer seid ihr, woher kennt ihr meinen Namen?« Jenny flüsterte: »Wir sind deine Freunde. Wir waren im Kino, bevor du die Treppen runtergefallen bist. Und ich hatte deine Haare gefärbt. Du hattest blond, aber wolltest auf einmal lagunenblau. Ich habe mit Hilfe eines Pinsels die Farbe in die Haare gestrichen. Dann warteten wir 20 Minuten aufs Einwirken und spülten sie dann mit warmem Wasser aus.«

Kim sagte schüchtern: »Stimmt das?« Martin und Alex bestätigten leise: »Ja, das stimmt.« Zehn Minuten später beendeten sie ihren Besuch.

Nach einer Woche wurde Kim entlassen und erinnerte sich ein wenig an Jenny, Alex und Martin, aber an eine Beziehung erinnerte sie sich nicht. Martin suchte ein Gespräch mit Kim: »Kim, warte mal bitte!« Kim sagte leise: »Ja, was denn?« Martin fragte gefühlvoll: »Erinnerst du dich wieder an unsere Beziehung?« Kim erwiderte unsicher: »Nee, weiß ich nicht.« Martin antwortete enttäuscht: »Schade.«

Einen Tag später hatte Kim einen Traum von sich und Martin, wie sie in der Geisterbahn saßen. Aufgeregt rief sie bei Martin an: »Hey!« Martin sagte erwartungsvoll: »Hey, was ist los?« Kim fragte: »Können wir uns in 30 Minuten im Park treffen?« Martin meinte euphorisch: »Ja, na klar.« Und 30 Minuten später sahen sie sich im Park.

Kim begrüßte den Jungen von weitem mit »Hey Martin«. Martin rief ihr besorgt entgegen: »Hey, wie geht es dir?« Kim lachte fröhlich: »Ich weiß wieder alles, ich kann mich an die Beziehung erinnern!« Martin freute sich riesig, lief auf sie zu und umarmte sie.

Zwei Tagen später verbrachten Jenny, Alex, Martin und Kim ihre große Pause auf dem Schulhof der »Realschule Gustav-Friedrich-Meyer«. Sie quatschten darüber, was am vergangenen Tag passiert war. Martin begann: »Ich habe gestern mit ein paar Freunden Fußball gespielt, ich wollte den Ball annehmen, aber ich bin gegen den Pfosten gerannt. Das hat echt weh getan, und der Arzt stellte eine Nasenprellung fest.« Die anderen kicherten leise.

Dann erzählte Alex: »Ich war in der Stadt, eigentlich wollte ich zu C&A, aber dann sah ich, wie ein betrunkener Mann vor den Bus lief. Der Bus konnte nur knapp bremsen, es war nichts passiert, trotzdem wurde der Mann zur Sicherheit ins Krankenhaus gebracht.« Jenny regte sich auf: »Der ist ja bescheuert!«

Kim und Martin stimmten zu: »Ja, da hast du Recht, aber er hatte wohl einen Schutzengel.«

Dann erzählte Kim: »Ich war gestern eigentlich nur zu Hause und habe am PC gesessen und mich nur gelangweilt.«

Jenny berichtete mit einem Grinsen im Gesicht: »Gestern habe ich mit dem Schiff einen Ausflug nach Sylt unternommen. Stellt euch vor, plötzlich sprang ein Mann aus Langeweile vom Schiff. Die Fahrgäste lachten amüsiert.«

Die aufregende Phase mit dem Hirntrauma war endgültig Vergangenheit, der normale Alltag hatte sie wieder.

Die Klasse 8b der Gemeinschaftsschule am Brook in Kiel:

Ceyda Güler, Nawal Malik, Maike Pfeiffer, Fiza Riaz, Melisa Tabo *(Das Wunder)*

Soma Kadir, Merve Korkmaz, Emine Potur, Johanna Rama, Dayana Yasin *(Falsches Spiel)*

Ibrahim Aksoy, Tolgahan Ayas, Leon Henke, Phillip Mech, Murat Sensoy *(Liebe auf den ersten Blick)*

Emily Baasch, Pascal Bieler, Pascal Broß, Can Bütün, Florian Drenckberg (*Liebesgefühle*)

Feridun Zaimoglu

Arbeitsjournal

Erste Doppelstunde

Am Frühmorgen von schreiender Möwe geweckt, ich stehe halbnackt am Fenster und starre hoch zum trüben Himmel: Möwe kreist über den Dächern. Schnell in die Kleider, ziehe zwei dicke Pullover übereinander. Wind pfeift durch Ritzen und Fugen. Erster Kaffee des Tages. Ein Blick auf die Uhr. Noch eine Stunde bis Unterrichtsbeginn. Eile zum Bäcker. Neue kecke Auszubildende steht am Glastresen, spiegelt sich im Glas, ist verliebt in ihr Spiegelbild, wird von Chefin ermahnt: Kümmer dich um den Kunden, sofort! Einmal Kaffeepott voll, käseüberbackene Brezel. Sie erzählt: Ich lass mir ein neues Tattoo machen. Ein Kolibri, farbig, darunter die Anfangsbuchstaben meiner Mutter und meines Vaters. Ich sage: Da wird dein Freund aber sauer sein, vonwegen ewige Liebe. Sie sagt: Ist mir egal. Außerdem haben er und mein Vater denselben Anfangsbuchstaben im Vornamen. Da kann er sich einbilden, dass er gemeint ist ... Norddeutsche Mädchen, hart im Geben. Blick zur Seite: halstätowierte junge Textildiscount-Angestellte, sie schiebt die großen Körbe auf Industrierollern hinaus. Im Angebot sind: knallgelbe Vliesdecken, knallrot und knallpink gestreifte Sitzkissenbezüge. Ansonsten: Scherzartikel für den häuslichen Gebrauch. Gut, denke ich, sehr gut. Schnell hoch zur Wohnung, ich schwitze wie ein Ringer, ein Pullover muss reichen. Bestell' ein Taxi, renne die Treppen herunter, stecke mir eine Zigarette an, zwei Züge, Taxi da. Der Fahrer, schwarzhäutiger Musiker, er kennt mich aus alten Tagen, blickt auf mein Geiergesicht, manchmal, wenn er in den »Kieler Nachrichten« blättert. Er will wissen, wieso er mich zum Ostufer zur Schule fährt. Ich sage: Literaturwerkstatt, Kurs für Achtklässler. Er ruft: Jugend muß stürmen. Wir ballen beide die Fäuste, schlagen sie aneinander.

Klopfe an die Tür des Lehrerzimmers, werde herein gebeten. Bekomme Wasser und Kaffee. Zwei Lehrerinnen betreuen den Kurs. Kämpferinnen. Bin begeistert, muss mich zügeln, sonst hielten sie mich für einen losgebundenen Irren. Hoch zum Klassenraum. Ich trete ein. Erster Eindruck: Arbeiterkinder mit Glanz in den Augen. Lehrerin bittet sie, aufzustehen und nicht zu zappeln. In den ersten

Jahren in der Schule flog ich oft raus, oder ich stellte mich mit dem Rücken zur Klasse, in die Schamecke. Bloß nicht breit grinsen, denke ich. Sie rufen im Chor den norddeutschen Gruß ›Moin‹, dann dürfen sie sich hinsetzen. Ich stelle mich vor: Arbeiterkind, Deutsch gefiel mir sehr, ich las alles, was ich in die Finger bekam, wuchs zum Halbstarken auf, kam aufs Gymnasium, ochste mich halbtot, kam auf die Uni, aus all den Plänen wurde nix, schrieb los, kannte nach dem ersten Buch kein Halten mehr. Schreibe auf Formularen auf das leere Feld neben ›Berufsbezeichnung‹ Schreiber oder sogar das Wichtigtuerwort Schriftsteller. Ich erzähle von der Aushilfskraft in der Bäckerei, ich erwähne den Tropenvogel, dessen Bild sie sich in die Haut stechen lassen will. Alles Rohstoff für eine Geschichte. Langweilig: die bloße Abschrift dessen, was einen umgibt. Spannender: Wirklichkeit als Knetmasse. Die Mädchen und Jungen starren mich an. Kein Mucks, kein Piep. Ich trage wie üblich Sargträgerschwarz und Silberschmuck. Sie lauschen meinen Worten. Blick auf die Uhr: Zehn Minuten Einführung, das reicht. Thema ist vorgegeben:

Liebe. Einteilung in vier Gruppen zu je fünf Kindern. Was sind sie nun? Sagte man Kinder, wären sie zu Recht beleidigt. Ich nenne die Schülerinnen Mädchen, eine Lehrerin zu Besuch weist mich sehr höflich zurecht: Nicht Mädchen, aber junge Frauen. Ich nenne im Einzelgruppengespräch die Schülerinnen junge Frauen. Sie schütteln den Kopf: Nicht Frauen, wir sind Mädchen. Machen Sie uns bitte nicht älter, als wir sind. Bin verwirrt, ich nenne die Knaben und Mädchen ab sofort: Ihr Lieben. Heiterkeit. Komme mir vor wie Onkel Hugo auf Stadtbesuch. Aufgabe: Halbe Stunde Zeit, um sich in der Gruppe auf eine Geschichte zu einigen. Ein gewählter Sprecher trägt sie vor. Fünf Minuten später fliegen Kugeln aus geknülltem Papier durch die Luft. Strenge Ermahnung durch Lehrerin fruchtet. Ein Junge, blitzgescheit und mit dem Willen zur sofortigen Eskalation, will austreten, die Blase drückt. Gut, meinetwegen. Er aber bleibt sitzen. War ein Scherz. Wenig später läuft er mit Papierkorb über dem Kopf im Stechschritt durch den Raum und macht dröhnend eine muhende Kuh nach. Ich bitte die Frau Lehrerin kurz um Entschuldigung, stürme die Treppen hinunter zur Toilette, sperre mich in der Kabine ein, lache mich heiser. Spritze mir Wasser ins Gesicht. Auf halbem Rückweg habe ich den nächsten Lachanfall. Als ich ins Klassenzimmer eintrete, fragt man mich, ob ich erkältet sei. Schön, denke ich, sie glauben, ich hab' röhrend gehustet. Der im Papierkorb muhende Junge sitzt jetzt ruhig auf seinem Platz. Halbe Stunde um, auf geht's. Erste Geschichte: Junge setzt in der Pause Mädchen Messer an die Kehle und sagt: Ich will dich entjungfern. Frage der Mädchen in der Gruppe: Schreiben wir alles eins zu eins auf? Lieber die Namen ändern, sage ich, wir sind nicht Sklaven der Wirklichkeit, was wir schreiben, geschieht auf dem Papier. Zweite Gruppe: Kuss auf der Klassenfahrt, Schicksalsschlag, Genesung, Junge und Mädchen herzverrückt. Dritte Gruppe: Türkische Hochzeit, Liebe auf den ersteinhalbten Blick, strenge Moral, Vorsicht vor den Sittenwächtern. Vierte Gruppe: Gemischtes Doppel, Stromausfall während der Fahrt im Geisterbahntunnel, küssen oder nicht küssen? Toll, rufe ich aus, ich halte keine Referate mehr, stehe aber für Fragen zu eurer Verfügung.

Zweite Doppelstunde

Steife Brise, Regen fällt in dünnen Strichen. Frühstück fällt aus. Sitze auf dem Sofa, denke Löcher in die Luft: Liebe, alles möglich, keimende Liebe, sterbende Liebe, Liebeshass – habe ich den Mädchen und Jungen erklärt, daß sie frei sind? Ja. Nichts ist schlimmer als eine allzu nüchterne Verfassung. Trotzdem: Vernunft statt Technik, Gefühle statt Emotionen. Rausch lässt hochschwappen, Strenge unterdrückt. Denke über den einen oder anderen hoch dekorierten Avantgardisten, über ihre Nachahmer in der heutigen Gegenwartsprosa. Geschreibsel, Bürokratendeutsch. Deutschpflicht für das Kind fremdstämmiger Arbeiter, ein Muss. Wozu leitet man ihn an? Beherrsche das Alphabet, beherrsche die Sprache, kenne die Hausordnung. Nichts dagegen einzuwenden. Später aber, so es das Kind in die höhere Anstalt schafft, verliert es im Deutschunterricht die Lust. Es lernt, die Experimente der Moderne und der Postmoderne zu hassen. Sprachpracht? Null. Wer schreibt, träumt sich in die Ferne. Ein letzter Schluck aus der Kaffeetasse, dann schnür ich mir die Bänder meiner Nahkampftreter, laufe los. Halbe Stunde später, die Schüler haben Fragen. Ich erspare ihnen mein Eingangsreferat, laufe von Tisch zu Tisch. Liebe ist ein großes Wort. Keine Merkverse, keine Kalendersprüche. Wie bekommen wir das hin? Ihr Lieben, sage ich, Blau ist die Farbe der Hoffnung, die Verknalltheit hat die Farbe Rot. Sie verstehen, ich grübele über meine Worte. Ein Mädchen liest die knappe Wiedergabe einer Szene vor. Bin begeistert, es fehlen aber Einzelheiten. Detailansicht. Sie hat einen Namen, was aber trägt sie für Kleider? Ihre Schultasche: modisches Accessoire, Ranzen, Rucksack? Nietenbesetzter Lederbeutel? Was hat sie alles in dieser Tasche verstaut? Lipgloss,

Eyeliner, Handy, Kamm und Bürste, Kleinzeug wie Glücksbringer und Handschmeichler, den Stein gegen den bösen Blick, Ersatzschuhbänder ... Ersatzschuhbänder?... Stimmt, streichen. Federmappe, Hefte, Bücher, Adressbuch, Nagelfeile, Nagellackfläschchen, kleiner runder Handspiegel, Puderdose, Flaumbüschel ... Was?... Na ja, Flaumbüschel; Puderquaste ... An der Innenseite der Puderdose ist ein Spiegel angebracht, und im Dingsbums liegt der Pinsel zum Pudern ... Dingsbums?... Sie wissen schon, Ding im Dingsbums ... Köcher? Nein. Mulde! Ich brülle: Halleluja! Die Mädchen starren mich an. Hin zu den Jungs hinter dem halbhohen Bücherregal. Der Schriftführer schreibt die Seiten voll, Liebe in der Geisterbahn, ein Junge fragt: Wie viel hat die Uhr gekostet? Ich sage: Freunde, sprechen wir doch über die Geschichte. Sie erzählen, ich habe keine Einwände. Der Junge: Die Uhr, wie viel? Ich sage: Später. Und nun zu eurer Geschichte. Wann endet es, wie endet es? Schriftführer: Das Ende ist abzusehen ... Bist schwer in Ordnung, denke ich und spreche es auch aus. Sie schauen mich an. Ich muss mich räuspern, dann gebe ich die Parole aus: Widerstehen bis zur letzten Patrone! Wir sind norddeutsch, wir zeigen es ihnen! Ja, sagt der Junge, geht klar, nun zu der Uhr. In der Pause rauche ich vor der Tür. Mütter und Väter holen ihre Kinder ab. Gebell von der Parallelstraße, Gebell des Pinschers an der Leine einer Erstklässlerin im Skianzug. Sie kreischt den bösen großen Hund an, der aber will nur spielen. Schnüffelt an der Kehrseite des Pinschers, Pinscher ist zu klein und schnüffelt an den Hinterläufen. Abschiedsgebell, als die Frauchen an den Leinen zerren. Kleine Szene, ein Detail, soll ich es erwähnen? Verwirrt es die Lieben? Und wieso die Lieben? Wär' ich ein Bub in ihrem Alter, und würde mich ein schwarzgekleideter Mann an der schwarzen Tafel mit ›Du Lieber‹ ansprechen, dann ... Ja, was dann? Dann sagte ich: Bin nicht lieb, Sie Sargträger. Gut. Stufen wieder hoch, Widerhall der Schreie tobender gesunder Kinder, an den Wänden hängen Bilder von Monstern. Oder sind es Selbstporträts? Ich spinne. Regen klatscht gegen die Fenster, wir lassen uns nicht einschüchtern. Weiter mit der Gruppenarbeit. Frage eines Mädchens: Wir stecken fest. Der Junge auf dem Papier will nicht so, wie wir wollen. Können Sie helfen? Ich schiebe mich auf dem Stuhl an ihren Tisch. Verzwickt. Den Mädchen ist der Junge zum Plüschtier geraten. Ich erkläre: Ist das ein Traumprinz?... Ja, unbedingt ... Nun, er spricht wie ein Tugendlämmchen ... Wie was?... Wie ein Hippie ... Alles klar. Nein, nix ist klar, wieso Hippie?... Wollt ihr es einigermaßen realistisch?... Ja, aber kein Blut und kein Pippi ... Kein Pippi, in Ordnung.

Trotzdem. Der Junge, das ist ein Mädchen mit kurzen Haaren. Gibt es für ihn ein Vorbild aus dem wirklichen Leben?… Sie schweigen. Sie brüten. Ich erkläre: Mann und Männchen, Junge und Knäbchen, Hase und Häschen. Ich setze noch einmal an: Also, dieser Junge in eurer Geschichte, das ist ein Pappaufsteller ohne Pippi. Ohne Pippi, das find ich gut, aber ohne Arsch in der Hose, find' ich nicht gut. Endlich nicken sie. Das Mädchen: Arsch muss her. Genau.

Vierte Doppelstunde

Ein Dackellümmel ist eine eingerollte Zeitung oder Zeitschrift. Wenn der Dackel den Sonntagsbraten vom Tisch geschnappt hat, bekommt er mit dem Lümmel einen auf die Flanke. So gehts zu in manchen deutschen Haushalten … Die Jungs warten auf die Pointe. Ich will sie ermuntern, Details aus ihrem Alltag einzubauen. Die Dialoge sind etwas hölzern geraten. Mir geht ein Licht auf. Sie schauen deutsche Vorabendserien. Elendes Gemümmel. Man müsste den Skriptschreibern zur Strafe die Augenbrauen abrasieren. Geschminkte Püppchen, gegelte Jüngelchen, sie spüren, sie fühlen, sie haben Gefühle. Püppchen sagt: Du hast doch nicht wirklich geglaubt, dass ich mich zu dir hingezogen fühle! Jüngelchen erwidert: Ich dachte tatsächlich, dass ich für dich eine gute Partie bin … Nach zehn Minuten beugen sich die Jungs übers Papier. Ich habe verstanden, sie sind schüchtern. Ihr Herz würde zerspringen, die Brust aufklaffen. Ein jeder von ihnen würde der Länge nach aufschlagen. Die Augen würden ihm aus den Höhlen quellen. Wann? Wenn er ein Mädchen aus Fleisch und Blut ansprechen würde. Liebe ist Atemlähmung plus Hautrötung plus Magengrollen minus Pippi.

Fünfte Doppelstunde

Halbzeit. Zeit für ein Impulsreferat? Nein, ich lasse es bleiben. Nur zwei Mädchen erzähle ich von dem Bekannten, den es alle paar Tage zur Parfümerieabteilung von Karstadt verschlägt. Was tut er? Er greift zum Probefläschchen und sprüht sich mit Herrenduft ein. Kostet nix, Dienst am Kunden. Schönes Detail. Oder nicht? Ein Mädchen: Ist er ne Schwuchtel?… Nö. Liebt Frauen. Pflegt sich, mag gut riechen … Find ich abartig … Wieso?… Benutzen Sie Schwuliwasser?… Moment. Der Kumpel ist, wie gesagt, hetero. Und nein, ich wasche mir Gesicht und Hände mit Seife … Parfümiert?… Vielleicht ein bisschen ... Schwuler Duft?... Ich bitte das Mädchen, die kleine Anekdote einfach zu vergessen. Am Nebentisch steckt ein Junge dem anderen den Finger ins Ohr und starrt dann entsetzt auf die kleine Schmalzmurmel an der Fingerkuppe. Ich hechte hinüber. Stand der Dinge? Türkische Hochzeit, Mädchen im atemberaubenden Kleid geht zur Getränkeausgabe, trifft dort den Jungen, der sie wie irre beglotzte. Sie kommen ins Gespräch. Dann tanzen sie engumschlungen auf der Piste ... Das geht nicht, sage ich. Wart ihr je auf einer türkischen oder kurdischen oder arabischen oder bosnischen oder albanischen oder aserbaidschanischen ... Wart ihr je auf einer solchen Hochzeit?... Klar, normal ... Gut. Jetzt stellt euch vor: Ein wildfremder Junge legt mit der Tochter der anwesenden Eltern einen Engtanz hin. Der Vater oder die Brüder oder die Onkel oder die Cousins sehen das. Was passiert dann wohl? Ein Junge: Der Knaller stirbt im Kugelhagel. Ein anderer Junge: Vierzig Messerstiche ... Dem ballern sie die Rübe weg ... Dem leuchten sie den A. aus ... Schluss, sage ich, richtig, die Männer gehen nicht auf die Tanzpiste und schütteln dem Jungen die Hand. Wieso?... Moral und Sitte ... Richtig. Wenn ihr also nach dem echten Leben gehen wollt, müsst ihr auch das echte Leben aufschreiben ... Wie jetzt? Soll er zerhackt werden? Der muss doch noch das Mädchen am Ende kriegen ... Ich meine Folgendes: Er darf sie nicht an sich drücken und sie vor allen Leuten küssen. Ach so, ja, normal. Pause. Bin schweißgebadet. Freue mich. Stehe vor der Tür unter dem Vordach. Eiskalter Wind, Regen. Denke über eine Stelle im Roman nach, an dem ich schreibe. Für die Lieben bin ich bestimmt eine krude Figur. Arbeiterkind mit Bildung, der für die Deutschwerdung wirbt. Sie fragen mich, ob ich von der Schriftstellerei leben kann. Harte Arbeit, aber ja. Als ich erzählte, daß meine Schwester eine Schauspielerin sei, klappte manchem Mädchen und Jungen die Kinnlade herunter. Sie grübeln, es beschäftigt sie, sie halten sich aber mit weiteren Fragen zurück. Nun denn, die Glocke läutet das Ende der Pause an.

Sechste Doppelstunde bis Ende

Im Computerraum, der Text wird eingetippt. Alte Geräte, sie stürzen öfter ab. Fast nach jedem Punkt hinter dem Satz speichern. Ich mahne: Vorsicht, verliert den Überblick nicht. Stehen Anfang, Mitte, Schluss? Gehe zum Einzelgespräch mit jeder Gruppe in den Nebenraum. Mädchen mit blauen Haaren, kann sehr gut zeichnen, ich frage es, wie es sich die Haare gefärbt hat. Sie beschreibt die einzelnen

Schritte. Toll, rufe ich aus, baut das unbedingt in die Geschichte ein. Machen sie. Feinschliff, manchmal mit der Feile. Kampf, Satz für Satz, nicht ausrutschen auf dem Schlick der schiefen Bilder! Kaum habe ich die Parole ausgegeben, halte ich inne. Schlick, schiefe Bilder. Laufe vor Scham rot an. Pendeln zwischen Computerraum und Nebenzimmer, die Jungs machen zur Auflockerung groben Unfug, ich spiele und tobe mit, dann wieder: Arbeit. Träume in dieser Nacht davon, dass mich ein Wagen im Geistertunnel anfährt, ich werde in die Arme einer Blutsaugerin geschleudert, die mich sofort am Hals anzapft und so lange trinkt, bis ich zur Larve schrumpfe. Böses Erwachen. Die Woche vergeht schnell, sitze am Roman, wird dick, kann man dann hochkant aufstellen. Bin auf dem Papier ein sechsjähriger deutscher Junge, der im Istanbuler Armeleuteviertel in den Vierzigern aufwächst. Schufte mich tot. Trimme die Borsten im Gesicht alle vier Tage. Am Montagmorgen, kurz bevor ich aus dem Hause gehe, schab ich mir den Bart ab. Sehe aus wie ein Priesteranwärter, werde aber von zwei Mädchen einer Schreibgruppe bejubelt: Herr Zaimoglu, sind Sie verliebt?... Nö ... Geben Sie's zu!... Nein, wirklich nicht ... Nehmen Sie Drogen?... Was? Um Gottes willen, nein ... Hier ist mein Handspiegel, schauen Sie mal rein ... Ich sehe: Ein Kissenabdruck zerteilt die Augenbraue, die Stofffalten haben sich auch auf Stirn und Schläfe gedrückt. Keine Zeit für weitere Wortwechsel, Journalist der »Kieler Nachrichten« möchte Fragen stellen. Die Mädchen fragen, ob sie auf die Titelseite kommen. Eher auf die zweite Seite des Kulturteils. Später weiterspinnen an den Geschichten. Die Frauen Lehrerinnen gehen zusätzlich in der Deutschstunde die Texte durch. Letzte Stunde: Ich werde zum Klassenzimmer geführt, Licht aus, Geburtstagskerzen brennen, die Mädchen und Jungs haben ihr Taschengeld geopfert. Ich bin neunundvierzig geworden, ich stehe aber wie ein Kind vor ihnen, räuspere mich, ringe um Worte, leide an einer großen Formulierungsschwäche. Sie lachen, ich puste die Kerzen aus.

Herausgeberin, Autorinnen und Autoren

Franziska Sperr, geb. 1949 in München, Studium der Politischen Wissenschaft, Philosophie, Amerikanistik, Redakteurin der politisch-literarischen Zeitschrift »L'80«. Seit 1990 freie Autorin, Übersetzerin, Buchrezensentin (SZ-Feuilleton), Hörspielautorin. Veröffentlichungen u.a.: »Die kleinste Fessel drückt mich unerträglich. Das Leben der Franziska zu Reventlow. Romanbiographie«, »Stumm vor Glück. Erzählungen«, »Das Revier der Amsel. Roman«, »München. Eine Stadt in Biographien«. Mitglied des Deutschen PEN-Zentrums seit 2005, seit Mai 2013 Beauftragte für Writers-in-Exile Programms des Deutschen PEN-Zentrums und Vizepräsidentin.

Liane Dirks, geb. 1955, brachte bisher 6 Romane, 21 Herausgaben und zwei Töchter zur Welt. Sie erhielt zahlreiche Stipendien und Preise, lehrte an Universitäten der USA, in Hildesheim und Düsseldorf, hatte einen festen Rundfunksendeplatz, konzipierte Ausstellungen und Vortragsreihen und brach auch immer wieder reisend aus allem aus. Für ihren Roman »Vier Arten meinen Vater zu beerdigen« erhielt sie den Preis der LiteraTour Nord im Jahr 2003.

Tanja Dückers, geb. 1968 in Berlin (West). Zuletzt erschienen der Lyrikband »Fundbüros und Verstecke« sowie der Roman »Hausers Zimmer«. Sie schreibt als Kolumnistin für ZEIT ONLINE im Bereich Bildung und Erziehung. Für den RBB bespricht sie neue Bücher. Leitung von Schreibwerkstätten im In- und Ausland, zuletzt in Belarus (2014). Sie lebt mit ihrer Familie in Berlin.

John von Düffel, geb. 1966 in Göttingen, promovierte 1989 über Erkenntnistheorie. Er arbeitete als Dramaturg und Autor an verschiedenen Theatern in Stendal, Oldenburg, Basel, Bonn und Hamburg. Seit 2009 ist er Dramaturg am Deutschen Theater Berlin. Neben seinen Theaterstücken verfasste John von Düffel mehrere Romane. Sein Debüt »Vom Wasser« (1998) wurde zu einem Bestseller, desgleichen »Houwelandt« (2004). Es folgten »Hotel Angst«, der selbstironische Roman »Goethe ruft an« und zuletzt der Band »Wassererzählungen«.

Annegret Held, geb. 1962 in Pottum im Westerwald, war Streifenpolizistin von 1981 bis 1987 in Frankfurt und Darmstadt. Später arbeitete sie in den unterschiedlichsten Berufen, um ihre Schriftstellerei zu finanzieren, u.a. bei Hugendubel, als Sekretärin, Pflegehelferin und Luftsicherheitsassistentin am Flughafen. Heute lebt sie als freie Autorin in Frankfurt am Main. Erschienen sind von ihr u.a. »Meine Nachtgestalten. Tagebuch einer Polizistin« (1988) verfilmt von Andreas Dresen, »Die Baumfresserin« (1997), »Das Zimmermädchen« (1999), verfilmt vom ZDF, »Die letzten Dinge« (2007), verfilmt vom ZDF, »Fliegende Koffer« (2009), »Apollonia« (2012). Sie erhielt u.a. den Koblenzer Literaturpreis, den Literaturpreis der Akademie der Künste, Berlin, sowie den Glaser Förderpreis, Mainz.

Fridolin Schley, geb. 1976 in München. Er studierte u. a. Germanistik, Philosophie und Politik in München und Berlin. Seine Dissertation schrieb er über W. G. Sebald. Außerdem veröffentlichte er die Bücher »Verloren, mein Vater« (2001), »Schwimmbadsommer« (2003) und »Wildes Schönes Tier«, das 2007 mit dem Tukan-Preis der Stadt München ausgezeichnet wurde. Er lebt in München.

Imre Török, geb. 1949 in Ungarn geboren, kam als jugendlicher Flüchtling nach Deutschland. Studium in Tübingen, Schüler von Ernst Bloch. Dozenturen für kreatives Schreiben, Ghostwriter, Journalist, Leiter eines städtischen Theaters und schließlich freiberuflicher Schriftsteller. Wohnt im Allgäu und in Berlin. Aktuelle Publikationen: »Briefe aus dem siebten Himmel«, »Das Buch Luzius«, »Insel der Elefanten«, »Akazienskizze«.

Jens Wonneberger, geb. 1960, aufgewachsen in Ohorn. Studium Bauingenieurswesen in Dresden, wo er seit 1980 lebt. Arbeit als Forschungsingenieur, verschiedene Tätigkeiten. Seit 1992 freischaffender Autor und Redakteur. Veröffentlichte Romane, Erzählungen und literaturhistorische Sachbücher. Zahlreiche Stipendien, 2010 Literaturförderpreis Sachsen. Zuletzt: »Heimatkunde Dresden« (2009), »Sture Hunde« (Roman, 2011), »Am Grünen Zipfel und Auf dem Sand. Hellerau literarisch« (2013).

Feridun Zaimoglu, geb. 1964 im anatolischen Bolu, lebt seit 35 Jahren in Deutschland. Er studierte Kunst und Humanmedizin in Kiel, wo er seither als Schriftsteller, Drehbuchautor und Journalist arbeitet. Er war Kolumnist für das ZEIT-Magazin und schreibt für die Welt, die Frankfurter Rundschau, DIE ZEIT und die FAZ. 2002 erhielt er den Hebbel-Preis, 2003 den Preis der Jury beim Bachmann-Wettbewerb in Klagenfurt und 2004 den Adelbert-von-Chamisso-Preis. Im Jahr 2005 war er Stipendiat der Villa Massimo in Rom. Im selben Jahr erhielt er den Hugo-Ball-Preis und 2007 den Grimmelshausen-Preis, 2008 den Corine-Preis für seinen letzten Roman »Liebesbrand« und 2010 den Jakob-Wassermann-Literaturpreis.